Gatzemeier

Nühlen-Graab
Philosophische Grundlagen der Gerontologie

Für Elisabeth

Unter unserem gemeinsamen Dach am Hauseter Weg 9 entstand in der Ruhe des Philosophinnenwinkels dieses Buch.

Aachen, den 9. Juni 1990

Maria

Maria Nühlen-Graab

Philosophische Grundlagen der Gerontologie

Quelle & Meyer

CIP-Titelaufnahme der Deutschen Bibliothek

Nühlen-Graab, Maria:
Philosophische Grundlagen der Gerontologie / Maria Nühlen-Graab. — Heidelberg; Wiesbaden: Quelle u. Meyer, 1990
   Zugl.: Aachen, Techn. Hochsch., Diss., 1989
   ISBN 3-494-01194-X

1. Auflage 1990
© 1990, by Quelle & Meyer Verlag, Heidelberg · Wiesbaden

Das Werk ist einschließlich aller seiner Teile urheberrechtlich geschützt. Jede Verwertung außerhalb der engen Grenzen des Urheberrechtsgesetzes ist ohne Zustimmung des Verlags unzulässig und strafbar. Dies gilt insbesondere für Vervielfältigungen auf fotomechanischem Wege (Fotokopie/Mikrokopie), Übersetzungen, Mikroverfilmungen und die Einspeicherung und Verarbeitung in elektronischen Systemen.

Gesamtherstellung: WS-Druckerei, Bodenheim
Printed in Germany/Imprimé en Allemagne
ISBN 3-494-01194-X

Für meine Eltern

In der Bildungsarbeit mit älteren und alten Menschen lernte ich vieles über die Freuden und Probleme des Alt-werdens und Alt-sein kennen, so weit dies für einen jüngeren Menschen möglich ist. Die pädagogisch-praktische Arbeit gab mir den Anstoß, mich auf wissenschaftlich-theoretischer Basis mit der Gerontologie auseinanderzusetzen. Auch wenn die zahlreichen Gespräche mit alten Menschen hier keinen direkten Niederschlag fanden, so bildete das gewonnene Wissen aus diesen Gesprächen doch eine Grundlage für diese Arbeit. Ich danke allen für das mir entgegengebrachte Vertrauen in diesen Gesprächen.

Herrn Professor Dr. Matthias Gatzemeier, Aachen, danke ich sehr herzlich für seine freundliche Betreuung und Unterstützung dieser Arbeit, sowie der Hilfe bei den Übersetzungen von griechischen und lateinischen Textstellen.

Dank aussprechen möchten ich all denen, die mir Mut und Kraft zugesprochen haben, die Korrektur gelesen und wertvolle Literaturhinweise gegeben haben.

INHALTSVERZEICHNIS

1. Einleitung 7
2. Die Notwendigkeit einer philosophischen Begründung der Gerontologie als Wissenschaft 12
3. Die Gerontologie als (interdisziplinäre) Wissenschaft 19
3.1 Der Gegenstandsbereich der Gerontologie 19
3.1.1 Zum Verständnis der Lebensaltersstufen 21
3.1.2 Zum Altersverständnis im sozialen Kontext 26
3.1.3 Zum Verständnis der Lebenslaufkurve 28
3.1.4 Zur durchschnittlichen Lebenserwartung des Menschen 29
3.1.5 Zum gegenwärtigen Verständnis von Alter und Altern 32
3.2 Zur Bestimmung und Begründung der Ziele und Zwecke der Gerontologie 35
3.3 Zur Bestimmung und Begründung der Methoden der Gerontologie .. 38
3.4 Zusammenfassung 41
4. Die historische Entwicklung zur Wissenschaft vom Alter und Altern des Menschen 43
4.1 Das Alter im Verständnis von Gesundheit und Krankheit in der frühen medizinischen Forschung 43
4.2 Forschungen zur Gesetzmäßigkeit des Alternsprozesses in der "wissenschaftlichen Forschung" 46
4.3 Die Expansionsphase der Alter(n)sforschung 54
4.4 Zusammenfassung 57
5. Die verschiedenen einzelwissenschaftlichen Ansätze der Gerontologie 60
5.1 Der bio-medizinische Ansatz: Quantität kontra Qualität des Lebens? . 64
5.2 Der verhaltenswissenschaftliche Ansatz: Altern als mehrfach determiniertes Schicksal 70
5.3 Der sozialwissenschaftliche Ansatz: Disengagement-Theorie oder Aktivitätstheorie? 76
5.4 Der erziehungswissenschaftliche Ansatz: Bildungsarbeit für das Alter und im Alter 81
5.5 Zusammenfassung 83

6.	Das Verständnis von Alter und Altern in der Philosophie- und Geistesgeschichte	85
6.1	Langlebigkeit, Alterslosigkeit und Verjüngung in archaischen Mythen	88
6.2	Die griechische Antike	91
6.2.1	Zur realhistorischen Situation: die Gerusie in Sparta und Solons Gesetzgebung in Athen	91
6.2.2	Das Altersbild in den mythischen Dichtungen bei Homer und Hesiod	94
6.2.2.1	Homer: Die Weissagung der Alten	94
6.2.2.2	Hesiod: Die Götter schufen das verderbliche Alter	97
6.2.3	Aussagen und Sprüche in den Fragmenten der Vorsokratiker	100
6.2.4	Die Zeit der klassischen griechischen Philosophie	110
6.2.4.1	Sokrates	110
6.2.4.2	Platon: Tugendhaftes Leben gibt frohe Hoffnung im Alter	111
6.2.4.3	Aristoteles: Alter und Fäulnis aber sind dasselbe	116
6.2.5	Griechische Philosophen nach Aristoteles	123
6.2.6	Auswertung der griechischen Antike	127
6.3	Die römische Antike	129
6.3.1	Zur realhistorischen Situation: Vom "pater familias" zum "60jährige abtreten!"	129
6.3.2	Das Altersbild in den Dichtungen von Horaz, Ovid und Juvenal	131
6.3.2.1	Horaz: Mühseligkeiten umzingeln den Greis	131
6.3.2.2	Ovid: Gemeinsames Altern wie bei Baucis und Philemon	132
6.3.2.3	Juvenal: Die schrecklichen Übel des Alters	133
6.3.3	Cicero: Cato maior de senectute	134
6.3.4	Römische Philosophen in republikanischer und kaiserlicher Zeit	137
6.3.4.1	Lukrez: Altern im Kreislauf der Natur	137
6.3.4.2	Seneca: Sittlich gutes Leben führt zur "geistigen Blüte" im Alter	138
6.3.4.3	Musonius: Das Leben nach festen Grundsätzen und gemäß der Natur	140
6.3.4.4	Plutarch: Ob ein Greis noch Staatsgeschäfte treiben soll	141
6.3.4.5	Iuncus: Über das Alter	143
6.3.4.6	Marc Aurel: Langes Leben ist nicht unbedingt erstrebenswert	145
6.3.5	Lukian von Samosata, ein Grieche im römischen Staat	146
6.3.6	Auswertung der römischen Antike	149

6.4	Das Mittelalter	151
6.4.1	Zur realhistorischen Situation: Alter als Schicksal und Alter = Sünde	152
6.4.2	Ansichten und Einstellungen im frühen Mittelalter. Boethius und Maximianus	157
6.4.3	Die Zeit der Scholastik: Abaelard und Papst Innocenz III.	160
6.4.4	Dante Alighieri: Das Gastmahl	163
6.4.5	Vorlesung über das Alter von Jean Hesdin	165
6.4.6	Erasmus von Rotterdam: Carpe diem	168
6.4.7	Michel de Montaigne: Stimmung am Lebensabend	170
6.4.8	Auswertung des Mittelalters	171
6.5	Die Neuzeit	172
6.5.1	Zur realhistorischen Situation: Gesunde Lebensführung heißt die Maxime	172
6.5.2	Anfrage an Kant, ob das Physische im Menschen moralisch zu behandeln sei	176
6.5.3	Schleiermacher: Die Jugend will ich dem Alter vermählen	178
6.5.4	Schopenhauer: Das Alter der Illusionen ist vorüber	180
6.5.5	Jacob Grimms Rede über das Alter	183
6.5.6	Auswertung der Neuzeit	185
6.6	Einblick in philosophische Betrachtungen zur Thematik aus der jüngsten Geschichte	187
6.6.1	Ernst Bloch: Der Wunsch nach Ruhe	188
6.6.2	Jean Améry: Altern ist geschichtete Zeit	189
7.	Abschließende Überlegungen	193
8.	Literaturverzeichnis	198
9.	Namensregister	210

1. Einleitung

Aus dem "Jahrhundert des Kindes", das zu Beginn des 20. Jhds. besonders durch die Reformpädagogik eingeleitet wurde, und dem "Jahrhundert der Jugend", das in den 60er und 70er Jahren durch soziologische Studien über Jugendkulturen fortgesetzt wurde, ist nun, zum Ende des 20. Jhds., das "Jahrhundert der Senioren" geworden. Die Gruppe der alternden und alten Menschen ist ins Blickfeld der Öffentlichkeit geraten.

Immer mehr Menschen erreichen ein immer höheres Alter; diese Entwicklung ist weltweit festzustellen und hat dazu geführt, daß sich die gesellschaftliche Öffentlichkeit und die Wissenschaft für dieses Phänomen interessieren. Über das Alter und Altern nachzudenken, ist nicht unbedingt neu und aktuell; Literatur, Dichtung und Kunst aus der Vergangenheit zeigen uns, daß Menschen immer wieder über den Sinn dieses Veränderungsprozesses gearbeitet haben. Das Alter wurde als ein leidvolles verteufelt oder als Erntezeit des Lebens gepriesen. Alte Menschen wurden schön und häßlich gemalt, verspottet und geehrt. Es gab die Vorstellung vom Kind mit greisenhaftem Verstand, das bald sterben mußte (Puer-Senex-Ideal) und vom Greis mit kindlich, unschuldigem Gemüt, der sich jenseits von gut und böse befand. Der Greis konnte einen kindischen oder einen jugendlich-frischen Verstand haben. Er konnte vom körperlichen Alter mit Schwäche und Gebrechen und vom geistigen Alter mit Reife, Weisheit und Toleranz gekennzeichnet sein. Haupttenor der Thematisierung des Alter(n)s war immer wieder die persönliche Auseinandersetzung mit dem zu Ende gehenden Leben, mit dem Abschiednehmen vom Vergangenen und von zahlreichen Möglichkeiten und vor allem mit dem Sinn des Alter(n)s und der Sinngebung im Alter. Da aber in der Vergangenheit nur wenige Menschen überhaupt alt wurden, war es kaum ein allgemeines gesellschaftspolitisches Thema. Alte Menschen machten eine verschwindend geringe Minderheit aus, die allerdings zu manchen Zeiten in einer Gerontokratie einen erheblichen Machteinfluß inne hatten. Aber als problematisch aufgrund der Größenanzahl sind alte Menschen in der Geschichte nicht in Erscheinung getreten.

In der Bundesrepublik Deutschland und in anderen Industriestaaten wird bereits von einer Vergreisung der Gesellschaft gesprochen, da noch zu keiner Zeit eine so hohe Anzahl von alten Menschen in der Bevölkerung lebte und die Entwicklung zu immer höheren Lebensaltern in diesen Ländern auffallend schnell voranschreitet. Derzeit macht der Anteil der Kinder und Jugendlichen unter 15 Jahren und der Anteil der Erwachsenen über 65 Jahren jeweils ca. 15 % unserer Gesellschaft aus. Das Statistische Jahrbuch 1989 der Bundesrepublik Deutschland gibt als durchschnittlich zu erwartende Lebenszeit für die heute lebenden Menschen 71,81 Jahre für Männer und 78,37 Jahre für Frauen an. (1901/10 lagen die Angaben bei 44,82 Jahren für Männer und 48,33 Jahren für Frauen.) Für die zukünftige Entwicklung wird eine weitere Steigerung der durchschnittlichen Lebensdauer erwartet. Wenn von der "Vergreisung der Gesellschaft" gesprochen wird, so meistens mit der Implikation, daß diese Entwicklung nicht natürlich oder nicht gut für das Gleichgewicht in der

Gesellschaft sei. Normal und natürlich wäre demzufolge, daß nicht so viele Menschen so alt werden würden. Dies war zwar in der Vergangenheit immer gegeben, besagt jedoch nicht zugleich, daß dies besser war.

Der Mensch hat von seiner natürlichen Ausstattung her die Möglichkeit, alt zu werden. Die maximale Lebenszeit des Menschen hat sich im Laufe der Geschichte nicht gewandelt, jedoch wird u.a. durch ein vermehrtes Wissen über die Gesunderhaltung des Menschen ein frühzeitiges Sterben durch Krankheit nach Möglichkeit verhindert. Da das Altwerden zur natürlichen Entwicklung gehört, kann davon ausgegangen werden, daß der Mensch sich auch im Alter noch weiter entwickelt und eine höchstmögliche Stufe der geistig-seelischen Entwicklung erst im Alter zu erreichen wäre. Die Alterswerke einzelner Dichter, Denker und Künstler sprechen dafür, daß bei diesen Menschen erst im Alter und durch das Alter eine Höchstform des Schaffens erreicht wurde. Auch im Alltagsleben begegnen wir Menschen, die im Alter ein Maß an Verantwortlichkeit, Verständnis, Toleranz, Wissen usw. zeigen, wie es erst durch lange Lebenserfahrung erarbeitet werden konnte.

Andererseits beobachten wir Alterserscheinungen wie Desorientierung, körperlichen und geistigen Abbau, Krankheit und Hilflosigkeit, die dafür zu sprechen scheinen, daß der Mensch von Natur aus nicht dazu ausgestattet sei, sehr alt zu werden. Ohne die Hilfe anderer könnte ein solch gebrechlicher alter Mensch nicht überleben, da er sich selbst nicht versorgen kann. Aufgrund unserer Moralvorstellungen sind wir zum sozialen Verhalten, zur Hilfestellung verpflichtet und handeln mehr oder minder selbstverständlich danach. Ähnliches Verhalten zeigen wir gegenüber Kindern, die auf die Hilfe anderer angewiesen sind, jedoch kann diese Hilfestellung als eine zweckgebundene angesehen werden, die zum Fortbestehen der Gesellschaft bzw. der Menschheit beiträgt. Kinder werden die zukünftige Gesellschaft bilden, alte Menschen erscheinen eher ohne Nutzen für die Gesellschaft zu sein. Aus ethischen Gründen, der grundsätzlichen Achtung und Würde des Menschen, dem Schutz des menschlichen Lebens generell, der Dankbarkeit für das Gewesene und Geleistete, geschieht diese Hilfe.

Wir handeln in unserer Gesellschaft nach den ethischen Prinzipien zum Wohle des einzelnen und zum Wohle der Gemeinschaft und haben diese Grundwerte in unserer Gesetzgebung verankert. An zwei Beispielen aus der Geschichte sollen mögliche andere Verhaltensweisen gegenüber bzw. von alten Menschen aufgezeigt werden, die in unseren heutigen moralischen Vorstellungen als "barbarisch" anzusehen sind.

> "Bei manchen 'primitiven' Gruppen, z.B. bei den Eskimos, soll es Brauch gewesen sein, alte und schwache Leute zu töten. Diese Regel steht in krassem Widerspruch zu unserem Verständnis von Menschenwürde und wird nur nachvollziehbar vor dem Hintergrund extremer Lebensverhältnisse, die durch große Unwirtlichkeit des Lebensraumes und knappe Lebensmittel gekennzeichnet sind. Nur so ist es verstehbar, daß die moralische Norm, seinen Eltern Gutes zu tun und ihnen Leid zu ersparen, dadurch erfüllt wird, daß man ihnen einen qualvollen Tod erspart, indem man sie auf schmerzlose Weise tötet und somit die Überlebenschance der Jungen vergrößert."[1]

> "Bei japanischen Bergvölkern soll es üblich gewesen sein, daß sich ältere Menschen, sobald sie gebrechlich wurden, von selbst ins Gebirge zurückzogen, um dort zu sterben und niemandem mehr

---

[1] Pieper, A.: Ethik und Moral. Eine Einführung in die praktische Philosophie, München 1985, S. 24.

zur Last zu fallen."[2]

Auch in diesen beiden Beispielen wurde nach moralischen Grundsätzen zum Wohle des einzenen als auch zum Gemeinwohl gehandelt. Ausschlaggebend waren hier die Umweltbedingungen, die notwendigerweise zu anderen Verhaltensregeln führten. Für die Lebensbedingungen in unserer Gesellschaft ist es keine Frage, daß eine Versorgung aller alten Menschen, die diese benötigen, möglich ist. Auch wenn die Bevölkerungsstruktur sich weiterhin zu mehr älteren Menschen hin verschiebt, ist es nicht die Frage, ob eine soziale Absicherung gewährleistet werden kann, sondern nur, wie diese am besten zu ermöglichen ist.

Wie aus den bisherigen Ausführungen andeutungsweise ersichtlich, sind aus dem Faktum der steigenden Lebenserwartung für immer mehr Menschen zahlreiche Problembereiche entstanden, die eine wissenschaftliche Beschäftigung mit den Problematiken erforderlich machen - zum Wohle des einzelnen und der Gemeinschaft. Über das Alter und Altern des Menschen zu arbeiten, ist wichtig geworden, sowohl für die Menschen der Gegenwart als auch die der Zukunft, da sich angesichts der demographischen Entwicklung die Gesellschaftsstruktur bereits verändert hat und auch weiter verändern wird.

In den letzten Jahrzehnten - in der Bundesrepublik Deutschland nach dem Zweiten Weltkrieg und in den USA nach dem 1. Weltkrieg - ist in der Wissenschaft das Alter und Altern des Menschen als neues Aufgabengebiet entdeckt worden. Es entstand damit eine neue wissenschaftliche Disziplin, die Wissenschaft vom Alter und Altern des Menschen, die Gerontologie. Diese Wissenschaft hat sich in der BRD immer mehr etabliert, obwohl die BRD im Vergleich zu anderen westlichen Industriestaaten relativ wenig vorzuweisen hat. Die Problematik des Alter(n)s wird bisher von verschiedenen Disziplinen aufgegriffen, so von der Psychologie, der Soziologie, der Medizin und neuerdings von der Pädagogik. Lehrstühle für Gerontologie bzw. Soziale Gerontologie und Geriatrie gibt es bisher sieben auf Bundesebene, wobei die Lehrstühle nur mit wenigen Stellen besetzt sind. Die Gerontologie ist aber auf eine interdisziplinäre Zusammenarbeit von Medizin, Biologie, Psychologie, Sozialpsychologie, Pädagogik, Soziologie, Politologie, Ökonomie u.a. angewiesen, wenn der Eigenart des alternden und alten Menschen entsprochen werden soll. Das Aufgabengebiet würde die Erforschung der verschiedenen Vorgänge des Alterns, worunter zunächst einmal generell Veränderung verstanden werden soll, umfassen. Ebenso wären gesellschaftspolitische Auswirkungen zu erforschen, die durch die wachsende Zahl der älteren Bürger in unserer Gesellschaft entstehen und in Zukunft weiter entstehen können. Die Erhöhung der durchschnittlichen Lebenserwartung und der Geburtenrückgang wirken sich auf die Bevölkerungsstruktur, die Beschäftigungsstruktur, die Finanzierung der Altersversorgung, die soziale Struktur und die Entscheidungen bei politischen Wahlen aus.

Angesichts der vielfältigen Aufgabengebiete der Gerontologie ist es notwendig, die Gegenstandsbereiche mit ihren Zielsetzungen und Methoden in den verschiedenen Teildisziplinen zu bestimmen und voneinander abzugrenzen. Darüber hinaus sollte

---

[2] ebda., S. 25.

aber auch eine einheitlich umfassende Theorie der Gerontologie grundgelegt werden, die den allen Teildisziplinen gemeinsamen Gegenstandsbereiche, die Zielsetzungen und die Methoden umfaßt. In den letzten Jahren hat sich das interdisziplinäre Selbstverständnis der Gerontologie zunehmend etabliert und dazu geführt, daß differenzielle, spezifische Aspekte über Alternsprozesse in den verschiedensten Bereichen untersucht wurden. Das wissenschaftliche Forschungsmaterial ist inzwischen zu einer kaum noch zu überblickenden Fülle angewachsen, so daß m.E. eine Strukturierung im Verständnis der interdisziplinären Gerontologie notwendig geworden ist, um Forschungergebnisse auswerten und einordnen zu können. Deshalb soll in einem ersten Hauptteil der vorliegenden Arbeit der Versuch unternommen werden, die wissenschaftstheoretischen Grundlagen der Gerontologie zu klären und eine Strukturierung der Teildisziplinen, wie sie sich heute in groben Umrissen darstellen, vorzunehmen.

Noch vor einem Jahrzehnt überwog ein überaus negativ geprägtes Bild vom alten Menschen in unserer Gesellschaft, d.h., das Altersbild war durch körperliche und geistige Abbauerscheinungen gekennzeichnet, das "Nicht-mehr-können" herrschte im Erscheinungsbild vor. Gleichzeitig existierte ein positives Bild vom älteren Menschen - allerdings weniger generell als vielmehr auf einzelne Personen bezogen - d.h., dem alten Menschen wurden Merkmale wie wissend und weise, abgeklärt und erfahren, z.T. auch wissensbegierig, aufgeschlossen, lernbereit und lernfähig - die zuletzt genannten allerdings recht selten - zugeschrieben. In zahlreichen Gesprächen mit alten Menschen wurde mir deutlich, daß das überwiegend negativ geprägte Altersbild in unserer Gesellschaft von dieser Generation internalisiert wurde. Eine typische Äußerung lautete: "Wir haben ja nichts mehr zu sagen!". Aufgrund der Annahme, ihr Erfahrungswissen habe keinen Wert für jüngere Generationen, schwiegen sie und zogen sich in ihrem Umgang auf ihre Altersgruppe zurück oder isolierten sich, und genau mit diesem Verhalten bestätigten sie wiederum die Annahme.

Deutlicher wird eine Zuschreibung der "Minderwertigkeit" im Alter noch durch ein anderes Beispiel. Altenbildungsarbeit wurde oft als minderwertige Arbeit im Vergleich zur Erwachsenenbildungsarbeit mit Familien, jungen Erwachsenen usw. angesehen. Die Bildungsarbeit mit alten Menschen hatte den Stellenwert einer bloßen Beschäftigung und Betreuung, die keine besondere Anstrengung erforderte und der "eigentlich" auch keine gesellschaftliche Relevanz zukam. Welchen Sinn konnte es haben, mit alten Menschen über Erinnerungen des vergangenes Leben zu sprechen, wenn sie doch keine Zukunft haben? So oder ähnlich wurde nach der Bedeutung dieser Bildungsarbeit gefragt. Von einer Lernfähigkeit wurde nur in Ausnahmefällen ausgegangen, und von einem Lernbedürfnis noch seltener. Außerdem, warum sollte man lernen - ohne Zukunft! wurde gefragt. Man unterstellte, daß ältere Menschen für unsere Gesellschaft keine "wichtigen" Aussagen zu treffen hätten, daß sie keine gesellschaftliche Größe darstellten und keine politische Macht hätten, denen eine Bedeutung zukommen könnte. Äußerungen dieser Art waren zu hören, obwohl bei den Bundestagswahlen 1983 bereits gut 23 % der über 60jährigen die Wahlbevölkerung bildeten und 1987 gut 26 %. Bildungsarbeit mit älteren Menschen wird heute von fast allen größeren und kleineren Bildungseinrichtungen, von Parteien, Gewerkschaften und Kirchen in einem umfangreichen Ausmaß angeboten. Die Generation der Älteren hat inzwischen ihr gesellschaftliches Image wesentlich verbessert. Das ist nicht zuletzt auf ihren eigenen Verdienst zurückzuführen, indem sie zeigte und heute zeigt, wozu alte Menschen fähig sind, was sie wollen und was sie können. Alte Menschen haben sich solidarisiert und in Vereinen und Verbänden zusammengeschlossen, um am gesellschaftlichen Leben teilzunehmen. Ein Mensch, der heute mit 60 Jahren in den Ruhestand tritt, ist in der Regel nicht von Altersgebrechen so gekennzeichnet, daß er schwach und hilflos ist. Er befindet sich zumeist in einem Gesundheitszustand, der zuläßt, daß er sein Leben selbst aktiv gestalten und bestimmen kann.

In der Vergangenheit war der Mensch im Alter wesentlich mehr von Krankheiten und Leiden bestimmt und fügte sich oft schicksalsergeben in seine Hilflosigkeit. Es wurde aber auch darüber nachgedacht, wie Leben im Alter sinnvoll sein kann und welchen Sinn das Altern bzw. das Alter generell für den Menschen hat. Alter und Altern waren philosophische Themen, in manchen Epochen mehr als Ausnahmeerscheinung, in manchen zum Standard gehörend. Zu keiner Zeit war das Altersbild uneingeschränkt positiv oder negativ bewertet. Wenn davon ausgegangen werden sollte, daß früher den alten Menschen mehr Achtung und Ehre entgegengebracht worden wäre, so ist diese Annahme als eine generelle für die Vergangenheit oder auch nur für eine Epoche ein Mythos, der in der Realität keine Bestätigung finden kann und deshalb zu korrigieren ist.

In einem zweiten Hauptteil der vorliegenden Arbeit sollen deshalb die philosophiehistorischen Aspekte zum Thema Alter und Altern, in denen sich das Altersbild der Vergangenheit widerspiegelt, eruiert werden. Durch die Analyse von philosophischen Aufsätzen und Abhandlungen zum Thema Alter(n) können die individuellen und gesellschaftlichen Einstellungen zum Alter(n), die Sinngebung für das Alter und im Alter herauskristallisiert werden, die zum Verständnis beitragen und vielleicht richtungsweisend für Gegenwart und Zukunft sein können.

2. Die Notwendigkeit einer philosophischen Begründung der Gerontologie als Wissenschaft

Jede Wissenschaft bedarf der Klärung ihres Gegenstandsbereiches, ihrer Zielsetzung und ihrer Methoden. Erst durch die Bestimmung des Gegenstandsbereiches wird es möglich, das Aufgabenfeld zu umreißen, die Zielsetzung zu formulieren und die Methoden entsprechend dem Aufgabenbereich und dem Ziel zu bestimmen.[1] Es reicht jedoch nicht aus, den Gegenstandsbereich der wissenschaftlichen Forschung zu beschreiben, es muß auch überpüft und begründet werden, inwieweit der Gegenstandsbereich Objekt einer Wissenschaft werden kann und soll. Diese Überprüfung kann nur eine solche sein, in der die Voraussetzungen für die Forschung festgelegt werden. Durch Offenlegung und Begründung kann jeder grundsätzlich die Voraussetzungen erkennen, überprüfen und somit anerkennen oder widerlegen. Zur Begründung einer jeden Wissenschaft ist es ebenfalls notwendig, die Zielsetzung zu formulieren, zu begründen und zu überprüfen, da wissenschaftliche Forschung immer vom Ziel her bestimmt wird und diese Zielsetzung (für jeden) erkennbar sein muß. Die Methoden schließlich, mit denen in der Forschung gearbeitet werden soll, müssen dem Gegenstandsbereich und der Zielsetzung entsprechen, d.h., die Methoden müssen so bestimmt werden, daß sie dem Gegenstandsbereich angemessen sind und der Zielsetzung entsprechen und keinesfalls widersprechen. Hieraus ergibt sich folgende Systematik für die Festlegung einer Einzelwissenschaft:
   1. Bestimmung und Begründung des Gegenstandsbereiches
   2. Bestimmung und Begründung der Ziele und Zwecke
   3. Bestimmung und Begründung der Methoden.
Dieser Systematik muß auch die Gerontologie folgen, wenn sie als Wissenschaft anerkannt werden will und soll.

Was den Gegenstandsbereich der Gerontologie anbelangt, so ist vorab festzuhalten, daß die Gerontologie das Alter und Altern des Menschen umfaßt. Abgeleitet vom griechischen " γέρων " = der Greis, wurde anfänglich von der Greisenkunde gesprochen, später von der Alterskunde und im heutigen Verständnis von der Gerontologie als der Wissenschaft vom Alter und Altern des Menschen.

Da sich die Gerontologie in ihrem bisherigen Forschungsfeld als eine interdisziplinäre Wissenschaft versteht, ist zu untersuchen, worin ihre Interdisziplinarität besteht und ob sie zu begründen ist.[2] Wenn nicht *eine* (interdisziplinär arbeitende) Wissenschaft vom Alter/Altern als sinnvoll ausgewiesen werden kann, könnten die unterschiedlichen Aspekte des Alters/Alterns in die wissenschaftlichen Disziplinen verwiesen werden, die bereits bestehen.

Der Vergleich zu einer Wissenschaft der Kindheit, der Jugendzeit oder des Erwachsenenalters ist naheliegend. Solche Wissenschaftszweige bestehen jedoch nicht,

---

[1] Vgl. Gatzemeier, M.: Theologie als Wissenschaft?, Bd. II: Wissenschafts- und Institutionenkritik, Stuttgart - Bad Cannstatt 1975, S. 93 - 114.
[2] Vgl. ebda., S. 106 ff. - Gemeint ist hier die Problematik der "Wissenschaftsarchitektonik".

sondern der Lebensabschnitt der Kindheit z.B. ist aufgeteilt in Entwicklungspsychologie, Pädagogik, Kinderkrankheiten im medizinischen Bereich usw. Aus dem Verständnis der bestehenden Wissenschaftszweige wäre folglich eine Aufteilung in Altersmedizin, Alterspsychologie usw. sinnvoll, da die verschiedenen Aspekte ohne weiteres in bestehende Disziplinen eingegliedert werden könnten. Historisch betrachtet ist der Weg zur Untersuchung von spezifischen Erscheinungen des Alters so verlaufen. Es hat sich z.B. bereits eine Geriatrie (Altersmedizin) und eine Psychologie des Alterns etabliert. Trotzdem entstand und besteht auch heute noch die Forderung nach einem einheitlichen Konzept für *eine* Wissenschaft vom Alter/Altern, die interdisziplinär arbeiten sollte. Der Gegenstandsbereich sollte den Alternsprozeß des Menschen weitmöglichst umfassen - also nicht nur einzelne Teilaspekte - da eine Interdependenz von zahlreichen Faktoren bereits nachgewiesen werden konnte. So wirkt sich z.B. das körperliche Befinden auf das psychische Wohlbefinden aus, die Schulbildung und berufliche Tätigkeit beeinflussen die geistige Flexibilität im Alter.

Auch für die Kindheit, Jugendzeit usw. werden Interdependenzen verschiedener Faktoren nachgewiesen. Die Frage ist jedoch nicht, ob eine Wissenschaft vom Alter/Altern deshalb nicht zu begründen ist, weil es für die anderen Lebensabschnitte des Menschen keine einheitliche Wissenschaft gibt. Es wäre vielmehr zu fragen, ob nicht auch eine Wissenschaft von der Kindheit, der Jugendzeit und dem Erwachsenenalter als interdisziplinär arbeitende Zweige aufgebaut werden sollten. So verstandene Wissenschaftszweige, die also zahlreiche Faktoren einschließen, könnten effektiver arbeiten, dem Menschen gerechter und damit sinnvoller werden.

Die Frage, ob sich *eine* Wissenschaft vom Alter/Altern als eine *interdisziplinäre* verstehen muß, kann nur bejaht werden, da das Alter durch zahlreiche, sich wechselseitig beeinflussende Faktoren wie physische, psychische und soziale gekennzeichnet ist. Wenn das Alter und Altern - den Menschen weitmöglichst umfassend - der Gegenstandsbereich der Gerontologie sein soll, kann sich diese Wissenschaft nur als eine interdisziplinäre verstehen.

Die Aufgabe der Bestimmung und Begründung des Gegenstandsbereiches, der Ziele und Methoden als ein einheitliches, übergeordnetes Konzept für die Gerontologie als *einer* (interdisziplinären) Wissenschaft kann jedoch nicht von einer Einzelwissenschaft geleistet werden, die zum interdisziplinären Bereich der Gerontologie gehören soll, da eine Wissenschaft nicht gleichzeitig Teil eines Ganzen und das Ganze selbst sein kann und somit nicht übergeordnet eine Gesamtschau bieten kann. Nur auf einer Metaebene ist die Bestimmung der Gerontologie als einer (interdisziplinären) Wissenschaft möglich. Eine andere wissenschaftliche Disziplin, die nicht zum interdisziplinären Bereich der Gerontologie gehört und diese Aufgabe übernehmen soll, kann nur eine solche sein, zu deren Gegenstandsbereich der Mensch gehört (da die Gerontologie sich mit dem Menschen befaßt) und die sich als eine übergeordnete bzw. grundlegende versteht für die Einzelwissenschaften, die den Menschen in den Mittelpunkt ihrer Forschung gestellt haben. Diese Wissenschaft ist die Philosophie. Sie ist die Grundlagenwissenschaft für die anthropozentrischen Wissenschaften.

Was kennzeichnet die Philosophie als Grundlagenwissenschaft, daß sie die Bestimmung der Gerontologie als einer (interdisziplinären) Wissenschaft tatsächlich leisten kann? Die Beantwortung dieser Frage hängt vom Philosophieverständnis ab. Die Philosophie hinterfragt Aussagen auf ihren Wahrheitsanspruch und versucht, die letztmöglichen Voraussetzungen für diese Wahrheit zu ergründen. Zum Aufgabenbereich der Philosophie gehört, die Voraussetzungen zu klären, von denen aus eine Theorie aufgebaut werden kann. Für die Gerontologie bedeutet dies, daß die Philosophie die Grundlagen für die Wissenschaft vom Alter und Altern des Menschen klären und damit die Voraussetzungen für diese Wissenschaft begründen muß. Das heißt, die Philosophie muß bestimmen, was unter Alter und Altern des Menschen zu verstehen ist.

In jüngster Zeit wurde durch Wilhelm Kamlah eine - im Unterschied zur traditionellen - neue Betrachtungsweise des Menschen dargelegt[3], die lautet: "der Mensch, der wir selber sind"[4]. Kamlah versteht die Aufgabe der philosophischen Anthropologie als Suche nach einer an den Menschen in seiner Zeit und an den Ort gebundenen zu begründenden Aussage. Er definiert das Aufgabengebiet folgendermaßen:

> "Die Anthropologie des dritten Weges [der erste Weg geht über die moderne Reduktionsmethodik, der zweite über Theologie und Existenzphilosophie, Anm.d.Ver.] setzt sich die Aufgabe - und knüpft damit an die praktische Philosophie der Antike an -, unsere Verhalten und Handeln betreffende, jedermann irgendwann umtreibende Fragen anzugehen, ohne dabei auf die Mittel der vernünftigen Argumentation zu verzichten."[5]

In einem solchen Aufgabenverständnis wird nicht der Versuch unternommen, den Menschen mit seinen vielfältigen Möglichkeiten auf bestimmbare, erfaßbare Faktoren zu reduzieren. Vielmehr zeigt dieses Aufgabenverständnis einen Weg auf, wie über den Untersuchungsgegenstand "Mensch" Aussagen getroffen werden können, die - zunächst den Einzelfall betreffend - exemplarisch dann eine Generalisierung ermöglichen. Für die Gerontologie bedeutet dies, daß begründete Aussagen über das Alter/Altern des Menschen getroffen werden sollen, die, von unserer gegenwärtigen Situation ausgehend, in der wir selber sind, den Anspruch auf Allgemeingültigkeit erheben können und damit die Grundlage für die interdisziplinäre Forschung in der Gerontologie bilden.

Wie bereits zu Anfang gesagt, wird jede wissenschaftliche Forschung von einem Interesse geleitet, das den Forschungsweg und die Auswahl der Methoden kennzeichnet. Das Interesse an einem Forschungsgegenstand beinhaltet immer auch eine Zielsetzung, woraufhin geforscht werden soll. Dieser Zielsetzung liegt eine Werthaltung zugrunde, nämlich die, daß gerade dieser Gegenstand als wertvoll zur Erforschung erachtet wird, und die Zweckbestimmung, daß mit der Forschung etwas erreicht werden soll, was als wertvoll angesehen wird. Die Wertgrundlage und die daraus abgeleiteten Wertmaßstäbe müssen jedoch offengelegt und in der Theorie erläutert werden, um die Forschungsergebnisse nachvollziehbar und überprüfbar zu machen. Über das Alter/Altern des Menschen zu forschen, muß also als wichtig

---

[3] Die traditionelle Betrachtungsweise der philosophischen Anthropologie beinhaltet den Anspruch, allgmeingültige Aussagen über den Menschen zu treffen, die den Zeit- und Ortsfaktor des Forschers außer acht lassen und sich auf wenige, bei allen Menschen erfaßbare Faktoren beschränken.
[4] Kamlah, W.: Philosophische Anthropologie, Mannheim 1973, S. 20.
[5] ebda., S. 21f.

genug erachtet werden, um es zum Forschungsgegenstand einer Wissenschaft machen zu wollen. Für die Gerontologie muß geklärt werden, warum eine Wissenschaft vom Alter/Altern als gesellschaftlich relevant bzw. wertvoll erachtet wird und was sie bezweckt.

Zur Aufgabe der Philosophie gehört es, sich mit der gegenwärtigen Situation in einer Gesellschaft auseinanderzusetzen und aktuelle Fragen und Probleme, die ihren Gegenstandsbereich betreffen, aufzugreifen. Ekkehard Martens hat dieses Philosophieverständnis mit einer esoterischen und exoterischen Aufgabenstellung bezeichnet.

"Wegen dieser Doppelrolle [von Fach und Nicht-Fach, Anm. d.Verf.] gewinnt Philosophie ihr Selbstverständnis nicht allein "von innen" heraus, *esoterisch* aufgrund einer bestimmten scholastischen Tradition von Fachleuten, sondern sie gewinnt ihr Selbstverständnis zugleich in Auseinandersetzungen mit Erwartungen und Zumutungen "von außen", *exoterisch*."[6]

Unter den exoterischen Aufgabenstellungen sind Themen und Problemstellungen zu verstehen, die sich außerhalb des wissenschaftlichen Bereiches (also als "nicht-fach-spezifisch") aus der Gegenwart stellen, die aktuelle Fragen (von "Nicht-Fachleuten") in unserer Gesellschaft aufgreifen und die als philosophisch relevant, d.h. den Gegenstandsbereich und die Zielsetzungen der Philosophie betreffend, anzusehen sind und mit den ihr eigenen Methoden erarbeitet werden können. So kann das Alter/Altern als ein aktuelles Thema angesehen werden, denn Diskussionen über "die Vergreisung unserer Gesellschaft", "die gesellschaftliche Stellung des alten Menschen", "die Aufgaben des Ruheständlers", "Sinngebung im Alter", "Altenheimpolitik", "die Bildungsfähigkeit alter Menschen", "die Würde des Alters" oder auch "die Finanzierung der Renten und Pensionen" nehmen in den Medien ständig zu und bestätigen die Notwendigkeit einer grundlegenden Beschäftigung mit dem Thema aus Gründen der aktuellen gesellschaftlichen Situation. Die bisherigen Forschungsansätze in der Gerontologie können m.E. als eine "Erwartung" oder "Zumutung" an die Philosophie gesehen werden.

Nicht alle Untersuchungen und Aussagen in den verschiedenen einzelwissenschaftlichen Ansätzen der Gerontologie geben explizit das ihnen zugrundeliegende Verständnis vom Menschen wider. Implizit liegt es jedem Forschungsansatz inne, aber es fehlt zum Teil die Offenlegung und kritische Reflexion über diese sehr wesentliche Voraussetzung. Vielleicht hätte eine "Disengagement-Theorie"[7] nie entstehen können, wenn vor Beginn der Untersuchungen über das Verständnis vom alten Menschen reflektiert worden wäre. Vielleicht wäre das in unserer Gesellschaft vorherrschende, negativ geprägte Altersbild weniger verbreitet, wenn im bio-medizinischen Ansatz der Gerontologie nicht fast ausschließlich die körperlichen Abbauerscheinungen und eine zunehmende Häufigkeit von Krankheiten untersucht worden wären, sondern wenn man die Ergebnisse der Forschung in Zusammenhang mit dem ganzen Menschen, d.h mit sozialen, psychischen, politischen, ökonomischen, ethischen

---

[6] Martens, E.: Probleme einer Hochschuldidaktik Philosophie, Vortrag am Philosophischen Institut der RWTH Aachen, Manuskriptfassung, 11.12.1980, S. 6.
[7] Diese Theorie besagt allgemein, daß alte Menschen zurückgezogen und abgeschlossen von ihrer sozialen Umwelt leben wollen.

Komponenten usw., gesehen hätte. Die Verbreitung der Disengagement-Theorie und des negativ (vom körperlichen Erscheinungsbild) geprägten Altersbildes lassen die Notwendigkeit einer kritischen Reflexion über das den Forschungsansätzen der Gerontologie zugrundeliegende Verständnis vom alten/alternden Menschen, von der Zielsetzung und der Werthaltung deutlich werden.

Für jede zu begründende Wissenschaft ist es notwendig, die historischen Grundlagen, die zu einer wissenschaftlichen Beschäftigung mit dem Thema geführt haben, zu klären. Das geschichtliche Vorverständnis und die Entwicklung sollen dadurch aufgezeigt und verstehbar gemacht werden können. Die aktuellen Auseinandersetzungen sind immer auch vom historischen Verständnis geprägt, und um eine derzeitige wissenschaftliche Forschung und die gegenwärtige gesellschaftliche Situation verständlich werden zu lassen, müssen geschichtliche Hintergründe offengelegt werden. Erst im Anschluß an den historischen Abriß kann dann eine Darstellung der derzeitigen einzelwissenschaftlichen Ansätze erfolgen, die in ihrer Gesamtheit ein aktuelles Bild der Gerontologie abgeben.

Aus den bisherigen Ausführungen ergeben sich nun folgende Untersuchungsaspekte und Aufgabenstellungen für die vorliegende Arbeit:

1. Die Darlegung des Verständnisses vom Alter und Altern des Menschen zur Abklärung des Gegenstandsbereiches der Gerontologie.

In der Erörterung dieses Punktes soll das Verständnis von Alter/Altern festgelegt und damit eine Grundlage für die Forschungsansätze und Aufgabenstellungen innerhalb der Gerontologie geschaffen werden. Zum Verständnis erweist es sich als notwendig, die Begriffe Altern und Alter - auch in ihrer Wortgebrauchsgeschichte - zu bestimmen, da sonst mit Begriffen gearbeitet werden würde, die unterschiedlich interpretiert und verstanden werden könnten. Als weitere Aufgabenstellung für diese Arbeit ergibt sich:

2. Die Diskussion zum Thema Alter/Altern zur Abklärung der Ziele und Zwecke der Gerontologie.

In der Erörterung dieses Punktes soll geklärt werden, warum eine Wissenschaft vom Alter/Altern notwendig und sinnvoll geworden ist und welche Ziele und Zwecke sie verfolgen kann und sollte. Darüber hinaus sollen die Werthaltungen dargelegt und begründet werden, die den Zielen und Zwecken zugrunde liegen. Die nächste Aufgabenstellung in der Arbeit heißt:

3. Die Bestimmung und Begründung der Methoden der Gerontologie.

Da die Methoden als Mittel zur Erreichung eines Zieles zu verstehen sind, ist in diesem Punkt zu fragen, welche Methoden angewand werden können, um die Zielsetzung zu erreichen. Dabei muß überprüft werden, ob die Methoden den Gegenstandsbereich der Gerontologie erfassen, ihm entsprechen und mit der Zielsetzung übereinstimmen. Im Anschluß an die Methodendiskussion soll in einem *historischen Abriß über die Anfänge der Forschung* die Entstehungsgeschichte und die Entwicklung zum Verständnis für den derzeitigen Stand der Gerontologie aufgezeigt werden. *Die Darlegung der einzelwissenschaftlichen Ansätze* als Teildisziplinen der (interdisziplinären) Gerontologie soll als Abschluß des ersten Hauptteils ein umfassendes aktuelles Bild der Gerontologie vermitteln.

In einem zweiten Hauptteil soll *das Verständnis von Alter/Altern in der Philosophie-*

geschichte eruiert werden. Das Alter und Altern als zum Wesen des Menschen gehörend ist immer schon Thema allgemein-philosophischer Gedanken gewesen. Das Altern wurde als ein existentieller Prozeß des Lebens verstanden, der die Frage nach dem Sinn des Leben und dem Sinn des Alter(n)s hervorrief. Wie über das Alter gedacht und was in der Vergangenheit darunter verstanden wurde, kann uns wertvolle Hinweise geben, wie wir heute über das Alter denken könnten. Wir können aus der Geschichte lernen, wie in anderen Zeiten Menschen mit dem Problem "Alter" umgegangen sind, und wie sie versucht haben, es zu bewältigen. Der Umgang mit alternden und alten Menschen ist Teil der Sozialgeschichte in einer Gesellschaft. Die Wertschätzung des Alters vermittelt uns einen Einblick in die Wertschätzung des Menschen generell und in die ethischen Vorstellungen über das Zusammenleben von Menschen in einer Gesellschaft.

Dabei zeigt sich in der Philosophiegeschichte, daß mit dem Beginn der Philosophie bei den Vorsokratikern noch nicht zwischen verschiedenen Einzelwissenschaften unterschieden wurde, sondern alle Aussagen, ob natur- oder geisteswissenschaftlicher Art, unter dem Begriff der Philosophie subsumiert wurden. Um das historische Verständnis so adäquat wie möglich widergeben zu können, soll es im damaligen Verständnis von Philosophie beschrieben werden. Deshalb wird unabhängig davon, ob es sich im heutigen Verständnis um "rein" philosophische oder um soziologische, biologische, psychologische, medizinische usw. Aussagen handelt, das Altersbild aus der Philosophiegeschichte eruiert.

Bei der Erarbeitung diese Aufgabe ergibt sich die Schwierigkeit, daß sich die Philosophie in ihrer Tradition wenig explizit mit der Problematik des Alters/Alterns beschäftigt hat. Zwar gibt es zahlreiche Aussagen schon bei den Vorsokratikern, und Platon hat sich u.a. in seinen Werken "Politeia" und "Nomoi" mit der Stellung und den Aufgaben von Greisen im Staatsleben befaßt, aber es bleibt hauptsächlich bei Einzelaussagen und kurzen Abhandlungen, die in den Werken verstreut zu suchen sind. Umfassende zusammenhängende Abhandlungen liegen wenige vor, die meisten aus der Antike, so daß wohl bekannteste Werk "Cato maior de senectute" von Cicero und die weniger berühmt gewordene Abhandlung "An seni respublica gerenda sit" von Plutarch. "περὶ γήρως" ("Über das Alter") war ein beliebtes Schulthema von Rhetorikern der Antike, aber die meisten Schriften darüber gingen verloren oder geben uns nur anhand weniger Fragmente Hinweise über den Inhalt. Aus dem Mittelalter wurde die ausführlichste Abhandlung über das Alter von einem Theologen namens Jean Hesdin verfaßt, der uns im Rahmen einer Vorlesung über den "Titus-Brief" die mittelalterliche kirchliche Einstellung zum Alter/Altern mitteilt. In der Neuzeit schrieb Jakob Grimm die "Re-de über das Alter", ein systematisch aufgebauter wissenschaftlicher Vortrag, und aus der jüngsten Geschichte ist das Werk von Jean Améry "Über das Alter" sowie das Essay von Simone de Beauvoir "Das Alter" bekannt geworden. Bei der Suche nach philosophischen Auseinandersetzungen zum Thema kann kaum auf eine philosophische Tradition zurückgegriffen werden. Die Stichworte "Alter", "Altern" und "Greis" werden in philosophischen Lexika und anderen einschlägigen Werken selten geführt; auch bei Stichworten, die indirekt zum Thema führen könnten, wie "Geronten", "Jugend", "Leben", "Tod", "Mensch", "Lebenslauf" u.ä. werden kaum Hinweise gegeben, was unter Alter/Altern verstanden werden kann oder wer sich mit der Problematik auseinandergesetzt hat. Die Quellenlage für diesen zweiten Hauptteil der Arbeit ist also äußerst schwierig und macht eine umfassende Lektüre der Philosophiegeschichte erforderlich.

Im Schlußteil der Arbeit soll dann ein Resümee gezogen werden, das die philosophischen Grundlagen aus dem wissenschaftstheoretischen (ersten) und dem historischen (zweiten) Teil beinhaltet und der Gerontologie als philosophische Basis dienen kann.

3. Die Gerontologie als (interdisziplinäre) Wissenschaft

3.1 Der Gegenstandsbereich der Gerontologie

Die Gerontologie will sich als die Wissenschaft vom Altern und Alter des Menschen verstanden wissen. Ihr Gegenstandsbereich umfaßt zum einen den Prozeß des Alterns, der bei der Geburt bzw. Zeugung beginnt und mit dem Tod endet, und zum anderen den letzten Lebensabschnitt im Lebenslauf des Menschen im Unterschied zu Kindheit, Jugendzeit und Erwachsenenalter. Weiterhin bezieht sich die Gerontologie auf den Menschen und nicht auf andere Lebewesen.

Es stellt sich nun zuerst die Frage, ob das Alter und Altern etwas Spezifisches ist, das zum Forschungsgegenstand einer Wissenschaft erhoben werden kann. Daß sich der Mensch im Laufe seines Lebens entwickelt und verändert, ist unumstritten und von den Humanwissenschaften hinlänglich nachgewiesen worden. Auch eine Veränderung im Alter ist nicht zu bestreiten und von jedem Menschen alltäglich zu beobachten. Ob jedoch eine Entwicklung nachzuweisen ist, die typisch ist für das Altern eines jeden Menschen, und ob es einen bestimmten Zustand gibt, der typisch ist für das Alter als Lebensabschnitt, muß untersucht werden. Die Erforschung des Alternsprozesses von der Geburt bzw. Zeugung bis zum Tod im Alter und die Erforschung des Alters sind demzufolge die zentralen Aufgabenstellungen der Gerontologie.

Was kennzeichnet das Alter - in Abgrenzung zu Kindheit, Jugendzeit und Erwachsenenalter -, das es zum Gegenstandsbereich einer Wissenschaft werden kann? *Das Spezifische des Alters ist das gelebte Leben über das Erwachsenenalter hinaus*, ist quantitativ längeres Leben, und das bedeutet mehr Erfahrung in bezug auf die eigene Person und in bezug auf die Umwelt. Dieses "quantitative Mehr" läßt die Vermutung zu, daß auch eine qualitativ andere Verarbeitung und Bewertung von Erfahrungen mit zunehmendem Alter gegeben ist und damit eine andere (vielleicht differenziertere) Wahrnehmung und Handlung. Dies muß nicht, kann aber gegeben sein; die Widerlegung oder Bestätigung wäre eine Arbeitshypothese für die Forschung. Ein weiteres *Kennzeichen des Alters ist die zunehmende Todesnähe, das Wissen um eine immer kürzer werdende Lebensspanne mit zunehmendem Alter*. Die zeitliche Zukunftserwartung verringert sich ständig, und dies kann für den im Alter stehenden Menschen eine andere Einstellung zum Leben, eine veränderte Sinngebung im Vergleich zum Erwachsenenalter, bedeuten. Weiterhin ist *das Alter gekennzeichnet von der Abnahme und dem Verlust verschiedener Fähigkeiten und Fertigkeiten*, die in den vorherigen Altersstufen vorhanden waren, z.B. das Nachlassen von körperlichen Kräften und Sinneswahrnehmungen. Dazu kommen Veränderungen des Körpers wie z.B. die Faltenbildung der Haut, das Ergrauen der Haare. Das biologische Alter zeigt sich im Absterben bestimmter Körperzellen und der verminderten Leistungsfähigkeit verschiedener Organe. *Ein Spezifikum des Alters in der modernen Industriegesellschaft ist das Ausscheiden aus dem Berufsleben* und im Zusammenhang damit *die Abnahme von Aufgaben und Rollenzuweisungen*. Der Eintritt in das Rentenalter bedeutet *ein Mehr an zur Verfügung stehender freier oder selbst zu gestaltender Zeit* und *die Befreiung/der Verlust von Pflichten und Verantwortungen, die durch das Berufsleben bedingt waren.* Für Frauen, die nicht im Erwerbsleben tätig waren, können die im Zusammenhang mit dem Berufsleben genannten Aspekte auf die Familienarbeit übertragen werden. In bezug auf das soziale Umfeld kommt noch *der zunehmende Verlust von Partnern, Freunden, Bekannten und Verwandten durch den Tod* hinzu. Dies kann weniger soziale Kontakte zur Folge haben, was vom einzelnen vielleicht gewünscht oder aktzeptiert wird, oder auch zur Isolation und Einsamkeit führen kann. In der Regel kennzeichnen die genannten Merkmale sowohl im einzelnen als auch in ihrer Gesamtheit das Alter.

Da die Gerontologie aber nicht nur das Alter, sondern auch das Alter*n* des Menschen als zu ihrem Gegenstandsbereich zugehörig verstanden wissen will, ist die nächste Frage, was denn *das Spezifische des Alterns* ausmacht. Während das Alter eine Phase, ein Abschnitt oder eine Stufe des Lebens bezeichnet, *ist unter Altern eine Veränderung und ein Prozeß zu verstehen.*

Die Kennzeichen für die Veränderungen sind zum Teil identisch mit den Spezifika des Alters, wie die Veränderungen des Körpers, der Sinneswahrnehmung, des Verhaltens, des Lernens, der Fähigkeiten und Fertigkeiten, der Krankheitsbilder und des Krankheitsverlaufes und der sozialen Lebenssituation. Veränderung ist zunächst ein wertneutraler Begriff und Altern als Veränderung kann Fortentwicklung und Rückentwicklung bedeuten. Auch der Begriff des Prozesses kann ein Fortschreiten im Sinne von Zunahme oder Abnahme bezeichnen. Wenn der Prozeß des Alterns für den ganzen Menschen verstanden werden soll, also nicht nur für einen körperlichen irreversiblen Abbauprozeß wie z.B. das Absterben von biologischen Zellen, sonden auch für einen geistigen und moralischen Reifungsprozeß, für zunehmende Lebenserfahrung usw., muß *Altern allgemein als Veränderung und Prozeß mit Fort- und Rückentwicklung, mit Zu- und Abnahmen verstanden werden.*

Da Altern ein zeitliches Kontinuum umfaßt, ist als nächstes zu fragen, wann der Prozeß des Alterns beginnt. Ist es möglich, ein kalendarisches Alter anzugeben, das den Zeitpunkt für den Prozeß des Alterns allgemein festlegt, oder, wenn dies nicht möglich ist, einen Zeitpunkt für einen bestimmten Alternsprozeß wie z.B. die Abnahme von Sinneswahrnehmungen? Die bisherige Forschung hat weder einen noch verschiedene Zeitpunkte definitiv festlegen können. Die Angaben eines kalendarischen Alters, in dem bestimmte Alternserscheinungen auftreten, war bisher nicht möglich, obwohl sich die Forschung besonders auf diese Aufgabenstellung konzentrierte. Wohl konnten Zeiträume, z.B. für das Nachlassen von körperlichen Kräften, ausgemacht werden, die sehr häufig zutreffen.

Die Erforschung des Alterns darf nicht einfach auf eine Verknüpfung an kalendarische Altersangaben beschränkt werden, da in diesem Falle nur ein Minimum an Alternsprozessen erfaßt werden könnten. Die Konsequenz daraus ist, daß unter Altern die Veränderungen des Menschen von Geburt bzw. Zeugung an verstanden werden, und somit der gesamte menschliche Lebenslauf umfaßt wird. Da jedoch die Entwicklung des Menschen mit seinen Veränderungen bis einschließlich des Erwachsenenalters bereits von anderen Wissenschaftszweigen erfaßt wird, wäre es unsinnig, wenn die Gerontologie dies ebenfalls zu ihrem Gegenstandsbereich erheben würde. Wenn der Prozeß des Alterns nur auf den Lebensabschnitt des Alters beschränkt werden würde, wäre er mit diesem identisch und würde lediglich das Altern im Alter betreffen. Da aber schon nachgewiesen werden konnte, daß es Faktoren gibt, die z.B. in der Jugendzeit oder im Erwachsenenalter auftreten (Schulbildung, Berufstätigkeit, körperliche Aktivitäten usw.) und das Alter beeinflussen, würden wichtige Forschungserkenntnisse ausgeklammert werden, die sich auf das Alter beziehen. *Somit sollte in der Gerontologie unter Altern die Veränderungen und Prozesse im menschlichen Leben verstanden werden, die relevant sind für das Alter. Damit würde die Erforschung des Alters primärer Gegenstandsbereich sein und die Erforschung des Alterns alle Faktoren umfassen, die zur Erforschung des Alters notwendig sind und diesen Lebensabschnitt betreffen.*

Zur weiteren Bestimmung des Gegenstandsbereiches der Gerontologie ist es notwendig, das begriffliche Verständnis von Alter und Altern zu untersuchen und darzulegen.

3.1.1 Zum Verständnis der Lebensaltersstufen

In der abendländischen Geschichte finden sich Einteilungen der Lebenszeiten in bestimmte Altersabschnitte, zum Teil auch kalendarische Angaben zum Alter. In der griechischen Antike war einmal die Einteilung des Lebens in Abschnitte zu je sieben Jahren verbreitet. Nach der Hebdomadeneinteilung des Solon liegt das "schickliche" Ende des Lebens bei 70 Jahren; der Beginn des (Greisen-)Alters wird von ihm mit 56 angesetzt.

"Wem aber Gott das zehnte Jahrsiebent zur Neige vollendet,
ihn ereilt dann der Tod wohl zu schicklicher Zeit."[1]

Das Leben umfaßt nach Solon einen Zeitraum von zehn mal sieben Jahren. Eine andere Lebenseinteilung finden wir in der Mythologie archaischer Zeit, wie es im Ödipusrätsel illustriert wird. Die Rätselfrage lautet: Zuerst auf vier Beinen, dann auf zwei und zuletzt auf drei Beinen, was ist das? Die Antwort muß heißen: Der Mensch als Kind, als Erwachsener und als Greis. Eine Dreiteilung des Lebens war für die griechische Antike gebräuchlich, es war die Kindheit (und/oder die Jugendzeit), das Erwachsenenalter und das Greisenalter. Diese Dreiteilung wurde auch in Analogie zu Mond- und Sonnenzeiten gesetzt. Kalendarische Angaben wurden dazu nicht genannt. Das Erwachsenenalter machte den längsten Lebensabschnitt aus; nach einer kurzen Wachstumsphase kam die lange Zeit der körperlichen und dann der geistigen Blüte, gefolgt von einem rapiden Abbauprozeß im Alter.

Eine andere Analogie bezog sich auf die vier Himmelsrichtungen oder die vier Jahreszeiten. Von Pythagoras sind die vier Lebensalter, das Kindes-, Jünglings-, Mannes- und Greisenalter, zu je 20 Jahren überliefert. Da das Greisenalter bei dieser Einteilung mit 80 Jahren endet, findet sich bei den biographischen Daten berühmter

---

[1] Solon: Die Lebensalter, in: Ders.: Dichtungen. Sämtliche Fragmente, übers. von E. Preime, 3. verb. Aufl. München 1949, S. 39. Auch Hippokrates verwandte die Hebdomadeneinteilung.

Personen wie Pittakos, Solon, Pindar, Platon[2], Xenophon u.a. ein Sterbealter von 80 Jahren, das die antiken Geschichtsschreiber in Anlehnung an die pythagoreische Einteilung übernahmen.[3] Eine weitere Einteilung ist aus der römischen Antike überliefert:

> "Varro unterschied 5 zu 15 Jahren (die letzte ausgenommen): Bis 15 war man Junge, puer (...); bis 30 Jungmann, adolescens; bis 45 junger Mann, iuvenis; bis 60 älterer Mann, senior; ab 60 Greis, senex; (...)."[4]

Demnach galt der 60jährige als ein Greis und damit als alt, aber auch der 45 bis 60jährige war schon ein älterer Mann, dem das Merkmal "alt" zugeschrieben werden konnte. Aus dem frühen Mittelalter gibt uns Isidor von Sevilla (6. Jhd.) eine Unterscheidung in sechs Altersstufen:

> "1. *infantia* bis zu 7 Jahren,
> 2. *pueritia* bis zum 14. Jahr,
> 3. *adolescentia* bis zu 28 Jahren,
> 4. *iuventus, firmissima aetatum omnium*, bis zum 50. Jahr,
> 5. *aetas senioris, id est gravitas*, vom 50. bis zum 70.Jahr,
> 6. *senectus* (letzter Teil davon *senium*) bis zum Tode."[5]

Diese Sechsereinteilung trat im Mittelalter teilweise in modifizierter Form auf, blieb aber als Grundmuster erhalten. Die differenzierteste Einteilung bildet die auf 100 Jahre angesetzte Zehnteilung, die aus "Agricolas Sprichwörtersammlung" von 1528 überliefert wurde:

> "Zehen jar ein Kindt,
> Zweinzig jar ein Jüngling,
> Dreißig jar ein Man,
> Vierzig jar wolgethan,
> Funfzig jar still stan,
> Sechzig jar geht dichs alter an,
> Siebenzig jar ein Greis,
> Achtzig jar nimmer weis,
> Neunzig jar der Kinder spott,
> Hundert jar: gnad dir Gott!"[6]

Sowohl die Zehner- als auch die Sechsereinteilung vermitteln ein Bild der Lebensaltersstufen mit Bemerkungen zum Alternsprozeß. Eine Einteilung in fünf Lebensalter mit Krisenzeiten in den Übergangsphasen von einer Stufe in die nächste wurde von Romano Guardini vorgenommen, der in einer philosophischen Vorlesung die ethische und pädagogische Bedeutung der einzelnen Lebensaltersstufen erläuterte. Seine Einteilung sieht folgendermaßen aus:

---

[2] Platons Lebensalter wird auch mit 81 Jahren angegeben, was einem Ideal aus archaischer Zeit von 9 X 9 Jahren entspricht.
[3] Vgl. Jacoby, F.: Apollodors Chronik. Eine Sammlung der Fragmente, New York 1973 (Reprint of the 1902 Ed.), S. 41ff.
[4] Krenkel, W.: Alter, in: Andresen, C. u.a. (Hg.): Lexikon der Alten Welt, Zürich, Stuttgart 1965, Sp. 130.
[5] Isidor: Etymologiae XI 2, in: Hofmeister, A.: Puer, Iuvenis, Senex. Zum Verständnis der mittelalterlichen Altersbezeichnungen, in: Papsttum und Kaisertum, hg. von A. Brackmann, München 1926, S. 289f.
[6] Agricolas Sprichwörtersammlung, in: Herre, Paul: Schöpferisches Alter. Geschichtliche Spätaltersleistungen in Überschau und Deutung, Leipzig 1939, S. 19f.

Stufen	Übergangsphasen
1. Kind	
	Krise der Pubertät
2. junger Mensch	
	Krise der Erfahrung
3. mündiger Mensch	
	Krise der Grenzerlebnisse
4. reifer Mensch	
	Krise der Loslösung
5. alter Mensch.[7]	

Kalendarischen Angaben werden von ihm nicht gemacht; er hält es auch nicht für möglich, Jahresangaben zu bestimmen, da der Mensch sich zu unterschiedlich entwickelt. Mit flexiblen Altersangaben wurde eine Einteilung des Lebens in insgesamt neun Stufen von Tobias Brocher vorgenommen. Er unterscheidet zwischen: Kindheit, Latenzperiode/Pubertät, Adoleszenz/ Spätadoleszenz, Erwachsenenreife, mittlere Lebenskrise, Wendezeit, gesetzteres Alter, späte Lebenskrise, hohes Alter.[8]

Wenn wir die für unsere Gesellschaft gültigen gesetzlichen Daten als Grundlage für Lebensaltersstufen nehmen, so liegen uns folgende Angaben vor: Einschulung mit 6 Jahren, Volljährigkeit mit 18 Jahren und Eintritt ins Rentenalter mit 60 bis 65 Jahren. Als kalendarische Angabe für den Einritt in den Lebensabschnitt des Alters könnte in unserer Gesellschaft allgemein das 60. Jahr angegeben werden. Allerdings ist zu berücksichtigen, daß bei der Einteilung der Lebensaltersstufen als Norm der Lebenslauf des Mannes zugrundegelegt wurde, nicht der der Frau. Zum Teil wird dies auch gesagt, wobei dann aber häufig eine Übertragung auf den Menschen generell angenommen wird. Für eine Frau kann sich die Einteilung der Lebensaltersstufen nach Kriterien wie Eintritt in die Ehe, Geburt des ersten Kindes, Klimakterium und Verlassen des letzten Kindes aus dem Haus richten.

Eine graphische Darstellung der verschiedenen Einteilungen des menschlichen Lebens aus den vergangenen zweieinhalbtausend Jahren kann einen Einblick in die unterschiedlichen Vorstellungen und einen Vergleich des Altersabschnitts ermöglichen.

---

[7] Vgl. Guardini, R.: Die Lebensalter, Würzburg o.J. (1953 ?)
[8] Vgl. Brocher, T.: Stufen des Lebens, Stuttgart/Berlin 1977.

Graphische Darstellungen der Lebensaltersstufen

1)
Zweiteilung in Analogie zu Sommer und Winter

2)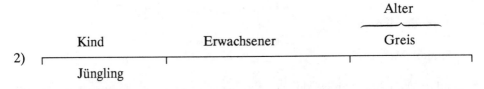
Dreiereinteilung (Analogie zu Mond- und Sonnenzeiten)

3)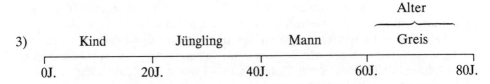
Viereinteilung (Analogie zu Jahres-, Tageszeiten und Himmelsrichtungen)

4)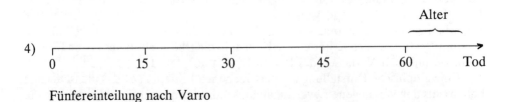
Fünfereinteilung nach Varro

5)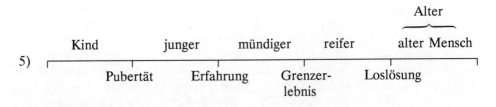
Fünfereinteilung mit Krisenzeiten nach R. Guardini

6)

Sechsereinteilung nach Isidor von Sevilla

7)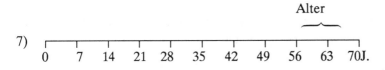

Hebdomadeneinteilung (astrologische Analogien; 7 = 3 + 4)

8)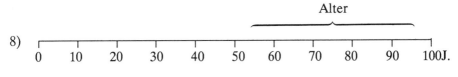

Zehnereinteilung (astrologische Analogien)

Anhand der graphischen Darstellungen wird deutlich, daß der Lebensabschnitt des Alters, wenn kalendarische Angaben gemacht werden, im allgemeinen spätestens mit dem 60. Lebensjahr, frühestens mit ca. 50 Jahren angesetzt wird. Im Lebenslauf des Menschen nimmt das Alter ein Viertel bis ein Fünftel der gesamten Lebenszeit ein. Nur wenn das Alter schon mit 50 beginnt und über das 70. Jahr hinausgeht, wie etwa in den mittelalterlichen Vorstellungen von Isidor und nach der Sprichwörtersammlung Agricolas[9] liegt der Anteil des Alters höher, bei der Annahme einer maximalen Lebenszeit von 100 Jahren sogar bei 50 %. Die mittelalterliche Einteilung mag z.T. damit zusammenhängen, daß normalerweise das genaue Lebensalter eines Menschen nicht bekannt war (es hatte gesellschaftspolitisch und rechtlich kaum eine Bedeutung) und nach Leistung und äußerem Erscheinungsbild geurteilt wurde. Durch mangelhafte Ernährung und geringe medizinische und hygienische Versorgung kann ein relativ früh einsetzender körperlicher Alternsprozeß das Erscheinungsbild so geprägt haben, daß häufig auf ein höheres Lebensalter geschätzt wurde, als es dem realen kalendarischen Alter entsprach. Dadurch könnte die Lebensspanne bis 100 Jahren erklärt werden; in der Realität dürfte es kaum vorgekommen sein, daß ein Mensch ein so hohes Alter erreichte. Andererseits kann es sein, daß schon 50jährige körperlich so alt aussahen, daß die Beschreibung "alt" für dieses Lebensalter als

---

[9] Ähnliche mittelalterliche Vorstellungen über eine Altersspanne von ca. 50 bis über 70 oder 100 Jahren sind von Honorius Augustodunensis (12. Jhd.) und Bartholomeus Anglicus (13. Jhd.) bekannt. Vgl. Hofmeister, A.: Puer ..., S. 293f.

selbstverständlich hingenommen wurde. Außerdem waren die ab 50jährigen die Älteren, noch nicht unbedingt die Alten; das Greisenalter trat erst nach dem 70. Lebensjahr ein.

Wenn wir die Angaben bis 100 Jahren aus dem Mittelalter ausklammern, so zeigt sich, daß der Beginn des Alters mit ca. 60 Jahren mit dem Renten- und Pensionsalter in unserer heutigen Gesellschaft übereinstimmt. Allerdings wird der Lebensabschnitt des Alters gewöhnlich weiter unterteilt, und im Alltagsverständnis spricht man heute von den "jungen Alten" und den Alten. Die "jungen Alten" werden auch mit dem Begriff der "älteren Generation" umschrieben. Die Bezeichnung "alt" wird jedoch selten mit den ab 60jährigen in Zusammenhang gebracht, eher mit den ab 70jährigen. Der Begriff "Greis" für einen alten Menschen wird heute selten gebraucht und steht allgemein im Zusammenhang mit gravierenden körperlichen und geistigen Abbauerscheinungen. In einem geschichtlichen Vergleich der Begriffe der "ältere", der "alte" und der "greise" Mensch zum heutigen Alltagsverständnis gilt generell, daß eine Verschiebung in der Zuordnung der Begriffe zum kalendarischen Alter von ungefähr 10 Jahren zu beobachten ist. D.h., daß der ab 60jährige der ältere ist, der ab 70jährige der alte Mensch, und die Bezeichnung "Greis" gewöhnlich nur noch selten gebraucht wird.

3.1.2 Zum Altersverständnis im sozialen Kontext

Für das Leben in einer sozialen Gemeinschaft war und ist weniger das kalendarische Alter ausschlaggebend als vielmehr das soziale Alter, das durch gesellschaftliche Kategorien bestimmt wird. Der "Kalender" im Alltagsleben orientiert sich nicht so sehr an astronomische Daten, an Tag, Monat und Jahr, sondern an besondere Begebenheiten im sozialen Gemeinschaftsleben. So können für die christlich-abendländische Kultur die religiösen Festtage als Ausgangsdaten für die Zeitrechnung angenommen werden oder im Familienkreis die Daten von z.B. Geburtstagen, Hochzeiten oder Beerdigungen. Man rechnet z.B. vor und nach der Hochzeit von N.N. oder nach der Beerdigung von N.N., ohne daß ein kalendarisches Datum genannt wird. Als Orientierungspunkte für die Zeitrechnung gelten also verbindliche soziale Ereignisse, nicht "abstrakte" kalendarische Daten ohne persönlichen Bezug.

Wie in dem Aufsatz "Social Time: A Methodological and Functional Analysis" von Sorokin und Merton[10] ausführlich beschrieben, wird die Einteilung des Zeitverständnisses nach sozialen Kriterien vorgenommen. Man beginnt die Zeitrechnung mit einem gesellschaftlich bedeutenden Ereignis und zählt fortlaufend von diesem Datum aus, wobei die Zeit immer wieder von sozialen Ereignissen unterbrochen wird, die der weiteren Differenzierung dienen. Für unsere christlich-abendländische Gesellschaft haben wir die Zeitrechnung von "Christi Geburt" als Ausgangsdatum

---

[10] Sorokin, Pitrim A. / Merton, Robert K.: Social Time: A Methodological and Functional Analysis, in: The American Journal of Sociology, Vol. XLII, March 1937, Number 5, p. 615 - 629.

und zur weiteren Untergliederung dienen dann Regierungszeiten von Kaisern und Königen, Kriegszeiten, wirtschaftliche Not- und Blütezeiten usw.

So wie die Geschichte eines Volkes nach sozialen Kriterien eingeteilt und beschrieben wird, so auch die Einteilung der Lebensaltersstufen in einer sozialen Gemeinschaft. Wann ein Mensch ins Erwachsenenalter und ins (Greisen-)Alter eintrat und eintritt, war und ist nicht ausschließlich eine Angelegenheit von kalendarischen Daten, sondern von sozialen Gesichtspunkten. Ausschlaggebend waren z.B. die Verheiratung der Kinder, die Übernahme des elterlichen Betriebes, Hofes, der Werkstatt durch ein Kind, die Übernahme des Altenteiles, z.T. verbunden mit dem Umzug in ein gesondertes kleines Haus oder in bestimmte Räume des Wohnhauses. Der Eintritt ins Alter vollzog sich durch eine neue Aufgabenverteilung, indem die alten Eltern in einen bestimmten Arbeitsbereich verwiesen wurden und in denen ihnen auch Macht- und Entscheidungsbefugnisse genommen wurden. Der Eintritt ins Alter konnte aber auch dadurch gekennzeichnet sein, daß man innerhalb einer Gemeinschaft mit Ehrenpositionen bedacht wurde, besondere Ehrenrechte erhielt oder in ganz besonders wichtige Funktionen eingewiesen wurde und politische Machtbefugnisse erhielt.

Während für die Vergangenheit generell gesagt werden kann, daß diese sozialen Kriterien allgemeinverbindlich normiert waren und man sich daran zu halten hatte, wollte man nicht aus der sozialen Gemeinschaft ausgestoßen werden, so kann für die gegenwärtige Gesellschaft davon ausgegangen werden, daß die Orientierungspunkte für die soziale Datierung an Bedeutung verloren haben und weniger Normen vorgegeben sind. In ländlichen Dorfgemeinschaften haben sich zwar alte Familientraditionen, die diese sozialen Kriterien tradieren, noch erhalten, aber in der städtischen Bevölkerung sind sie kaum noch zu finden. Der Auszug des letzten Kindes aus der elterlichen Wohngemeinschaft besagt nicht, daß die Eltern nun "ins Alter eintreten". Das Ausscheiden aus dem Berufsleben bedeutet zwar den Eintritt ins Rentenalter, aber Rentenalter wird nicht einfach mit Alter gleichgesetzt, denn für viele beginnt dann eine Zeit, in der sie ihren persönlichen Interessen verstärkt nachgehen können. Die Rentner und Pensionäre finden (endlich) Zeit, sich weiterzubilden, sich auf Reisen zu begeben, ihren Hobbies nachzugehen. Der Eintritt ins Rentenalter als soziales Kriterium kann für viele gleichbedeutend sein mit Zeit haben für persönliche Aktivitäten. Das Alter kann heute sogar als ein Lebensabschnitt bezeichnet werden, in der der einzelne Zeit findet, seinen individuellen Interessen nachzugehen und seine außerberuflichen Fähigkeiten auszubilden.

Für die wissenschaftliche Forschung in der Gerontologie sind die Daten von sozialen Kriterien sehr viel aufschlußreicher und aussagekräftiger über das Verständnis von Alter und für die Planung und Gestaltung dieses Lebensabschnittes als kalendarische Daten erbringen können. Hierbei müssen wohl die unterschiedlichen sozialen Kriterien für Frauen und Männer berücksichtigt werden.

3.1.3 Zum Verständnis der Lebenslaufkurve

Für die Vergangenheit galt in der Regel, daß der Mensch (Mann) im Erwachsenenalter (mit 30, 40 oder 50 Jahren) seine höchste Entwicklungsstufe erreicht hatte und danach ein Abbauprozeß begann. Aristoteles unterschied zwischen einem körperlichen Höhepunkt mit 30 - 35 Jahren und einem seelischen Höhepunkt mit 49 Jahren.[11] Apollodor bestimmte das Alter verschiedener Philosophen nach ihren Bestleistungen und nahm für diese "geistige Blütezeit" ein Alter von 40 Jahren an.[12] Die Festlegung des Geburts- und Sterbejahres und der "Blütezeit" eines Menschen nach einer bestimmten Lebensstufeneinteilung war noch bis ins späte Mittelalter hinein ein gebräuchliches Schema. Außerdem lag die anthropologische Grundannahme vor, daß das menschliche Leben - graphisch betrachtet - in einer Kurve verläuft, wobei Kindheit und Jugendzeit als aufbauende Entwicklungsphasen verstanden wurden, das Erwachsenenalter als höchste Stufe, und danach der Abbauprozeß begann. Dabei stand das Greisenalter wieder auf der Stufe des Kindes (bzw. Kleinkindes), was eindeutig eine Rückentwicklung bedeutete. Sehr anschaulich wird dieses Verständnis von der menschlichen Entwicklung in dem Märchen "Die Lebenszeit" geschildert, wo es heißt:

"Da [mit 70 Jahren, Anm.d.Verf.] ist der Mensch schwachköpfig und närrisch, treibt alberne Dinge und wird ein Spott der Kinder."[13]

Die graphische Darstellung soll das Vorstellungsbild von der Lebenslaufkurve des Menschen noch einmal veranschaulichen:

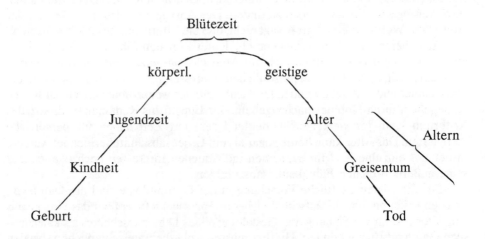

---

[11] Vgl. Aristoteles: Rhetorik 1390 b, 14. Kap.
[12] Vgl. Jacoby, F.: Apollodors Chronik, S. 46ff.
[13] Brüder Grimm: Die Lebenszeit, in: Dies.: Kinder- und Hausmärchen, 2. Bd., hg. von F. v. d. Leyen, Düsseldorf/Köln 1969, S. 179.

Entsprechend dieser Kurve kann der Lebensabschnitt des Alters nur als Abbau gesehen werden. Dieses Verständnis lag aber m.E. nicht nur für die Vergangenheit vor, sondern gilt auch noch heute.

Auf die Problematik von besonderen Altersleistungen als Beweis für eine nicht nach unten, sondern nach oben führende Lebenskurve, wird später eingegangen werden.

3.1.4 Zur durchschnittlichen Lebenserwartung des Menschen

Obwohl sich die durchschnittliche Lebenserwartung um ein vielfaches erhöht hat, ist die maximale Lebenszeit des Menschen nicht gestiegen. Schon aus den Vorstellungen der Lebensaltersstufen ist abzulesen, daß in der Antike Menschen 70, 80 oder mehr Jahre alt wurden. Die durchschnittliche Lebenserwartung lag allerdings sehr niedrig: z.B. in der Steinzeit bei ca. 19 Jahren, in der Bronzezeit bei ca. 21,5, in der Antike bei ca. 20 bis 30 und im Mittelalter bei etwa 30 Jahren.[14] Die Errechnung der durchschnittlichen Lebenserwartung besagt jedoch nicht, daß die meisten Menschen in diesem Alter starben, sondern daß durch eine hohe Säuglings- und Kindersterblichkeit nur relativ wenige Menschen überhaupt das Erwachsenenalter erreichten. Z.B. wurde aufgrund der Altersangaben auf Grabsteinen aus der Zeit des römischen Imperiums ein häufiges Sterbealter von etwa 30 Jahren errechnet, was einer Lebenserwartung von ca. 24 Jahren entspricht.[15] Menschen, die ein Alter von 70, 80 oder mehr Jahren erreichten, bildeten Ausnahmen. Im Vergleich dazu zeigen die Zahlen der letzten statistischen Erhebung in der Bundesrepublik Deutschland eine überaus hohe Lebenserwartung in unserer Gesellschaft: die durchschnittliche Lebenserwartung für Männer liegt derzeit bei 71,81 Jahren und für Frauen bei 78,37 Jahren. 1901/10 lag sie noch für Männer bei 44,82 und für Frauen bei 48,33 Jahren. Ein Mann von 60 Jahren hat heute noch eine Lebenserwartung von 17 bis 18 Jahren vor sich und eine Frau von 60 Jahren ca. 21 bis 22 Jahren.[16] Menschen, die ihren 90. oder sogar 100. Geburtstag feiern können, sind bei uns keine so große Seltenheit mehr.

Anhand der nachfolgenden Schaubilder der Bevölkerungspyramide von 1911 und 1986 und dem vergleichenden Schaubild von 1910, 1983 und 2030 wird die Entwicklung der unterschiedlichen Strukturen im Altersaufbau unserer Gesellschaft deutlich.

---

[14] Vgl. Heller, E.: Der alte Mensch in unserer Zeit. Ein Beitrag in anthropologisch-gerontagogischer Absicht, in: Neue Sammlung, 5.Jg., Göttingen 1965, S. 531.
[15] Vgl. Krenkel, W.: Alter, in: Lexikon der Alten Welt, Sp. 130.
[16] Vgl. Statistisches Jahrbuch 1989 für die Bundesrepublik Deutschland, Hg.: Statistisches Bundesamt Wiesbaden, Stuttgart, Sept. 1989, S. 67.

Aufbau der Bevölkerung im Deutschen Reich nach Alter und Geschlecht am 1.1.1911[17]

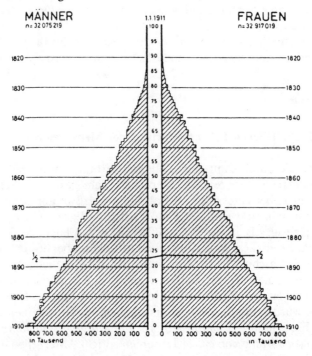

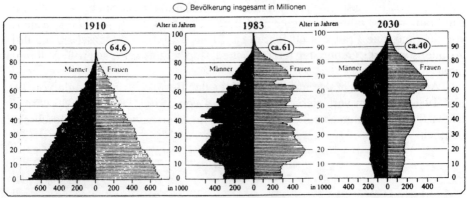

---

[17] Quelle: Statistik des Deutschen Reiches, hg. v. Kaiserlichen Statistischen Amte, Bd. 240. Berlin 1915, S. 254, in: Conrad, Chr./Kondratowitz, H.-J.v.(Hg.): Gerontologie und Sozialgeschichte, Berlin ²1985, S. 15.

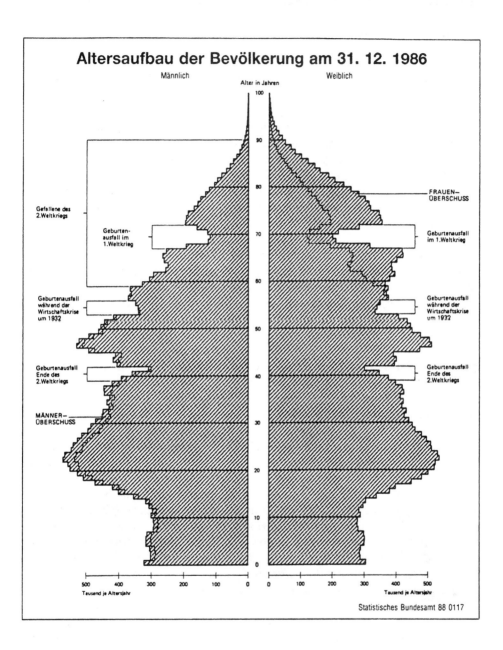

3.1.5 Zum gegenwärtigen Verständnis von Alter und Altern

Die Bezeichnung "Alter" für den letzten Lebensabschnitt ab dem ca. 60. Lebensjahr kann als generell für die Vergangenheit und die Gegenwart angesehen werden. Zum heutigen Verständnis von Alter gehört, im Unterschied zur Vergangenheit, das Ausscheiden aus dem Berufsleben dazu. Für die abendländische Geschichte ist ein vergleichbarer Zeitpunkt nicht generell auszumachen. Der Mensch arbeitete, solange die Kräfte reichten, häufig bis zum Tod, wenn auch mit zunehmendem Alter keine körperliche Schwerstarbeit geleistet wurde, sondern sich der Übergang zu leichteren Arbeiten kontinuierlich vollzog. Die Trennung zwischen Berufsleben und sogenannten Ruhestand ergab sich in Deutschland erst durch die Bismarcksche Sozialgesetzgebung, in der das Rentenalter auf 70 Jahre festgelegt wurde. In unserer Gesellschaft kann heute der Ruhestand nicht als Zeitpunkt für den Eintritt in den letzten Lebensabschnitt gelten, denn das Rentenalter oder Pensionsalter tritt immer früher ein: 1982 gingen nur noch 9 % der Erwerbstätigen mit Vollendung des 65. Lebensjahres in Rente, 49 % der Männer schieden mit einem Durchschnittsalter von 54 Jahren aus dem Berufsleben aus und 54 % der Frauen mit 58 Jahren aus Gründen der Berufs- und Erwerbsunfähigkeit.[18] Zum Alter gehört zwar im gegenwärtigen Verständnis das Ausscheiden aus dem Berufsleben, aber der Eintritt ins Rentenalter ist nicht gleichbedeutend mit dem Eintritt ins Alter. Eine Bestimmung des Alters als Lebensabschnitt ist für unsere gegenwärtige Gesellschaft nicht mit der Festlegung auf ein kalendarisches Alter möglich, wenn die subjektive Einschätzung der Individuen berücksichtigt werden soll. Ein heute 60jähriger würde sich selbst kaum als alt bezeichnen. Selbst ein 80jähriger könnte auf die Frage "Sind Sie alt?" antworten, er fühle sich jung und solange er dieses Empfinden habe, sei er nicht alt. Hier kann das Motto zitiert werden: "Man ist so alt, wie man sich fühlt." Von Ursula Lehr wurde dieses Motto geändert und die soziale Komponente des Alters hinzugefügt: "Man ist so alt, wie man sich auf Grund der Haltung der Gesellschaft oder der mitmenschlichen Umwelt einem selbst gegenüber fühlt."[19] Die Hypothese von einer wechselseitigen Abhängigkeit des Selbst- und Fremdbildes wird in dieser Aussage herausgestellt (die übrigens für jede Altersstufe gelten soll); das vorliegende gesellschaftliche Altersbild wird vom einzelnen internalisiert und wirkt sich auf das persönlich Befinden aus. Bei einem negativ geprägten Altersbild in unserer Gesellschaft bedeutet dies, daß der einzelne eine negative Einstellung zum Alter allgemein und zu seinem eigenen Alter gewinnt. Andererseits kann eine positive Einstellung beim einzelnen, d.h. unter anderem die Bejahung des Alters, sich auf das gesellschaftliche Bild auswirken und es aufwertend beeinflussen. Als Kriterium zur Klärung des Begriffsverständnisses von Alter trägt die subjektive Einstellung nicht bei.

Die subjektive Einschätzung des Lebensalters bringt vielfach zum Ausdruck, daß in unserer Gesellschaft der Prozeß des Alterns mit einer negativen Bewertung belegt wird. Dabei muß hier deutlich zwischen Alter und Altern unterschieden werden.

---

[18] Vgl. Neumann, L. / Schaper, K.: Die Sozialordnung der Bundesrepublik Deutschland, 3.Aufl., Bonn 1984, S. 96.
[19] Lehr, U.: Psychologie des Alterns, Heidelberg 1977, S. 252.

Das Alter als Lebensabschnitt wird vielfach mit Ruhestand, Versorgung der Familie, finanzieller Absicherung und freier Zeiteinteilung verbunden. Das Altern dagegen wird häufig nur im Zusammenhang mit körperlichen und geistigen Abbauerscheinungen gesehen, und daher vom einzelnen für sich abgelehnt. Dabei wird das Nachlassen der körperlichen Kräfte noch zum Teil toleriert, der geistige Abbau jedoch strikt abgewertet. Wie unterschiedlich die Einstellung zum Altern des Menschen ist, wurde u.a. auch auf der UN-Weltversammlung 1982 zu Fragen des Alterns herausgestellt:

> "*Altern ist von Land zu Land verschieden*; in manchem Land ein herbeigesehnter Zeitpunkt, auf den man sich freut - in manchen Ländern ein befürchteter Zustand, dessen Eintritt man oft gerne hinausschieben möchte. Altern ist auch in großem Ausmaß *abhängig von der sozialen Umwelt, von der Gesellschaft, von Religion und Kultur und nicht zuletzt von epochalen, geschichtlichen Einflüssen*. - Und noch etwas wurde von den verschiedenen internationalen Experten immer wieder hervorgehoben: Altern *muß nicht* Abbau und Verlust von Fähigkeiten und Fertigkeiten bedeuten (...)."[20]

In dieser von Ursula Lehr zusammengefaßten Einstellung zum Altern auf der UN-Weltversammlung wird das Verständnis von Alter und Altern nicht voneinander getrennt, trotzdem kann dem Zitat entnommen werden, daß die Bewertung des Alters und Alterns kulturellen und sozialen Einflüssen unterliegt. Differenzierte Aussagen müssen folglich in kulturelle und soziale Kontexte gestellt werden.

Aus dem wenigen bisher Gesagten ist deutlich geworden, daß eine Bestimmung des Alterns problematischer erscheint als die Festlegung des Alters als Lebensabschnitt. Die verbindlichen Kriterien, die den Alternsprozeß näher beschreiben sollen, scheinen zu ungenau, zu zahlreich und z.T. zu gegensätzlich zu sein. Wenn man die Lebenslaufkurve betrachtet, ist das Altern eindeutig in der abwärts verlaufenden Linie zu sehen und bedeutet den Abbauprozeß nach dem "Höhepunkt" des Lebens. Wenn man Altern aber schon bei der Geburt bzw. der Zeugung ansetzt, muß Altern ganz anders verstanden werden, es beinhaltet dann auch Aufbau und Fortentwicklung.

Einen Ausweg aus diesem Dilemma bietet die Annahme, Altern nicht als einen einheitlichen Prozeß zu sehen, sondern von verschiedenen Alternsprozessen innerhalb eines Menschen auszugehen, also nicht nur ein individuell verschieden verlaufendes Altern von Menschen anzunehmen - wie es tagtäglich von jedem beobachtet werden kann -, sondern ein innerhalb eines Menschen unterschiedlich verlaufendes Altern, das aus mehreren Bereichen zusammengesetzt ist. Es kann, wenn man die klassische Trennung von Körper und Geist zugrundelegt, generell ein körperlicher und ein geistiger Alternsprozeß beim Menschen angenommen werden. Diese beiden Prozesse müssen aber nicht zeitlich parallel zueinander verlaufen, sondern können sich im Menschen unterschiedlich entwickeln. Wenn man aber nicht nur zwischen Körper und Geist unterscheidet, sondern auch eine psychische und soziale Entwicklung beim Menschen annimmt, wären auch in diesen Bereichen Alternsprozesse anzunehmen. Das würde bedeuten, daß der Mensch körperlich, geistig, seelisch und sozial altere; weitere Differenzierungen innerhalb der genannten Bereiche wären möglich. Es kann davon ausgegangen werden, daß sich mit zunehmendem Alter eine differenziertere Wahrnehmung und ein ausgeprägtes reflexives Bewußtsein ausbilden, allerdings

---

[20] Lehr, U. (Hg.): Altern - Tatsachen und Perspektiven. Ergebnisse interdisziplinärer gerontologischer Forschung, Bonn 1983, S. 1f.

kann nur von einem Reifungsprozeß in diesen Bereichen ausgegangen werden, wenn sich diese Qualitäten grundsätzlich beim Individuum herausgebildet haben. Die oben genannten möglichen vier Alternskurven bräuchten nicht parallel, sondern könnten mit zeitlichen Verschiebungen verlaufen. Dann könnte es sein, daß sich ein Mensch z.B. körperlich in einem anderen Alternsstadium befände als in den drei anderen Bereichen. Außerdem könnte, wenn Altern nicht gleich Abbau, sondern gleich Veränderung und Prozeß gesetzt wird, der geistige, psychische und soziale Alternsprozeß im Sinne von Reifung und Fortentwicklung verstanden werden und eine nach oben verlaufende Kurve darstellen. Bei zeitlich parallel verlaufenden Alternskurven könnte dann die Kurve für den körperlichen Prozeß nach unter verlaufen und die Kurven für den geistigen, psychischen und sozialen Prozeß nach oben. Das Zusammenspiel der verschiedenen Bereiche zu einem Zeitpunkt, d.h. zu einem kalendarische Alter, würde dann den Alternszustand eines Menschen insgesamt ausmachen. Bei der Annahme dieses Alternsverständnisses würden körperliche Ausfallerscheinungen und intellektuelle Altershöchstleistungen sowie Zuschreibungen von Weisheit, Abgeklärtheit, Toleranz u.ä. sich nicht mehr widersprechen, sondern nur die verschiedenen Facetten eines Alternszustandes widerspiegeln.

Andererseits ist zu überlegen, daß im alltäglichen Wortgebrauch "altern" allgemein im Sinne von Abbau, Minderung und Verlust verstanden wird. Altern als eine Beschreibung für Aufbau, Fort- oder Höherentwicklung ist nicht üblich. Man spricht vom Reifungsprozeß oder allgemein vom Reifen eines Menschen, wenn man Entwicklungen im geistig-seelischen und sozialen Bereich meint. Altern im gewöhnlichen Sprachgebrauch bezieht sich sowohl auf den körperlichen als auch auf den geistig-seelischen/sozialen Bereich im Sinne von Abbau und Verlust. Reifen ist die Entsprechung im Sinne von Weiter- und Höherentwicklung und im Sinne von Vollendung. Es gibt die Möglichkeit, unter dem Alternsprozeß, der die Entwicklung des Menschen von Geburt/Zeugung bis zum Tod einschließt, sowohl "altern" als auch "reifen" zu subsumieren. Damit würde das Begriffsverständnis von "altern" weiterhin wie bisher gebraucht werden und im wissenschaftlichen Wortgebrauch das Gegenteil von dem einschließen, was in der Alltagssprache (einseitig) darunter verstanden wird.[21] Der Gegenstandsbereich des Alternsprozesses in der Gerontologie würde dann die Entwicklung des Menschen von Geburt bzw. Zeugung an umfassen, und schon deshalb, weil er zeitlich so weit gefaßt wird, nicht nur Altern, sondern auch Reifen mit beinhalten. Diese Regelung entspricht m.E. dem zu erfassenden Gegenstandsbereich der Gerontologie. Da sich der Alternsprozeß immer auf das Alter als Lebensabschnitt bezieht, und dieses ja sowohl körperliche Schwächung und geistige Schwächung und Höchstleistung umfassen kann, wäre ein entsprechendes Begriffsverständnis in der Gerontologie mit der Umfassung von Altern und Reifen im Alter relevant.

Zusammenfassend läßt sich jetzt festhalten, daß der Gegenstandsbereich der Gerontologie das Alter und den Alternsprozeß des Menschen umfaßt. Das Alter als primärer Gegenstandsbereich der Gerontologie bezeichnet einen Lebensabschnitt.

---

[21] Auch in der Alltagssprache gibt es im Begriffsverständnis von "altern" die Bedeutung von "reifen" bei manchen Genußmittel wie z.B. Wein.

Dieser muß für die wissenschaftliche Forschung festgelegt und bestimmt werden, da sich gültige Aussagen immer auf diesen zeitlichen Abschnitt beziehen sollen. Unter Alter wird dabei der letzte Lebensabschnitt (nach dem Erwachsenenalter) verstanden; das Alter ist die letzte Stufe im Entwicklungs- und Reifungsprozeß des Menschen. Als kalendarisches Alter kann das 60. Lebensjahr gesetzt werden, wobei diese Angabe nicht statisch, sondern flexibel anzusehen ist und vor allem der Verständigung und Orientierung in der wissenschaftlichen Forschung dienen sollte und nicht einer allgemeingültigen Festschreibung aller Menschen. Das kalendarische Alter bezieht sich dabei nicht auf einen bestimmten Alterszustand. Aus der Beantwortung der Frage: Wie alt sind sie? kann nicht auf einen bestimmten Alterszustand geschlossen werden. Vielmehr bietet erst die Fragestellung: Wie ist der Alterszustand? die Ausgangsstellung für vergleichende Forschung. Um den Alterszustand zu bestimmen, muß ein Maßsystem vorliegen, nach dem beurteilt werden kann. Auf die Schwierigkeit eines allgemeingültigen Maßsystems, das Werte für Alterszustände ermöglicht, komme ich in der Methodendiskussion Punkt 3.3 zu sprechen. Da jeder Mensch auf sehr verschiedene Weise altert und das Alter ein Produkt und eine Fortsetzung des vorausgegangenen Lebens bedeutet, ist die Erstellung von Maßsystemen für Altern und Alterszustände äußerst problematisch.

Neben der individuell/biographischen Festlegung des Alters bieten soziale Kriterien eine weitere Möglichkeit der Differenzierung, die sich auf das Alter als Lebensabschnitt beziehen. Das soziale Alter, hier nicht als soziale Kontakte des Individuums im Alter verstanden, sondern als Normenzuschreibung in einer sozialen Gemeinschaft, die für das Verständnis von Alter gebraucht werden, hat besonders im menschlichen Zusammenleben für die Lebensaltersbestimmung und die Verhaltensvorschriften für ältere und alte Menschen eine große Bedeutung.

Unter Alternsprozesse sind Veränderungen und Entwicklungen von Geburt bzw. Zeugung an zu verstehen, die Altern, im Sinne von Abbau und Verlust, und Reifen, im Sinne von Weiter- und Höherentwicklung und Vollendung, umfassen und sich in der Gerontologie auf das Alter als Lebensabschnitt beziehen. Der Alternsprozeß schließt sowohl eine körperliche, eine geistige, eine seelische und eine soziale Veränderung/ Entwicklung des Menschen ein.

3.2 Zur Bestimmung und Begründung der Ziele und Zwecke der Gerontologie

Wenn das Alter und der Alternsprozeß des Menschen die Gegenstandsbereiche einer Wissenschaft bilden, so bedeutet dies, daß den Gegenstandsbereichen eine gesellschaftliche Relevanz zuteil wird und ein Forschungsinteresse vorliegt. Hier stellt sich jedoch die Frage, ob das Alter/Altern/Reifen des Menschen es wert sind, Gegenstandsbereiche einer Wissenschaft zu sein. Jede wissenschaftliche Forschung soll zunächst einmal generell dem Menschen dienen und die Gerontologie demzufolge auch. Da sie sich mit dem Alter befaßt, wäre der direkte Bezug der alternde und alte Mensch und darüber hinaus der Mensch allgemein. Ist es jedoch sinnvoll, sich mit dem Alter zu befassen, dem letzten Lebensabschnitt, der mit dem Tod endet und weder für den einzelnen noch für die Allgemeinheit Zukunftsperspektiven eröffnet? Diese Frage führt zur Sinnfrage des Lebens überhaupt. Wenn der Mensch sich für sein Leben einen Sinn geben kann, so gibt er damit seinem *ganzen* Leben einen Sinn, wobei das Alter mit eingeschlossen ist. Das Alter kann nicht deswegen ausgeschlossen werden, weil es geringere Zukunftsperspektiven hat bzw. immer mit dem Tod endet, denn das Wissen um ein Ende des Lebens ist eine Grundkomponente des Lebens überhaupt. Im Alltagsverständnis sind die Zukunftsperspektiven für den einzelnen bedeutungsvoll, da er nach seinen Erwartungen, Vorstellungen, Hoffnungen und Möglichkeiten sein Leben gestaltet. Im Alter sind diese Hoffnungen, Möglichkeiten usw. nur noch eingeschränkt gegeben und beziehen sich mit fortschreitendem Alter auf eine immer kürzer werdende Lebensspanne. Es gibt jedoch keinen Maßstab, der allgemein den Wert einer Zeit mißt. Der Wert bzw. Sinn eines noch zu lebenden Jahrzehnts, eines Jahres oder auch nur Tage und Stunden ist nicht zu bemessen. Prinzipiell kann *leben* als wertvoll erachtet werden und damit auch jede im Alter gelebte Stunde.

Im Zusammenhang mit Sinngebung und Wertschätzung stellt sich die Frage, ob Alter und Altern an sich sinnvoll sind, da es natürlicherweise so gegeben ist. Diese Frage impliziert eine Teleologie der in der Natur auftretenden Phänomene, die m.E. nicht generell nachzuweisen ist. Das Alter/Altern als etwas sinnvolles anzusehen, weil es einem natürlichen Ablauf unterliegt, kann nicht angenommen werden. Aber da der Mensch seinem Leben eine Sinnhaftigkeit geben kann, d.h. das Leben nach einem Ziel ausrichten kann, hat er auch die Möglichkeit, das Alter/Altern sinnvoll werden zu lassen. *Für die Gerontologie kann daraus die Aufgabe abgeleitet werden, die Sinnfrage im Alter/Alternsprozeß verstärkt zu thematisieren.*

Im direkten Zusammenhang mit der Sinnfrage steht die Wertschätzung des alternden/reifenden/alten Menschen. Wenn in unserer bundesrepublikanischen Gesellschaft der alte Mensch als weitgehend wertlos angesehen wird, weil er als nicht mehr leistungsfähig aus dem Produktionsprozeß ausgeschieden ist, so hängt dieses Verständnis von einem "wertlosen Menschen" mit dem sogenannten Wert "Leistung" zusammen, der in bezug zur Wertschätzung von materiellen Gütern steht, die durch Leistung erarbeitet werden können.[22] Da der alte Mensch den Wohlstand nicht durch seine Leistung vermehren hilft, wird er abgewertet. Wenn jedoch die sogenannten Werte "Leistung" und "Wohlstand" als Kriterien für die Wertschätzung des Menschen in Frage gestellt werden, muß damit auch die Bewertung des alten Menschen neu überdacht werden. Wenn z.B. "Lebenserfahrung" als hoher oder höchster Wert gesetzt werden würde, wäre der alte Mensch überaus geschätzt, da nur mit zunehmendem Alter eine vermehrte Lebenserfahrung möglich ist. Aufgabenbereiche für Menschen im Alter wären dann die Weitergabe von Wissen und Lebenserfahrung an die jüngeren Generationen, aber auch an die eigene Generation. *Ausgehend von der postulierten Maxime "die Würde des Menschen ist unantastbar" soll in der Gerontologie die Wertschät-*

---

[22] Eine ausführliche Thematisierung dieser Problematik ist in: Rosenmayr, L.: Soziologie des Alters (Handbuch der empirischen Sozialforschung Bd. 7), 5. Der Status der Älteren in der "Leistungs-Versorgungs"-Gesellschaft, S. 297 ff, zu finden.

zung bzw. Abschätzung des alten Menschen hinterfragt werden, um das überwiegend negativ geprägte Altersbild in unserer Gesellschaft zu korrigieren.

Zur Abklärung der Ziele und Zwecke stellen sich weiterhin die Fragen: Was will die Gerontologie erreichen und warum will sie das erreichen? Eine direkte Beantwortung der Fragen läßt sich aus den Gegenstandsbereichen der Gerontologie ableiten: sie will das Alter und den Alternsprozeß erforschen, um dem alternden/reifenden/alten Menschen in seinem Selbstverständnis gesellschaftlich gerecht zu werden. Da grundsätzlich jeder Mensch allgemein zu erwarten hat, daß er altern wird, dient die Forschung der Gerontologie folglich prinzipiell jedem Menschen. *Als allgemeine, übergeordnete Zielsetzung der Gerontologie soll die Erforschung der Voraussetzungen für ein körperliches, geistiges, psychisches und soziales Wohlbefinden des alternden/reifenden/alten Menschen gesetzt werden, damit die Voraussetzungen für ein gutes (gelingendes) Leben* ("gut" ist hier nicht im moralischen Sinne gemeint) *im Alter gegeben werden.*

Für das physische Wohlbefinden sind generell Präventivmaßnahmen zu erforschen, die einen körperlichen Abbauprozeß verlangsamen, und ebenso Maßnahmen, die Krankheiten und Beschwerden im Alter verringern. Körperliches Leiden soll vermindert und Wohlbefinden ermöglicht werden. Für das geistig-seelische Wohlbefinden sind Ursachen und Maßnahmen zu erforschen, die geistige Leistungen und ein Fortschreiten des Reifungsprozesses weiterhin ermöglichen und den Menschen zur Zufriedenheit gelangen lassen können. Daß alte Menschen in unserer Gesellschaft nicht isoliert, sondern integriert und partizipierend leben können, ist eine Zielsetzung für das soziale Wohlbefinden. Zum psycho-sozialen Bereich gehört auch, daß das Alter als ein spezifischer Lebensabschnitt im Lebenslauf des Menschen anerkannt wird und daß der einzelne für sich das Alter akzeptieren kann.

Bei der Bestimmung der Zielsetzung in der Gerontologie muß vor allem berücksichtigt werden, daß der Mensch als Einheit zu betrachten ist. Auch wenn zwischen verschiedenen Alterns- und Reifungsbereichen unterschieden wird, so handelt es sich dabei um eine rein theoretische Unterscheidung. Die Erforschung einzelner Teilbereiche, z.B. in der bio-medizinischen Forschung die der Alterskrankheiten, müssen sich auf den ganzen Menschen beziehen, da beim Menschen, der nur als ein komplexes System verstanden werden kann, nicht Teile isoliert vorhanden sein können. So wie sich Krankheit auf das psychische und soziale Leben auswirkt, so stehen alle zu betrachtenden Bereiche untereinander in Beziehung.

Umstritten sind weitere mögliche Zielsetzungen der Gerontologie, nämlich die Verhinderung des Alterns generell und die Verlängerung des Lebens "um jeden Preis". Sowohl in der Vergangenheit als auch in der Gegenwart wurde und wird Forschung mit diesen Zielsetzungen betrieben, wobei die Bedingungen für eine Lebensverlängerung nicht geklärt werden. Das Altern zu verhindern und das Leben zu verlängern, wird hierbei gleichgesetzt und bedeutet, wer nicht altert, lebt länger. Dabei wird Altern als reiner Abbauprozeß verstanden, was jedoch - auch empirisch gesehen - nicht legitim ist. Wenn es darum geht, Leiden und Beschwerden zu verringern oder zu verhindern, so soll damit etwas für den Menschen erreicht werden. Aber Altern ist nicht gleich Leiden zu setzen, sondern Altern ist Veränderung und Prozeß. Ein "Nicht-mehr-können" kann auch ein "Nicht-mehr-müssen" bedeuten und damit eine

Befreiung von Pflichten. Eine Lebensverlängerung um jeden Preis kann nicht Zielsetzung der gerontologischen Forschung sein; hier stellt sich wieder die Frage nach der Würde des Menschen und damit nach einem menschenwürdigen Leben. *Die Verlängerung des Lebens als Zielsetzung der Gerontologie ist an die Bedingung geknüpft, daß mit der Lebensverlängerung auch generell ein menschenwürdiges Leben garantiert werden kann.*

Zielsetzung ist die qualitative Verbesserung des Lebens im Alter. Damit ist nicht vorrangig eine bessere materielle Versorgung und Betreuung gemeint, die *für* Menschen im Alter geschaffen werden sollen (obwohl sie auch zur Hebung der Lebensqualität beitragen können), sondern die Schaffung von Voraussetzungen und Möglichkeiten, in denen der alte Mensch selbst in seinem Sinne, d.h. in frei gewähltem Handeln, aktiv werden und sein Leben gestalten kann. Im Sinne dieser Zielsetzung wäre die passive Hinnahme, in der der Mensch nicht selbstbestimmt handelt, sondern nur nach Maßgabe seiner Umwelt, immer nur auf andere reagierend ohne selbst zu agieren, das Gegenteil von dem, was erreicht werden soll.

Ausgehend von der Mündigkeit des Menschen - im Alter - kann es nur zur Zielsetzung der Gerontologie gehören, die Freiheit und Selbstbestimmung des Menschen im Alter zu gewährleisten.

Zum menschenwürdigen Leben gehört auch menschenwürdiges Sterben. Die Schaffung der Voraussetzungen für menschwürdiges Sterben sollte mit zur Zielsetzung der Gerontologie gehören. Dafür ist es notwendig, die Tabuisierung des Themas "Sterben" und "Tod" in unserer Gesellschaft aufzuheben. Die zunehmende Todesnähe gehört mit zu den Kennzeichen des Alters, und erst durch die Thematisierung dieser Problembereiche kann dem alten Menschen in seinem Selbstverständnis entsprochen werden.

Wie aus den vorausgegangenen Ausführungen über Ziele und Zwecke der Gerontologie ersichtlich geworden ist, muß die Forschung letztendlich auf die Praxis ausgerichtet sein, d.h., nur handlungsleitende Zielsetzungen können als sinnvoll gelten, wenn Forschung nicht zum Selbstzweck werden soll.

3.3 Zur Bestimmung und Begründung der Methoden der Gerontologie

Nach der Klärung der Zielsetzungen muß weiterhin die Frage nach den geeigneten Methoden in der Gerontologie gestellt werden, die als Mittel in der Forschung eingesetzt werden, um die Ziele zu erreichen. Dabei können nur die Methoden generell als geeignet in Betracht gezogen werden, die auch den Gegenstandsbereich adäquat erfassen können. Ein Mittel, mit deren Hilfe das Alter und Altern erforscht werden kann, ist die Beschreibung von beobachtbaren Phänomenen. Durch Querschnittuntersuchungen und Langzeitstudien können auftretende "typische" Merkmale des Alters/ Alterns erfaßt und Aussagen über Häufigkeit und Ausprägung von Phänomenen sowie auffälligen Ausnahmen ermöglicht werden. Mit der Analyse dieser Untersuchungen können komplexe Erscheinungen aufgegliedert, mögliche Zusammenhänge erforscht und Problembereiche erkannt werden. Die empirische Forschung läßt

Wahrscheinlichkeitsaussagen zu, aus denen allgemeine Regeln erstellt werden. Dabei ist zu beachten, daß die Untersuchungsergebnisse der deskriptiv-analytischen Methode immer interpretiert werden müssen, wenn sie zu Handlungsanweisungen führen sollen. Die Interpretation wird hierbei vom erkenntnisleitenden Interesse (Zielsetzung) beeinflußt und ist in diesem Sinne nicht als wertfreie Aussage zu verstehen.

Der Einsatz empirischer Forschung setzt aber voraus, daß ein Maßsystem für "normale" Werte vorhanden ist oder aufgestellt werden kann. In der Erarbeitung eines solchen Maßsystems mit den Werten, die in Abhängigkeit zum kalendarischen Alter Aussagen über Alternsveränderungen und Alterszuständen ermöglichen, stellt sich die größte Schwierigkeit in der Methodenfrage der Gerontologie. Querschnittuntersuchungen, die z.B. ein bestimmtes Leistungsvermögen erfassen sollen, können nur aufzeigen, daß es in Abhängigkeit zum kalendarischen Alter immer wieder zu Defizit-Ergebnissen mit zunehmendem Alter kommt.[23] Aufgrund der Untersuchungsergebnisse kann aber nichts darüber ausgesagt werden, ob ein gemessenes Leistungsvermögen "normal" ist für ein bestimmtes Alter. Es kann sein, daß die Testmethoden nicht dem höheren Alter angemessen sind und daher zu falschen Ergebnissen führen. Auch die Auswahl der zu messenden Leistung kann irrelevant zur Altersabhängigkeit sein. Quantitäten sind leicht zu erfassen, Qualitäten dagegen nur mit mehrdimensionalen Faktoren, die auch dann nur relative Werte zulassen. Bedenkt man, daß das Alter immer auch die Summe des bisherigen Lebens mit beinhaltet, so wird deutlich, daß die Individualität eines Menschen im Alter immer sehr viel stärker ausgeprägt ist als in allen vorherigen Altersstufen. Dieser Aspekt macht Querschnittuntersuchungen mit Probanden im gleichen (kalendarischen) Alter zu einer wenig aussagekräftigen Methode, denn daraus gewonnene Mittelwerte können nicht einfach als Norm für eine Altersstufe gesetzt werden.

Im Unterschied zu Untersuchungen, die sich am kalendarischen Alter orientieren, bieten Untersuchungen mit sozialen Kriterien adäquatere Möglichkeiten, altersrelevante Daten zu erfassen. Mit "sozialen Kriterien" sind z.B. der Eintritt ins Renten- oder Pensionsalter gemeint, die Geburt von Enkelkindern und Urenkeln, die Übergabe des Hauses, Hofes, Betriebes usw. an ein Kind oder eine andere Person, der Wechsel von Auslands- zu (nur noch) Inlandsreisen, der Umzug in eine kleinere (Alten-)Wohnung, ins Altenheim und die Pflegebedürftigkeit. Die anhand von sozialen Kriterien gewonnenen Daten sind dem Altersverständnis im Alltagsleben der Menschen adäquater als abstrakt gewonnene kalendarische Angaben, die im sozialen Leben wenig oder keine Orientierung bieten.

Längsschnittuntersuchungen, in denen Probanden über einen längeren Zeitraum immer wieder untersucht und getestet werden, ermöglichen sehr viel relevantere Ergebnisse als Querschnittuntersuchungen. Durch Longitudinalstudien konnte schon mehrfach nachgewiesen werden, daß ein Leistungsabfall in einem bestimmten Bereich bei einem Probanden mit zunehmendem Alter nur in einem geringen Ausmaß nachzuweisen ist. Die Defizit-Theorie - in Folge der Ergebnisse von Querschnittuntersu-

---

[23] Vgl. Ries, Werner: Methoden und Erkenntnisse der Alternsforschung, Berlin 1986, S. 9ff; das Heft von W. Ries bietet einen kritischen Einblick in die Möglichkeiten und Grenzen von Methoden in der Gerontologie.

chungen erstellt - konnte durch Longitudinalstudien widerlegt werden. Bei den auf lange Zeit angelegten Studien können Faktoren wie Schulbildung, Beruf, soziale Situation, Persönlichkeitsmerkmale u.ä. mit berücksichtigt werden, und mit diesen Variablen ein Alternsverlauf beobachtet werden, der dem alternden Menschen gerechter wird. Anhand von Langzeitstudien kann erst der individuelle Verlauf des Alternsprozesses erfaßt werden, der keineswegs kontinuierlich voranschreiten muß. Die Schwierigkeit von Longitudinalstudien liegt lediglich in der sehr aufwendigen Forschungsarbeit, die immer erst nach langen Zeitabständen relevante Ergebnisse vorzuweisen hat.

Die geeignetste Methode, den Alternsprozeß des Menschen zu erforschen, ist m.E. die biographische. Hier werden anhand von Einzelbiographien Alternsprozeße, d.h. Leistungen, Kompensationen bei Ausfallerscheinungen, körperliche und geistige Entwicklung und Reifung, individuelle und epochale Umstände, Krankheit und Gesundheit usw. erfaßt und ausgewertet werden können. Qualitative Merkmale, die erst im biographischen Zusammenhang und in ihrer Komplexität verständlich werden, können herausgestellt werden. Die Individualität einer jeden Biographie erschwert jedoch die Vergleichsmöglichkeiten der Untersuchungsergebnisse und damit letztendlich die Erstellung von "relativ" allgemeingültigen Erkenntnissen. Trotz dieser Erschwernis - dazu kommt noch, daß die biographische Erhebung aufwendiger ist als eine Querschnittstudie - ist sie m.E. am besten geeignet, über Alternsprozesse und über das Alter des Menschen relavante Erkenntnisse zu gewinnen.

Da es sich in der Gerontologie um das Alter/Altern des *Menschen* handelt, ist die Individualität bei der Forschung zu beachten. Forschungsergebnisse beinhalten generelle Aspekte, die für den einzelnen aber nicht unbedingt zutreffen müssen. Da der Mensch ein Individuum ist, müssen in der Gerontologie differenzierte und komplexe Methoden angewendet werden, um zu einem möglichst genauen und umfassenden Ergebnis zu gelangen, das facettenreiche Aspekte widerspiegelt.

Auch die Subjekthaftigkeit ist zu beachten. Zwar ist eine Objektivierung dadurch gegeben, daß das Alter/Altern zu einem Untersuchungsobjekt erhoben wird, da es sich aber um das Alter/Altern des Menschen handelt, darf die Würde des Menschen und damit seine Subjekthaftigkeit nicht durch z.B. bestimmte Experimente negiert werden. Die Forschungsmethoden müssen *für* den Menschen - nicht nur generell verstanden, sondern auch auf den einzelnen Menschen bezogen - ausgerichtet sein.

In bezug auf die Zielsetzung der Gerontologie, die Voraussetzungen für ein physisches, psychisches und soziales Wohlergehen des alternden/alten Menschen zu erforschen, um letztendlich ein Wohlergehen für die Menschen zu ermöglichen und zu erreichen, wird deutlich, daß allein durch deskriptiv-analytische Methoden diese Zielsetzung nicht erreicht werden kann. Vielmehr müssen konstruktive Methoden hinzugezogen werden, die nach der kritischen Prüfung der gegebenen Verhältnisse Entwürfe erstellen, die einer Verwirklichung der Zielsetzung näherkommen. Mit konstruktiven Methoden ist hier gemeint, daß - von einem idealen Ziel ausgehend - Möglichkeiten "durchgespielt" werden können, die der Erreichung des Zieles dienen. Es soll also nicht nur von bestehenden Gegebenheiten ausgegangen werden, die z.B. Mißstände aufzeigen, und überlegt werden, wie diese Mißstände auszuräumen sind, sondern es sollen darüber hinaus Entwürfe kreiert werden, die der Verwirklichung der obersten Zielsetzung näher kommen. Diese Entwürfe/Utopien müssen selbstverständlich im o.a. Sinne und auf ihre Anwendbarkeit hin überüprüft werden.

Ausgehend von der Hypothese, daß sich das körperliche Wohlbefinden auf das geistig-seelisch-soziale Wohlbefinden auswirkt und umgekehrt, können aufgrund von Überlegungen, wie z.b. eine Isolation im Alter zu verhindern ist, Modelle entwickelt werden, die ein psychisches Wohlbefinden erreichen bzw. steigern können und damit sich auch auf das körperliche Wohlbefinden, durch z.B. weniger Krankheit, auswirken können.

3.4 Zusammenfassung

Der primäre Gegenstandsbereich der Gerontologie umfaßt das Alter als letzten Lebensabschnitt in der Entwicklung des Menschen bis zum Tod, und der sekundäre umfaßt den Alternsprozeß, worunter Altern und Reifen von Geburt/ Zeugung an zu verstehen ist. Kennzeichen des Alters sind - quantitativ langes Leben über das Erwachsenenalter hinaus, - zunehmende Todesnähe bzw. verringernde Zukunftserwartung mit zunehmendem Alter, - Abnahme und Verlust von Fähigkeiten und Fertigkeiten, - biologischer Alterszustand und Absterben von Zellen sowie eine verminderte Leistungsfähigkeit von bestimmten Organen, - Ausscheiden aus dem Berufsleben und im Zusammenhang damit Abnahme von Aufgaben und Rollenzuweisungen und Zunahme an zur Verfügung stehender freier oder selbst zu gestaltender Zeit und Befreiung/Verlust von Pflichten und Verantwortungen, die durch das Berufsleben bedingt waren. Für Frauen, die nicht im Erwerbsleben tätig waren, können die genannten Aspekte im Zusammenhang mit dem Berufsleben auf die Familienarbeit übertragen werden. Für das Alter ist weiterhin kennzeichnend, daß Partner, Freunde, Verwandte und Bekannte sterben und der Kreis der sozialen Kontaktmöglichkeiten meist immer kleiner wird. Aufgrund der genannten Aspekte und durch vermehrte Erfahrung in bezug auf die eigene Person, die Mitmenschen und Umwelt ist eine qualitativ andere Einstellung zum Leben (Sinngebung) möglich und wahrscheinlich.

Der zweite Gegenstandsbereich der Gerontologie umfaßt den Alternsprozeß des Menschen, worunter sowohl Altern im Sinne von irreversiblem Abbau und Verlust als auch Reifen im Sinne von Weiterentwicklung und Vollendung zu verstehen ist. Der Alternsprozeß umfaßt physische, psychische, intellektuelle und soziale Veränderungen von Geburt/Zeugung an bis zum Tod. Das Alter ist immer auch die Summe der Alternsprozesse eines jeden Individuums und deren Fortsetzung.

Oberste Zielsetzung der Gerontologie ist es, die Voraussetzungen für ein körperliches, geistiges, seelisches und soziales Wohlbefinden des alternden/reifenden/ alten Menschen zu erforschen und Möglichkeiten zu dessen Verwirklichung zu erarbeiten. Die Verlängerung des Lebens als Zielsetzung ist an die Bedingung geknüpft, ein menschenwürdiges Leben zu garantieren. Nicht die quantitative, sondern die qualitative Verbesserung des Lebens im Alter ist vorrangiges Ziel. Dazu gehört auch die Gewährleistung von Freiheit und Selbstbestimmung im Alter und die

Schaffung von Voraussetzungen für ein menschenwürdiges Sterben.

Die Methoden in der gerontologischen Forschung können zum einen deskriptiv-analytisch sein, wobei Longitudinalstudien und biographische Untersuchungsmethoden den Gegenstandsbereich der Gerontologie besser erfassen können als Querschnittuntersuchungen, aber zur Erreichung der Zielsetzung sind konstruktive Wege (im o.a. Sinne) unerläßlich. Es dürfen nur die Methoden angewandt werden, die die Würde des Menschen nicht verletzen.

4. Die historische Entwicklung zur Wissenschaft vom Alter und Altern des Menschen

Das Altern des Menschen zu verhindern und deshalb die Ursachen dafür zu erforschen, liegt schon seit über 4000 Jahren im Interesse des Menschen. Archäologische Funde aus dem alten Ägypten bezeugen uns, daß schon damals ein Altern der Haut durch Salben und Öle vermieden werden sollte, und aus den Grabbeigaben für Pharaonen und hohe Beamte kennen wir fast ausnahmslos Statuetten, die junge (alterslose) Göttinnen, Götter und Menschen darstellen, was auf eine Idealvorstellung von "ewiger Jugend" im Jenseits schließen läßt. Im "vorwissenschaftlichen" Forschen versuchte man, das Charakteristische und die Qualitäten von langlebigen Menschen zu ergründen, um daraus Schlüsse für eine Verlängerung des Lebens abzuleiten.

> "It began as an inquiry into the characteristics or qualities of longlived people. Indeed, when the average age of life in 1000 B.C. was 18 years, men who lived to be 50, 60 and even 70 were viewed as privileged. Much speculation and many myths attempted to explain why such individuals were favored."[1]

In das Geheimnis eines langen Lebens, verbunden mit "ewiger Jugend", versuchen noch heute Menschen vorzudringen, die getragen werden von der Vorstellung, daß dies möglich war - ist - sein wird. Die Anfänge für eine Beschäftigung mit dem Alter/Altern sind wohl in dieser Sehnsucht des Menschen zu suchen.

Eine umfassende systematische Auswertung der historischen Entwicklung zur Gerontologie liegt meines Wissens bis heute noch nicht vor. Die wenigen Abhandlungen, die bisher erarbeitet worden sind, sollen diesem Kapitel der vorliegenden Arbeit als Grundlage dienen. Der historische Abriß soll zeigen, was in der Geschichte der Menschheit über das Alter und Altern gedacht und geforscht wurde und wie es zum derzeitigen Verständnis von Gerontologie mit seinen verschiedenen einzelwissenschaftlichen Aspekten gekommen ist.[2] In diesem Kapitel werden die philosophischen Ansichten und Untersuchungen zum Alter/Altern ausgeklammert, da diese ausführlich in der Eruierung der Philosophiegeschichte (Kap. 6) behandelt werden.

4.1 Das Alter im Verständnis von Gesundheit und Krankheit in der frühen medizinischen Forschung

Hippokrates (460 - 370 v.u.Z.), der als Begründer der empirischen Medizin gilt, befaßt sich bereits mit dem Altern und Alter. Im Interesse der frühen medizinischen Forschung steht das Anliegen, die Ursachen für das Auftreten von Krankheiten im

---

[1] Birren, J.E. / Clayton, V.: History of Gerontology, in: Woodruff, D.S. / Birren, J.E. (eds.): Aging. Scientific Perspectives and Social Issues, New York 1975, S.15.
[2] Eine ausführliche systematische geschichtliche Auswertung wird im Rahmen dieser Arbeit auch nicht geleistet werden. Dies wäre eine Aufgabenstellung für einen Historiker.

Alter zu bestimmen und ein möglichst gesundes Altern zu erreichen. In diesem Sinne schreibt Hippokrates:

"Aktivität - Inaktivität
Denn um es ein für alle Mal zu sagen: alle Teile des Körpers, die zu einer Funktion bestimmt sind, bleiben gesund, wachsen und haben ein gutes Alter, wenn sie mit Maß gebraucht und in den Arbeiten, an die jeder Teil gewöhnt ist, geübt werden. Wenn man sie aber nicht braucht, sondern untätig läßt, neigen sie eher zu Krankheiten, nehmen nicht zu und altern vorzeitig."[3]

"Übung kräftigt, Untätigkeit läßt zerfallen."[4]

"Gewöhnung
Diejenigen, die gewöhnt sind, gewohnte Anstrengungen zu ertragen, ertragen sie, auch wenn sie schwach und alt sind, leichter als Starke und Junge, die daran nicht gewöhnt sind."[5]

Charakteristisch für die hippokratische Schule ist, daß Umwelteinflüsse, Ernährung, Lebensweise und die psychische Situation in die Anamnese und Behandlung einbezogen werden.[6]

"Die Krankheiten stehen untereinander in einer günstigen oder ungünstigen Beziehung, gewisse Altersstufen ebenso zu Jahreszeit, Gegend, Ernährungsweise.
...
Mit Rücksicht auf die Jahreszeiten ist im Frühling und Frühsommer das Befinden und die Gesundheit der Kinder und der nächsten Altersstufen am besten, im Sommer und in einem Teil des Herbstes die der Greise, im Rest des Herbstes und im Winter die der mittleren Lebensalter."[7]

Bei Hippokrates werden mythische Deutungen durch wissenschaftliche Erklärungen abgelöst, indem für den Alternsprozeß die Lebensweise während des gesamten Lebens verantwortlich gemacht wird. Auch wenn Erklärungen, wie z.B. die günstigen Einflüsse einer bestimmten Jahreszeit auf einen bestimmten Lebensabschnitt, für uns unverständlich bleiben, so werden die Ursachen für Altern, Krankheit und Gesundheit in natürlichen Phänomenen gesucht und nicht der Gunst oder der Strafe von Göttern zugeschrieben. Die von Hippokrates bestimmte Jahreszeit des Sommers und Herbstes für das beste Befinden und die Gesundheit der Greise legt die Analogie nahe, daß die Zeit der Reife und Ernte mit dem Alter verglichen werden soll und deshalb als günstigste Zeit gilt. Da Hippokrates jedoch den Rest des Herbstes und den Winter als für das mittlere Lebensalter günstig bestimmt und in der Natur diese Jahreszeiten analog zu Sterben, Tod und/oder Stillstand gesetzt werden, ist eine Deutung in diesem Sinne unwahrscheinlich. Hippokrates zeigt durch seine nüchterne, sachliche Behandlung der Thematik, daß er dem Alter/Altern nicht ablehnend gegenübersteht, sondern es als einen natürlichen Ablauf der Entwicklung ansieht.

Ganz anders denkt Aretaeus (Aretaios), ein Arzt aus Kappadokien (2. Hälfte des 2.Jhd. n.u.Z.), über das Alter. Im Zusammenhang mit Aussagen über den Wahnsinn steht bei ihm zu lesen:

---

[3] Hippocrates: de articulis reponendis 58, in: Müri, W. (Hg.): Der Arzt im Altertum, München 1962, S. 361.
[4] Hippocrates: de officina 20, in: Müri, W.(Hg.): Der Arzt, S. 361.
[5] Hippocrates: aphorismi II 49, in: Müri, W.(Hg.): Der Arzt, S. 361.
[6] Vgl. Gatzemeier, M.: Hippokrates, in: Mittelstraß, J. (Hg.): Enzyklopädie Philosophie und Wissenschaftstheorie, Bd.2, Mannheim/Wien/Zürich 1984, S. 111f.
[7] Hippocrates: aphorismi II 34, III 18, in: Müri, W. (Hg.): Der Arzt, S. 199.

"Der Wahnsinn aber dauert an. Mit ihm darf man auch die Schwatzhaftigkeit nicht vergleichen, eine Erscheinung des kindischen Alters. Eine Verblödung der Sinne und des Verstandes, ist sie die Erstarrung des Geistes infolge des "Kalten". Der Wahnsinn dagegen hat zur Ursache das Warme und Trockene; auch ist er Verstörtheit im Handeln. Die Schwatzhaftigkeit beginnt erst im Alter und bleibt bis zum Tode; der Wahnsinn setzt bisweilen aus und weicht dank der Behandlung schließlich ganz."[8]

In der damaligen Unterscheidung der vier elementaren Qualitäten - 'Kalt' und 'Warm', 'Trocken' und 'Feucht' - werden dem alten Menschen die Qualitäten 'Kalt' und 'Trocken' zugeschrieben. Diese Qualitäten, die den Elementen Luft und Erde entsprechen (Feuer = warm; Wasser = feucht), werden in der Antike zum Teil negativ bewertet, während das Warme und Feuchte als lebensbejahend und lebensspendend gilt. Für Aretaeus ist das Alter schlimmer als die Krankheit des Wahnsinns, da die Alterserscheinungen nicht heilbar sind. Seine Beschreibung des Alterszustandes ist so schrecklich, daß man das Alter fürchten muß.

Auch Galen von Pergamon (129/130 - 199/200 n.u.Z.), der ungefähr zur selben Zeit lebt wie Aretaeus, schreibt dem Alter die Qualitäten 'Kalt' und 'Trocken' zu, allerdings ohne negative Bewertung. Galen ist der Ansicht, daß Altern ein natürlicher Vorgang sei, während Krankheit wider die Natur sei. Deshalb könne die Auffassung "Alter sei eine Krankheit", wie sie u.a. auch von Aristoteles vertreten wird, nicht stimmen.[9] Galens Beobachtungen über Verlauf und Behandlung von Alterskrankheiten stellen keine wesentliche Erweiterung gegenüber den hippokratischen Schriften dar. Aber er ist nachweislich der erste, der die "Gerokomie", die "Greisenpflege", als ein eigenes Aufgabengebiet der Medizin umreißt. Galens alterspathologische Studien "beherrschen weit über 1000 Jahre das ärztliche Denken"[10] und wirkten sich bis ins 18. Jhd. aus; die nach ihm kommenden medizinischen Abhandlungen im Mittelalter gehen nach Ansicht Steudels nicht in einem bedeutenden Maße über Galen hinaus.

Für die frühe medizinische Forschung ist bezeichnend, daß Alter/Altern und Krankheit in einen Zusammenhang gebracht werden, in dem u.a. die Ansicht vertreten wird, daß das Alter selbst eine Krankheit sei. Diese Einstellung kann vertreten werden, wenn man z.B. von häufiger Krankheit im Alter ausgeht und dann generalisierend das Alter als Krankheit bezeichnet. Dem steht jedoch gegenüber, daß andererseits in den hippokratischen Schriften erwähnt wird, daß bestimmte Krankheitsverläufe bei alten Menschen weniger heftig sind als beim jungen und auch alte Menschen generell seltener erkranken.[11]

Eine Erklärungsmöglichkeit ließe sich im Begriffsverständnis von Gesundheit und Krankheit ableiten. Wenn Krankheit als natürlich angesehen wird, so kann das Alter durchaus als Krankheit bezeichnet werden, denn das Alter gehört zum natürlichen Lebensablauf. Galen war jedoch entgegengesetzter Ansicht, nämlich daß Krankheit wider die Natur des Menschen sei. Die andere Interpretationsmöglichkeit wäre dann, daß das Alter nicht natürlich sei, was real jedoch nicht gegeben sein

---

[8] Aretaeus: de causis et signis (morborum chronicorum) I 6, in: Müri, W. (Hg.): Der Arzt, S. 225.
[9] Vgl. Steudel, J.: Alter, Altersveränderungen und Alterskrankheiten - historischer Abriß, in: Kaiser, H. (Redig.): Der Mensch im Alter, Frankfurt/M. 1962, S. 10f.
[10] ebda., S. 11.
[11] Vgl. ebda., S. 10.

konnte, sondern nur in manchen Mythen und Dichtungen geschildert wird. Da die frühe medizinische Forschung noch zum Teil dem mythischen Denken verhaftet bleibt, gibt es Vorstellungen, daß das Alter auch ohne Krankheit bzw. ohne Altern möglich sei. Die wahrscheinlichste Erklärung liegt m.E. im Begriffsverständnis von Alter und Altern. Wenn unter Altern nur körperliche und geistige Abbauprozesse verstanden werden und z.B. nachlassende Sehkraft, Hörkraft und Bewegungsfähigkeit als krankhaft angesehen werden, so wird die Gleichsetzung von Alter und Krankheit verständlich. Altern ist dann eine Kategorie von Krankheit und bedeutet einen irreversiblen Abbauprozeß. Der römische Lustspieldichter Publius Terentius Afer (gest. 159 v.u.Z). formuliert in diesem Sinne: "Senectus ipsa morbus" und Seneca äußert eine noch pessimistischere Auffassung: "Senectus insanabilis morbus".[12] Im Unterschied dazu zeigen die Einstellungen der hippokratischen Schule und Galens deutlich die Ablösung vom mythischen und rein spekulativen Denken hin zur wissenschaftlich empirischen Forschung. Alter und Altern werden nicht abgelehnt, sondern als natürliche Phänomene beobachtet und angenommen. Ziel ist es, Abbauerscheinungen zu vermeiden und zu verzögern (und nicht Altern als unheilbare Krankheit zu sehen) und deshalb Präventivmaßnahmen zu ergreifen.

4.2 Forschungen zur Gesetzmäßigkeit des Alternsprozesses in der "wissenschaftlichen Forschung"

Der Beginn der "wissenschaftlichen Ära", nach der Einteilung von Birren und Clayton, wird in das 16. Jahrhundert gelegt, als magische und spekulative Erklärungen durch die wissenschaftliche Methode der systematischen Beobachtung von natürlich vorkommenden Phänomenen abgelöst werden. Allgemeine Gesetzmäßigkeiten sollen erforscht werden.

Francis Bacon (1561 - 1626), ein Repräsentant für die neue rationale empirische Forschung (dargelegt im "Novum organum"), versucht in seinem Werk "History of Life and Death" einen kausalen Zusammenhang für das Altern zu ergründen. Der Fehler seines Forschungsansatzes liegt nach Birren und Clayton vor allem darin, daß er von *einer* Ursache für das Altern ausgeht und nicht multiple Ursachen zur Erklärung annimmt. Bacon geht davon aus, daß mangelnde Hygiene der ausschlaggebende Faktor für den Alternsprozeß sei.[13]

Im nachfolgenden Jahrhundert ist es Benjamin Franklin (1706 -1790), der sich für Wissenschaft und Altern interessiert und den Zusammenhang von Lichteinfluß und Altern erforscht. Franklin will die Gesetzmäßigkeiten des Alternsprozesses entdecken und einen Weg zur Verjüngung des Menschen finden.[14]

Im selben Zeitraum wird von dem Wiener Mediziner van Swieten (1700 - 1772) eine "Rede über die Erhaltung der Gesundheit der Greise" verfaßt. Ein Aachener

---

[12] Vgl. ebda., S. 11.
[13] Vgl. Birren/Clayton: History ..., S. 17.
[14] Vgl. ebda., S. 17.

Doktorand[15] veröffentlicht in seiner Dissertation diese Rede, sechs Jahre nach van Swietens Tod. In der Rede spricht der Mediziner nicht nur von den körperlichen Abbauerscheinungen und wie diesen vorzubeugen bzw. diese abzumildern sind, sondern sein Hauptanliegen ist die gesunde Lebensführung während des ganzen Lebens.

"Durch Übung und Mäßigkeit kann auch das Alter etwas von seiner früheren Kraft bewahren, wodurch dann der Greis sich durchaus von einem altersschwachen Menschen unterscheidet. ... Unser Fehler, nicht der des Alters ist es, wenn uns das Greisenalter mißfällt. Denn ein ruhig, rein und mit Anstand verbrachtes Leben hat ein ruhiges und mildes Alter."[16]

Die Ausführungen erinnern an Hippokrates, und wenn van Swieten die "vier Dinge" aufzählt, die dem Greisenalter zugeschrieben werden,

"1. es [das Alter, Anm.d.Verf.] ziehe von der Führung der Geschäfte ab,
2. es schwäche den Körper,
3. es beraube der Freuden und
4. es sei dem Tode nahe"[17],

und sie im Anschluß daran ausführlich bespricht, indem er die negativen Auswirkungen bzw. das negative Erleben der anthropologischen Grundkomponenten entweder widerlegt oder mit möglichem positiven Erleben ausführt, so erinnert van Swieten hier stark an Ciceros Werk über das Alter. Neben seinen philosophisch-anthropologischen Ausführungen gibt van Swieten praktische Hinweise zur "Erhaltung der Gesundheit der Greise", indem er Bäder, Abreibungen, Bewegungsübungen usw. empfiehlt. Seine Grundeinstellung ist, daß, wer im Alter wirklich altersschwach ist, dieser auch selbst mit die Verantwortung dafür trägt.

Eine weitere medizinische Abhandlung über Alter und Krankheit - nach Steudel die "erste als wissenschaftlich zu bezeichnende Analyse des Alternsvorgangs"[18] - wird von dem Deutschbalten und russischen Hofarzt J.B. Fischer (1754) unter dem Titel: "De senio eiusque gradibus et morbis (Über das Greisenalter, seine Grade und Krankheiten)"[19] verfaßt. Fischer beschreibt typische Altersveränderungen der körperlichen Organe und veränderte Krankheitsbilder und Krankheitsverläufe bei alten Menschen sowie spezielle Therapien für das Greisenalter.

Das nach Fischer erschienene berühmt gewordene Werk von Christoph Wilhelm Hufeland "Makrobiotik oder Die Kunst, das menschliche Leben zu verlängern" (1796) ist zwar ein noch heute gelesenes Buch (wie Steudel meint; letzte Auflage 1958), das sich aber nicht mit Alterskrankheiten auseinandersetzt, sondern mit der Verlängerung des Lebens. Hufeland versucht, oft spekulativ, die verschiedenen Ursachen für eine Lebensverkürzung bzw. Lebensverlängerung zu begründen, zum Teil mit moralischen Argumenten wie etwa, daß die Lebensverkürzung eine Folge der ehelichen Untreue sei. Er nimmt unkritisch eine Übertragung aus der Beobachtung von Tieren auf Menschen vor. Hufeland gibt an, daß der Mensch als Gattungswesen (er spricht

---

[15] Der Name des Doktoranden wird in der mir vorliegenden Ausgabe von 1964 nicht genannt.
[16] Swieten, Gerhard Freiherr van: Rede über die Erhaltung der Gesundheit der Greise (Wien 1778), ins. Dt. übertr. u. eingel. von Hugo Glaser, Leipzig 1964, S. 46f.
[17] ebda., S. 47.
[18] Steudel, J.: Alter ..., S. 11.
[19] Fischer, Joan Bernhardo de: De senio, eiusque gradibus et morbis, nec non de eiusdem acquivisitione. Tractatus, Erford 1754; Dt. Ausgabe: Fischer, Johann Bernhard von: Vom hohen Alter der Menschen. Aus dem Lateinischen, übers. von Theodor Thomas Weichardt, Leipzig 1776.

in diesem Sinne auch von Klasse) eigentlich 200 Jahre alt werden könne, da bei Tieren zu beobachten sei, sie würden das achtfache ihrer Wachstumszeit leben können; da der Mensch eine Wachstumszeit von 25 Jahren habe, könne er - absolut genommen - 200 Jahre alt werden.[20] Nach Hufeland können beim Menschen auch Verjüngungsmerkmale festgestellt werden.

> "Bei manchen Menschen scheint wirklich eine Art von Verjüngung möglich zu sein. Bei vielen Beispielen des höchsten Alters bemerkte man, daß im 60sten, 70sten Jahre, wo andere Menschen zu leben aufhören, neue Zähne und neue Haare hervorkamen, und nun gleichsam eine neue Periode des Lebens anfing, welche noch 20 und 30 Jahre dauern konnte, eine Art von Reproduction seiner selbst, wie wir sie sonst nur bei unvollkommeneren Geschöpfen wahrnehmen.
> Von der Art ist das merkwürdigste mir bekannte Beispiel, ein Greis, der zu Rechingen (Oberamt Bamberg) in der Pfalz lebte, und 1791 im 120sten Jahre starb. Diesem wuchsen im Jahre 1787, nachdem er lange schon keine Zähne mehr gehabt hatte, auf einmal acht neue Zähne. Nach sechs Monaten fielen sie aus, der Abgang wurde aber durch neue Stockzähne oben und unter wieder ersetzt, und so arbeitete die Natur vier Jahre lang unermüdet, und noch bis vier Wochen vor seinem Ende fort. Wenn er sich der neuen Zähne einige Zeit recht bequem zum Zermalmen der Speisen bedient hatte, so nahmen sie, bald eher bald später, wieder Abschied, und sogleich schoben sich in diese oder in andere Lücken neue Zähne nach. Alle diese Zähne bekam und verlor er ohne Schmerzen; ihre Zahl belief sich zusammen wenigstens auf ein halbes Hundert."[21]

Als Empfehlung für eine Lebensverlängerung gibt Hufeland "die goldene Mittelstraße in allen Stücken"[22] an. Neue wissenschaftliche Erkenntnisse konnten aus seinem Werk damals nicht gewonnen werden. Seine als "empirisch nachweisbar" beschriebenen Phänomene, wie das o.a. Beispiel mit den Zähnen zeigt, sind nicht im heutigen wissenschaftlichen Verständnis als empirisch zu verstehen. Es war vielmehr Hufelands Art, auf diese Weise seine Glaubwürdigkeit zu beweisen. Verbreitet war sein Werk wohl deshalb, weil es den gängigen moralischen Normen entsprach und er den Menschen Hoffnung auf ein langes Leben vermittelte.[23]

Der Statistiker Quetelet (1796 - 1874) wird als erster als ein *Gerontologe* bezeichnet; er gibt 1835 in Paris sein Werk "Sur l'homme et le developpement de ses facultés" heraus.[24] Quetelet interessiert sich für sozialanthropologische Daten des Durchschnittsmenschen, und mit Hilfe von statistischen Erhebungen versucht er z.B. Körpergröße und Gewicht in Korrelation zu sozialer Schichtung zu setzen. Seine Ergebnisse werden zum Teil in der Mitte des 20. Jhds. durch neue Untersuchungen bestätigt. Seine Bedeutung für die Alternsforschung liegt vor allem darin, daß er "den Zusammenhang zwischen biologischen und sozialen Einflüssen gerade auch

---

[20] Vgl. Hufeland, Chr. W.: Makrobiotik oder Die Kunst, das menschliche Leben zu verlängern, Berlin, o.J. (1. Aufl. 1796), S. 26.
[21] ebda., S. 26f.
[22] ebda., S. 24.
[23] Nach Hufelands Beobachtung war zu seiner Zeit die durchschnittliche Lebenserwartung der Frau höher als die des Mannes. Da er dies wohl nicht so einfach akzeptieren konnte, suchte er nach einem begründeten Ausweg für dieses Phänomen:
"Es werden mehr Weiber als Männer alt, aber das höchste Ziel des menschlichen Alters erreichen doch nur Männer.
- Das Gleichgewicht und die Nachgiebigkeit des weiblichen Körpers scheint ihm für eine gewisse Zeit mehr Dauer und weniger Nachtheil von den zerstörenden Einflüssen zu geben. Aber um sehr hohes Alter zu erreichen, gehört schlechterdings Manneskraft dazu. Daher werden mehr Weiber alt, aber weniger sehr alt." Hufeland: Makrobiotik, S. 25.
[24] Vgl. Birren/Clayton: History, S. 18.

in bezug auf den Alternsprozeß überzeugend herausstellte"[25] und auch Daten der Psychologie des Alterns mit einschloß. Außerdem versuchte Quetelet in einer vergleichenden Studie, den Bezug der quantitativen Leistung in einzelnen Lebensjahren englischer und französischer Daramatiker zu erfassen.[26]

Ein zweiter Pionier der psychologischen Alternsforschung, Sir Francis Galton (1832 - 1911),

> "versuchte, die beim Älterwerden auftretenden Veränderungen des Organismus bzw. Körperbaus zu erfassen und mit eventuell feststellbaren Veränderungen auf dem Gebiet der Psychomotorik, der Wahrnehmungsprozesse und "höherer geistiger Prozesse" zu korrelieren."[27]

Galton, ein Cousin von Charles Darwin, führt zahlreiche Untersuchungen bei Menschen aller Altersstufen durch und setzt nicht nur bio-medizinische und psychologische Ergebnisse zueinander in Beziehung, sondern bringt auch sozialpsychologische Betrachtungen mit ein, wie z.B. das Verhältnis der Generationen zueinander. Galtons Interese gilt der wissenschaftlichen Erforschung und Erfassung des Menschen. In seinem "Anthropometric Laboratory" sammelt er exakt meßbare Daten wie Gewicht, Größe (sitzend und stehend), Alter, Hör- und Sehfähigkeit, Farbempfinden, Armspanne usw. und korreliert die einzelnen Daten untereinander, um zu exakten Aussagen über den Menschen zu gelangen.[28] Seine berühmteste Untersuchung führt er auf der Internationalen Gesundheitsausstellung 1884 in London durch. Über 9337 weibliche und männliche Besucher im Alter zwischen 5 und 80 Jahren werden mit insgesamt 17 verschiedenen Testmethoden untersucht. Ein Ergebnis dieser Untersuchung war u.a., daß alte Menschen hoch frequentierte Töne schlechter oder gar nicht mehr hören im Vergleich zu jüngeren.[29]

Insgesamt werden im 19. Jahrhundert zahlreiche Studien und Lehrbücher auf dem Gebiet der Alterskrankheiten und Greisenheilkunde verfaßt, zu erklären u.a. durch den Aufschwung der gesamten Heilkunde.[30] Zu Beginn des 20. Jahrhunderts wird ein starkes Interesse in der biologischen Erklärung der Alternsprozesse gesucht; die jahrtausendealte Frage, ob die Langlebigkeit von Menschen biologisch zu begründen sei, lebt neu auf. Die Hypothesen können jedoch nicht verifiziert werden; statt multiple Faktoren für das Altern anzunehmen, wird bei den Forschungen ein Faktor isoliert untersucht und führt zu keinen signifikanten Ergebnissen.[31] Mit der Wende zum 20. Jahrhundert zeigt sich eine Entwicklung in der Bevölkerungsstruktur, mit der nicht gerechnet worden war. Die durchschnittliche Lebenserwartung steigt sprunghaft an und zeigt, daß immer mehr Menschen immer älter werden, und sich insgesamt die Bevölkerung vermehrt. Die Säuglingssterblichkeit ist heruntergesetzt worden, Seuchen können schneller bekämpft werden, die hygienischen Verhältnis-

---

[25] Lehr, U.: Psychologie ..., S. 22.
[26] Vgl. Birren/Clayton: History ..., S. 18.
[27] Lehr, U.: Psychologie ..., S. 22f.
[28] Vgl. Galton, F.: On the Anthropometric Laboratory at the late International Health Exhibition, S. 205 - 221; und Ders.: Some Results of the Antropometric Laboratory, S. 275 - 287, beide in: The Journal of the Anthropological Institut of Great Britain and Ireland, Vol. XIV., London 1885.
[29] Vgl. Birren/Clayton: History ..., S. 19.
[30] Vgl. Steudel, J: Alter ..., S. 12.
[31] Vgl. Birren/Clayton: History ..., S. 19f.

se haben sich verbessert und Heilmittel gegen Infektionskrankheiten sind gefunden worden. Die Medizin reagiert auf die veränderte Bevölkerungsstruktur und widmet große Bereiche ihrer Forschung der Erkundung von Alterskrankheiten und Alternsveränderungen. Herausragende Arbeit leistet in dieser Entwicklung der in die USA emigrierte Wiener Arzt Ignaz Leo Nascher, der im Jahre 1909 den Begriff "Geriatrie" einführt. In Unterscheidung zur Pädiatrie, zur Kinderheilkunde, soll unter Geriatrie die Altersheilkunde verstanden werden.[32] Insgesamt schreitet die geriatrische Forschung sowohl in den USA, als auch in den europäischen Ländern und in der Sowjetunion rasch voran und etabliert sich zu einer eigenständigen Teildisziplin der Medizin.

Im Jahre 1918 beginnt Max Bürger in Deutschland mit seinen ersten Arbeiten über das Alternsproblem, und in über 40 Jahren trägt er die Erkenntnisse seiner Altersforschung zusammen, die er mit einem Team in der experimentellen Forschung auf biochemischer und biophysikalischer Grundlage gewonnen hat.[33] Er ändert auch die Bezeichnung "Altersforschung" in "Alternsforschung" und betont damit die Notwendigkeit, nicht nur das hohe Alter, sondern auch früher einsetzende Alternsvorgänge zu erforschen. Bürger definiert Altern als "jede irreversible Veränderung der lebenden Substanz als Funktion der Zeit. Das Altern ist demnach im allgemeinbiologischen Sinn ein sich während des ganzen Lebens abspielender, dauernder Wandlungsprozeß."[34]

> "Der menschliche Körper, sein Geist und seine Seele unterliegen lebenslang dauernden Wandlungen, die ich "Biomorphose" genannt habe. Die Biomorphose mit allen ihren Erscheinungen stellt einen Ablauf dar, der zum Tode hin gerichtet ist."[35]

Max Bürger bezieht in den Alternsprozeß, der sich von der Zeugung an bis zum Tod vollzieht, nicht nur die körperlichen Veränderungen, sondern auch geistige und seelische; er spricht von der "Melodie des Lebens", die den individuellen Prozeß charakterisiert.

> "In einem tieferen Sinn kommt der Biomorphose auch eine transzendentale Bedeutung zu. In den Menschen aller höheren Kulturen besteht wohl ein transzendentales Bedürfnis, das in bestimmten Mythen, Kulten und Religionen seinen Ausdruck geformt findet. In der Biomorphose zeigt sich die schicksalsmäßige, entelechiale Entwicklung des Individuums bis zum Tode, dem Keim zum Leben ist der Keim zum Sterben beigegeben, dem das Individuum im Interesse der Erhaltung der Art verfällt. Der Tod aber ist der Musaget jeder Philosophie; sie läßt uns über Sinn, Wert und Bedeutung unseres Daseins nachdenken, sie fragt nach den Wegen der Rettung und Erhaltung der Werte der Persönlichkeit, der individuellen Freiheit, der Verantwortung und Würde und der gegenseitigen Achtung und Hilfsbereitschaft."[36]

Max Bürger meint nicht, daß die Sinngebung des Lebens im Sterben liegt, bzw. das Ziel des Lebens der Tod ist, sondern er sieht die Wertschätzung des menschlichen Lebens und die Sinngebung als eine, die durch die Endlichkeit des Lebens geprägt

---

[32] Vgl. Ries, W.: Methoden ..., S. 5f.
[33] Vgl. Böhlau, V.: Zur Einführung: Das Lebenswerk Max Bürgers für die Gerontologie, in: Ders. (Hg.): Wege zur Erforschung des Alterns, Darmstdt 1973, S. Xf.
[34] Bürger, Max: Altern und Krankheit als Problem der Biomorphose, Medizinische Prisma 9, Ingelheim a.Rh. 1963, S. 20 ("Altern und Krankheit" erstmals erschienen 1947).
[35] ebda., S. 3.
[36] ebda., S. 21.

wird. Die Biomorphose zeigt dem Menschen unübersehbar seine Begrenztheit.

Als ein bedeutender Vertreter der systematischen psychologischen Alternsforschung ist Stanley Hall (1888 - 1924) zu nennen, der 1922 sein Werk "Senescence, the last half of life" veröffentlicht. Zuvor hat er über das Kindes-, Jugend- und Erwachsenenalter gearbeitet. Hall teilt das menschliche Leben in fünf Hauptstadien ein: 1. Kindheit (childhood), 2. Jugend (adolescence), 3. "Mitte des Lebens" (middle life; ca. 25 bis 30, 40 oder 45 Jahre), 4. Erwachsenenalter (senescence; ca. Anfang der 40iger) und 5. Alter (senectitude; nach dem Klimakterium und eigentliches hohes Alter).[37] Sein Werk "Senescence ..." behandelt das in diesem Sinne verstandene "Erwachsenenalter", "Alter", "Hohe Alter" und die Problematik der Todesnähe. Halls Anliegen, im Vorwort genannt, lautet:

> "to a better and more correct understanding of the nature and functions of old age, and also a psychologist's contribution to the long-desired but long-delayed science of gerontology."[38]

In dem Kapitel "The history of old age" führt Hall auf, daß überall auf der Welt Völker, Volksstämme, Clans usw. lebten, die alte Menschen rituell in den Tod führten. Es gehörte zum Ritus, daß sich alte Menschen mit ihrem Tod einverstanden erklärten. Meist verbunden mit einer Zeremonie wurde der Tod dann (weitgehend schmerz- und leidensfrei) herbeigeführt. Bei diesen Völkern wurden auch Kranke, die keine Lebenschancen mehr hatten, getötet.[39] Zu verstehen ist diese Einstellung nur auf dem Hintergrund, daß es für diese Völker lebensnotwendig war, ihre Alten und Kranken zu töten bzw. durch eigene Hand sterben zu lassen, damit die Jungen und damit das Volk, der Stamm usw. überleben konnten. Zum Teil war es wohl auch so, daß nur der selbst herbeigeführte Tod im Alter als ehrenvoll angesehen wurde, nicht der "natürliche" Tod. Andererseits wurden alte Menschen besonders hoch geachtet, und Hall schreibt, daß gerade alte Frauen ehrenvoll behandelt wurden, da sie Kinder geboren und Erfahrungen und Wissen gesammelt hatten. Das Selbstverständnis und die Würde dieser alten Frauen seien bemerkenswert gewesen, betont er.[40] Hall nennt als ein Kennzeichen des "Hohen Alters" die Todesnähe, und er verbindet das Erleben des Alters mit der Einstellung zum Tod. Aus der Geschichte kristallisieren sich für ihn drei zu unterscheidende Grundeinstellungen des Menschen zum Tod heraus: 1. die Position, nicht an den Tod zu denken und Zuflucht zu nehmen (zu flüchten) in das Alltägliche,[41] 2. der Glaube an die Unsterblichkeit und damit die Hingabe zu einer bequemen (Selbst-)Täuschung, und 3. die Akzeptanz des Todes, das Anschauen und Sich-Vertraut-Machen mit dem Tod als schwerster und von Hall[42]

---

[37] Vgl. Hall, St.: Senescence, the last half of life, New York 1922, S. Vii.
[38] ebda., S. Vf.
[39] Vgl. ebda., S. 38ff.
[40] Vgl. ebda., S. 41f.
[41] Als Beispiel hierfür führt Hall die Einstellung Epikurs an: "Das angeblich schaurigste aller Übel also, der Tod, hat für uns keine Bedeutung; denn solange wir noch da sind, ist der Tod nicht da; stellt sich aber der Tod ein, so sind wir nicht mehr da." in: Diogenes Laertius, X. 125, Epikur entbietet dem Menoikeus seinen Gruß.
[42] In dem vorletzten Kapitel "Some Conclusions", an das sich seine Psychologie des Todes anschließt, bekennt sich Hall zur 3. Position als seine persönliche Einstellung zum Leben im Alter. Durch diese Grundhaltung gewinnt er eine andere Einstellung zum Leben, nämlich die, das Leben zu lieben, sich über jeden Tag und jede Stunde zu freuen, wie er es nach eigenen Worten beschreibt. Das Leben ist

als am höchsten zu bewertender Weg.⁴³ In seiner Untersuchung kommt Hall u.a. zu dem Ergebnis:

> "As a psychologist I am convinced that the psychic states of old people have great significance. Senescence, like adolescence, has its own feelings, thoughts, and wills, as well as its own physiology, and their regimen is important, as well as that of the body. Individual differences here are probably greater than in youth."⁴⁴

Hall sieht das Alter als eine eigene Entwicklungsphase des Menschen mit eigenem Erleben und Denken sowie einer differenzierteren Persönlichkeit als etwa im Jugendalter an.

In den USA an der Standford-Universität in Kalifornien wird 1928 von Miles das erste größere Institut zur Erforschung der Probleme des Alterns gegründet. Die Untersuchungsergebnisse an diesem Institut zeigen Übereinstimmungen über das Nachlassen der intellektuellen Fähigkeiten mit zunehmendem Alter. Das "Defizit-Modell" verbreitet sich, hat im wirtschaftlichen Bereich Auswirkungen auf die Einstellung von älteren Arbeitnehmern und im gesellschaftlichen Bereich auf das Image von alten Menschen.

Zu ähnlichen Ergebnissen gelangt Pawlow (1894 - 1936) in seiner experimentell ausgerichteten Forschung in Rußland. Er erklärt die langsamere Lernfähigkeit bei zunehmendem Alter durch die herabgesetzte Leitfähigkeit der nervösen Bahnen.⁴⁵

Im Jahre 1929 wird die Bezeichnung *"Gerontologie"* von dem russischen Forscher N.A. Rybnikov eingeführt, der darunter eine Spezialdisziplin der Verhaltenswissenschaften verstanden wissen will, entsprechend der Geriatrie in der Medizin. Zielsetzung der neuen Disziplin soll die Erforschung der Verhaltensveränderungen in Beziehung zum fortschreitenden Lebensalter sein und die Erforschung der Ursachen und Bedingungen des Alterns generell.⁴⁶

In Europa wird in diesem Zeitraum wenig systematische Forschung betrieben. Die vorliegenden Arbeiten beziehen sich überwiegend auf krankhafte psychische Alternsprozesse. So veröffentlicht Gruhle 1938 eine Arbeit mit dem Thema "Das seelische Altern", wobei er die Beobachtungen eines Psychiaters "über die Schwerfälligkeit der Umstellung, der Aneignung neuer Gedächtnisinhalte, über Vergeßlichkeit und Eigensinn, sowie über eine zunehmende Gereiztheit alternder Menschen"⁴⁷ beschreibt und diese Aussagen für charakteristisch im "typischen Alternsprozeß" angibt. Seine Beobachtungen - an kranken Menschen gewonnen - beeinflußen lange Zeit auch das ärztliche Denken und Wirken bis in die Gegenwart, wie Ursula Lehr schreibt.⁴⁸

In der Entwicklungspsychologie leistet Charlotte Bühler durch ihr 1933 veröffentlichtes Buch "Der menschliche Lebenslauf als psychologisches Problem" einen Beitrag im deutschsprachigen Raum, indem sie die gesamte Lebensentwicklung bis zum

---

für ihn wertvoller geworden, nachdem er den Tod akzeptiert hat. Vgl. Hall, St.: Senescence ..., S. 438.
⁴³ Vgl. ebda., S. 78f.
⁴⁴ ebda., S. 100.
⁴⁵ Vgl. Lehr, U.: Psychologie ..., S. 26f.
⁴⁶ Vgl. ebda., S. 27.
⁴⁷ ebda., S. 28.
⁴⁸ Vgl. ebda., S.29.

Lebensende zu erfassen sucht. Sie führt die biographische Methode ein und legt damit den Grundstein für eine adäquate Methode der gerontologischen Forschung.

In Form einer historisch-biographischen Methode verfaßt Paul Herre sein 1939 erschienenes Werk "Schöpferisches Alter. Geschichtliche Spätaltersleistungen in Überschau und Deutung". Er wählt für seine Abhandlung geschichtliche Persönlichkeiten aus, die *auch* im Alter noch politisch oder schöpferisch tätig waren und Spätalterswerke hervorbrachten. Obwohl er nur berühmte Persönlichkeiten vorstellt, und insofern Ausnahmen, ist das Anliegen seiner Aussage als generell verstandene nicht zu übersehen, nämlich daß mit zunehmendem Alter keineswegs ein Leistungsabfall einhergehen muß, sondern daß ebenso eine Fortsetzung und eventuelle Steigerung in bezug auf Reife und Qualität möglich ist.

Zusammenfassend läßt sich über die "wissenschaftliche Ära" -nach der Einteilung von Birren und Clayton die Zeit vom 16. bis zum Beginn des 20. Jhds. - sagen, daß zunächst die bio-medizinische Forschung dominiert. Wissenschaftliche wird weitgehend als emprische Forschung - allerdings nicht nach den heutigen Maßstäben - verstanden. Das Kausalitätsprinzip von Ursache und Wirkung wird auf Altern und Krankheit angewandt. Altern wird hauptsächlich unter dem Aspekt der Krankheit gesehen, und zwar in dem Sinne, daß, wenn die Ursachen für das Altern bestimmt werden können, dann auch die Krankheiten im Alter vermieden werden können. Ausgehend von dieser Hypothese liegt die Zielsetzung der Forschung vor allem darin, das Altern des Menschen zu verhindern. (Die mögliche Umkehrung - Krankheit bedeutet Altern - scheint in dieser Zeit keine Arbeitshypothese gewesen zu sein.) Hygiene, Lichteinfluß, körperliche Bedingungen wie Größe, Gewicht, Sinneswahrnehmungen usw. werden in Beziehung zum Lebensalter auf mögliche Kausalitätsabhängigkeiten hin erforscht.

Im 19. Jhd. beginnen psychologische Aspekte wie das geistige Leistungsvermögen, Wahrnehmungsprozesse usw., aber auch soziale Einflüsse wie das Verhältnis der Generationen zueinander in die Fragestellungen der Forschung einbezogen zu werden, allerdings nur vereinzelt.

Interessant ist m.E. das Wiederaufleben der Frage nach der Langlebigkeit von Menschen zu Beginn des 20 Jhds.. Während in den vorherigen Jahrhunderten das Alter fast ausschließlich unter dem Aspekt der Krankheit gesehen wurde, also stärker in einer negativen Sichtweise, scheint nun ein langes Leben wieder erstrebenswert zu sein. Über Gründe hierfür kann bisher nur spekuliert werden, etwa der Grund, ob dies eventuell im Zusammenhang mit den Geschehnissen um den Ersten Weltkrieg stehen. Die Medizin kann zu Beginn des 20. Jhds. erhebliche Fortschritte erzielen; die Säuglingssterblichkeit sinkt rapide und die durchschnittliche Lebenserwartung des Menschen steigt entsprechend. Die Geriatrie, die Altersheilkunde, entwickelt sich in der Medizin und kann herausragende Ergebnisse vorzeigen. Nicht allein das Alter, sondern das Altern als lebenslanger Prozeß, gelangt in den Blickpunkt der bio-medizinischen Arbeitshypothesen. Von Stanley Hall wird zum ersten Mal das Alter als eigene Entwicklungsphase gesehen und damit ein neues Verständnis zugrunde gelegt, wonach das Alter als ein eigener Lebensabschnitt im Reifungsprozeß des Menschen mit eigenem Erleben, Denken und Fühlen aufzufassen ist. In den anschließenden 30er Jahren wächst der neue Zweig der Wissenschaft vom Altern; ein eigenes

Forschungsinstitut wird gegründet und die Bezeichnung "Gerontologie" für die neue Disziplin sowie deren Aufgabenbeschreibung eingeführt. Gerontologie wird jetzt als Spezialgebiet der Psychologie und Geriatrie als Teildisziplin der Medizin verstanden.

4.3 Die Expansionsphase der Alter(n)sforschung

Nach der von Birren und Clayton vorgenommenen Einteilung beginnt die "Expansionsphase der Alternsforschung" etwa um 1940. Sie nehmen diese Gliederung vor, weil nun auch neben den bio-medizinischen und psychologischen Forschungen die sozialen Aspekte mit einbezogen werden und damit das Forschungsfeld erweitert wird. 1939 erscheint Cowdry's Buch "Problems of Aging", das medizinische, soziale, psychologische und psychiatrische Aspekte enthält. Die verschiedenen Kapitel des Buches waren in einem Seminar auf kulturelle, psychologische und persönlichkeitsspezifische Grundlagen des Alterns diskutiert worden.[49] Birren und Clayton stellen fest, daß das wachsende Interesse an Gerontologie durch verschiedene Grundlagenkonzepte in den 30er Jahren entwickelt worden ist:

> "One was that problems of aging are complex and are best studied in an interdisciplinary context. A second concept was that aging represented an interactive process of biological predisposition and the environment."[50]

Interdisziplinäre Forschung und die Interaktion von biologischen Präpositionen und Umwelteinflüssen sind die neuen Maximen der Gerontologie.

In der Psychologie weitet sich die Alternsforschung zu einem immer umfassender werdenden Arbeitsgebiet aus. Erich Stern, der 1931 ein Buch über "Anfänge des Alterns. Ein psychologischer Versuch" veröffentlicht, kann 1955, gestützt auf umfangreiche eigene Untersuchungen, sein Werk "Der Mensch in der zweiten Lebenshälfte" (Zürich), herausbringen. Seine Arbeit beruht auf Untersuchungen über den "normalen" psychischen Alternsprozeß, im letzten Kapitel nimmt er Stellung zur Psychopathologie des Alters und Alterns.

Noch vor dem Zweiten Weltkrieg, 1939, erscheint ein kleiner Aufsatz von E. Rothacker zum Thema "Altern und Reifen", der darin zwischen dem Altern, als einem mit dem Nachlassen von Organen verbundenen Prozeß, und dem Reifen, im Sinne von zunehmender (geistiger) Leistung und Erfahrung, unterscheidet. Rothacker versteht den Zusammenhang von Altern und Reifen in zwei sich schneidenden Kurven, der nach unten verlaufenden Alternskurve und der nach oben verlaufenden Reifungskurve.[51]

Im selben Jahr erscheint von Ferdinand Adalbert Kehrer die psychologische Abhandlung "Vom seelischen Altern". Nach Kehrer kann der Mensch "schlecht" und "gut" altern, je nachdem, ob er den Alternsprozeß verleugnet oder sich auf ihn vorbereitet und sowohl körperliche als auch seelische Hygiene betreibt.

---

[49] Vgl. ebda., S. 30.
[50] Birren/Clayton: History ..., S. 23.
[51] Vgl. Rothacker, E.: Altern und Reifen, in: Geistige Arbeit, Berlin 5. Jan. 1939, 6.Jg., Nr. 1, S. 1 - 2.

Mehr sozialpsychologisch-soziologische Aspekte bringt Adolf L. Vischer in die Diskussion, als er schreibt:

"Anpassungsfähigkeit und Anpassungswille erweisen sich als überaus wichtige Faktoren. Sehr stark beeinflußt wird das Ergehen der Alten von ihrer Stellung in der Familie, von ihren mitmenschlichen Beziehungen, von äußeren Umständen, wie zum Beispiel von den Wohnungsverhältnissen."[52]

Nach der Unterbrechung durch den Zweiten Weltkrieg kommt es 1945 zur Organisation der "Gerontological Society" in den USA, und ein Jahr später erscheint das "Journal of Gerontology", in dem Lawrence K. Frank "den multidisziplinären Charakter dieser Wissenschaft unterstreicht, zu der sowohl Naturwissenschaften wie auch Sozialwissenschaften ihren Beitrag leisten sollten"[53].

In der medizinischen Altersforschung kommt es zu einer unübersehbaren Fülle von wissenschaftlichen Veröffentlichungen, die bis heute angehalten hat. N.W. Shock, amerikanischer Gerontologe, sammelt die zwischen 1949 und 1961 erschienenen Arbeiten und kommt in einer Bibliographie auf über 33 000 Publikationen. Die Hauptthemenbereiche befassen sich mit den Fragen nach dem "normalen" Altern und den Alternsphänomenen.[54]

Der Mediziner Fritz Verzár gründet 1957 das "Institut für Experimentelle Gerontologie" in Basel und widmet seine Forschung der "theoretischen klinischen Gerontologie", worunter er die experimentelle Forschung in der Geriatrie versteht. Verzár unterscheidet zwischen dem primären Altern, das "in Geweben, in Zellen oder extrazellulären Bestandteilen statt(findet), wenn diese, nachdem sie einmal gebildet sind, nicht mehr erneuert werden"[55] und dem sekundären Altern, worunter das Absterben von Zellen zu verstehen ist, die aufgrund des primären Alterns nicht mehr mit den für sie notwendigen Stoffen versorgt werden.[56]

Auf internationaler Ebene wird 1950 bei einem Kongreß in Lüttich die "International Association of Gerontology" mit Wissenschaftlern verschiedener Disziplinen gegründet. Die weiteren internationalen Kongresse finden in unregelmäßigen Zeitabständen bei wachsender Teilnehmerzahl und einem zunehmenden Angebot von Vorträgen zu immer mehr verschiedenen wissenschaftlichen Disziplinen statt. Über den 8. Internationalen Kongreß schreibt Ursula Lehr:

"Der *8. Internationale Kongreß wurde 1969 in Washington* (Präsident: N. SHOCK) abgehalten; über 4000 Teilnehmer wurden gezählt. Die Themen der gehaltenen Vorträge konzentrierten sich nicht mehr so stark einseitig auf den medizinischen Bereich (ca. 130), auch biologische und physiologische Fragen (einschließlich Ernährungsphysiologie) wurden in ca. 120 Vorträgen behandelt; psychologische, sozialpsychologische und soziologische Themen wurden in etwa 130 Vorträgen diskutiert und 60 Referate befaßten sich stärker mit Fragen der angewandten Forschung und der Praktischen Sozialarbeit."[57]

---

[52] Vischer, Adolf L.: Von Lebensschwierigkeiten im Alter, in: Mendelssohn Bartholdy, Edith (Hg.): Souverän altern. Zur Psychologie des Alterns und des Alters, Zürich/Stuttgart 1965, S. 55.
[53] Lehr, U.: Psychologie ..., S. 31.
[54] Vgl. Ries, W.: Methoden ..., S. 7.
[55] Verzár, F.: Alte und neue Wege der Altersforschung, Medizinische Prisma 2/68, Ingelheim am Rhein 1968, S. 11.
[56] Vgl. ebda., S. 17ff., und Ders.: Das Werden einer neuen Wissenschaft, in: Böhlau, V.: Wege zur Erforschung .., S. 144ff.
[57] Lehr, U.: Psychologie ..., S. 33.

In der Bundesrepublik Deutschland kommt es erst 1967 zu einer Zusammenarbeit der verschiedenen Abteilungen. (Vorher hatte jede Disziplin getrennt gearbeitet.) Die "Deutsche Gesellschaft für Alternsforschung" wird 1967 in die "Deutsche Gesellschaft für Gerontologie" umbenannt, wobei die Sektionen 'Psychologie' und 'Soziologie' mit eingeschlossen werden.[58] In der Soziologie wird ca. seit 1950 Alter(n)sforschung betrieben und seit den 60er Jahren die Alterssoziologie verstärkt entwickelt. 1969 erscheint die "Soziologie des Alters" von Leopold Rosenmayr, zwei Jahre später ein umfassenderes Werk von H.P. Tews unter dem Titel "Soziologie des Alterns". Zu Beginn der 70er Jahre erkennt die Erziehungswissenschaft bzw. die Erwachsenenbildung ein neues Aufgabengebiet in ihrer Disziplin, die Geragogik oder Gerontagogik. Nach dem Motto "Lebenslanges Lernen", mit dem die Erwachsenenbildung (Andragogik) sich zu Beginn des 20. Jhds. herausbildet, wird jetzt auch eine Übertragung auf die Bildungsarbeit mit alten Menschen vorgenommen. Ursprünglich waren die "Alten" von der Erwachsenenbildungsarbeit ausgeschlossen, sie galten als nicht mehr lern- und bildungsfähig. Diese Einstellung ändert sich in den 60er und 70er Jahren, nicht zuletzt durch die schon geleistete "Beweisführung" in der gerontologischen Forschung, daß alte Menschen sehr wohl entwicklungs- und lernfähig sind. In dem Sammelband "Bildungsarbeit mit alten Menschen" (1976) werden von Bubolz und Petzold "konsistente theoretische Konzepte" für die Altenbildungsarbeit gefordert.[59] Allerdings stellte O.F. Bollnow schon 1962 in seinem Aufsatz "Das hohe Alter" die Forderung nach einer Gerontagogik:

> "Hier ergibt sich eine ganz neue Aufgabe für die Erziehung, für die ich den Namen einer Gerontagogik, d.h. einer Lehre von der Erziehung der alten Menschen, vorschlagen möchte. [...] es kommt nicht nur darauf an, in leiblicher wie in seelischer Hinsicht ihre [der alten Menschen, Anm. d.Verf.] Beschwerden zu lindern, es gilt darüber hinaus vielmehr, sie zu einer richtigen Auseinandersetzung mit ihrem Alter und zu einer sinnvollen Erfüllung der darin gelegenen Möglichkeiten anzuleiten. Und das ist eine echt erzieherische Aufgabe, die es in aller Demut zu ergreifen gilt, wenn die alten Menschen selber, wie es eine vielfältige Erfahrung lehrt, mit dieser Aufgabe nicht mehr fertig werden."[60]

Die von Petzold/Bubolz geforderten theoretischen Konzepte für die praktische Arbeit basieren auf den Vorstellungen einer *Bildungs*arbeit mit alten Menschen, während Bollnow von einem *Erziehungs*auftrag spricht. Das Selbstverständnis einer Gerontagogik innerhalb der Erziehungswissenschaft und innerhalb der Gerontologie scheinen in den 70er und zu Beginn der 80er Jahre noch nicht ausreichend geklärt worden zu sein.

> "Obwohl in der Bundesrepublik Deutschland ein großer Nachholbedarf an gerontologischer Forschung besteht, haben sich neben Geriatrie, der gerontologischen Fachdisziplin der Medizin, v.a. erst die Psychologie und die Soziologie einen allseits anerkannten Platz in der Gerontologie gesichert. Der Standort der Erziehungswissenschaft - genauer ihrer Fachdisziplin "Geragogik" oder "Gerontagogik" - im interdisziplinären Wissenschaftsgefüge der Gerontologie ist demgegenüber bislang nur ansatzweise in der wissenschaftlichen Fachliteratur geklärt."[61]

---

[58] Vgl. ebda., S. 31.
[59] Petzold, H. / Bubolz, E. (Hg.): Bildungsarbeit mit alten Menschen, Stuttgart 1976, S. 7.
[60] Bollnow, O.F.: Das hohe Alter, in: Neue Sammlung. Göttinger Blätter für Kultur und Erziehung, 2.Jg., Göttingen 1962, S. 386.
[61] Weber, A.: Offene Altenhilfe. Eine empirische Untersuchung, Bochum, o.J. (1978 ?), S. 1.

Durch die ab 1985 ff erscheinende Loseblattsammlung "Handbuch Gerontagogik" soll dieser Mangel behoben werden.[62]

Für den zuletzt beschriebenen Abschnitt in der Gerontologieentwicklung, der sogenannten Expansionsphase, ist kennzeichnend, daß der interdisziplinäre Charakter dieser Wissenschaft herausgestellt wird und multifaktorielle Untersuchungen durchgeführt werden. Es entwickelt sich eine immer stärker werdende Zusammenarbeit zwischen den Teildisziplinen; Kongresse finden auf internationaler Ebene statt. Während die Medizin und Biologie schon vorher, die Psychologie und Soziologie in dieser Expansionsphase ihr Aufgabengebiet umreißen, weist die Pädagogik noch keine klar formulierte Aufgabenstellung auf.

Im folgenden Kapitel soll in einer kurzen Zusammenfassung die historische Entwicklung übersichtlich gemacht werden.

4.4 Zusammenfassung

Der Überblick über die historische Entwicklung der Wissenschaft vom Alter und Altern zeigt nachweislich, daß dieses Thema die Menschen schon seit mindestens 4000 Jahren beschäftigt hat.

Noch im vorwissenschaftlichen Bereich, jedoch mit wissenschaftlich-methodischen Ansätzen der Beobachtung und Beschreibung von natürlich auftretenden Phänomenen, liegt die frühe medizinische Forschung des Alters. In zum Teil spekulativen Erklärungen beschreibt man die Ursachen für das Auftreten von Krankheiten im Alter und weist darauf hin, daß durch maßvolles Leben Alterskrankheiten und -beschwerden zu verhindern seien (Hippokratische Schule). Diese frühe medizinische Forschung zielt folglich auf die Erreichung eines langen gesunden Lebens hin. Die andere medizinische Stellungnahme aus der Antike (von Aretaios) besagt, daß das Alter immer mit Krankheit verbunden sei und ein langes Leben daher nicht erstrebenswert erscheint. Gesunde Greise werden bei dieser Position wahrscheinlich nur als Ausnahme gegolten haben oder alle Alterserscheinungen wurden einfach als Krankheit eingestuft. Generell herrscht sowohl in den Mythen als auch in der frühen medizinischen Forschung die Vorstellung vor, daß Gesundheit mit einem glücklichen Leben verbunden sei.

Die "wissenschaftliche Ära" (Einteilung von Birren/Clayton) im 16. Jhd. beginnt mit systematischen Beobachtungen von Alterserscheinungen und wird von dem Anliegen getragen, Ursachen für den Alternsprozeß zu ergründen. Die frühe empirische Periode beschränkt sich weitgehend auf Einzelfallstudien und der Forschungsansatz geht von der Annahme aus, daß nur *eine* Ursache für den Prozeß ausschlaggebend sei. Nach dem Kausalitätssatz "Altern bewirkt Krankheit" wird

---

[62] Lade, Eckhard (Red. u. Hg.): Handbuch Gerontagogik, Loseblattwerk zur Alten-Seminararbeit, Obrigheim 1985 ff.

nach der Ursache für das Altern geforscht, um Krankheit zu verhindern. Das bedeutet, daß in dieser Zeit die Forschung von der Zielsetzung motiviert ist, das Altern des Menschen überhaupt zu verhindern. Die Untersuchungen beschränken sich hauptsächlich auf den bio-medizinischen Bereich, vereinzelt werden im 19. Jhd. soziale und psychologische Aspekte mit berücksichtigt.

In der späten empirischen Periode zu Beginn des 20. Jhds. führt man bereits umfassende systematische Querschnittsuntersuchungen durch, die sich nicht nur auf das Alter, sondern auch auf das Altern, vom Erwachsenenalter an, beziehen. Vorrangig bleiben die bio-medizinischen Aspekte, hinzu kommt die psychologische Altersforschung, die sich jedoch zum Teil auf psychisch kranke alte Menschen beschränkt. Die Frage nach der Langlebigkeit von Menschen - unter dem Aspekt, welche biologischen Faktoren für die Länge des Lebens ausschlaggebend sind - lebt wieder auf. Ein neues Verständnis legt Stanley Hall zugrunde, indem er das Alter als eigene Entwicklungsphase mit spezifischem Erleben, Denken und Fühlen ansieht. Er hebt damit eine Abwertung des Alters als einen reinen Abbau- und Verlustprozeß auf. Durch die Festlegung der Bezeichnung "Gerontologie" für die Altersforschung in den Verhaltenswissenschaften, "Geriatrie" für die Teildisziplin in der Medizin und die ersten Aufgabenumschreibungen der beiden genannten Bereiche kann der Beginn der Wissenschaft vom Alter/Altern auf die 30er Jahre festgelegt werden.

Die "Expansionsphase der Alternsforschung" beginnt kurz vor dem Zweiten Weltkrieg, wird von diesem unterbrochen, und erweitert das Aufgabengebiet um soziologische Aspekte. Der Anspruch der multidisziplinären Forschung auf internationaler Ebene soll eingelöst werden. Naturwissenschaften und Sozialwissenschaften sollen in der Gerontologie zusammenarbeiten. Damit faßt man die Bezeichnung "Gerontologie" weiter als bisher, d.h., nicht nur der verhaltenswissenschaftlich/psychologische, sondern auch der bio-medizinische und sozialwissenschaftliche Ansatz werden einbezogen. Nicht mehr wie bisher Querschnittsuntersuchungen, sondern Längsschnittstudien werden bevorzugt eingesetzt, der gesamte menschliche Lebenslauf von der Geburt bis zum Tod soll erfaßt werden. Schwerpunktmäßig liegt der bio-medizinische Ansatz in der Forschung immer noch an erster Stelle, gefolgt von der Psychologie und der Soziologie.

In der Bundesrepublik Deutschland löst man den Anspruch auf interdisziplinäre Zusammenarbeit in der Gerontologie erst Ende der 60er Jahren ein, nachdem sich die Alterssoziologie etabliert hat, und die Sektionen Psychologie und Soziologie im Rahmen der deutschen gerontologischen Gesellschaft ins Leben gerufen wurden. In den 70er Jahren wird die Forderung nach einer Geragogik oder Gerontagogik verstärkt gestellt, jedoch bedarf es noch mehr als eines weiteren Jahrzehnts, um das Selbstverständnis der Gerontagogik innerhalb der Erziehungswissenschaft und innerhalb der Gerontologie zu klären.

In einem Schema dargestellt umfaßt die Gerontologie folgende Disziplinen:

```
                          Gerontologie
         ┌──────────────┬──────────────┬──────────────┐
bio-medizinischer  verhaltenswis-   sozialwissen-   erziehungswis-
    Ansatz         senschaftl. A.   schaftl. A.     senschaftl. A.
       │                │                │                │
Geriatrie oder    Psychologie d.   Alterssozio-    Geragogik, Ge-
Altersmedizin     Alterns oder     logie oder      rontagogik od.
       │          Gerontopsy.      Gerosoziol.     Altenbildung
Biologie des
  Alterns
```

5. Die verschiedenen einzelwissenschaftlichen Ansätze der Gerontologie

Die Gerontologie kann heute nur als eine multidisziplinäre Wissenschaft verstanden werden, die auf eine interdisziplinäre Zusammenarbeit angewiesen ist. Für das Altern des Menschen kann nicht mehr nur von *einer* Ursache ausgegangen werden, wie z.B. einem Gen, das den Alternsprozeß steuert, sondern es müssen zahlreiche Faktoren angenommen werden, die den individuellen Verlauf des Alterns beeinflussen. Das biologische Alter, das persönliche Altersgefühl und die soziale Alterszuschreibung können bei verschiedenen Menschen weit auseinanderliegen und es unmöglich werden lassen, für einen bestimmten Altersjahrgang einen entsprechenden Alterszustand anzunehmen. Der Gesundheitszustand während des gesamten Lebens, die Ernährung, das körperliche Training, der Intellekt, das psychische Befinden, die Wohnsituation, das soziale Umfeld, die ökonomischen Verhältnisse, die subjektive Einstellung zum Alter und Altern, Erbanlangen, Familiensituation, ökologische Bedingungen, Ausbildung und Beruf, die epochale Situation usw. sind Faktoren, die den Alternsprozeß des Individuums beeinflussen.

Wie bereits gesagt, umfaßt der Gegenstandsbereich der Gerontologie den alternden und alten Menschen mit einem individuell sehr unterschiedlich verlaufenden Alternsprozeß. Im folgenden soll nun geklärt werden, was unter einer Gerontologie zu verstehen ist, die verschiedene einzelwissenschaftliche Ansätze subsumiert. Über das Aufgabegebiet der Gerontologie heißt es in einem Lexikon der Psychologie:

> "Die Gerontologie versucht, folgende wichtige Fragen zu klären: die Frage nach dem Ursprung von Veränderungen oder Fehlern der alternden Zellen; die Frage nach den altersbedingten Veränderungen des Gedächtnisses; die Frage nach der Entfremdung älterer Menschen und deren Unzufriedenheit mit den Lebensbedingungen; die Erforschung der Frage, inwieweit körperliche und geistige Aktivität den Prozeß des Alterns aufhalten kann. Außerdem bestehen noch viele bio-medizinische Probleme bezüglich der Entstehung von Krankheiten im Zusammenhang mit dem fortschreitenden Alter."[1]

Die ursprünglich vorherrschende Zielsetzung, eine Lebensverlängerung des Menschen bzw. eine lebenslange Jugend zu erreichen, steht heute nicht mehr allgemein an erster Stelle. Vielmehr bemüht man sich in der gerontologischen Forschung um ein möglichst gesundes und zufriedenes Altern und Alter. Der Alternsprozeß wird weitgehend als eine normale Entwicklung im Lebenslauf des Menschen betrachtet. Gesundheit alleine wird nicht mehr als ausreichend für ein zufriedenes Leben des alten Menschen gesehen, sondern auch soziale Kontakte, geistige und körperliche Betätigung und psychisches Wohlergehen werden mit eingeschlossen. In "Aging", dem Standardwerk der Gerontologie, wird am Ende des ersten Kapitels die Zielsetzung, wie sie heute verstanden wird, formuliert:

> "As biologists begin to break the genetic code of life, we may actually realize the dream expressed through the earliest recorded myths - the dream of conquering or at least postponing death. Is this the final goal of gerontological research and its social inplementation? Most of us working in the field of aging think not. We aim for the most part to affect quality rather than quantity of

---

[1] Birren, J. E.: Gerontologie, in: Lexikon der Psychologie, Bd. I/2, Freiburg 1978, S. 742f.

> life, and it is our hope that our work and the material wie present in this book will contribute to an understanding of the processes of aging and to emproving the quality of life for old people living today and in the future."[2]

In der von Diana S. Woodruff formulierten Zielsetzung wird nicht generell eine Lebensverlängerung angestrebt, sondern die qualitative Verbesserung der Lebenssituation im Alter und das Verständnis für den Alternsprozeß. Ursula Lehr beschreibt das Anliegen der gerontologischen Forschung in den Sätzen:

> "Was läßt sich tun, um ein hohes Lebensalter bei psychophysischem Wohlbefinden zu erreichen, um "älter zu werden, ohne zu altern", um "nicht nur dem Leben Jahre, sondern den Jahren Leben zugeben"? Denn schließlich kommt es nicht nur darauf an, *wie alt* man wird, sondern *wie man alt* wird."[3]

In den Worten "älter werden, ohne zu altern" wird scheinbar wieder das Ideal der lebenslangen Jugend impliziert und die Möglichkeit erwogen, ein Altern des Menschen zu verhindern. Jedoch wird Ursula Lehr die Worte m.E. nicht in diesem Sinne gemeint haben, sondern vielmehr im häufig gebräuchlichen negativ belastenden Sinn, d.h. Altern als reiner Abbauprozeß. Denn an anderer Stelle sagt sie: "Altern *muß nicht* Abbau und Verlust von Fähigkeiten und Fertigkeiten bedeuten ... ."[4] In wenigen Worten bringt das Motto des Weltgesundheitsjahres 1982 die Zielsetzung der Gerontologie zum Ausdruck:

"Add life to years"[5].

Es ist die verkürzte Form des schon in den sechziger Jahren lautenden amerikanischen Mottos: "to add life to years and not just years to life". Der Leitspruch besagt, daß mit dem Leben eine qualitative Kategorie gemeint ist, nämlich das "gute Leben", das den Jahren (als quantitatives Maß) gegeben werden soll. Die Qualität des Lebens rangiert vor der Quantität der Jahre, ohne daß eine Präzisierung des "guten Lebens" vorgenommen wird. Zielsetzung ist folglich nicht eine Lebensverlängerung, sondern die Verbesserung der Lebensbedingungen, die ein "gutes Leben" ermöglichen.

Im folgenden ist nun zu untersuchen, was die Gegenstandsbereiche, die Zielsetzungen und die Methoden der verschiedenen einzelwissenschaftlichen Ansätze sind, um dann zu überprüfen, ob sich diese untereinander nicht widersprechen bzw. miteinander zu vereinbaren sind und ob sie mit den Ausführungen zur Gerontologie als *einer* Wissenschaft übereinstimmen.

Da sich das Verständnis von Gerontologie im Laufe der Geschichte gewandelt hat und eine einheitliche Klärung über das gesamte Aufgabengebiet bis heute noch nicht geleistet worden ist, haben sich verwirrende Begriffsbestimmungen innerhalb der Gerontologie entwickelt, die vorab noch geklärt werden müssen. So kann die Gerontologie global in die Grundlagenforschung und in die Erfahrungsforschung unterteilt werden, wobei mit der Grundlagenforschung, die auch experimentelle Gerontologie genannt wird, die naturwissenschaftliche Forschung gemeint ist. (Grundlagenforschung wird hier im naturwissenschaftlichen, nicht im philosophischen

---

[2] Woodruff, D. S.: Introduction: Multidisciplinary Perspectives of Aging, in: Woodruff/Birren: Aging, S. 14.
[3] Lehr, U.: Altern ..., S. 3.
[4] ebda., S. 2.
[5] ebda., S. 14.

Sinne verstanden.) Die Erfahrungsforschung, auch als soziale Gerontologie oder Sozialgerontologie bezeichnet, kennzcichnet dagegen den sozialwissenschaftlichen Ansatz (im Unterschied zum naturwissenschaftlichen), wovon aber in den letzten Jahren der verhaltenswissenschaftliche und der erziehungswissenschaftliche Ansatz getrennt aufgeführt werden (ursprünglich sprach man nur vom sozial- *oder* verhaltenswissenschaftlichen Ansatz). Weiterhin kann die Gerontologie generell in einen Forschungs- und in einen Anwendungsbereich unterteilt werden. In der Literatur wird eine Trennung von Theorie, Forschung und Praxis keineswegs durchgängig eingehalten, so daß manchmal unklar ist, ob Theorie und Forschung oder Theorie und Praxis gemeint sind.

Schematisch dargestellt gliedert sich die Gerontologie folgendermaßen:

Gerontologie

Wissenschaft vom Alter und Altern

	"Grundlagenforschung" oder experimentelle Gerontologie	Erfahrungsforschung oder soziale Gerontologie (Sozialgerontologie)		
Forschungs-bereich	bio-medizinischer Ansatz - Biologie des Alter(n)s - Geriatrie (Klinische Gerontologie) - Gerohygiene (sozial-medizinische Aspekte) - Psychogeriatrie* (geriatrische Psychiatrie)	verhaltenswissenschaftl. Ansatz - Psychologie des Alterns (Gerontopsychologie) - sozialpsychologische Aspekte*	sozialwissenschaftlicher Ansatz - Soziologie des Alterns (Gerosoziologie) - gesellschaftspolitische Aspekte (demographische politische ökologische ökonomische)	erziehungswissenschaftl. Ansatz - Gerontagogik (Geragogik)
Anwendungs-bereich**	medizinische Praxis	sozialarbeiterische und sozialpädagogische Praxis Geroprophylaxe Therapie / Maßnahmen Rehabilitation		

63

Erläuterung des Schemas:

Übergreifende Bereiche wie die Psychiatrie (Medizin/Psychologie) und die Sozialpsychologie (Soziologie/Psychologie) sind durch * (einen Stern) gekennzeichnet; selbstverständlich stehen auch andere Teilbereiche der Forschung in einem mehr oder weniger engen Zusammenhang, aber nicht in dieser Ausprägung wie bei den oben genannten.

Die generelle Unterteilung in "Grundlagenforschung" und "Erfahrungsforschung" ist in einzelnen Bereichen nicht unbedingt einzuhalten, da z.B. in der Psychologie auch experimentelle Forschung betrieben und in der Medizin Verhaltensbeobachtung angewandt wird. In diesem Schema wurde der Verständlichkeit wegen eine Generalisierung, wie sie historisch gewachsen ist, vorgenommen.

Mit der Kategorie "Anwendungsbereich" ist die Praxis gemeint, die jedoch in ihrer Aufgabenstellung von der Theorie abgeleitet wird bzw. werden sollte. Der "Anwendungsbereich" (markiert durch **) wird in der Literatur z.T. auch mit Interventionsgerontologie bezeichnet.

Die Aufgabengebiete der Geroprophylaxe, der Therapie bzw. Maßnahme und der Rehabilitation werden in allen gerontologischen Ansätzen wahrgenommen, wobei mit Therapie die Anwendung im Krankheitsfall gemeint ist und mit Maßnahme die Anwendung z.B. in der pädagogischen Praxis mit alten Menschen. Die Geroprophylaxe bezieht sich auf den Alternsprozeß und die Rehabilitation auf eine Maßnahme/Wiedereingliederung im Lebensabschnitt des Alters.

5.1 Der bio-medizinische Ansatz: Quantität kontra Qualität des Lebens?

Wie aus dem Abriß der historischen Entwicklung ersichtlich, ist der bio-medizinische Ansatz der älteste und in der heutigen Forschung der umfassendste. Er gliedert sich in die Biologie des Alterns und in die Geriatrie (Altersmedizin) auf. Zum letzteren zählt noch die Gerohygiene und die Psychogeriatrie. Da beide Teildisziplinen, die Biologie und die Geriatrie, auf ihre jeweiligen Forschungsergebnisse angewiesen sind, arbeiten sie intensiv zusammen und werden innerhalb der Gerontologie als ein Ansatz - als "bio-medizinischer" - bezeichnet.

Der Gegenstandsbereich der *Biologie des Alterns* umfaßt alle organischen Veränderungen und Prozesse des menschlichen Körpers, die einen irreversiblen Vorgang bedeuten. Von Max Bürger wurde die heute als klassisch geltende Aussage formuliert: "Altern oder Biomorphose (bedeutet) jede irreversible Veränderung der lebenden Substanz als Funktion der Zeit."[6] Der Alternsbegriff in der Biologie beschränkt sich auf den organischen Veränderungs- und Abbauprozeß. Von der Zeugung an beginnt die Zellteilung, die zunächst einmal Wachstum bedeutet, aber mit fortschreitender Zeit auch das Absterben von Zellen zur Folge hat. Alle

---

[6] Bürger, M.: Altern und Krankheit ..., S. 20.

mehrzelligen Lebewesen kennen den Abbauprozeß, und der Tod bedeutet letztendlich das Absterben aller Zellen. Bestimmte Einzeller dagegen können generell durch Zellteilung (Klonen) immer fortbestehen. Für den Menschen (und überhaupt Säugetiere) gibt es nur die Fortpflanzungszellen, die durch Vereinigung mit der andersgeschlechtlichen Zelle potentiell immer fortbestehen können und nicht vom Absterben betroffen sind. In der Biologie des Alterns wird nun versucht, die Ursachen für das Altern bzw. Absterben von Zellen zu ergründen. Im "Handbuch der Gerontologie" werden die Aufgaben folgendermaßen beschrieben:

> "Die Aufgabe der Biologie des Alterns besteht in der Klärung der fundamentalen, primären Mechanismen des Alterns; in der Feststellung des wechselseitigen Zusammenhangs zwischen den Prozessen des Alterns auf den verschiedenen Stufen der Lebenstätigkeit der Organismen; in der Bestimmung der Altersbesonderheiten der Adaptation des Organismus an die Umwelt; in der Suche und Entwicklung von Maßnahmen und Mitteln zur Verlängerung der Lebensdauer sowie in klinisch-physiologischen Untersuchungen an Menschen verschiedenen Alters. Es ist zweifellos notwendig, diese Untersuchungen auf unterschiedlichem Niveau, vom molekularen bis zum Gesamtorganismus des Tieres und des Menschen durchzuführen und die Ontogenese vergleichend zu studieren."[7]

In der Biologie des Alterns sind drei Arbeitshypothesen zu unterscheiden. Eine Hypothese geht davon aus, daß der Alternsprozeß fast ausschließlich durch genbiologische Faktoren bestimmt wird, wobei dann schon bei der Zeugung der Zeitpunkt des natürlichen Todes dieses Individuums im Gen programmiert ist. Der Alternsprozeß ist nicht durch vom einzelnen selbst zu beeinflussenden Faktoren abhängig und der Zeitpunkt des natürlichen Todes kann nicht manipuliert werden, er kann bei 50, 60, 70 Jahren oder mehr liegen. Im strengen Sinne wird Altern und Tod in diesem Ansatz nur durch biologische Faktoren determiniert. Zielsetzung dieser Hypothese ist die Lebensverlängerung des Individuums über den Zeitpunkt des natürlichen Todes hinaus, die nur durch eine Verzögerung oder Verhinderung des Alterns erreicht werden kann. Um zum Ziel zu gelangen, muß die Programmierung im Gen verändert werden, d.h. durch Genmanipulation soll ein späterer oder gar kein Zeitpunkt des Todes festgelegt werden. Idealisiert wäre die Zielsetzung dieser Forschungsrichtung das ewige Leben ohne Altern. Eine zweite Arbeitshypothese besagt, daß sowohl Erbfaktoren als auch Umwelteinflüsse, wie z.B. Ernährung und Krankheit, den Alternsprozeß determinieren. Bei optimalen Umweltbedingungen würde somit der Erbfaktor für das Altern und den Zeitpunkt des Todes des Individuums ausschlaggebend sein, da negative Umwelteinflüsse nur beschleunigend auf das biologische Altern wirken. Zielsetzung dieses Ansatzes ist es, die optimalen Umweltbedingungen zu erforschen, die jedem Individuum ermöglichen, seinen spätesten Zeitpunkt für Altern und Tod zu erreichen. Auch hier steht die Lebensverlängerung eines jeden Menschen als Ziel. Die dritte Arbeitshypothese geht davon aus, daß es eine maximale Lebenserwartung von 110 oder 120 Jahren für die "Gattung Mensch" gibt. Der menschliche Organismus altert natürlicherweise immer und das Tempo des Alternsprozesses wird durch Umwelteinflüsse bestimmt. Alle Menschen könnten bei optimalen Umweltbedingungen die maximale Lebensspanne von z.B. 120 Jahren erreichen.

---

[7] Cebotarev, D.F.: Die gegenwärtigen Aufgaben und die Perspektiven der Gerontologie, dt. Bearbeitung von J.Sima, in: Handbuch der Gerontologie, Bd. 1, Jena, DDR, 1978, S. 22.

Zielsetzung ist es auch hier, die Lebensverlängerung des Individuums - nun bis zur maximalen Lebenserwartung der menschlichen Gattung - zu erlangen. Erforscht werden müssen also die besten Umweltbedingungen, die ein frühzeitiges Altern verhindern.

Dieser Forschungsansatz wird aber auch mit einer anderen Zielsetzung betrieben, nämlich mit dem Ziel, die maximale Lebensspanne von 120 Jahren zu überschreiten und eine Lebenserwartung des Menschen von 150 Jahren oder mehr zu erreichen. Nach einem Bericht von Roy L. Walford ist es im Labor vom UCLA Medical Center bereits gelungen, die maximale Lebensdauer von Fischen um 300 Prozent zu verlängern.[8] Es wird nicht angegeben, ob dieser Versuch durch Beeinflussung der Umweltfaktoren oder durch Genmanipulation gelang. An anderer Stelle spricht sich Walford für Genmanipulation[9] und dafür aus, daß das Ziel der Gerontologie die Verlängerung der maximalen Lebensspanne von 110/120 Jahren sei.[10] Spätestens hier stellt sich die Frage nach der ethischen Verantwortbarkeit der Zielsetzungen und Methoden.

Sowohl die Zielsetzung, die durchschnittliche Lebenserwartung des einzelnen bis zur maximalen Lebensspanne zu erhöhen, als auch die Überschreitung der maximalen Lebenszeit hat gesellschaftspolitische Konsequenzen. Durch die Erhöhung der allgemeinen Lebenserwartung steigt der Anteil der älteren Bevölkerungsgruppe und zieht damit Konsequenzen für die Rentenpolitik, für die politische Meinungsbildung, für die Lebensarbeitszeitbeschäftigung usw. nach sich. Weltpolitisch gesehen stellt sich die Frage, ob dann durch die Zunahme der Bevölkerung alle Menschen prinzipiell noch zu ernähren sind oder ob z.B. Geburtenquoten festzulegen wären. Die Erhöhung der durchschnittlichen Lebenserwartung (ohne daß die maximale Lebensspanne überschritten werden muß) wirft für die verschiedenen Länder innenpolitisch und weltpolitisch betrachtet zahlreiche Probleme auf.

Demgegenüber würde für zahlreiche Individuen - wenn auch nicht für alle - eine Lebensverlängerung wünschenswert sein, erhofft und erwartet werden. Die Zielsetzung der Biologie des Alterns - das menschliche Leben zu verlängern und, damit einhergehend, den Alternsprozeß zu verlangsamen oder zu verhindern - kommt grundsätzlich dem einzelnen Menschen entgegen. Wenn die Zielsetzung durch günstigere bzw. optimale Umweltbedingungen erwirkt werden soll, so liegt es beim einzelnen, inwieweit er aus den Forschungsergebnissen für sich Schlüsse zieht. Wenn dagegen durch Genmanipulation eine Lebensverlängerung erreicht werden soll, obliegt es nicht mehr dem einzelnen, seine Lebensweise zu verantworten.[11] Der Mensch verliert seine individuelle Selbstbestimmung, er wird zu einem programmierbaren Instrument. Bei der Verlängerung der maximalen Lebenserwartung durch Genmanipulation mit dem Ziel, das Altern und den Tod überhaupt zu verhindern, stellt sich das Problem

---

[8] Vgl. Walford, R. L.: Leben über 100, München 1983, S. 14.
[9] Vgl. ebda., S. 66ff.
[10] Vgl. ebda., S. 26.
[11] Ich gehe nicht davon aus, daß heute jeder Mensch seine Lebensspanne bestimmen kann, aber z.B. durch ungesunde Ernährung, Rauchen usw. geht man das Risiko der Lebensverkürzung ein. Außerdem gehe ich davon aus, daß nicht nur der körperliche Zustand, sondern auch die geistig-seelische Einstellung *mit* den Zeitpunkt des Todes bestimmt.

des Lebensendes verschärft dar. Nach Walford werden dann nur noch wenige Menschen an einer Krankheit sterben (die Medizin wird entsprechend weiterentwickelt sein), die meisten werden durch Unfälle ums Leben kommen, wobei er den Suizid mit zu den Unfällen rechnet. Nach den Berechnungen der Unfallwahrscheinlichkeit von Walford würde sich dann die durchschnittliche Lebenserwartung auf 350 Jahre erhöhen.[12] Bei diesen von Walford angeführten Aussichten könnte es dazu kommen, daß der Suizid zur häufigsten und üblichsten Todesursache wird.

Es bleibt noch zu fragen, ob die Zielsetzung der Biologie mit der allgemeinen Zielsetzung der Gerontologie - der Ermöglichung des physischen, geistig-seelischen und sozialen Wohlbefindens im Alter - übereinstimmt. Das biologische Altern zu verlangsamen bzw. zu verhindern, würde sehr wohl der gerontologischen Zielsetzung entsprechen, denn mit dem biologischen Altern gehen Leiden und Ausfallerscheinungen einher. Wenn bewirkt werden könnte, daß das Alter ohne körperliche Abbauerscheinungen, ohne Nachlassen der physischen Kräfte, der Hörfähigkeit, der Sehfähigkeit usw. gelebt werden könnte, wäre damit eine qualitative Verbesserung für jeden Menschen im Alter ermöglicht. Die Frage, ob eine Lebensverlängerung zu mehr Wohlbefinden beitragen würde, kann nicht so einfach beantwortet werden. Es gibt Menschen, die, ihren subjektiven Aussagen nach zu schließen, nicht z.B. 100 Jahre alt werden wollen. Für sie wäre eine generelle Lebensverlängerung nicht wünschenswert und würde nur ein Warten auf den Tod bedeuten. Allerdings könnte es für Menschen, die sterben möchten, um nicht mehr länger zu leiden (durch den Alternsprozeß bedingt), eine neue Hoffnungsperspektive bringen, wenn sie länger leben könnten ohne zu altern/leiden. Die von jungen Menschen hauptsächlich vertretene Annahme, langes Leben sei generell wünschenswert und jeder Mensch habe Angst vor dem Tod bzw. möchte nicht sterben, stimmt nach den Untersuchungen von Munnichs und Fisseni für ältere und alte Menschen nicht, sondern für diese gilt eher das Gegenteil.[13] Die Zielsetzung der Lebensverlängerung gibt zunächst nur ein quantitatives Maß an; erst in Verbindung mit einem Verhindern des organischen Alterns kann sie zu einer qualitativen Verbesserung des Lebens führen. Furchtbar wären die Konsequenzen einer Verlängerung des Lebens mit einherschreitendem Altern, wie es etwa bei der Gestalt des Tithónos im "Homerischen Hymnos an Aphrodite" geschildert wird. Generelle Lebensverlängerung kann nicht als ein erstrebenswertes allgemeingültiges Ziel gelten, auch nicht, wenn Altern verlangsamt oder verhindert werden würde.

Wie diese Diskussion um die ethische Verantwortbarkeit der Zielsetzung zeigt, werden zahlreiche Fragen aufgeworfen, die aber nicht im Rahmen dieser Arbeit beantwortet werden können. Es ist vielmehr notwendig, daß die ethische Diskussion in aller Ausführlichkeit von Experten der Biologie und der Philosophie/Ethik

---

[12] Vgl. ebda., S. 35f.
[13] Vgl. Munnichs, J.M.A.: Die Auseinandersetzung mit der Endlichkeit als entwicklungspsychologisches Problem, in: Zschft. f. Gerontologie, Bd. 1, Darmstadt 1968, S. 257 - 260; Fisseni, H.-J.: Erleben der Endgültigkeit der eigenen Situation: Biographische Aspekte, in: Zschft. f. Gerontologie, Bd. 13, Darmstadt 1980, S. 491 - 505; Ders.: Einstellung und Erleben der Endlichkeit des Daseins, in: Zschft. f. Gerontologie, Bd. 12, Darmstadt 1979, S. 460 - 472.

ausgetragen wird.

Der *zweite Teil des bio-medizinischen Ansatzes* innerhalb der Gerontologie umfaßt die *Geriatrie*, die Altersmedizin. Sie ist in ihrer Entwicklung auf die Erkenntnisse der Alternsbiologie angewiesen. Der Gegenstandsbereich der Geriatrie umfaßt Krankheitsbilder, Krankheitsverläufe und Heilungsprozesse im Alter. Dabei wird in der Regel Altern und Alter nicht als (unheilbare) Krankheit verstanden, wie wir es zum Teil in der Antike vorgefunden haben.

"Das Altern selbst ist nicht pathologisch, also auch keine Krankheit. Die abnehmende Anpassungsfähigkeit des alternden Organismus an Umweltfaktoren begünstigt jedoch die Entstehung von Krankheiten. Diese verminderte *Adaptation*, ein Grundphänomen des Alters, beruht auf strukturellen und funktionellen Veränderungen verschiedener Organe und Organsysteme."[14]

Die Geriatrie versteht sich als ein Teil der Medizin, die generell Krankheiten *im Alter* zu ihrem Forschungsgegenstand erhoben hat. Dabei wird die Position vertreten (die auch aus der Geschichte bekannt ist), daß bestimmte Krankheiten ein Altern beschleunigen. Nicht gemeint ist hierbei die Annahme, daß Krankheit überhaupt die Ursache für Altern sei. Dies mag als Ausnahmeposition von einzelnen Forschern vertreten werden, ist aber nicht die Regel. Die geriatrische Forschung geht von der Hypothese aus, daß es ein gesundes Altern gibt[15], woraus dann auch die oberste Zielsetzung zu folgern ist, nämlich die Ermöglichung eines gesunden Alterns. Abgeleitet von diesem Ziel gehört die Prävention zum Aufgabengebiet in der praktischen Anwendung. Präventivuntersuchungen und Aufklärung über Hygiene, Ernährung, körperliche Bewegung usw. gehören hierzu. Im Handbuch der Gerontologie wird das Hauptaufgabengebiet der Geriatrie folgendermaßen umschrieben:

"Die Hauptaufgabe der Geriatrie als der Wissenschaft von den Krankheiten bei Menschen im höheren und hohen Alter besteht darin, Besonderheiten der Pathogenese, der Diagnostik, der Klinik, der Therapie und der Prophylaxe von Krankheiten sowie der Prophylaxe und der Behandlung des vorzeitigen Alterns des Menschen zu klären."[16]

Ein typisches Phänomen im Alter ist, daß mehrere Krankheiten gleichzeitig auftreten und es zu unterscheiden gilt, ob die eine als Folge einer anderen anzusehen ist, oder ob gleichzeitig - unabhängig voneinander - mehrere Krankheiten zu diagnostizieren sind, vielleicht bedingt durch ein insgesamt geschwächtes Immunsystem. Auch der Krankheitsverlauf vollzieht sich bei alten Menschen anders als bei jüngeren, er dauert in der Regel länger und Medikamente wirken anders.

Als drittes übergeordnetes Aufgabengebiet der Geriatrie - neben der Prävention und der Therapie - zählt die Rehabilitation. Hierbei geht es nicht in erster Linie um eine Wiedereingliederung in "das tätige Leben", sondern um die Wiederherstellung der Selbständigkeit zur praktischen Lebensführung, oder - wenn dies nicht mehr möglich ist - zur Eingliederung in ein Altenheim oder Altenpflegeheim.

"Der Begriff der Rehabilitation muß in der Gerontologie insofern eine Abwandlung erfahren, als nicht dieselbe Begriffsbestimmung wie in der Arbeitsphase Gültigkeit haben kann, also Wiedereingli-

---

[14] Böhlau, E.: Altern - Leistungsfähigkeit - Rehabilitation, in: Jokl, E./ Böhlau, E. (Hg.): Altern. Leistungsfähigkeit. Rehabilitation. Festschrift zum 60. Geburtstag von Professor Dr. med. Volkmar Böhlau, Stuttgart /New York 1977, S. 2.
[15] Vgl. Schubert, R.: Aufgaben und Ziele der Gerontologie, in: Gadamer, H.-G.: Neue Anthropologie, Bd. 3, Sozialanthropologie, Stuttgart 1972, S. 210ff. u. 215f.
[16] Handbuch der Gerontologie, S. 28.

derung eines Erkrankten oder Beschädigten in das tätige Leben. Im Alter ist es die Aufgabe der Rehabilitation, den Gesundheitszustand so weit wiederherzustellen, daß der alte Mensch nach überwundener akuter Krankheit und nach oder auch bei chronischem Leiden möglichst beschwerdefrei ist, um sich eines glücklichen Alters erfreuen zu können."[17]

Als oberste Ziele der Geriatrie können die Verlängerung der individuellen Lebenserwartung und die Verhinderung bzw. Heilung von Krankheit im Alter gelten, die zu einer Verbesserung der Lebensqualität führt. Im Vergleich zur allgemeinen Zielsetzung der Gerontologie stimmt die geriatrische mit ihr überein und kann ohne Bedenken anerkannt werden, da sie nicht nur eine quantitative, sondern auch eine qualitative Verbesserung des Lebens im Alter erstrebt.

Anders zu bewerten ist der Standpunkt, der z.T. in der Pharmakologie vertreten wird, nämlich daß biologisches Altern durch Einnahme von Präparaten verzögert und verhindert werden soll, um so die maximale Lebenserwartung zu überschreiten.

"Der Entwicklungsstand dieses Gebietes [der geriatrischen Pharmakologie, Anm.d.Ver.] macht es möglich, Erfolge der Pharmakotherapie nicht nur bei der Behandlung von Unpäßlichkeiten und Krankheiten alternder und alter Menschen zu erhalten, sondern auch auf Realisierung einer pharmakologischen Kontrolle über das Altern, auf Verlängerung der durchschnittlichen Lebensdauer und in Zukunft auch auf eine Verlängerung der artgebundenen Lebensdauer bei Tier und Mensch hinzuweisen."[18]

Hier treten wieder die Probleme auf, die bei der Biologie des Alterns in diesem Punkte diskutiert wurden.

Zum Bereich der Geriatrie gehören außerdem noch die Gerohygiene, worunter die Klärung der sozialmedizinischen Aspekte zu verstehen sind, und noch die Psychogeriatrie (oder geriatrische Psychiatrie), die sich mit psychischen Erkrankungen alter Menschen befaßt. Zielsetzung ist auch in diesen beiden Bereichen die Ermöglichung eines gesunden Alterns, die Heilung von Krankheit und die Linderung von Leiden.

Die Methoden der Geriatrie umfassen einerseits die experimentelle Forschung (mit Tieren) und andererseits die empirische Laboruntersuchung und die Beobachtung von Krankheitsbildern und Krankheitsverläufen an Patienten durch Langzeitstudien und Querschnittsuntersuchungen. In der Anwendung werden die ärztlichen Behandlungsmethoden benötigt. Einer kritischen Überprüfung bedarf es, wenn experimentelle Forschung an Patienten betrieben werden sollte, mit oder ohne Wissen der Betroffenen. Kritisch zu hinterfragen sind auch Tierexperimente, besonders in der Pharmakologie, wenn sie für eine Verlängerung der durchschnittlichen oder maximalen Lebensdauer angewandt werden. Die ethische Diskussion um dieses Problem muß aber in erster Linie in der Auseinandersetzung um die Zielsetzung geführt werden und erst danach in der Frage nach der Anwendung der richtigen Methoden.

Ein wohl weltweites Problem ist zur Zeit noch, daß in der medizinischen Ausbildung die geriatrischen Themen zu wenig angeboten werden, die Spezialisierung zum Geriater nicht überall möglich ist und sich zudem nur wenige Mediziner auf

---

[17] Schubert, R.: Aufgaben und Ziele, S. 220.
[18] Handbuch der Gerontologie, S. 31.

das Gebiet der Geriatrie spezialisieren.[19] "Zu wenig" ist hier im Verhältnis zur Anforderung gemeint, denn der Bevölkerungsanteil der älteren und alten Menschen wächst beständig und steht in einer Diskrepanz zu den besonders hierin ausgebildeten Ärzten; zudem ist generell eine steigende Tendenz von Erkrankungen alter Menschen zu beobachten. Wie aus der "Antwort der Bundesregierung" auf eine "Kleine Anfrage - Drucksache 10/6721 -" im Bundestag zu entnehmen ist, gab es im Dezember 1986 einen Lehrstuhl für Angiologie und Geriatrie an der Medizinischen Hochschule in Lübeck und einen Lehrstuhl für Geriatrie an der Ruhruniversität Bochum. Außerdem ist im Lehrangebot der medizinischen Ausbildung und in der freien Fortbildung für Mediziner ein ausreichendes Angebot zu geriatrischen Fragen zu finden, so lautet die Ansicht der Bundesregierung.[20] Von der Medizinische Hochschule Lübeck wurde inzwischen von dem Anatom Prof. Herbert Haug der Bericht über eine Untersuchung über das Altern des Gehirns vorgelegt. In dem Bericht heißt es, daß menschliche Gehirnzellen im Alter nicht absterben, sondern lediglich die Zellen sich verkleinern, wahrscheinlich durch den Verlust von Flüssigkeit, der typisch im Alternsprozeß ist. Die Schrumpfung von Nervenzellen im Gehirn betrifft zu unterschiedlichen Zeiten verschiedene Zentren; wichtig ist vor allem, daß eine Rehabilitation durch "Gehirntraining" in einzelnen Bereichen möglich ist.[21]

Eine Frage, die sich aus der frühen medizinischen Forschung in der hippokratischen Schule für mich stellte, und die m.E. interessant wäre zu untersuchen, ist, ob alte Menschen generell seltener erkranken als jüngere, wie es in hippokratischen Schriften behauptet wird.[22] Die Beobachtung mag für die Antike zugetroffen haben; wenn ja, so wäre zu untersuchen, warum damals und nicht mehr heute. Die Feststellung mag aber auch mit dem Begriffsverständnis von Krankheit, Gesundheit und Alter zusammenhängen. Im Rahmen dieser Arbeit kann den Fragen nicht nachgegangen werden.

5.2 Der verhaltenswissenschaftliche Ansatz: Altern als mehrfach determiniertes Schicksal

Zum verhaltenswissenschaftlichen Ansatz der Gerontologie gehören die Psychologie des Alterns (auch Gerontopsychologie genannt) und die sozialpsychologischen Aspekte, die fächerübergreifend zu verstehen sind. Von Hans Thomae wurde in der Bundesrepublik die *Psychologie des Alterns* im eigentlichen Sinne begründet,

---

[19] Vgl. Haber, C.: Geriatrics: a specialty in search of specialists, Zschft. f. Gerontologie, Bd. 17, 1984, S. 26 - 31.
[20] Vgl. Deutscher Bundestag, 10. Wahlperiode, Drucksache 10/ 6770 vom 29.12.86, Kleine Antwort der Bundesregierung.
[21] Vgl. Schaefer, Christine: Gehirnzellen sterben nicht ab. Der Lübecker Anatom Herbert Haug stürzt ein Dogma, in: Bild der Wissenschaft 9, Sept. 1987, S. 60 - 69.
[22] Hippokrates: Die Aphorismen, 2. Abs. Nr. 39: "Alte Leute erkranken zumeist weniger als junge Leute, wenn sie aber von chronischen Leiden befallen werden, so begleiten diese sie meist bis zu ihrem Tode" (n.d. Übers. von R. Fuchs, Bd.1, 1895, S. 82) (Angaben in: van Swieten, S. 67)

indem er in der wissenschaftlichen Forschung auf diesem Gebiet die Grundlagen erarbeitete. Als Nachfolgerin kann heute Ursula Lehr als Hauptvertreterin für diesen Bereich gelten; sie konnte 1986 den Lehrstuhl im neu gegründeten gerontologischen Institut in der Heidelberger Universität übernehmen.

Der Gegenstandsbereich der Psychologie des Alterns umfaßt die wissenschaftliche Erforschung des menschlichen Verhaltens und Erlebens im höheren Lebensalter und im Vorgang des Alterns bei jüngeren.[23] Ausgangspunkt der Gerontopsychologie ist die Annahme, daß es keinen generellen - alle Bereiche betreffenden - und keinen universellen - alle Personen betreffenden - psychischen Alternsprozeß gibt, der auf eine "Altersnorm" verweisen könnte.[24]

> "Aus psychologischer Sicht stellt sich Altern nicht als einheitlicher, linearer und gleichmäßig verlaufender Prozeß dar. So kann durchaus ein deutlicher Altersabbau in einem Bereich (z.B. dem der Wahrnehmung) mit einer Leistungszunahme in einem anderen Bereich einhergehen (z.B.bei Fremdsprachenkenntnissen oder beim Wortschatz), zumindest jedoch mit unterschiedlicher Abhängigkeit zum kalendarischen Alter verlaufen."[25]

Von Ursula Lehr wurde aufgrund wissenschaftlicher Untersuchungen festgestellt, daß Art und Verlauf von Alternsprozessen abhängig sind von:
1. *vergangenen Erlebnissen und Erfahrungen*, also biographischen Determinanten wie z.B. intellektuellen Fähigkeiten und deren Training, sozialer Kontaktbereitschaft und Kontaktfähigkeit sowie Freizeitinteressen (= Vergangenheitsaspekt),
2. *der gegenwärtigen Lebenssituation*, wie z.B. Wohnung, Finanzen, Gesundheitszustand, Familiensituation (= Gegenwartsaspekt),
3. *der Zukunftsorientierung*, d.h. angestrebten Zielen, Plänen, Wertorientierung usw. (= Zukunftsaspekt).[26]

Das subjektive Erleben des Vergangenheits-, des Gegenwarts- und des Zukunftsaspektes wird im Theorieansatz der "kognitiven Alternstheorie" zugeordnet. Das theoretische Modell, von Thomae entwickelt und von Lehr weitergeführt, legt den Schwerpunkt des Ansatzes auf die "kognitive Repräsentanz", womit gemeint ist, daß der alternde Mensch objektive Gegebenheiten (beispielsweise das Nachlassen der körperlichen oder geistigen Leistungsfähigkeit) subjektiv erlebt und interpretiert. Ursula Lehr spricht von einem "mehrfach determinierten Schicksal", welches sie als ein Schicksal verstanden wissen will, das der einzelne "zu meistern hat", mit dem er sich auseinandersetzen und es verarbeiten muß. Folgende Gesichtspunkte werden von ihr dazu aufgeführt:
1. *Altern als biologisches Schicksal:* körperliche Gegebenheiten und die spezifische Gesundheits- und Krankheitsbiographie,
2. *Altern als soziales Schicksal:* das Altersbild in der Gesellschaft, die Rollenerwar-

---

[23] Vgl. Oswald, W.D.: Gerontopsychologie - Gegenstand, Perspektiven und Probleme, in: Oswald, W.D. / Fleischmann, U.M.: Gerontopsychologie, Psychologie des alten Menschen, Stuttgart/Berlin/Köln/Mainz 1983, S. 13.
[24] Lehr, U.: Gero-Intervention - das Insgesamt der Bemühungen, bei psychophysischem Wohlbefinden ein hohes Lebensalter zu erreichen, in: Dies. (Hg.): Interventionsgerontologie, Darmstadt 1979, S. 6.
[25] Oswald, W.D.: Gerontopsychologie ..., S. 14.
[26] Vgl. Lehr, U.: Gero-Intervention, S. 6f.

tung der sozialen Umgebung, die soziale Erziehung und gegenwärtige Situation,
3. *Altern als epochales Schicksal:* zeitgeschichtliche Faktoren, wie z.B. Kriege und Notzeiten, wirtschaftliches Wachstum, Arbeitslosigkeit,
4. *Altern als finanzielles/ökonomisches Schicksal,*
5. *Altern als ökologisches Schicksal:* Wohnlage, Verkehrslage, Zimmereinrichtung usw.[27]

Für die aufgeführten Punkte 1 - 5 gelten jeweils der Vergangenheits-, Gegenwarts- und Zukunftsaspekt. Nach dieser Differenzierung der Determinanten für das Altern ist deutlich geworden, daß nicht von einer einheitlichen Altersnorm ausgegangen werden kann. Zu der Schwierigkeit in der wissenschaftlichen Forschung, nicht von vergleichbaren Prozessen der einzelnen Individuen einer Altersklasse ausgehen zu können, kommt noch erschwerend hinzu, daß auch beim einzelnen Menschen die Entwicklung nicht kontinuierlich verläuft, sondern unregelmäßig und daher kaum normierbar.

Eine zweite psychologische Alternstheorie ist das sogenannte Defizit-Modell der geistigen Entwicklung. Diese (schon ältere) Theorie besagt, daß der Prozeß des Alterns mit dem Verlust und dem Abbau von emotionalen und intellektuellen Fähigkeiten einhergeht. Geringere Anpassungsfähigkeit alter Menschen sowie langsamere Reaktionszeiten und ein nachlassendes Kurzzeitgedächtnis scheinen diesen Theorieansatz zu bestätigen. Inzwischen konnten jedoch gravierende Methodenfehler in den Untersuchungen nachgewiesen werden, die diese Theorie grundlegend in Frage stellen. Das Defizit-Modell, das im Widerspruch zur kognitiven Alternstheorie steht, wird voraussichtlich nicht in seinem derzeitigen Verständnis bestätigt werden können, da die kognitive Alternstheorie bereits Leistungszuwachs und Weiterentwicklung (also nicht Verlust und Abbau) bei alten Menschen in bestimmten Bereichen bei dem Alter entsprechenden Vorausetzungen nachweisen konnte. Als Zielsetzung der Psychologie des Alterns im Sinne der kognitiven Alternstheorie wird von Ursula Lehr gesagt:

"Gelingt es, das mehrdimensionale Bedingungsgefüge zu erfassen, das die intra- und interindividuell unterschiedlich verlaufenden Anpassungsprozesse im intellektuellen, sozialen und emotional-affektiven Bereich mitbestimmen, dann wären Grundlagen für die Vorhersage und auch Beeinflussung des Alternsvorgangs unter Berücksichtigung seiner individuellen Varianten gegeben. Der Weg, der zu diesem Ziel führt, ist jedoch noch weit und beschwerlich."[28]

Der Grund für das Anliegen der "Vorhersage und Beeinflussung des Alternsvorgangs" kann m.E. nur darin liegen, eine bessere Vorbereitung auf das Alter und ein positiveres Erleben des Alterns und Alters zu ermöglichen. In der Negativabgrenzung würde die Zielsetzung lauten: Weniger (psychisches und damit wahrscheinlich auch physisches) Leiden unter dem Prozeß des Alterns und im Alter selbst. Neben diesem Ziel, das mit dem der Gerontologie allgemein übereinstimmt, wird ein weiteres postuliert, nämlich die Lebensverlängerung des einzelnen. Dabei wird angenommen, daß psychisches Wohlbefinden u.a. mit zur Lebensverlängerung beiträgt.

In einem Modell versucht Ursula Lehr die verschiedenen Komponenten für

---

[27] Vgl. ebda., S. 7f.
[28] Lehr, U.: Psychologie ..., S. 329.

Langlebigkeit aufzuzeigen, ohne aber den Anspruch auf Vollständigkeit zu erheben. Auch fehlt die ausreichende Forschung zur Verifizierung des Modells, bzw. es ist zu fragen, ob ein so komplexes Modell überhaupt überprüfbar sein und zu signifikanten Ergenissen führen kann.

Das Modell umfaßt folgende Gesichtspunkte:

Korrelate der Langlebigkeit

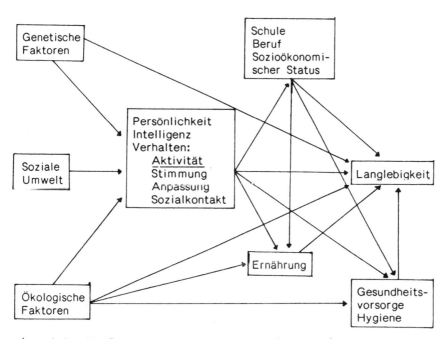

(aus: Lehr, U.: Psychologie des Alterns, a.a.O., S. 318)

Die Verlängerung der individuellen Lebenszeit soll mit Mitteln erreicht werden, die jeder selbst anerkennen und befolgen kann und somit weitgehend in der Eigenverantwortlichkeit eines jeden Individuums bleiben. Die Gefahr der Bestimmung *über* den Menschen, wie etwa bei der Genmanipulation, ist hier nicht gegeben. In der Gerontopsychologie wird ein Menschenbild zugrunde gelegt, das auf der Möglichkeit eines subjektiv erlebbaren positiven Alterns und Alters basiert. In der Forschung sollen die Bedingungen und Möglichkeiten für die Verbesserung der Lebensqualität im Alter und damit einhergehend auch einer Lebensverlängerung des einzelnen ergründet und untersucht werden. Leistungsabfall bzw. Leistungserhalt oder -steigerung im intellektuellen Bereich werden als abhängig vom physisch-psychischen Wohlbefinden gesehen. Für den Anwendungsbereich gilt es, praktische Maßnahmen zu finden, die direkt oder indirekt die Lebensqualität im Alter verbessern helfen.

Methodisch arbeitet die Alternspsychologie hauptsächlich auf empirischer Basis, wobei sich erhebliche Probleme bei der Durchführung von Untersuchungen ergeben. Z.B. ist es schwierig, zahlreiche Variablen, die für die psychologische Forschung notwendig sind, überhaupt zu erfassen und miteinander zu korrelieren, um sie auswerten zu können. Bei Langzeitstudien ist der Schwund der Probanden so enorm, daß man kaum zu signifikanten Ergebnissen gelangen kann. Oft sind die Untersuchungsmethoden zu ungenau, um verifizierbare Aussagen zu erhalten. Die Methodenprobleme ergeben sich aus dem Tatbestand, daß es sich um Untersuchungen an Menschen handelt und der Mensch prinzipiell nicht "ganz" erfaßbar und nicht "ganz" meßbar ist, vor allem wenn es das Erleben und das Verhalten des Menschen betrifft. Darüber hinaus ergibt sich die Schwierigkeit, daß subjektive Komponenten zu generalisierenden Aussagen führen sollen. Bei der biographischen Methode stellt sich das Problem der Vergleichbarkeit der Ergebnisse (siehe Kap. 3.3). In der Psychologie wird aber auch experimentelle Forschung mit Tieren betrieben, und für diesen Bereich gilt das gleiche wie in der biologischen und medizinischen Forschung, nämlich ob es ethisch zu verteten ist, Experimente mit Tieren durchzuführen, die nur der Lebensverlängerung (rein quantitativ und nicht qualitativ verstanden) dienen. Dazu kommt die Frage, ob Tierexperimente in der Verhaltensforschung generell Rückschlüsse auf Menschen zulassen und die Ergebnisse auf Menschen übertragbar sind. Wenn diese Frage nicht eindeutig beantwortet werden kann, muß die Diskussion geführt werden, ob Tierversuche aufgrund von Vermutungen, Möglichkeiten oder Wahrscheinlichkeiten durchgeführt werden dürfen.

Zum verhaltenswissenschaftlichen Ansatz gehören als *zweiter Bereich* die *sozialpsychologischen Aspekte*. Die Sozialpsychologie, die die wechselseitige Beziehung des einzelnen zur Gesellschaft zum Gegenstand hat, kann sowohl der Psychologie als auch der Soziologie zugeordnet werden, ist aber trotz Einordnung grundsätzlich interdisziplinär zu verstehen. In dieser Arbeit wird sie dem verhaltenswissenschaftlichen Ansatz und damit näher der Psychologie eingegliedert. Für die hier gewählte Einteilung war ausschlaggebend, daß in der Literatur diese Zuordnung häufiger eingehalten wird, die Forschung in diesem Bereich z.T. von Wissenschaftlern aus der Psychologie durchgeführt und der Schwerpunkt der Forschung auf den einzelnen Menschen gelegt wird, weniger auf die gesellschaftlichen Aspekte, die verstärkt in der soziologischen Disziplin behandelt werden.

Gegenstandsbereich der sozialpsychologischen Alternsforschung ist die wechselseitige Beziehung zwischen dem einzelnen alten/alternden Menschen und der Gesellschaft bzw. gesellschaftlichen Gruppen. Der Ansatz basiert auf dem Vorverständnis, daß der einzelne immer auch in Abhängigkeit zu anderen Menschen existiert und nicht isoliert und unabhängig sein Leben leben kann. Das Verhalten und Erleben des einzelnen stellt sich als ein konformes oder konträres zu den gesellschaftlichen Erwartungen verlaufendes dar und wird eben als ein solches (konformes oder konträres) erlebt und mit gesellschaftlichen Sanktionen belegt.

Zum Aufgabenbereich der sozialpsychologischen Forschung des Alterns und Alters gehört es, die Auswirkungen der wechselseitigen Beeinflussung von Selbstbild und Fremdbild zu erforschen. Ausgehend von der Annahme, daß der einzelne ein Selbstbild aufgrund von Zuschreibungen von außen entwickelt, aber nicht ausschließlich dadurch, sondern auch durch eigenes Erleben und Erfahren, soll der Frage nachgegangen werden, ob dieses Selbstbild sich auf die Identifizierung mit dem Älterwerden und/oder Altsein auswirkt und im Zusammenhang damit auf das Wohlbefinden des einzelnen im Alter. Aber es ist nicht nur so, daß der einzelne die Einstellung von seinen Mitmenschen "erwirbt", sondern er bestätigt durch konformes Verhalten diese (Vor-)Urteile wiederum. Bezeichnet wird das Phänomen als "Pygmalion-Effekt"[29]. Das Problem ist hier nicht, wer mit den (Vor-)Urteilen oder mit dem beobachtbaren Verhalten begonnen und damit eine geschlossene Kettenreaktion hervorgerufen hat, sondern wie diese Kette zu unterbrechen ist. Diese Theorie, angewandt auf das Altersbild, bedeutet, daß das defizitäre Altersbild, das in unserer Gesellschaft stärker vertreten ist, zu korrigieren ist und damit den alternden und alten Menschen die Möglichkeit gegeben wird, sich an einem insgesamt positiveren Altersbild zu orientieren. Die Theorie geht davon aus, daß sich die mit dem positiven Altersbild verbundene höhere Wertschätzung des alten Menschen positiv auf sein subjektives Erleben und damit auf sein allgemeines Wohlbefinden auswirkt. Das Akzeptieren des Älterwerdens und des Altseins wird erleichtert. Altern und Alter brauchen nicht abgelehnt werden, weil sie mit einem negativen "Image" belegt sind, sondern können angenommen werden, weil sie nicht mehr diskriminierend sind.

Ein zweites Aufgabengebiet in der sozialpsychologischen Forschung ist das Verhalten des alternden/alten Menschen aus rollentheoretischer Sicht. Gemeint ist die Problematik, daß gesellschaftlichen Gruppen immer auch Rollen zugewiesen werden, die eine Wertschätzung (einen Status) mit einschließen. Bei Nichteinhaltung dieser Rollenzuweisungen werden Sanktionen ausgeübt, die den einzelnen wieder zum konformen Verhalten zurückführen sollen. Die Rollenzuweisungen, die in unserer Gesellschaft dem alternden und alten Menschen zugeschrieben werden, sind überwiegend mit einem geringen Status verbunden, d.h. mit einer unbedeutenden gesellschaftlichen Anerkennung. Diese Wertschätzung wirkt sich wiederum auf das Wohlbefinden des einzelnen aus, so daß in der sozialpsychologischen Forschung untersucht werden muß, wie die Wechselwirkung von Rollenzuweisungen mit geringem Status auf die Geringschätzung des alternden und alten Menschen in seinem Selbstverständis unterbrochen und geändert werden kann zum Wohle des einzelnen.

In der Beschreibung der Aufgabengebiete ist die oberste Zielsetzung dieses Bereiches bereits mit eingeflossen, nämlich die Erreichung des psychischen und sozialen Wohlbefindens von alternden und alten Menschen. Erreicht werden kann dieses Ziel u.a. durch die Überprüfung und Korrektur des defizitären Altersbildes und der Rollenzuweisungen mit geringem Status. Die Zielsetzung stimmt mit der der allgemeinen Gerontologie ohne Einschränkung überein.

Die Methoden der Sozialpsychologie umfassen die empirische Forschung wie in der Psychologie, und es treten ähnliche Schwierigkeiten wie dort auf. Experimentelle Forschung wird m.W. in diesem Bereich nicht betrieben. Für die Methoden der

---

[29] Der Pygmalion-Mythos erzählt von einem König Pygmalion, der sich in ein Bild oder eine Statue einer Frau verliebt; Aphrodite erweckt das Abbild zum Leben und Pygmalion nimmt sie zur Frau. (Vgl. Ovid: Metamorphosen, X. 243ff.) Im übertragenen Sinne bedeutet dieser Mythos in der Selbstbild-Fremdbildtheorie: Der Schein/die Vorstellung wird durch Handlung zu einer Realität.

Sozialpsychologie gelten die Ausführungen wie bei der Psychologie, und es treten hier wie dort ähnliche Schwierigkeiten auf, die mit der "empirischen Erfassung" des Menschen zusammenhängen.

5.3 Der sozialwissenschaftliche Ansatz: Disengagement-Theorie oder Aktivitätstheorie?

Unter dem sozialwissenschaftlichen Ansatz wird zum einen die Gerosoziologie[30] verstanden, die sich mit Gruppen alternder und alter Menschen in Beziehung untereinander und in bezug zu jüngeren Altersgruppen bzw. in bezug zur Gesellschaft beschäftigt; zum zweiten werden verschiedene gesellschaftspolitische Aspekte wie demographische, politische, ökologische und ökonomische unter dem sozialwissenschaftlichen Ansatz subsumiert.

In der *Gerosoziologie* wird eine Unterteilung vorgenommen, die nicht das kalendarische Alter zum ausschlaggebenden Kriterium erhebt, sondern Kriterien wie die frühere Berufstätigkeit, der Eintritt in den Ruhestand, der Familienstand, die soziale Herkunft und die sozialen Kontakte usw. einsetzt. Aber auch Altersstereotype, wie sie unter den sozialpsychologischen Aspekten dieser Arbeit behandelt wurden, sind ausschlaggebend für Klassifizierungen von Gruppen. Eine andere Unterteilung des Alters in Subgruppen nimmt man durch die Einteilung in jüngere und ältere Alte und Hochbetagte bzw. Greise vor. Die Gerosoziologie richtet ihre Forschung auf die soziologische Praxis über Probleme des Alters und Alterns und auf die Theoriebildung von Altersphasen, Altersgruppen und Kohorten aus.[31]

Als sehr verbreitete Theorie kann die "Disengagement-Theorie" gelten. Diese besagt, daß Menschen, die sich ihres Alters bewußt werden, und sich mit der Endlichkeit des Lebens auseinandersetzen, zurückgezogen leben und sich nicht mehr engagiert mit dem Leben bzw. der Umwelt beschäftigen wollen. Aufgrund von empirischen Untersuchungen fand die Theorie Bestätigung. Zum Teil wurde in der Auseinandersetzung mit diesem theoretischen Ansatz betont, daß endogene Faktoren für das passive Verhalten ausschlaggebend seien. Generalisierend nahm man an, daß Menschen im Alter durch eine passive zurückgezogene Lebensweise ein zufriedenes Leben führen könnten. Das diesem Theorieansatz zugrundeliegende Bild vom alten Menschen beinhaltet, daß alte Menschen müde sind von den Anstrengungen des Lebens, daß sie sich ausruhen ("Ruheständler"), daß sie mit dem

---

[30] Gebräuchlich sind die Bezeichnungen: Soziologie des Alters, Alterssoziologie und Gerosoziologie. Da unter der Gerontologie allgemein aber auch der Gegenstandsbereich des Alterns subsumiert werden soll, wird der Anspruch, diesen Bereich mit einzubeziehen, auch für die soziologische Disziplin erhoben. Die Begriffe "Alterssoziologie" und "Soziologie des Alters" würden dem nicht entsprechen, wohl aber der Begriff "Gerosoziologie", wenn er sowohl den strukturellen Aspekt der Altersgruppen als auch den dynamischen des Alternsprozesses umfaßt. In diesem Sinne soll er hier verwendet werden.
[31] Vgl. Rosenmayr, L.: Schwerpunkte der Soziologie des Alters (Gerosoziologie), in König, R.(Hg.): Handbuch der empirischen Sozialforschung, Bd. 7: Familie. Alter, 2. völlig neubearb. Aufl., Stuttgart 1976, S. 227.

Leben abschließen und auf den Tod warten wollen.

Eine der Disengagement-Theorie entgegengesetzte Richtung ist die Aktivitätstheorie, die

> "einen positiven Zusammenhang zwischen dem (sozialen) Aktivitätsniveau (Intensität und Intimität der sozialen Kontakte) und der Lebenszufriedenheit in dem Sinn, daß nur diejenigen Menschen glücklich und zufrieden altern, die aktiv etwas leisten können und die deshalb von anderen gebraucht werden"[32],

postuliert. Die Aktivitätstheorie, die - auf eine kurze Formel gebracht - besagt, daß "hohe soziale Aktivität = große Lebenszufriedenheit"[33] bedeutet, konnte ebenfalls durch empirische Studien bestätigt werden und widersprach damit eindeutig der Disengagement-Theorie. Daraufhin konnten in den Untersuchungen der Disengagement-Theorie Methodenfehler nachgewiesen werden, vor allem in der Art, daß keine ausreichenden Langzeitstudien vorlagen. Zwar war die Beobachtung von theoriekonformem Verhalten (mit der Disengagement-Theorie) nicht zu leugnen, jedoch war es nicht zulässig, das Verhalten einfach zu generalisieren und mit großer bzw. größter Lebenszufriedenheit im Alter zu interpretieren; das Verhalten konnte auch als ein vorübergehend depressives zu interpretieren sein, das sich nach dem sogenannten Pensionierungsschock oder nicht verarbeiteten Verlust des Partners oder als Ausdruck von Trauer usw. zeigen konnte. Sowohl die Disengagement-Theorie als auch die Aktivitätstheorie konnten bisher Geltung für bestimmte Gruppierungen im Alter finden, aber nicht generell für alte Menschen überhaupt.

Weiterhin werden in der Gerosoziologie die verschiedenen Komponenten für Zusammenhänge, z.B. zwischen Berufsausübung, Aktivitäten im Ruhestand und sozialen Konktakten im Alter, untersucht oder z.B. zwischen dem Zusammenleben in einer Familie oder einer Gemeinschaft und Gesundheit und Wohlbefinden im Alter. Der Mythos von der "heilen Großfamilie" vergangener Zeiten, in denen den alten Menschen die größte Umsorgung und Zufriedenheit zuteil geworden sei, wurde inzwischen durch die Geschichtsforschung in der Soziologie widerlegt. Alte Menschen sind in den Großfamilien oft nur noch am Rande geduldet worden, als Autoritätspersonen mit Ansehen und Achtung konnten sie nur in bestimmten Gesellschaftsschichten leben. Auf die zahlreichen verschiedenen Untersuchungsaspekte kann hier nicht näher eingegangen werden. Ausschlaggebend ist, daß es zur Zielsetzung der gerosoziologischen Forschung gehört, die Formen des Alterns und des Lebens im Alter in bezug auf soziale Komponenten herauszufinden, die den Menschen in ihrem Zusammenleben ein Höchstmaß an Zufriedenheit gewähren.

In der Gerosoziologie gibt es noch zahlreiche Untersuchungsaufgaben, die angegangen werden müssen, wenn dieses Ziel verfolgt werden soll; die soziologische Alternsdisziplin befindet sich noch in der Aufbauphase. Bezüglich der Mittel arbeitet sie insgesamt mit überwiegend empirischen Methoden. Die historische Arbeit - ein

---

[32] Keuchel, I.: Theorien zum Alternsprozeß, in: Oswald/ Fleischmann: Gerontopsychologie, S. 42.
[33] Die soziologische Aktivitätstheorie findet ihre Parallele für den körperlichen Zustand in dem Problem der Inaktivitätsatrophie, die im übertragenen Sinne auch für die geistige Flexibilität gilt. "Die höchste Form des Verschleißes, die gefährlichste Form des Alterns durch Substanzverbrauch, erfolgt nicht durch Leistung, sondern durch Untätigkeit." Sopp, Helmut: Was macht uns alt, was erhält uns jung?, in: Mendelssohn Bartholdy: Souverän altern, S. 36.

bedeutender Zweig der Soziologie - verwendet stärker die hermeneutische Methode, wenn es darum geht, historische Dokumente in einen Zusammenhang zu stellen und ein Bild des gesellschaftlichen Lebens in der Vergangenheit zu gewinnen.

Am Beispiel der Disengagement-Theorie ist deutlich geworden, wie wichtig die Reflexion über ein zugrunde gelegtes Bild vom Menschen, hier vom alten Menschen, ist. Die Theorie fand schnell Anerkennung, weil sie wohl einem weitverbreiteten Vorurteil entsprach (vielleicht auch, weil sie für die Umsetzung in die Praxis so bequem war!). Auswirkungen dieser Theorie waren z.B. die Verlagerung von Altenheimen und Altenwohnungen in ruhige Randzonen außerhalb von Städten und Dörfern. Dadurch war für die Heimbewohner oft kaum eine Möglichkeit gegeben, etwas zu unternehmen, es sei denn, spazierenzugehen. In den Heimen wurde für Ernährung und körperliche Pflege gesorgt, darüber hinaus aber kaum etwas angeboten - eventuell etwas zur passiven Teilnahme -, da man ja von der Vorstellung ausging, alte Menschen wollten ihre Ruhe haben. Inzwischen hat sich auf diesem Gebiet einiges geändert, nicht zuletzt durch die Verbreitung der Aktivitätstheorie und durch die Erkenntnisse in Psychologie und in der Gerontagogik, die im nächsten Kapitel behandelt werden.

Zuvor sollen aber noch die *gesellschaftspolitischen Aspekte* angerissen werden, die mit zum sozialwissenschaftlichen Ansatz gehören. Hierunter sind demographische, politische, ökologische und ökonomische Gesichtspunkte zu verstehen, denen innerhalb der gerontologischen Forschung bisher kaum ein Stellenwert zuerkannt wurde. Diese Forschungsansätze stecken noch in den "Kinderschuhen"; die Problematiken sind erst in jüngster Zeit erkannt worden.

Durch die Erhöhung der durchschnittlichen Lebenserwartung des Menschen in der Bundesrepublik Deutschland (und den Industriestaaten überhaupt) und dem gleichzeitigen Rückgang der Geburtenquote, hat sich eine Altersschichtung in der Bevölkerung entwickelt, die nicht erwartet worden war und die konkrete gesellschaftspolitische Konsequenzen aufwirft. Man spricht bereits von einer Überalterung der Gesellschaft. Da sich in den letzten Jahren ein Ausgleich zwischen den Geburten und den Sterbefällen noch nicht eingestellt hat, sondern die Geburtenquote weiterhin unter der Sterbeziffer liegt, ist die Tendenz zu einer Verschiebung der Altersschichtung zu immer mehr alten Mensch hin unübersehbar geworden. Dies hat u. a. zur Folge, daß die Altersruppe der über 65jährigen nicht mehr einheitlich als eine Altersgruppe aufgefaßt werden kann, wie dies in Statistiken häufig angegeben war; immer mehr Menschen erreichen ein hohes Alter von 80, 90 oder mehr Jahren. Zum einen würde damit die Bevölkerungsgruppe der älteren und alten Menschen rein quantitativ zu global erfaßt werden, um differenzierte Aussagen treffen zu können, und zum anderen sind über eine Lebensspanne von ca. 30 Jahren im Alter, in dem recht unterschiedliche Entwicklungsstadien zu beobachten sind, nur allgemeine Aussagen unzureichend, denn z. B. eine Gruppe von 65jährigen ist nicht mit einer Gruppe von 85jährigen einfach gleichzusetzten.

> "In den letzten Jahren und Jahrzehnten nimmt nicht nur die Gruppe der "über 60-jährigen" zu, sondern es vergrößert sich beachtlich die Gruppe der über 70, 80, 90- und sogar der über Hundertjährigen! In den Jahren 1950 bis 1984 stieg die Gruppe der 70 - 75-jährigen um 88 %, die der 75 - 80-jährigen um 152 %, der 80 - 85-jährigen um 240 %, der 85 - 90-jährigen um 378 %, der 90 - 95-jährigen um 684 %, und die Gruppe jener, die 95 Jahre und älter werden, ist in

den letzten 34 Jahren um 1930 % angestiegen."³⁴

Gesellschaftliche Aufgaben ergeben sich u.a. dadurch, daß die Gruppe der sehr alten Menschen vielfach alleinstehend und pflegebedürftig und damit auf die Hilfe der Gemeinschaft bzw. des Staates angewiesen ist. Interessant sind m.E. die demographischen Angaben über die Differenz der männlichen und der weiblichen Lebenserwartung, die sich weiterhin zu Gunsten der Frauen zu entwickeln scheint. Frauen haben eine bis zu sieben Jahren höhere durchschnittliche Lebenserwartung. Die Frage, welche gesellschaftlichen Konsequenzen sich daraus ergeben könnten, wäre z.b. eine mögliche Aufgabenstellung für die gerontologische Forschung im sozialwissenschaftlichen Bereich .

Die politischen Gesichtspunkte betreffen die Integration und Partizipation der alternden und alten Menschen im Staatswesen. Innerhalb des Forschungsbereiches bedeutet das, daß die Bedingungen und Möglichkeiten für politische Teilhabe zu erarbeiten sind, und für den praktischen Anwendungsbereich, daß die Voraussetzungen zu schaffen sind und entsprechend der Zielsetzung zu intervenieren ist. Untersuchungsaspekte könnten z.B. das Wahlverhalten von älteren Menschen sein oder die Zusammensetzung eines Parlamentes in bezug auf eine zur gesamten Wahlbevölkerung repräsentative Altersstruktur der Mitglieder. Interessant und zukunftsweisend wäre z.B. eine Untersuchung der Frage, inwieweit alte Menschen eher konservativ wählen und damit Innovationsprozesse in einer Demokratie verzögern, oder inwieweit eine starke Gruppe von politisch aktiven alten Menschen ein demokratisches System stabilisieren und politischen Unruhen entgegenwirken kann.³⁵

Ökologische Aspekte gehören zu den neuesten und bisher weitgehend unerforschten Gesichtspunkten, die in der Gerontologie diskutiert werden. Zu verstehen sind darunter: "... Umweltgegebenheiten im Mikro- und Makrobereich (d.h. von der Einrichtung des Zimmers, der Wohnsituation bis zur Verkehrslage und landschaftlichen Gegebenheiten hin) ..."³⁶. Die ökologischen Aspekte lassen sich m.E. deshalb unter dem sozialwissenschaftlichen Bereich subsumieren, weil hauptsächlich die Auswirkungen von Umweltgegebenheiten auf gesellschaftliche Gruppen erforscht werden sollen. Eine Eingliederung in den sozialpsychologischen Bereich wäre auch möglich, wie es von Ursula Lehr gehandhabt wird. Dabei bezieht sie sich mehr auf die Auswirkungen der ökologischen Bedingungen auf den einzelnen und fordert entsprechende Interventionsmaßnahmen. Da jedoch die Verkehrssituation mit Lärmbelästigung und Luftverschmutzung oder die Wohnqualität allgemein in städtischen oder ländlichen Gebieten gesellschaftliche Probleme aufwerfen, die nicht individuell zu lösen sind (auch wenn der einzelne recht unterschiedlich davon betroffen ist und für sich eine individuelle Lösung finden kann), sollten die ökologischen Aspekte in den sozialwissenschaftlichen Bereich einbezogen werden.

"Bei bestimmten Bevölkerungsgruppen (vor allem jenen niederer Schicht, ebenso bei Frauen) sorgt

---

³⁴ Lehr, U.M.: Altern - Verlust oder Gewinn? Vortragsmanuskript zur Bundesseniorenkonferenz der DAG zum Thema "Rentner in der Gewerkschaft" vom 8./9. April 1987 in Fulda, S. 4.
³⁵ Eine Arbeit zum Thema "Repräsentation und Partizipation älterer Menschen in Politik und Gesellschaft" von Franziska Schaal aus dem Jahre 1984 liegt vor. (Erschienen bei DZA, Berlin 1984)
³⁶ Lehr, U.: Gero-Intervention ..., S. 8.

vielfach die dingliche/sachliche Umgebung für eine Erschwerung der Situation im Alter, für eine Reduzierung des Verhaltensradius, für eine Einengung der geistigen und sozialen Aktivität - und damit für einen vorzeitigen Abbau psychophysischer Kräfte."[37]

Der Schwerpunkt der Forschung liegt hier also auf ökologischen Problembereichen, die die Lebensqualität des alternden und alten Menschen vermindern, und als Zielsetzung kann formuliert werden, daß günstige Umweltbedingungen zur Steigerung der Lebensqualität erforscht werden sollen, die auch Eigenaktivität und damit geringere Fähigkeits- und Funktionsverluste im Alter ermöglichen.

Bei den ökonomischen Aspekten liegt an erster Stelle die Problemlösung der Rentenfinanzierung für die Zukunft, da der Generationenvertrag in der jetzigen Konzeption und nach den derzeit bestehenden Verhältnissen von Erwerbstätigen und Nicht-Erwerbstätigen nicht mehr langfristig funktionieren kann. In den ökonomischen Bereich fallen auch Fragen über den Umsatz von Verbrauchsgütern, Konsumgütern, Kapitalanlagen usw. von Rentnern und Pensionären, sofern es Auswirkungen auf die Ökonommie unseres Landes hat. Zielsetzung kann es hier nur sein, die finanzielle Absicherung für den einzelnen im Alter zu gewährleisten, die für die Betroffenen eine entlastende und Aktivitäten fördernde Funktion ausübt, und die ökonomische gesellschaftliche Belastung in ein ausgeglichenes Verhältnis zu bringen.

Insgesamt betrachtet sind die gesellschaftspolitischen Aspekte, die hier nur kurz angerissen und exemplarisch verdeutlicht werden sollten, in die wissenschaftliche Forschung bisher unzureichend einbezogen worden. Aus dem gesellschaftspolitischen Bereich lassen sich zahlreiche Untersuchungsaspekte ableiten, die für die Planung der Zukunft einer Gesellschaft unabdingbar sind.[38]

Als allgemeine Zielsetzung kann hier gelten, daß die Forschung auf die Partizipation und Integration von älteren und alten Mitbürgern am gesellschaftspolitischen Leben ausgerichtet sein sollte. Den veränderten und sich auch zukünftig verändernden Altersstrukturen mit ihren gesamtgesellschaftlichen Auswirkungen muß sowohl in der Forschung als auch in der politischen Praxis in dem Sinne entsprochen werden, daß es nicht zu politischen Eskalationen kommen kann, die unsere Demokratie gefährden könnten und daß alle Gruppen und Gruppierungen in unserer Gesellschaft in allen Altersstufen bzw. Lebensstufen zufriedenstellend zusammenleben können.

Bezüglich der Methoden kann nur allgemein angemerkt werden, daß sie hauptsächlich im Bereich der empirischen Sozialforschung liegen. Die Gefahr der parteipolitischen Beeinflussung ist in der Forschung hier vielleicht stärker gegeben als in anderen Bereichen.

---

[37] ebda., S. 8.
[38] Eine Reihe von Arbeiten über gesellschaftspolitische Aspekte sowohl in der Theorie als auch im Anwendungsbereich werden in den letzten Jahren vom "Deutschen Zentrum für Altersfragen e.V." (DZA) in Berlin geleistet.

5.4 Der erziehungswissenschaftliche Ansatz: Bildungsarbeit für das Alter und im Alter

Bis heute scheint die Bezeichnung für die Arbeit mit alternden und alten Menschen in der Erziehungswissenschaft noch nicht allgemeinverbindlich geklärt worden zu sein. Zur Diskussion stehen die Begriffe "Gerontagogik", "Geragogik" und "Altenbildung". In der Literatur werden "Gerontagogik" und "Geragogik" synonym verwendet, wobei die Bezeichnung "Gerontagogik" häufiger anzutreffen ist. "Altenbildung" findet dagegen in der praktischen Bildungsarbeit mit alten Menschen fast uneingeschränkte Anwendung. M.E. könnte die Aufteilung in "Gerontagogik" für den wissenschaftlichen Forschungsbereich und "Altenbildung" für den Anwendungsbereich manifestiert werden, damit einmal die notwendige Sprachregelung getroffen wird, und zum anderen die beiden Begriffe treffend die zu benennenden Bereiche kennzeichnen.

Für den *erziehungswissenschaftlichen Ansatz* sind schon in dem 1962 von Otto Friedrich Bollnow geschriebenen Aufsatz über "Das hohe Alter", in dem er die Forderung nach einer Gerontagogik stellt, anthropologische Grundkomponenten enthalten, die ein bestimmtes Verständnis vom "hohen Alter" bzw. vom alten Menschen charakterisieren.

> "Einer solchen [tieferen, Anm.d.Verf.] Betrachtungsweise liegt eine Auffassung der menschlichen Lebensentwicklung zugrunde, die das einfache Modell eines Aufstiegs bis zu einer gewissen Höhe und eines daran anschließenden Abstiegs ablehnt, die vielmehr die Abfolge der menschlichen Lebensalter, von der Kindheit bis zum Greisentum, als den Gestaltwandel von qualitativ verschiedenartigen, aber untereinander grundsätzlich gleichwertigen Formen betrachtet. In keiner bestimmten Phase erreicht das menschliche Leben seine größte Höhe, sondern erst in dem vollen Durchlaufen aller verschiedenen Phasen offenbart es seinen vollen Reichtum. Und was von der Kindheit gilt, das muß dann entsprechend auch vom hohen Alter gelten! Es ist nicht weniger vollkommen, sondern nur anders als die mittleren Lebensjahre."[39]

Ausgehend von der These, daß das hohe Alter einen Eigenwert besitzt, versucht Bollnow anhand von Werken großer Künstler und Philosophen eine herausragende Leistung im Alter nachzuweisen. Dabei soll die Leistung nicht so verstanden werden, daß sie *trotz* des hohen Alters hervorragend sei, sondern *erst durch* das Alter bzw. im Alter einzigartig geschaffen wurde. Allein durch den Nachweis, daß es besondere Alterswerke gibt, findet Bollnow die Bestätigung seiner These, die gleichzeitig ein *nur* negativ gezeichnetes Altersbild mit Verlusten und Abbauerscheinungen ausgrenzt. Von seiner anthropologischen Grundannahme aus sieht er beide Seiten des hohen Alters: einerseits herausragende Leistungen, die erst durch das Alter und durch Lebenserfahrung möglich werden[40], und andererseits abbauende, vermindernde Leistung durch körperliche Alternsprozesse, Krankheit und seelisches Leid. Bollnow leitet

---

[39] Bollnow, O.F.: Das hohe Alter, S. 387.
[40] Auf die metaphysischen Ausführungen Bollnows, "daß sich letzte metaphysische Tiefen des Lebens", daß sich die "letzten Geheimnisse des Lebens" erst im Alter erschließen, soll hier nicht näher eingegangen werden, da hierfür eine eigene kritische Auseinandersetzung nötig wäre. Seine anthropologischen Grundannahmen sollen hier trotzdem aufgezeigt werden, da sie nicht notwendigerweise in dieser "metaphysischen" Form interpretiert werden müssen, wie Bollnow selbst es jedoch vornahm. Vgl. ebda., S. 394.

aus seiner Anthropologie die Aufgabe einer zukünftigen Gerontagogik ab, nämlich daß dem alten Menschen der "Blick für den eigenen Wert und die eigene Schönheit dieser Altersstufe"[41] zu öffnen sei. Der Mensch soll zu den Möglichkeiten, die speziell im Alter liegen, hingewiesen und herangeführt werden, um auch in dieser Entwicklungsstufe des menschlichen Daseins zur "Vollendung" zu gelangen. Als Zielsetzung formuliert, sollte die Gerontagogik Hilfen für die Erfüllung der im Alter gelegenen Möglichkeiten geben.

Einen wissenschaftstheoretischen Ansatz einer Geragogik[42] konzipiert Hans Mieskes in seinen beiden Aufsätzen über die Gegenstandsbereiche und Methoden der Geragogik.[43]

> "Gegenständlich [d.h.ihrem Gegenstand nach, Anm.d.Verf.] bezeichnet Geragogik die Summe aller wissenschaftlichen Aussagen, deren Gehalt auf die pädagogische Wirklichkeit des alternden und alten Menschen bezogen ist. Man kann auch so formulieren: Geragogik umfaßt alle jene Tatbestände, deren Bedingungen, Voraussetzungen und Folgeerscheinungen des pädagogischen Vollzugsgeschehens im Leben des einzelnen wie des Kollektivs, die im Zusammenhang mit dem Prozeß des Alterns und mit der Existenzweise des alten Menschen auftreten und die subjektiv, objektiv, transitiv und reflektiv wirken. Das in diesem Sinne verstandene System geragogischer Aussagen erstreckt sich gleicherweise auf Forschung, Lehre und pädagogische Praxis."[44]

Mieskes will die Geragogik als eine Teildisziplin der Erziehungswissenschaft verstanden wissen, analog zur Pädagogik und Andragogik. Darüber hinaus fordert er aber auch eine interdisziplinäre Gerontologie, in der die Geragogik einen Stellenwert neben der Geriatrie und der gerontologischen Psychologie und Soziologie einnimmt. Als Aufgabenbereich weist er der Geragogik die Analyse der "mit dem Altern einhergehenden obligaten und fakultativen erzieherischen und bildnerischen Lebensvollzüge" zu, sowie die Erarbeitung der "Grundlagen, Bedingungen und Auswirkungen dieser Vollzüge"[45]. Die Geragogik umfaßt demnach sowohl den erzieherischen als auch den bildnerischen Anspruch und bezieht die Vorbereitung auf das Alter und Altern als auch das Lernen und Lehren im Alter mit ein. Als Mittel der Forschung werden von Mieskes die Analyse und die Überprüfung von Theorien mit Hilfe der Empirie genannt.

Plakativ formuliert umfaßt die Gerontagogik somit
> das Lernen über das Alter und den Alternsprozeß,
> das Lernen für das Alter und den Alternsprozeß und
> das Lernen im Alter,

sowohl was die praktische Seite, als auch was die wissenschaftlich-theoretische Seite

---

[41] ebda., S. 396.
[42] Hans Mieskes plädiert für die Bezeichnung "Geragogik", da sie homogener mit den anderen Spezialbegriffen innerhalb der Gerontologie übereinstimmt (wie z.B. Geriatrie), außerdem ökonomischer in bezug auf Sprech- und Schreibweise ist, was sich besonders in Wortverbindungen (wie z.B. geragogische Forschung) bemerkbar macht und als Wortneuprägung genügend Freiheit läßt. Die Bezeichnung "Gerontagogik" gibt zwar von der Wortbedeutung ein präziseres Verständis wider, aber aus den o.g. Gründen sollte die Bezeichnung "Geragogik" eingeführt werden. Vgl. Mieskes, H.: Geragogik - Pädagogik des Alters und des alten Menschen, in: Pädagogische Rundschau, 24. Jg., 1970, S. 94f.
[43] Mieskes, H.: Geragogik - Pädagogik ..., S. 90 - 101; und: Ders.: Geragogik - ihr Begriff und ihre Aufgaben innerhalb der Gerontologie, in: actuelle gerontologie 5/1971, S. 279 - 283.
[44] Mieskes, H.: Geragogik - Pädagogik ..., S. 95.
[45] Mieskes, H.: Geragogik - ihr Begriff ..., S. 279.

anbelangt. "Lernen für das Alter" wird häufig auch mit "Altersvorbereitung" bezeichnet. Darunter wird nicht in erster Linie Informations- und Wissensvermittlung über das Altern und Alter verstanden, sondern die Anleitung zur Reflexion über die aktuelle und die zukünftige Lebenssituation. Die Möglichkeit zu einem bewußten zufriedenen Altern im Sinne von Reifen soll gelernt werden.

Im Bereich der Forschung ist die Erarbeitung von Lernstrukturen, deren Bedingungen und Möglichkeiten, angesiedelt, was wie und wozu über das Alter/Altern, für das Alter/Altern und im Alter gelernt werden sollen. Die Vorbereitung auf den Ruhestand, die Freizeitgestaltung und die Bildungsarbeit im Alter sind die derzeit bedeutendsten Aufgabenbereiche in der Gerontagogik. Zielsetzungen im einzelnen könne hierbei sein, daß Kommunikation, Partizipation und gesellschaftliche Integration, Selbstbestimmung, Sinnfindung und Lebensorientierung ermöglicht und gefördert werden sollen. Der alte Mensch soll seine Möglichkeiten und Fähigkeiten ausbilden und leben können.

Als neuester Zweig in der Ausbildung - neben den Altenbildungsangeboten in Volkshochschulen, Gewerkschaften, Kirchen, Parteien und privaten Bildungswerken - werden derzeitig Seniorenstudiengänge in den Hochschulen eingerichtet. (In Aachen wurde das Seniorenstudium erstmals zum SS 1988 ermöglicht.)

Die Übereinstimmung der gerontagogischen Zielsetzung mit der gerontologischen ist gewährleistet. Methodisch ist die Gerontagogik - wie die Pädagogik generell - hermeneutisch und empirisch ausgerichtet.

5.5 Zusammenfassung

Die Darlegung der verschiedenen einzelwissenschaftlichen Ansätze der Gerontologie hat die zahlreichen und vielschichtigen Aspekte des Alters und Alternsprozesses, wenn auch nicht umfassend, so doch einen Einblick und Überblick vermittelnd, aufgezeigt. In ihrem Selbstverständnis sind die verschiedenen Ansätze in ihrer jeweiligen Disziplin wie der Medizin, der Biologie, der Psychologie, der Soziologie und der Erziehungswissenschaft integriert und setzen ihre Stellung innerhalb dieser Hauptdisziplin als Priorität. Im Vergleich dazu fungiert die Zusammengehörigkeit zur Gerontologie und die Integration in ihr als übergeordneter Disziplin derzeit nur nachrangig. Diese Zuordnung zur Hauptdisziplin an erster Stelle und zur Gerontologie an zweiter Stelle hat ihre Berechtigung, da es jeweils um einen spezifischen Untersuchungsaspekt geht, der in der Hauptdisziplin vertreten wird. Aber darüber hinaus ist eine interdisziplinäre Kooperation innerhalb der Gerontologie unbedingt erforderlich. Erst in der Zusammenarbeit der Einzeldisziplinen kann durch eine mosaikartige Zusammensetzung verschiedenster Teilbereiche der Versuch unternommen werden, ein Gesamtbild bzw. eine Gesamtschau der Alters- und Alternsproblematik zu erstellen.

Eine solche Zusammenarbeit erfordert jedoch zunächst die grundsätzliche Übereinstimmung in der Zielsetzung. Diese ist insofern gegeben, daß alle Forschungszweige im Anwendungsbereich eine qualitative Verbesserung der Lebensituation alternder und alter Menschen bezwecken. Eine Lebensverlängerung, die nur quantitative, nicht aber qualitative Auswirkungen hätte, kann dagegen nicht als allgemeinverbindliche Zielsetzung gelten. Durch eine Zusammenarbeit innerhalb der Gerontologie und mit der verbindlichen Zielsetzung der qualitativen Lebensverbesserung können die verschiedenen Ansätze jeweils einen Teil der Forschung, der ihnen spezifisch ist, übernehmen, die Ergebnisse untereinander überprüfen und, wenn möglich, darauf aufbauend Anregungen erhalten, differenzierter arbeiten und zu immer komplexeren Ergebnissen gelangen. Unnötige Doppelarbeit könnte vermieden werden, vielmehr könnten die Teildisziplinen von den jeweiligen Ergebnissen der anderen profitieren, durch gegenseitige Überprüfung Fehlerquellen leichter entdecken und ausschalten.

Die Darlegung der einzelwissenschaftlichen Ansätze hat noch einmal deutlich werden lassen, daß eine strikte Abgrenzung der einzelnen Fachbereiche nicht immer möglich, aber auch nicht in jedem Falle erforderlich ist.

Zusammenfassend lassen sich folgende Erkenntnisse aus dem derzeitigen Stand der gerontologischen Forschung festhalten:
1. Das Alter als Lebensabschnitt ist primärer Gegenstandsbereich der Gerontologie; der Alternsprozeß mit Altern und Reifen als sekundärer Gegenstandsbereich ist die immanente irreversible Veränderung im Leben des Menschen von der Geburt/Zeugung bis zum Tod.
2. Zielsetzung der Gerontologie ist das physische, geistige, psychische und soziale Wohlbefinden des Menschen im Alter.
3. Um den Gegenstandsbereichen zu entsprechen, sind Längsschnittstudien und biographische Erhebungen in der empirischen Forschung zu bevorzugen.
4. Der Alternsprozeß ist ein individuell verschieden verlaufender Prozeß, der unabhängig vom kalendarischen Alter fortschreitet. Er bedeutet sowohl vermindernde als auch sich steigernde Leistungsfähigkeit in verschiedenen Bereichen.
5. Unter dem Alternsprozeß ist Altern oder Reifen in verschiedenen menschlichen Bereichen zu verstehen, so im körperlichen, im geistigen, im psychischen und im sozialen Bereich. Die Bereiche entwickeln sich nicht parallel chronologisch, sondern heterogen, so daß die Summe der Entwicklungsstadien die Persönlichkeit eines Menschen ausmacht und Aussagen über den Alternszustand eines Individuums zuläßt.
6. Aufgrund der Komplexität des Alternsprozesses kann die Gerontologie nur als interdisziplinär arbeitende Wissenschaft konzipiert sein. Der Gerontologe muß neben seiner Spezialausbildung in einer Teildisziplin der Gerontologie immer auch Wissen/Bildung in den anderen Teilbereichen haben.

6. Das Verständnis von Alter und Altern in der Philosophie- und Geistesgeschichte

Für die Gerontologie als eine zu begründende Wissenschaft ist es notwendig, die historischen Grundlagen zu klären, die zu einer wissenschaftlichen Beschäftigung mit dem Thema Alter/ Altern geführt haben, wodurch das geschichtliche Vorverständnis und die Entwicklung aufgezeigt werden können und damit die gegenwärtige Ausgangslage verständlicher werden kann. Das Bild vom Menschen mit seiner Bestimmung und Entwicklung, Festlegung und Veränderung hat sich im Laufe unserer abendländischen Philosophie- und Geistesgeschichte gewandelt. Teils wurde der Mensch mehr als soziales Wesen verstanden, teils mehr als Individuum, teils stärker als durch seine Naturanlagen festgelegt, stärker durch sein Verstandesvermögen hervorgehoben vor anderen Lebewesen, teils sein Handeln mehr durch Triebhaftigkeit definiert, teils mehr durch seine Möglichkeit zum moralischen Handeln bestimmt. Erst durch die Aufarbeitung des Verständnisses vom Menschen in der Philosophiegeschichte werden Veränderungen und Entwicklungen kenntlich und erklärbar. Über das erkenntnisleitende Interesse der Philosophiegeschichte schreiben Zeller/Nestle in der Einleitung: "So spiegelt die Geschichte der Philosophie eines Volkes die Entwicklung seines Denkens wider und die Geschichte der Erkenntnis wird ihrerseits zu einem Stück Erkenntnis der Geschichte."[1]

Durch die Eruierung eines Problems (oder Themas) in der Philosophiegeschichte können wir die historischen Einstellungen zu diesem Problem kennenlernen und damit auch einen Teil unserer Geschichte. Vielfalt und/oder Widersprüchlichkeit können aufgezeigt werden, ebenso wie Entwicklungen. Vor allem soll die Erforschung eines Problemkreises den Vergleich von Theorie und Realhistorie ermöglichen, d.h.auch, eine eventuelle Interdependenz von Philosophie und Gesellschaft für die Vergangenheit und für die Gegenwart herausstellen. Indem wir ein Problem aus der Philosophiegeschichte herausheben, ermöglichen wir die Geschichtsschreibung zu diesem Thema, was dann wiederum "zu einem Stück Erkenntnis der Geschichte" werden kann. Das bedeutet nicht, daß hier von gesetzmäßigen Abläufen in der Geschichte ausgegangen wird, sondern daß ähnliche Einstellungen und Erkenntnisse sich in der Geschichte wiederholen können.

In diesem Kapitel soll das Verständnis vom alten Menschen in der abendländischen Philosophiegeschichte eruiert werden, um den Wandel im Laufe der Geschichte herauszustellen. Es soll verständlich gemacht werden, welche historisch zu verfolgende Entwicklung zum heutigen Verständnis von Alter und Altern in unserer Gesellschaft geführt hat. Voraussetzung dafür sind allerdings die Annahmen, daß sich das Alter(n)sverständnis überhaupt in der Philosophiegeschichte gewandelt hat und eine Ableitung aus der historischen Entwicklung zum derzeitigen Altersbild möglich ist.

---

[1] Zeller, Eduard: Grundriß der Geschichte der Griechischen Philosophie, in neuer Bearb. v. Wilhelm Nestle, 14.Aufl., Aalen 1971, S. 2.

Schon um diese zwei Annahmen zu bestätigen oder zu widerlegen, ist es nötig, das Verständnis von Alter/Altern aus der Geschichte zu erarbeiten. Zudem soll in diesem Kapitel auch dem geschichtlichen Interesse des Menschen nachgegangen werden, nämlich zu wissen, was in der Vergangenheit war - um die Gegenwart verstehen und für die Zukunft planen zu können.

Im einzelnen wird dieser Teil der Arbeit von folgenden Fragen bestimmt:
1. In welcher philosophiegeschichtlichen Epoche hat welches Verständnis von Alter und Altern vorgelegen? (Zur Einteilung der Epochen wird die traditionelle Gliederung in Antike, Mittelalter, Neuzeit und Moderne übernommen.)
2. Liegen in den philosophiegeschichtlichen Epochen überhaupt unterschiedliche Alter(n)sverständnisse vor?
3. Liegen innerhalb einer Epoche unterschiedliche Verständnisse vor oder gibt es ein einheitlich ausgeprägtes Altersbild für jeden Zeitabschnitt?
4. Welche Philosophen haben über das Alter/Altern geschrieben?
5. Haben diese Philosophen über ihre geschichtliche Epoche hinaus das Verständnis von Alter und Altern beeinflußt?
6. Haben die Aussagen oder einzelne davon einen allgemeingültigen Charakter?
7. Welche Aussagen werden über das Alter/Altern gemacht und welche Faktoren haben das Alter(n)sverständnis bestimmt?
8. Ist eine Interdependenz von philosophischen Aussagen und realhistorischen Gegebenheiten nachzuweisen?
9. Was können wir für die Gegenwart aus der Geschichte lernen?

Die Reihenfolge der Fragen gibt keine Wertung und keinen systematischen Arbeitsaufbau für dieses Kapitel an, sondern es handelt sich um eine Aufzählung der im Hintergrund stehenden Fragen.

Für die Vorgehensweise ist es m.E. überschaubarer und leichter zu handhaben, wenn die Philosophiegeschichte in chronologischer Folge durchleuchtet wird und nicht nach thematischen Schwerpunkten. Die verschiedenen Aussagen können dann nach jeder Zeitepoche und im letzten Kapitel systematisch ausgewertet werden. Dabei wird es im Rahmen dieser Arbeit nicht möglich sein, sämtliche Texte zum Thema Alter und Altern in der gesamten abendländischen Philosophiegeschichte zu erfassen, sondern es kann nur eine Auswahl getroffen werden, die als exemplarisch für die entsprechende Epoche und die Einstellungen einzelner Philosophen dieser Zeit gelten kann. Die Auswahl richtet sich zum einen nach der Quellenlage, d.h. nach den Hinweisen, wer etwas in welcher Abhandlung über das Thema geschrieben hat, und zum anderen danach, daß explizit zum Thema Alter/Altern Aussagen getroffen werden; indirekte Ausführungen, die Rückschlüsse auf das Thema zulassen, bleiben weitgehend unberücksichtigt.

Zur Auswertung der verschiedenen Aussagen sollen folgende Analysekriterien gelten, die das Verständnis vom Alter und Altern des Menschen weitgehend umfassen:
A) Normative Aussagen
    a) Normen, wie man sich gegenüber alten Menschen zu verhalten hat
    b) Normen, wie alte Menschen sich zu verhalten haben
B) Aussagen über die gesellschaftliche Stellung im Alter
    a) Aufgabe, Funktion, Rolle in der Familie

b) Aufgabe, Funktion, Rolle in der Polis bzw. Gesellschaft
C) Aussagen über das Alter als Entwicklungsphase im Lebenslauf
   a) Altern als normaler/natürlicher Prozeß
   b) Altern als anormaler/nicht-natürlicher Prozeß
D) Bio-medizinische Aussagen zum Alter(n)
   a) Gesundheit im Alter
   b) Krankheit im Alter
E) Aussagen über Fähigkeiten und Eigenschaften im Alter
   a) besondere Fähigkeiten und Eigenschaften im Alter
   b) Verlust von Fähigkeiten und Eigenschaften im Alter
F) Aussagen über das äußere Erscheinungsbild von alten Menschen
   a) körperliches Aussehen
   b) Verhalten
G) Aussagen über individuelles Erleben des Alter(n)s
   a) Alter als persönliches Schicksal
   b) Alter als anthropologische Komponente
H) Bewältigungskonzepte für das Alter(n)
   a) Ablehnung/Negierung
   b) Annahme
I) Aussagen zur allgemeinen Wertschätzung
   a) Alter als geschätzter Lebensabschnitt
   b) Alter als wertloser Lebensabschnitt

Bei den aufgezählten Kriterien muß jeweils noch unterschieden werden, ob die Aussagen für und über alte Menschen getroffen werden, ohne daß die Verfasser selbst betroffen sind, oder ob die Ansichten von alten Menschen selbst ausgesagt werden. Platon hat z.B. in seiner "Politeia" den Greisen eine andere Position zugesprochen als in den "Nomoi", die er selbst im Alter von ca. 80 Jahren geschrieben hat. Platons Einstellung zum Alter wurde vermutlich durch seine persönliche Betroffenheit geändert. Die verschiedenen Analysekriterien geben jeweils einen Teilaspekt des Altersbildes wieder, wobei dann in einer Gesamtschau ein umfassenderes Bild aufgezeigt werden kann.

Dieses Kapitel ist im folgenden so gegliedert, daß zunächst über die realhistorische Situation der entsprechenden Epoche berichtet wird, dann die Aussagen von Philosophen nach den o.a. Kriterien analysiert und interpretiert werden und zum Ende einer jeden Epoche eine Analyse und Interpretation für den jeweiligen Zeitabschnitt vorgenommen wird.

Ein immer wieder auftretendes Problem ist die Zuordnung von Dichtungen zur Realhistorie oder zur Philosophie. Da Dichtung häufig historische Elemente enthält und einen "Zeitgeist" beinhaltet, kann sie zur Realhistorie gezählt werden. Aber auch philosophische Inhalte sind vielfach in Dichtungen zu finden, die eine Zuordnung zur Philosophie rechtfertigen würden. Im folgenden werde ich Dichtungen nicht generell einer der zwei Möglichkeiten zuweisen, sondern je nach Schwerpunkt und Inhalt der Realhistorie oder der Philosophie eingliedern.

Zu Anfang der historischen Betrachtung des Themas soll in einem kurzen Abriß ein Einblick in die Vorstellungen zum Thema Alter(n) aus archaischer Zeit gegeben werden, wie sie sich uns in Mythen überliefert haben. Dieses Kapitel wird vor die griechische Antike gestellt, weil eine Thematisierung ohne örtlichen Kontext gemeint ist.

6.1 Langlebigkeit, Alterslosigkeit und Verjüngung in archaischen Mythen

Die frühesten schriftlichen Zeugnisse über Auseinandersetzungen zum Thema Alter, Altern und Tod finden wir in überlieferten alten Mythen. Generell können drei Themenbereiche zur Alter(n)sproblematik in Mythen unterschieden werden:
1. Langlebigkeit,
2. Alterslosigkeit,
3. Verjüngung.[2]

Das Thema der Langlebigkeit beinhaltet die Vorstellung, daß Menschen in "vorsintflutlichen" Zeiten sehr viel länger lebten als in der Gegenwartszeit des Mythenerzählers. Als ein Beispiel kann das Buch Genesis angeführt werden, in dem von Urvätern und hebräischen Patriarchen berichtet wird, die "Altersrekorde" erzielten: Adam wurde 930 Jahre alt, Seth 912 Jahre, Noah 950 Jahre usw.

Das Thema der Alterslosigkeit ist u.a. in griechischen Mythen z.B. über die Hyperboreer zu finden. Dieser Mythos erzählt von dem Glauben, daß an einem entfernten Ort (hinter den Nordwinden; Boreas = Nordwind) ein Volk lebte, Hyperboreer genannt, das sich einer wundersamen Alterslosigkeit erfreute. Pindar schreibt über den Mythos:

> "Überall tanzen Mädchen, ist das Getön der Leiern und das schrille Wirbeln der Flöten; das Haar mit goldenem Lorbeer umwunden, schmausen sie heiteren Muts. Krankheiten und verderbliches Alter haben nicht teil an diesem heiligen Geschlecht, sondern es wohnt ohne Mühsal und Kämpfe, entronnen der unerbittlichen Nemesis."[3]

Mit der Alterslosigkeit wird jedoch nicht ein ewiges Leben gleichgesetzt, sondern das Fernbleiben von allen Alterserscheinungen, die für Menschen Leiden bedeuten. Der Tod tritt durch einen schlafähnlichen Zustand ein. Eine vergleichbare Schilderung von einem glücklichen, alterslosen Leben finden wir in Hesiods Versen über das "Goldene Geschlecht".

Das Thema der Verjüngung wird von der Motivation getragen, den Alternsprozeß mit seinen Beschwerden weitgehend zu verzögern bzw. zu verhindern oder rückgängig zu machen und das jugendliche Alter zu verlängern. In den Mythen wird z.B. vom Wasser des Jungbrunnens erzählt, das Verjüngung und Langlebigkeit verspricht. Ein anderes Beispiel zu diesem Thema zeigt die Erzählung Silenos' vor König Midas:

> "Silenos erzählte auch unter anderen wundersamen Dingen von einem schrecklichen Wirbel, den kein Reisender zu überqueren vermöge. In dessen Nähe flössen zwei Ströme. Die Bäume am

---

[2] Die von Birren/Clayton in "History of Gerontology" vorgenommene Einteilung in "antediluvian", "hyperborean" und "rejuvenation theme" wird hier nicht übernommen, da es sich nicht um rein thematische, sondern um eine zeitliche, örtliche und thematische Einteilung handelt.

[3] Pindar: Pythische Oden 10, 38 ff., in: Kirk, G.S.: Griechische Mythen. Ihre Bedeutung und Funktion, Berlin 1980 (England 1974), S. 126f.

Ufer des einen trügen Früchte, die den, der davon koste, weinen und klagen und langsam dahinsiechen ließen. Doch die Früchte der Bäume am anderen Strome verjüngten selbst die ganz Alten: In der Tat, sie entwickelten sich zurück durch ihr mittleres Alter, durch das junge Mannes- und Jünglingsalter, bis sie endlich wieder Kinder würden, dann Säuglinge und schließlich ganz verschwänden."[4]

Birren und Clayton führen als Beispiel zur Verjüngungsproblematik Mythen von den Trobiandern und den Ainus in Nordjapan an. Diese glaubten, daß ihre Vorfahren in der Lage gewesen seien, sich durch das Abwerfen der Haut wie bei einer Schlange zu verjüngen.[5] Auch im Gilgamesch-Epos wird das Thema des ewigen Lebens und der Verjüngung angesprochen. Nachdem Gilgamesch erkannt hat, daß das ewige Leben nur für die Götter, nicht aber für die Menschen bestimmt sei, und nachdem die Pflanze der Verjüngung, die er seinem Volk bringen wollte, von einer Schlange gefressen wurde, die sich jetzt immer wieder durch das Abwerfen ihrer Haut verjüngen kann, gibt er sich mit dem Schicksal des Menschen, der altern und sterben muß, zufrieden."[6]

Im Mittelalter blühten die Vorstellungen vom Jungbrunnen wieder auf, dazu entstanden Variationen mit "Altweibermühlen" und "Altmännermühlen", die auch den Vorgang der Verjüngung bewirken sollten. Die Themen der Verjüngung, der Lebensverlängerung und der Langlebigkeit einzelner Individuen scheinen die Menschen während ihrer ganzen Geschichte begleitet zu haben. Die Fragen nach den Ursachen und Bedingungen für ein langes Leben ohne Alterserscheinungen spiegeln sich in Mythen und Dichtungen wider und es ist wahrscheinlich, daß das Erforschen der Alternsvorgänge auch mit der Hoffnung verbunden war, die Ursache für den Tod zu finden und vielleicht sogar den Tod zu "besiegen".

Die drei Themen der Mythen - Langlebigkeit, Alterslosigkeit und Verjüngung - unterscheiden sich gravierend bezüglich der Einstellung zum Alter und Altern. Ein langes Leben bzw. ein hohes Alter wurde nur auserwählten Menschen oder Völkern zuteil. Bezeichnend ist der Glaube, daß durch die Gnade eines Gottes oder der Götter oder durch übernatürliche Kräfte ein hohes gesundes Alter gewährt werden würde. Daraus kann geschlossen werden, daß alte Menschen zur Gegenwartszeit der Mythenerzählung ein hohes Ansehen genossen und geachtet wurden. Zudem gab es nur sehr wenige Menschen, die alt wurden und die damit eine Sonderstellung einnahmen. Andererseits wird in den Mythen über Verjüngung und Alterslosigkeit eine Ablehnung des Alters/Alterns ausgedrückt, denn durch magische Kräfte in Quellwassern oder Früchten sollte eine Rückführung in ein jugendliches Alter erreicht bzw. ein Alternsprozeß überhaupt ausgeschlossen werden. Die Ablehnung des Alters/Alterns bezog sich in den Mythen auf körperliche Alternsprozesse, während die Annahme des Alters sich auf Erfahrung und Weisheit (Wissen) bezog.

An dieser Stelle soll auf das Beispiel zum Mythos der Langlebigkeit explizit

---

[4] Aelian: Varia Historia III, 18, in: Ranke-Graves, R. von: Griechische Mythologie. Quellen und Deutungen, Bd. I, Reinbek, Okt. 1979, S. 255.
[5] Vgl. Birren/Clayton: History ..., S. 15.
[6] Vgl. Gaster, Th.H. (Nacherzähler u. Hg.): Die ältesten Geschichten der Welt. Babylonische Geschichten. Die Abenteuer des Gilgamesch, a.d.Engl. von W. Bengs, Berlin 1983 (New York 1952), S. 39ff.

eingegangen werden, um den realhistorischen Hintergrund und die Interpretation des Mythos näher zu erläutern.

Das von Birren und Clayton im "antediluvian" Thema genannte Beispiel der zehn hebräischen Patriarchen hatte ursprünglich nichts mit Langlebigkeit und Alter zu tun. Die im Buch Genesis (Gen. 5, 1 - 32) angegebenen Lebenszeiten der Erzväter vor der Sintflut und auch danach (Gen. 11, 10 - 32) sind nicht als realistische Daten zu verstehen, sondern als symbolische Angaben. In den beiden Genealogien sollte die Reihe der Urväter von Abraham bis Adam zurückverfolgt werden, und zu einem späteren Zeitpunkt wurde nach einem symbolischen Zahlenschlüssel (dessen Bedeutung verloren ging) die Lebenszeiten hinzugefügt. Dabei wurde von einer bestimmten Anzahl von Jahren, einer Totalsumme, von Abraham bis Adam ausgegangen und diese Zeitspanne nach dem symbolischen Zahlenschlüssel auf die Patriarchen verteilt. Um die Genealogie lückenlos schließen zu können, mußten enorm hohe Lebenszeiten angegeben werden.[7] Folglich wird mit den Lebensdaten nicht einmal ausgesagt, daß diese Patriarchen ein hohes Alter erreichten.[8]

Das Thema der Langlebigkeit kann m.E. nicht so verstanden werden, daß in den Berichten, Mythen und Sagen, die von unrealistischen Lebenszeiten auserwählter Menschen erzählen[9], das hohe Alter selbst thematisiert, sondern zu späteren Zeiten dieses Thema hineininterpretiert wurde, aus Unkenntnis der tatsächlichen Bedeutung oder auch aus bestimmten Interessen z.B. im Zusammenhang mit dem Glauben. Ein "allgemein bekanntes Motiv" war die Erklärung, daß die Menschen der Urzeit eine größere Lebenskraft besaßen und mit der Fortentwicklung der Menschheit das Lebensalter und die Lebenskraft abnahmen.[10] Demzufolge würde die Lebenszeit des Menschen ständig langsam abnehmen, was der gegenwärtigen realen Entwicklung der Lebenszeiterwartung widerspricht. Eine andere Interpretation sieht die Sintflut als Strafe Gottes für die Sündhaftigkeit des Menschen an und als weitere Strafe kam es dann zu einer Verkürzung der Lebenszeit.

---

[7] Vgl. Westermann, C.: Genesis, Bd. I/1, Genesis 1 - 11. (Biblischer Kommentar. Altes Testament), Neukirchen-Vluyn 1974, S. 477 - 480; Schildenberger, J.: Alter der Menschheit. I. Biblisch, in: Höfer, J./Rahner, K. (Hg.): Lexikon für Theologie und Kirche, Bd. 1, Freiburg 1957, Sp. 382ff; Junker, H.: Alter der Urväter, in: Höfer, J./Rahner, K. (Hg.): Lexikon für Theologie ..., Sp. 385.
[8] Eine Erklärung für die Anführung der Genealogie an *dieser* Stelle (Gen. 5, 1 - 32) wird möglich, wenn man zur Interpretation einige vorherige Textstellen hinzunimmt. In Gen. 4, 25 - 26 steht: "Adam erkannte noch einmal seine Frau. Sie gebar einen Sohn und nannte ihn Set (Setzling); denn sie sagte: Gott setzte mir anderen Nachwuchs ein/für Abel, weil ihn Kain erschlug. Auch dem Set wurde ein Sohn geboren, und er nannte ihn Enosch. Damals begann man den Namen des Herrn anzurufen." (Bibel. Einheitsübersetzung, Freiburg 1980)

Nachdem zunächst die Namensgebung durch die Mutter erfolgt, was auf eine matrilineare Gesellschaftsform hin deutet, wird im nächsten Abschnitt der Sohn durch den Vater benannt, was eine patrilineare Gesellschaftsform kennzeichnet. Mit der Namensgebung durch den Vater beginnt auch die Jahwe-Verehrung und im Anschluß daran wird die Genealogie in männlicher Abstammungsfolge aufgezeigt. Diese Bibelstelle könnte ein Hinweis für den Wandel von matrilinearer zu patrilinearer Gesellschaftsform sein.
[9] Im Bibelkommentar wird im Zusammenhang mit Gen. 5, 1 - 32 auch von einer babylonischen Königsliste gesprochen, die ebenfalls eine Genealogie mit noch höheren Regierungszeiten der Könige von mehreren tausend Jahren darstellt.
[10] Vgl. Westermann, C.: Genesis, S. 478.

Soweit die Ausführungen über eine angebliche Langlebigkeit der Patriarchen.

6.2 *Die griechische Antike*

6.2.1 Zur realhistorischen Situation: die Gerusie in Sparta und Solons Gesetzgebung in Athen

Über die Situation alter Menschen in der griechischen Antike im alltäglichen Leben ist wenig bekannt. Gemeinhin wird angenommen, daß aufgrund der politischen Institution der Gerusie in den verschiedenen griechischen Stadtstaaten alte Menschen ein hohes Ansehen genossen.

"Altern war für die Menschen der Antike - und dies gilt für viele archaische Gesellschaften - ein Prozeß, um wünschenswerte Eigenschaften zu erwerben. Mit zunehmendem Alter erwarb ein Mann Erfahrung, Verstand und Weisheit, gleichzeitig stieg er in seiner sozialen Position auf. In dem Maße, wie seine Kinder heranwuchsen, nahm seine eigene Bedeutung in der Gesellschaft zu, bis er schließlich den begehrten Stand der Zugehörigkeit zur Gruppe der Ältesten errang, die verschiedene staatlich-politische und religiöse Leitungsfunktionen erfüllten, von denen die typischste das Amt des Richters war. Mit dieser Entwicklung ging die Verpflichtung einher, das Alter zu ehren; dazu gehörte z.B. daß es als unehrerbietig empfunden wurde, wenn der Sohn in Anwesenheit des Vaters saß." [11]

Die Geronten, die hochbetagten Mitglieder der Gerusie, sind in vorhomerischer und homerischer Zeit die Ratgeber des Königs. In Troja sind es die Greise, die nicht mehr in den Krieg ziehen und das Recht der Speisung auf staatliche Kosten haben.[12] Die Institution des Ältestenrates in Sparta bezeugt, daß die ältesten Bürger des Staates neben den zwei Königen, die ebenfalls der Gerusie angehören, politische Macht ausüben können. Ursprünglich gehörten die Geronten (die Mitglieder der Gerusie) wohl zu den privilegierten adeligen Familien, die auch Verwandte des Königs waren. Bei der Festigung der politischen Institutionen in Sparta wird das Mindestalter der Geronten auf 60 Jahre festgelegt, das Alter, in dem die Spartaner von ihren militärischen Verpflichtungen befreit werden. Die Geronten werden von der Volksversammlung auf Lebenszeit gewählt.[13] Es scheinen für die Wahl allerdings nur Adelige als Kandidaten aufgestellt worden zu sein, wodurch die Gerusie auch als ein Adelsrat bezeichnet werden kann. Das Versammlungsgremium hat zwar nur eine beratende Funktion für die Volksversammlung, jedoch wird aufgrund der Vorlage der Gerusie in der Volksversammlung abgestimmt, und Manfred Clauss ist der Ansicht, daß die eigentliche Macht im Staate in den Händen der Geronten lag. Neben ihrer politischen Funktion obliegt der Gerusie die Rechtssprechung, wozu auch Klagen gegen die Könige zu ihrem Bereich gehören.[14]

---

[11] Clauss, M.: Sparta. Eine Einführung in seine Geschichte und Zivilisation, München 1983, S. 127.
[12] Vgl. Schrot, G.: Gerontes, Der Kleine Pauly, Bd. 2, Sp. 771.
[13] Das Wahlverfahren der 28 Geronten wurde durch ein lautes Geschrei in der Volksversammlung durchgeführt, was Aristoteles dazu veranlaßte, dieses Verfahren als "kindisch" zu bezeichnen (Vgl. Aristoteles: Politik, II. 127a, 10). Diejenigen, die das lauteste Geschrei auf sich vereinen konnten, waren gewählt.
[14] Vgl. Clauss, M.: Sparta, S. 127ff.

Ein Fragment von *Tyrtaios*, einem Dichter aus dem 7.Jhd. v.u. Z., verdeutlicht die Konzeption des spartanischen Staates mit der Stellung der Greise in ihm:

> "Herrschen sollen im Rate die Könige, götterbegnadet,
> Denen am Herzen die Stadt Sparta, die ewige, liegt,
> Herrschen die würdigen Greise, mit ihnen die Bürger des Volkes,
> Wahrend das gültige Recht, wie es der Satzung entspricht;
> Sollen geziemendes Reden und alles Gerechte erwirken,
> Nie unredlichen Rat geben der heimischen Stadt,
> Dann soll Sieg und Kraft die Menge des Volkes begleiten."[15]

Ein Fragment des Dichters *Pindar* (522/18 - nach 446 v.u.Z.) charakterisiert die drei Grundelemente des spartanischen Lebens:

> "Wo der Ratschlag der Alten,
> junger Männer Lanzenkraft vortrefflich sind und
> Reigen, Kunst der Musen und Freude des Festes."[16]

Die politische Macht der Geronten in Sparta spricht für ein hohes Ansehen von alten Menschen in diesem Staat. Die größte politische Bedeutung haben sie vom 8. - 4. Jahrhundert v.u.Z.; mit zunehmender Demokratisierung verlieren sie ihre Macht.[17] Neben Sparta haben auch andere dorische Stadtstaaten das politische Gremium der Gerusie, und Aristoteles erwähnt in der "Politik" Kreta und Karthargo.[18] Ob allerdings die Machtbefugnisse dort ebenso groß waren wie in Sparta, ist nicht bekannt.

Für die Athener Staatsverfassung zur Zeit Solons und auch in der weiteren klassischen und hellenistischen Zeit ist eine vergleichbare Einrichtung wie die Gerusie nicht bekannt. An den Volksversammlungen (Ekklesia) können alle Athener Bürger, die das 18.Lebensjahr vollendet haben und damit mündig sind, teilnehmen. Eine andere politische Institution Athens, der Rat der Fünfhundert (Boule), hat zur Vorschrift, daß die Gewählten mindestens 30 Jahre alt sein müssen; der Areopag setzt sich aus gewesenen Archonten zusammen, die *über* 30 Jahre alt sein müssen (das Archontat wird nur mindestens 30jährigen Athenern verliehen und ist auf ein Jahr beschränkt). Somit gibt es für Athen keinen Ältestenrat im eigentlichen Sinne. Tatsächlich ist es jedoch so, daß vor allem *die* Bürger sich politisch betätigen, die nicht direkt für ihren Lebensunterhalt arbeiten müssen, also die Reichen, die über genügend Sklaven verfügen, und die Alten, die von ihren Kindern versorgt werden. Auch als gegen Ende des 4.Jhds. ein geringes Tagegeld eingeführt wird, um den ärmeren Bevölkerungsschichten die Teilnahme an den Volksversammlungen zu erleichtern, bleiben die älteren Bürger Athens in allen politischen Institutionen überrepräsentiert.[19]

Für die griechische Polis kann generell festgehalten werden, daß die Ältesten der adeligen und wohlhabenden Bürgerfamilien immer die Chancen hatten, eine politische Machtstellung einzunehmen, auch wenn die Machtbefugnisse in den verschiedenen griechischen Staaten unterschiedlich verteilt waren, in archaischer Zeit

---

[15] Tyrtaios, Frg. 3a D, in: Clauss, M.: Sparta, S. 22.
[16] Pindar: Siegesgesänge und Fragmente, Fr. 166, hg. u. übers. von O. Werner, München o.J., S. 477.
[17] Vgl. Schrot, G.: Gerontes, Der Kleine Pauly, Bd. 2, Sp. 771.
[18] Aristoteles: Politik, II. 1272a 6ff u. II. 1272b 35ff.
[19] Vgl. Bleicken, J.: Die athenische Demokratie, Paderborn/München/Wien/Zürich 1985, S. 103.

waren die Chancen für die Älteren größer als bei zunehmender Demokratisierung. "In allen griechischen Staaten, seien sie demokratisch oder oligarchisch, galt das Prinzip der Anciennität bei der Verteilung politischer Macht."[20] So wird auch eine Vorschrift auf Solon zurückgeführt, die besagt, daß die über 50 Jahre alten Bürger Athens in Volksversammlungen zuerst zu befragen seien, da von ihnen mehr Einsicht, Sachkenntnis und Besonnenheit erwartet werde. Spätestens gegen Mitte des 4.Jhds. wird diese Vorschrift allerdings nicht mehr eingehalten.[21]

Ein Beispiel, daß es zwischen Jungen und Alten nicht immer konfliktfrei zugeht, gibt uns der Geschichtsschreiber *Thukydides* (um 471 - 395 v.u.Z.) in einem Bericht über eine Debatte des Nikias gegen den Alkibiades in einer Athener Volksversammlung. Den ältesten Bürgern wird immer zuerst das Wort vor den jüngeren erteilt, und Nikias, zu den Älteren gehörend, richtet seine Bitte an die Älteren der Versammlung, mit dem Anliegen, sich nicht von der Leidenschaft, sondern von der Besonnenheit in der Entscheidung leiten zu lassen. Daraufhin wendet sich der junge Alkibiades ebenfalls an die Älteren (die ja im Vergleich zu den Jüngeren eine Mehrheit bildeten), führt seine bisherigen Erfolge an und plädiert für ein gemeinsames Vorgehen von jung und alt, um sein Ziel, die Sizilische Expedition (415 v.u.Z.), zu erreichen.

> Alkibiades: "Laßt euch auch durch Nikias nicht irremachen, wenn er euch zum Schlaraffenleben verführen und zwischen Alten und Jungen Zwietracht säen will, sondern so wie unsere Väter in einträchtigem Zusammenwirken von jung und alt die Stadt groß gemacht haben, so sucht auch ihr jetzt ihre Macht zu mehren, und glaubt nur, daß Jugend und Alter ohne einander nichts können, die richtige Mischung von etwas Leichtsinn, Manneskraft und bedächtiger Überlegung aber das Höchste vermag."[22]

Alkibiades betont die "volle Kraft" und den Kampfgeist der Jugend, die mit der Besonnenheit der Alten zum Erfolg führen. Er macht sehr deutlich klar, daß die Alten ohne die Jungen nichts erreichen können.[23]

Außerhalb der politischen Funktionen sind die Achtung und Ehre gegenüber den alten Eltern geschriebenes Gesetz, wie es eine Inschrift in Delphi bezeugt, in der die Nichtversorgung der Eltern mit Gefängnisstrafen belegt wird.

> "Diese Beistandspflicht im Hinblick auf die betagten Eltern wird durch eigens neugebildete Worte bezeichnet (γηροβοσκία, γηροτροφία), und wer sich ihr entziehen wollte, geriet in Athen unweigerlich in Konflikt mit einem Gesetz Solons und zog sich eine Geldstrafe und eine eingeschränkte Form der ἀτιμία (Aberkennung der Bürgerrechte) zu."[24]

Aber Solon hat auch an die Verpflichtung der Eltern gegenüber ihren Kindern gedacht, und auf ihn wird die Vorschrift zurückgeführt, daß Eltern ihre Kinder ein Handwerk erlernen lassen sollen. Wenn die Eltern dies versäumen, sollen die Kinder von der Verpflichtung befreit sein, ihre Eltern im Alter ernähren zu müssen.[25]

Als ungeschriebenes Gesetz gilt generell die Ehrerbietung der Jüngeren gegenüber den Älteren, die jedoch nicht immer eingehalten wird. Cicero beschreibt einen Vorfall

---

[20] Austin, M. / Vidal-Naquet, P.: Gesellschaft und Wirtschaft im alten Griechenland, München 1984, S. 25.
[21] Vgl. Bleicken, J.: Die athenische Demokratie, S. 109f.
[22] Thukydides, VI. Buch, Sommer 415, 18, 6ff., i. d. Übers. von Austin/Vidal-Naquet, in: Dies.: Gesellschaft ..., S. 171.
[23] Vgl. Thukydides, VI. Buch, Sommer 415, 17,1ff.
[24] Vgl. Flacelière, R.: Griechenland, Stuttgart ²1979, S. 113.
[25] Vgl. Bleicken, J.: Die athenische Demokratie, S. 19.

im Theater, wo ein "hochbetagter Mann" zu spät kommt und ihm kein Athener Mitbürger einen Platz anbietet. Als er an den Lakedaimoniern vorbeikommt, stehen diese von ihren reservierten Plätzen auf und bieten ihm einen Platz an. "Es wurde ihnen [den Lakedaimoniern, Anm.d.Verf.] vom ganzen Theaterpublikum vielfach Beifall bekundet; einer von ihnen soll dabei geäußert haben, die Athener wüßten zwar, was sich gehöre, tun aber wollten sie es nicht."[26]

Im Alltagsleben weicht also die Praxis von den gesetzten Normen ab. Es bleibt zu fragen, wie man sich in der Öffentlichkeit gegenüber den alten Menschen aus nicht wohlhabenden Familien sowie den alten Bauern und Frauen gegenüber verhalten hat. In den Dichtungen Homers und Hesiods werden Hinweise auf diese Situation gegeben. Wenn ein alter Mensch keinen eigenen Hausstand mit Sklaven führen kann, muß er von der Familie des Sohnes (oder der Tochter) versorgt werden, in der er dann auch lebt. Sind keine Angehörigen da und kann bezahlte Arbeit auch nicht mehr geleistet werden, müssen die alleinstehenden alten Menschen betteln gehen. Zur klassischen Zeit in Athen ist die soziale Absicherung insofern gegeben, als es zum Tätigkeitsbereich des "Archon Eponymos" gehört, für die "Schwachen und Verlassenen" zu sorgen und "altersschwache Personen" zu schützen.[27]

6.2.2 Das Altersbild in den mythischen Dichtungen bei Homer und Hesiod

Obwohl der Beginn der griechischen Philosophie traditionsgemäß mit Thales angesetzt wird, soll bei der Eruierung des Altersbildes in der Philosophiegeschichte mit den mythischen Dichtungen von *Homer* (um 750 - 700 v.u.Z.) und *Hesiod* (um 750 - 700 v.u.Z.) begonnen werden. Diese Dichtungen können als Vorläufer und Wegbereiter des philosophischen Denkens betrachtet werden, in denen bereits philosophische Fragestellungen anklingen, denen aber noch nicht in einem wissenschaftlichen Verständnis nachgegangen wird. Zudem sind in den mythischen Dichtungen realhistorische Betrachtungen enthalten, die eine Einstellung zum Alter zur damaligen Zeit widerspiegeln und, da der Berichtszeitraum bei Homer in frühere Zeiten zurückreicht, sind auch ältere Elemente zu finden.

6.2.2.1 Homer: Die Weissagung der Alten

Sowohl in der Ilias als auch in der Odyssee wird die Stellung der Greise mit ihren Aufgaben, ihren Rollen, ihren Fähigkeiten und ihrem Ansehen deutlich herausgestellt. Es gehört zur Norm, vor wichtigen Entscheidungen immer den/die Ältesten oder den Ältestenrat zu befragen. Aufgrund ihrer Erfahrung können die Ältesten Ratschläge erteilen oder durch Zeichendeutungen die Hinweise der Götter kundgeben.

---

[26] Cicero: Cato maior de senectute, übers. u. hg. von M. Faltner, München 1983, S. 93.
[27] Vgl. Bleicken, J.: Die athenische Demokratie, S. 155.

Bei einer Volksversammlung der Achaier im II. Gesang der Odyssee heißt es:
> "Unter ihnen begann der graue Held Halitherses,
> Mastors Sohn, berühmt vor allen Genossen des Alters,
> Vogelflüge zu deuten und künftige Dinge zu reden;
> Dieser erhub im Volk die Stimme der Weisheit und sagte:
> [...]
> Euch weissagt kein Neuling, ich red aus alter Erfahrung!
> [...]
> Aber Polybos' Sohn Eurymachos sagte dagegen:
> Hurtig zu Hause mit dir, o Greis, und deute das Schicksal
> Deinen Söhnen daheim, daß ihnen kein Übel begegne!
> Dieses versteh ich selber und besser als du zu deuten!
> [...]
> Wo du den Jüngling dort, kraft deiner alten Erfahrung,
> Durch dein schlaues Geschwätz aufwiegelst, sich wild zu gebärden,
> Dann wird er selber zuerst noch tiefer sinken in Drangsal
> Und im geringsten nichts vor diesen Männern vermögen.
> Und du sollst es, o Greis, mit schwerer kränkender Buße
> Uns entgelten, damit du es tief in der Seele bereuest!
> [...]
> Achten auch der Deutungen nicht, die du eben, o Alter
> So in den Wind hinschwatztest! Du wirst uns nur immer verhaßter!"[28]

Obwohl es zur Tradition gehört, Greise um Rat zu fragen und ihnen zu gehorchen, wird die Einhaltung dieser Sitten nicht von allen Jüngeren befolgt. Selbst die Regel, die Alten zu ehren und zu achten, wird nicht generell eingehalten, auch wenn dies von den Greisen ausdrücklich gefordert wird. Nestor, der bedeutendste Greis in der Dichtung Homers, herrschend schon über die dritte Generation, sagt: "Aber gehorcht! ihr beide seid jüngeren Alters, denn ich bin!" (Ilias, I. 259) Nestor befehligt ein Heer von 50 Schiffen, nimmt selbst am Kriegsgeschehen teil und zeichnet sich durch Mut und Erfahrung - weniger durch Kraft wie die jüngeren Helden - aus. Seine Aufgabe, wie auch die anderer Greise in der Ilias und in der Odyssee, ist es, kultischen Handlungen vorzustehen und die Weihegeschenke den Göttern zu opfern. Allgemein gelten die Greise als Vermittler zwischen Göttern und Menschen, indem sie die göttlichen Zeichen deuten und den Willen der Götter kundtun. Während die Alten die Götterratschlüsse befolgen, handeln manche Jungen dagegen und beachten die unheilverkündenden Zeichen nicht.

Eine weitere Funktion ist die Rechtssprechung durch die Ältesten, denn sie gelten als gerecht. Sowohl in der Ilias als auch in der Odyssee nehmen die Ältesten eine zweitrangige Position im Handlungsgeschehen hinter den jüngeren Helden ein, z.B. Priamos hinter Hektor und Nestor und Laertes hinter Odysseus. Auch der Familie stehen die Alten nicht mehr unbedingt vor, wenn der Sohn (oder Enkel) diese Rolle übernommen hat. So übernimmt z.B. Telemachos die Rolle des Familienoberhauptes und gibt seiner Mutter Penelopeia Anordnungen, während Laertes, der Vater des Odysseus, zurückgezogen auf dem Lande lebt.

In bezug auf den Lebenslauf wird das Alter als normaler Prozeß im menschlichen

---

[28] Homer: Ilias. Odyssee, i. d. Übertr. von J.H. Voß, München ³1984 (Hamburg 1793 u.1781), Odyssee II. 158 - 203.

Leben angesehen, denn bei den jungen Helden, die im Kampf um Troja sterben, wird beklagt, daß sie das Alter nicht mehr erreichen können. Trotzdem wird auch das Alter als Lebensabschnitt beklagt. Agamemnon spricht zu Nestor:

> "Möchten, o Greis, wie der Mut dein Herz noch füllet im Busen,
> So dir folgen die Knie und fest die Stärke dir dauern!
> Aber dich drückt des Alters gemeinsame Last! O Ihr Götter,
> Daß sie ein anderer trüg und du wie ein Jüngling einhergingst!
> Ihm antwortete drauf der gerenische reisige Nestor:
> Atreus' Sohn, ja gerne verlangt' ich selber noch jetzo
> Der zu sein, wie ich einst den Held Eureuthalion hinwarf!
> Doch nicht alles zugleich verliehn ja die Götter den Menschen.
> War ich ein Jüngling vordem, so naht mir jetzo das Alter.
> Aber auch so begleit ich die Reisigen noch und ermahne
> Andre mit Rat und Worten; denn das ist die Ehre der Alten." (Ilias, IV. 313 - 323)

Nestor nimmt sein Alter als von den Göttern gegeben an, so wie die Götter generell für die Menschen bestimmt haben, daß es Jugend und Alter gibt und jeder Lebensabschnitt seine Vorteile hat, die Jugend die Stärke und das Alter die Weisheit und Ehre. Die Klagen über das Alter betreffen hauptsächlich den Verlust der Stärke und Kraft, vereinzelt auch Krankheiten und Gebrechen. Zu den besonderen Fähigkeiten der Greise gehört es, aus dem Erfahrungsschatz der Vergangenheit zu schöpfen und dadurch abzuwägen, was für die Zukunft ratsam wäre.

> "Stets ja flattert das Herz den Jünglingen; doch wo ein Alter
> Zwischen tritt, der zugleich vorwärts hinschauet und rückwärts,
> Solcher erwägt, wie am besten die Wohlfahrt beider gedeihe." (Ilias, III. 108 - 110)

Die Greise können u.a. Träume auslegen und wahrsagen, kennen die Gerechtigkeit und werden als weise, erfahren, ruhig, besonnen und verständig beschrieben. Über das äußere Erscheinungsbild von alten Menschen werden Falten und graue Haare oder Haarverlust erwähnt sowie zitternde Glieder. Vom häßlichen Alten wird in Verbindung mit armseliger Kleidung gesprochen. In bezug auf die allgemeine Wertschätzung gilt das Alter als geschätzter Lebensabschnitt, sowohl bei den Jüngeren als auch bei den Greisen selbst. Telemachos, auf der Suche nach seinem Vater, sagt:

> "Wär ich doch lieber der Sohn von einem glücklichen Mann,
> Den bei seiner Habe das ruhige Alter beschliche!" (Odyssee, I. 217 - 218)

Über Nestor heißt es:

> "Also krönet er [Kronion, Anm.d.Verf.] nun auch Nestors Tage mit Wohlfahrt;
> Denn er erfreut sich im Hause des stillen, behaglichen Alters
> Und verständiger Söhne, geübt, die Lanze zu schwingen." (Odyssee, IV. 209 - 211)

Das behagliche Alter wird von den Göttern geschenkt und ist immer auch mit Wohlstand und (männlichen) Nachkommen verbunden. Arme Greise werden bedauert ob ihres Unglücks, betteln zu müssen und nicht in stiller Pflege ihre letzten Lebenstage verbringen zu können. Zwar verspotten die Freier den als armen Greis verwandelten Odysseus, aber damit wenden sie sich gegen die Götter und werden für dieses und andere Vergehen mit dem Tod bestraft. Das Alter in Wohlstand und Ruhe zu verbringen, nach einem ruhmreichen Leben und mit der Absicherung durch männliche Nachkommen, die ein indirektes Weiterleben garantieren, ist erstrebenswertes Ziel der Menschen (bzw.Männer) in der Zeit der mythischen Dichtungen Homers. Das Handeln der Helden bei Homer wird weder durch Angst vor einem leidvollen Alter noch durch Sehnsucht nach einem glücklichen Alter beeinflußt. Vielmehr wird das

Gegebene schicksalsergeben angenommen. Wenn man um Ehre und Ruhm kämpfen muß, entsprechend den Normen, auch ohne Aussicht auf Sieg und Überleben, so tritt man trotzdem den Kampf an. Das Leben ist nach Homerischer Vorstellung und entsprechend dieser archaischen Zeit in feste Abschnitte gegliedert, wird statisch betrachtet und nicht als ein prozeßhafter Verlauf. Man ist entweder im Alter der Jugend oder des Erwachsenen, die Übergänge sind nicht fließend, sondern werden durch einzelne Handlungen geschaffen. Sie entsprechen Initiationsriten, in denen durch einen bestimmten Akt ein Mensch von einem Lebensabschnitt in den anderen eintritt. Auch wird das Alter distanziert beschrieben, d.h. der Dichter schreibt nicht in Form eigenen Erlebens, sondern in Form eines außenstehenden Betrachters. Das Alter wird als eine anthropologische Komponente verstanden.

6.2.2.2 Hesiod: Die Götter schufen das verderbliche Alter

In den Dichtungen *Hesiods* "Erga" (Von Arbeit, Wettstreit und Recht) und "Theogonie" werden recht gegensätzliche Einstellungen deutlich. Es ist zu unterscheiden, ob das Alter der Menschen gemeint ist, oder das der Götter.

In den "Erga" gibt Hesiod seinem Bruder Perses Anweisungen zum guten Leben, verstanden als praktische Ratschläge für die Landwirtschaft, den Schiffsbau usw. und als Tugendlehre. Unter anderem sagt Hesiod, wie man sich dem alten Vater gegenüber zu verhalten habe.

"Gleichen Frevel begeht, ...
[...]
Wer seinen greisen Erzeuger am schlimmen Rande des Lebens
Feindselig schilt, ihn hart mit kränkenden Worten mißhandelt.
Wahrlich, Zeus höchstselbst ist empört über den, und am Ende
Sucht für sein unrechtes Tun er ihn heim mit schwerer Vergeltung."[29]

Es ist das Gebot der Götter, den alten Vater nicht zu verachten und zu kränken. Hesiod formuliert diese Norm gegenüber den Greisen nicht positiv, wie etwa "das Alter ist zu ehren", sondern in negativer Abgrenzung, nämlich wie man sich nicht zu verhalten habe. Zu erklären ist diese Formulierung vor dem historischen Hintergrund, daß Hesiod die "Erga" als eine Art "Moralkodex", einmal für seinen Bruder und zum anderen für die einfach gebildeten Bauern und Landleute seiner Heimat, geschrieben hat. Die Versorgung der alten Eltern durch die Kinder war lebensnotwendig, aber Hesiod fordert darüber hinaus auch die Achtung vor dem (alten) Menschen. Daß gegen die Norm verstoßen wurde, ist deswegen anzunehmen, weil Hesiod ausdrücklich die Mißachtung des "greisen Erzeugers" erwähnt. In mehreren Textstellen wird die Einstellung zum Alter als normalem oder anormalem Lebensabschnitt deutlich. In der Göttergenealogie berichtet Hesiod, daß die Nacht - neben anderen zahlreichen Übeln - den sterblichen Menschen "das verderbliche Alter gebar"[30]. Das zu Kronos' Zei-

---

[29] Hesiod: Erga, übers. von W. Marg, Zürich 1968, 327 - 334.
[30] Hesiod: Theogonie, übers. von K. Albert, Kastellaun 1978, 225.

ten geschaffene goldene Geschlecht der Menschen lebte ohne "schlimme" Alterserscheinungen bis zum Tod.

"Und die [die Menschen des goldenen Geschlechts, Anm.d.Verf.] lebten wie Götter und hatten nicht Kummer im Herzen,
Fern von Mühen und frei von Not, nicht drückte das schlimme
Alter auf sie, sondern allzeit behend an Beinen und Armen
Lebten sie freudig in Festen, weitab von allen Übeln; Starben als käme ein Schlaf über sie."
(Erga, 112 - 116)

Das silberne Geschlecht der Menschen - geringer als das goldene - wuchs einhundert Jahre als Kind heran, lebte kurze Zeit in "Jugendfülle" und starb dann (Vgl. Erga, 130 - 133). Auch das dritte und vierte Geschlecht kannte kein Alter, wohl aber das fünfte, das Geschlecht aus Eisen, womit Hesiod die zu seiner Zeit lebenden Menschen meint. Zeus wird diese Geschlechter vertilgen,

"Wenn schon bei der Geburt ihr Haar an den Schläfen ergraut ist.
Dann wird fremd sein der Vater den Kindern, Kinder dem Vater
[...]
Bald mißachten sie dann ihre altersgebeugten Erzeuger,
Mäkeln an ihnen und fahren sie an mit häßlichen Worten
Rücksichtslos und scheun nicht die Götter; geben dann auch
nicht Ihren greisen Erzeugern zurück den Entgelt für die Aufzucht." (Erga, 181 - 188)

Nach diesem Mythos der fünf Menschengeschlechter wird das Alter nicht als normaler Prozeß im Lebenslauf der Menschen gesehen, sondern als eine Strafe der Götter. Auch das Alter ohne Krankheit und Gebrechen ist an sich schon ein Übel, worauf geschlossen werden kann, weil die Götter als Gnade nicht nur die Unsterblichkeit verleihen, sondern diese verbinden mit "alterslos für alle Tage" (Theogonie, 305) und "frei von Alter" (Theogonie, 949 u. 955)[31].

---

[31] Vgl. hierzu den "Homerischen Hymnos an Aphrodite", worin geschildert wird, wie furchtbar das Los eines Unsterblichen geworden war, dem Eos vergessen hatte, auch die Alterslosigkeit von den Göttern zu erbitten:
"Eos, die Göttin auf goldenem Throne, hinwieder entführte
eurem Geschlecht den Tithónos; er glich den unsterblichen Göttern.
Bittend ging sie zum dunkelumwölkten Kroniden: Tithónos
sollte unsterblich werden und leben endlose Tage.
Zeus gewährte den Wunsch und nickte der Törin Erhörung;
denn sie hatte nicht gründlich bedacht, die erhabene Eos,
Jugend auch zu erflehn, das verderbliche Alter zu tilgen.
Während er also in lockender Jugend erstrahlte, genoß er
Eos, die frühgeborne, die Göttin auf goldenem Throne,
wohnte draußen am Rande der Welt an Okeanos Strömung.
Aber es kam die Zeit, da begann ihm die Fülle der Haare
grau zu werden am edlen Kinn und am herrlichen Haupte.
So sein Lager zu teilen vermied die erhabene Eos,
pflegte ihn aber, als wär er ein Kind, in ihrem Palaste,
gab ihm ambrosische Speise und wunderschöne Gewänder.
Als aber schließlich das häßliche Alter ihn völlig erdrückte
als er kein Glied mehr bewegen konnte, keines mehr heben,
schien ihrem Herzen folgender Plan der beste: Sie ließ ihn
sitzen im Ehegemach, versperrte die glänzenden Türen;
endlos tönt sein Stimmchen, denn Kraft ist nicht mehr vorhanden
so wie sie einstens wirkte in seinen lockeren Gliedern.
[...]

Das Alter wird als ein pflegebedürftiger Zustand des Menschen angesehen. In der "Theogonie" wird im Zusammenhang mit dem "Übel Frau" über das Alter gesagt:

"... Ein anderes Übel (noch) gab er anstelle von etwas Gutem:
wer (nämlich), der Ehe und dem verderblichen Treiben der Frauen entfliehend,
nicht heiraten will, (und wer dann) ins widrige Alter kommt,
der lebt in Sehnsucht nach einem Pfleger im Alter. ..." (Theogonie, 602 - 605)

In den "Erga" heißt es, auch im Zusammenhang mit dem "Übel Frau":

"..., doch nichts so Grausliches als eine schlechte [Gattin, Anm.d.Verf.],
Gierig auf Fraß; und die ihren Mann, so kräftig er sein mag,
Absengt ohne die Fackel und vor der Zeit ihn zum Greis macht." (Erga, 703 - 705)

Hesiod warnt hier seinen Bruder vor Frauen mit (zu hohen?) sexuellen Ansprüchen, die den Mann vorzeitig altern lassen. Das Alter scheint für Hesiod grundsätzlich "schlimm", "widrig", "verderblich" und ein krankhafter Zustand zu sein, in dem man gepflegt werden muß.

Ganz im Widerspruch zu den bisherigen Aussagen findet sich in der "Theogonie" eine Textstelle, in der der Meeresgott Nereus als Greis die Tugenden des Alters symbolisiert:

"Pontos aber zeugte Nereus, den untrüglichen und wahrhaftigen,
als ältesten seiner Söhne. Nereus aber nennen sie den Greis,
weil er untrüglich (nemertes) und freundlich (èpios = èpieros) ist und alten Brauch nicht
vergißt, sondern das Recht und freundliche Ratschläge kennt."(Theogonie, 233 - 238)

Der "untadelige Nereus" zeugte fünfzig Töchter, die sich auf "untadeliges Wirken verstehen" (Vgl. Theogonie, 263f). Hier tritt der Greis als Bewahrer der Tradition auf, der das Recht kennt und Rat gibt, untrüglich, wahrhaftig und untadelig ist. Eine andere einzelne Aussage Hesiods, seinen Bruder betreffend, ist auffallend im Vergleich zu den zahlreichen abwertenden Äußerungen über das Alter. Hesiod wünscht seinem Bruder - wenn dieser seine Ratschläge befolgt -: "Spät erst mögest du sterben, den Sohn hinterlassend als Nächsten"(Erga, 378).

Wenn man die zwei zuletzt genannten Aussagen im Vergleich zu den vorherigen nimmt, scheint Hesiod das Alter (an sich) als einen zu schätzenden Lebensabschnitt zu sehen, jedoch haben die Menschen durch eigenes Verschulden den Wert des Alters verloren. Da sie den Göttern frevelten, wurden sie mit dem "verderblichen", "schlimmen" Alter bestraft. Nur bei tugendhaftem Leben scheint das Alter noch erträglich zu sein. Andererseits gehört es zum Wesen der Götter, nicht zu altern, bzw. alterslos zu sein; das Los des Alters ist generell nur den Menschen bestimmt. Es gibt wohl den Gott Nereus, der als Greis geboren wurde, ebenso die drei Graien, von Geburt an altersgrau.

"Dem Phorkys aber gebar Keto schönwangige Töchter
von Geburt an altersgrau. Diese bezeichnen als Graien (d.h. Graue)
die unsterblichen Götter und die Menschen, die auf der Erde wandeln."(Theogonie, 270 - 272)

Hier wird m.E. durch Nereus und die drei Graien das Alter als ein eigener Lebensabschnitt symbolisiert. So wie für zahlreiche Naturerscheinungen wie

---

jetzt wird gar bald dich das Alter umdüstern, vor dem alle gleich sind,
das kein Mitleid kennt und spät an die Menschen herantritt.
Alter verfluchtes, du Ohnmacht, du Grausen sogar für die Götter!"
aus: Homerische Hymnen, griech./dt., hg. von Anton Weiher, München ³1970, 218 - 246.

Wind, Wasser, Blitz, Sonne, Mond usw. personifizierte Gottheiten geschaffen wurden, so auch für die Lebensabschnitte des Menschen. In der Erzählung der Göttergenealogie greift Hesiod auf ältere Elemente vor seiner Zeit zurück, in denen zum Ausdruck kam, daß das Alter, ähnlich wie bei Homer, als statischer Lebensabschnitt betrachtet wurde, in welches der Mensch schicksalsergeben eintrat. Dem gegenüber steht die gegenwartsbezogene Erzählweise Hesiods, in der das Alter subjektiv erlebt wird; in der in Erinnerung an Vergangenes die Zukunft mit dem nahenden Alter befürchtet wird.

Hesiod selbst ist Bauer und kennt die schwere körperliche Arbeit. Er erlebt die Unterdrückung der Bauern Böotiens durch die Aristokratie, und in den "Erga" schildert er die Not und Armut in seiner Umgebung. Zwar könnte der fleißige und redliche Bauer ein zufriedenes Leben führen, aber Hesiod sieht es als ungerecht an, daß die Armen durch die Reichen unterdrückt und ausgenützt werden.[32] Vor diesem Hintergrund ist es verständlich, daß er das Alter nach lebenslanger schwerer körperlicher Arbeit und vielen Entbehrungen nur als "schlimm" und "verderblich" beschreiben kann. Hesiod gibt uns in seinen Dichtungen neben den mythischen Erzählungen ein Bild von der realen Situation der Bauern in seinem Lande und von seinen Wertvorstellungen über Gerechtigkeit und Ungerechtigkeit.

Die widersprüchlichen Einstellungen zum Alter sind m.E. so zu verstehen, daß Hesiod einerseits alte Elemente aus Mythen und Volksdichtung aufgreift, in denen das Zeitverständnis immer in der Gegenwart liegt: man ist Kind, lebt in der Zeit der "Jugendfülle" oder steht im Alter. Im Mythos der fünf Geschlechter und in der personifizierten Gottheit des Alters wird dies deutlich. Allegorisch wird der dritte/letzte Lebensabschnitt als unabänderliche Gegebenheit - und damit auch als gut und kritiklos zu akzeptieren - beschrieben. Andererseits wendet sich Hesiod an seine Zeitgenossen und beschreibt als erlebendes Subjekt mit einem Zeitverständnis von Vergangenheit und Zukunft. In diesem Sinne mußte das Alter erlitten werden. Da die Erinnerung an Kraft, Gesundheit usw. vergangener Jahre einbezogen wird, kann das Alter im Vergleich zur Jugend nur noch negativ erlebt werden. Trotz diesem anderen Zeiterleben bleibt das Alter ein Lebensabschnitt, in den man eintritt.

Im Unterschied dazu wird im "Homerischen Hymnos an Aphrodite" das Alter als langsam sich vollziehender Abbauprozeß erlebt und so beschrieben.

6.2.3 Aussagen und Sprüche in den Fragmenten der Vorsokratiker

Mit *Thales* (ca. 624 - 546 v.u.Z.) läßt man begründeterweise die Geschichte der Philosophie beginnen, da er zur Erklärung der Welt und auf der Suche nach dem Ursprung alles Seienden erste wissenschaftliche Erklärungsmodelle setzt.

---

[32] Vgl. Nestle, W.: Vom Mythos zum Logos, Stuttgart 1975, S. 47ff.

Abläufe in der Natur, wie die jährliche Nilschwemme und z.B. die Sonnenfinsternis im Jahre 585, unterliegen nach Thales den für Menschen erkennbaren und erklärbaren Naturgesetzen und nicht der Willkür von Göttern, die Menschen bestrafen oder belohnen wollen. Auch Normen werden nicht mehr unbedingt als von Göttern aufgestellte und geforderte Anordnungen gesehen, sondern als gesellschaftlich notwendige, von Menschen formulierte Werte.

Thales zählt mit zu den sieben Weisen der Antike, und in dieser Funktion wird ihm der Spruch zugeschrieben: "Die Liebe, die du den Eltern erweist, erwarte selber im Alter von deinen Kindern."[33] Diese Anweisung, die Thales seinen Mitmenschen gibt, enthält einmal die Aufforderung, die Eltern zu lieben. Zum anderen gibt er den Hinweis, daß die Art und Weise, wie die Liebe zu den Eltern vollzogen wird, so auch auf einen selbst im Alter durch die Kinder zurückfallen wird. Außerdem ist in seiner Aussage enthalten, daß die Kinder in Liebe zu den Eltern erzogen werden sollen, damit man selbst im Alter Liebe erfährt.

Dieser Spruch des Thales läßt die Interpretation zu, daß die Liebe - und damit ist auch die Versorgung und Achtung gemeint - gegenüber den alten Eltern nicht selbstverständliche Praxis gewesen sein kann, da er sonst diese Norm nicht zu nennen brauchte und sie wohl auch nicht schriftlich überliefert worden wäre. Zudem drückt diese Norm aus, daß eine Versorgung der alten Eltern durch die Kinder notwendig war. Götter werden zur Begründung der Norm nicht mehr herangezogen.

Solon (635 - 559 v.u.Z.), ebenfalls zu den sieben Weisen zählend, setzt als Grenze des menschlichen Lebens das siebzigste Jahr, wie er in der Dichtung "Die Lebensalter" schreibt[34], und auch das 80.Jahr, als er von seinem eigenen gewünschten Todesalter spricht (s.u.). In einer Auseinandersetzung mit dem Dichter *Mimnermos* (um 630 v.u.Z.) nimmt er Stellung zum Alter. Von Mimnermos stammt die Klage über das furchtbare Alter:

"Was ist das für ein Leben, was für ein Glück ohne die goldene Aphrodite! Lieber möchte ich tot sein, als auf die heimlichen Freuden der Liebe und die wonnigen Gaben der Aphrodite verzichten, die Männer und Frauen gierig genießen, solange ihnen die Blume der Jugend blüht. Wenn aber das schmerzliche Alter naht, das den Mann häßlich und schwach macht, dann nagen quälende Sorgen ihm am Herzen, und selbst der Anblick der Sonne erfreut ihn nimmer. Die Knaben wollen nichts mehr von ihm wissen, und den Mädchen ist er ein Gespött: So furchtbar gestaltete Gott das Alter."[35]

In einem anderen Fragment des Mimnermos heißt es: "Träf' doch als Sechzigjähriger mich das Verhängnis des Todes, Ohne Krankheit und Schmerz, ohne bekümmernde Pein"[36]. Solon fordert dagegen, der Dichter möge seine Verse ändern, denn er, Solon, wisse besser darum Bescheid. Statt seiner Klage solle er

---

[33] Capelle, W. (Hg. u. Übers.): Die Vorsokratiker, Stuttgart 1968, S. 66.
[34] Vgl. Solon: Dichtungen. Sämtliche Fragmente, übers. von E. Preime, 3. verb. Aufl., München 1945, S. 39.
[35] Mimnermos, in: Licht, H.: Sittengeschichte Griechenlands, Bd.1, Dresden/Zürich 1925, S. 25.
[36] Mimnermos, Frg. 6 Bergk,in: Diogenes Laertius: Leben und Meinungen berühmter Philosophen. Buch I - X, übers. von O. Apelt, 2. Aufl., Hamburg 1967, I, 60. (im folgenden abgekürzt als D.L.).

schreiben: "Träf doch im achtzigsten Jahr mich mit dem Pfeile der Gott." (D.L., I, 61) Solon wendet sich gegen die leidvolle Beschreibung des Alters, er hält das Leben auch im Alter für lebenswert. Mimnermos beklagt dagegen den Verlust der Sexualität, die Veränderung des äußeren Erscheinungsbildes, das mangelnde Ansehen bei der Jugend, die Zunahme von Krankheiten, Sorgen und Schmerzen. Warum Solon das Alter für lebenswert hält, kann aus einem anderen Ausspruch gefolgert werden: "Trag' ich auch silbernes Haar, lern' ich doch immer noch gern."[37] Solon geht also davon aus, daß die geistige Tätigkeit im Alter nicht nachläßt, sondern ein Weiterlernen möglich ist. Als Staatsmann in Athen verleiht Solon in seiner Gesetzgebung den Ältesten die Macht im Staat durch die Institution des Areopags.

Ein weiterer Ausspruch zum Thema "Alter" stammt von *Chilon* (um 560 v.u.Z.), der ebenfalls zu den sieben Weisen der Antike gehört. Bei der Auflistung der Sprüche des Chilon ist die Aussage zu finden: "Ehre den Älteren"[38]. Dieser Satz, als gesellschaftliche Norm zu verstehen, gibt keinen Hinweis, warum der Ältere geehrt werden soll. Es kann nur - wie auch bei Thales - vermutet werden, daß diese Norm in der damaligen Gesellschaft nicht ohne weiteres eingehalten wurde, da es sonst nicht zu dieser Aussage gekommen und sie nicht schriftlich überliefert worden wäre. Außerdem weist der Spruch darauf hin, daß die Ehre dem Älteren gegenüber einen hohen Wert darstellt, so wie die Ehre überhaupt.

Von *Pythagoras* (um 580 - um 496 v.u.Z.), der in Unteritalien politischen und sozialen Einfluß auf die Entwicklung Krotons nahm[39], ist umstritten, ob er selbst Schriftliches niederlegte oder ob seine Anhänger die Lehren festhielten und weiterentwickelten. Deshalb wird in der Philosophiegeschichte von Pythagoras in Verbindung mit den älteren Pythagoreern gesprochen, da nicht zu bestimmen ist, was er selbst mündlich lehrte und was aus seinen Anhängerkreisen hinzugefügt und/oder geändert wurde. Bei Diogenes Laertius sind zwei Textstellen über Pythagoras zu finden, die sich auf das Thema Alter beziehen. Pythagoras soll das menschliche Leben in folgende Stufen eingeteilt haben:

> "Knabe zwanzig Jahre, Jüngling zwanzig Jahre, junger Mann zwanzig Jahre, Greis zwanzig Jahre. Es entsprechen aber die Lebensalter den Jahreszeiten folgendermaßen: Knabe dem Frühling, Jüngling dem Sommer, junger Mann dem Herbst, Greis dem Winter; dabei ist dem Jüngling soviel wie der Mannbare, junger Mann soviel wie der Mann in seiner Vollkraft." (D.L., VIII, 10)

Nach dieser Einteilung betrifft das Greisenalter das 60. - 80. Lebensjahr, nachdem der Mensch seine "Vollkraft" im 40. - 60. Jahr erreicht hat. Die Einteilung in Altersklassen entspricht der traditionellen Auffassung, die in vielen Teilen der

---

[37] Solon: Dichtungen, S. 47.
[38] Capelle, W.: Die Vorsokratiker, S. 65.
[39] Vgl. Röd, W.: Die Philosophie der Antike 1, Geschichte der Philosophie, hg. von W. Röd, München 1976, S. 51.

griechischen Welt zu finden war.[40] Z.B. wurden in Sparta die ab 60jährigen vom Wehrdienst entlassen und konnten Mitglied der Gerusie werden. Sowohl bei Platon als auch bei Aristoteles finden sich für die Bürger ab dem 60. Lebensjahr veränderte soziale und politische Aufgaben.

Die Analogie zwischen Lebensalter und Jahreszeit bedeutet für den "jungen Mann" die Zeit der Reife und Ernte und für den "Greis" anschließend die Zeit des Stillstandes in der Natur, in der nichts wächst und reift. Auch bei Hippokrates findet sich eine Zuordnung von Jahreszeit und Lebensalter, allerdings nicht als Analogie, sondern als Angabe der günstigsten Verhältnisse für das Wohlbefinden und die Gesundheit. So setzt Hippokrates den Spätsommer und Herbst als beste Jahreszeit für den Greis. Der zweite Text bei Diogenes Laertius über Pythagoras lautet:

> "Die Älteren müsse man in Ehren halten, denn das, was zeitlich vorangehe, verdiene die höheren Ehren, wie im Weltall der Aufgang vor dem Untergang, im Leben der Anfang vor dem Ende, in der Belebung die Zeugung vor der Vernichtung." (D.L., VIII, 22f)

Die Norm, die Älteren in Ehren zu halten, wird mit der Priorität in der zeitlichen Reihenfolge begründet. Obwohl die Älteren dem Ende näher stehen als dem Anfang und damit eine Umkehrung möglich wäre, wird dieser Bezug nicht gesehen. Vielmehr ist es das Anliegen Pythagoras' und der älteren Pythagoreer als auch anderer vor und nach ihm lebenden griechischen Philosophen, den Urgrund und damit den Anfang alles Seienden zu finden. Das Erste wird generell von ihnen höher bewertet als das daraus oder im Anschluß daran folgende. Daher steht die Begründung für die gesetzte Norm durchaus in der griechischen Tradition. Ein weiterer Grund für diese Prioritätensetzung kann in dem Glauben an die Unsterblichkeit der Seele gesehen werden, womit der ältere Mensch also nicht einem Ende näher stehen würde, da er bzw. seine Seele ewig leben wird, sondern nur der Anfang gewertet werden kann. Auch ist die Seele des Älteren dem Göttlichen wieder näher - von wo sie nach der Pythagoreischen Lehre ihren Ausgang nahm - allerdings nur nach einem den Normen entsprechenden asketischen Leben.

Bei *Xenophanes aus Kolophon* (um 540 v.z.Z.) gibt es eine kurze Bemerkung über das Alter, die im "Weihelied beim Gelage der Männer" enthalten ist. Im Zusammenhang mit dem Maß, wieviel ein Mann trinken darf, gibt er an,"[...], daß man eben noch ohne Begleitung nach Hause kommen kann, falls man nicht schon ein steinalter Mann ist."[41] Diese Randbemerkung über das Alter kann so verstanden werden, daß ein "steinalter Mann" so gebrechlich ist, daß er immer eine Begleitung benötigt, nüchtern oder betrunken. Im Fragment 9: "Viel kraftloser als ein gealterter Mann"[42] wird ebenfalls die körperliche Schwäche im Alter angesprochen.

---

[40] Vgl. Austin/Vidal-Naquet: Gesellschaft..., S. 25.
[41] Xenophanes: Aus einem Weiheliede beim Gelage der Männer, fr. 1, 13ff., in: Capelle, W.: Die Vorsokratiker, S. 124.
[42] Xenophanes: fr. 9, in: Diels, Hermann: Die Fragmente der Vorsokratiker. Griech. u. Dt., hg. von Walther Kranz, Bd. 1, S. 131.

Bei *Heraklit von Ephesos* (um 550 - 480 v.u.Z.) finden wir die Erklärung der Welt nach dem Prinzip des Logos, was einerseits Weltgesetz bedeutet und andererseits das vernunftgemäße Verstehen des Weltgesetzes. Teils versteht Heraklit unter Logos auch das Weltprinzip (arché). Zudem erhebt er den Anspruch, daß aus dem dynamischen Weltgesetz, d.h. einer nicht statischen, sondern einer in harmonisierender Bewegung befindenden Gesetzmäßigkeit, normative Regeln abzuleiten sind. Die Gegensätze wie z.B. Tag und Nacht werden als eine naturgemäße Notwendigkeit harmonisiert.

> "Und es ist immer ein und dasselbe was in uns wohnt (?): Lebendes und Totes und Waches und Schlafendes und Junges und Altes. Denn dieses ist umschlagend jenes und jenes zurück umschlagend dieses."[43]

Der Logos offenbart sich im Jungen und Alten als ein und derselbe, womit Heraklit hier sowohl das Weltgesetz gemeint haben kann als auch das Erkennen und Verstehen desselben. Der Gegensatz von Jung und Alt wird als eine sich ergänzende und harmonisierende Einheit verstanden, da das eine sich in das andere verwandelt und umgekehrt.[44] In der normativen Ableitung bedeutet dies, daß Jung und Alt als naturgemäße Erscheinungsformen gesehen werden, die eine unterschiedliche Wertung nicht zulassen, da sie im Weltgesetz als ein und dasselbe festgelegt sind und der naturgemäßen Notwendigkeit unterliegen.

Von *Parmenides aus Elea* (um 500 v.u.Z.) ist uns ein Fragment überliefert, das ihn eine Aussage über das Alter treffen läßt: "Nach Parmenides tritt das Alter durch Mangel an Wärme ein."[45] Parmenides' Kosmologie und Erkenntnistheorie beinhaltet die Lehre von den ursprünglichen Elementen des Lichtes (bzw. des Warmen) und des Dunkels (bzw. des Kalten), und alles Erkennbare besteht aus einer Mischung dieses Gegensatzpaares.

> "So wie die Parmenideische Kosmologie auf der Annahme des Urgegensatzes von Licht und Dunkel basiert, so auch die Psychologie, in deren Rahmen die Klarheit des Denkens davon abhängig gemacht wird, daß im Organismus das helle (bzw. warme) Element das dunkle (bzw. kalte) überwiege. Das Denken ist also um so rationaler, je mehr sich das Verhältnis zugunsten des Hellen (bzw. Warmen) verschiebt. Das Bewußtsein stellt sich im Rahmen dieser Theorie als Begleiterscheinung körperlicher Prozesse dar, und sofern deren Natur ebenso durch eine Mischung von Licht und Dunkel bedingt ist wie die Natur der erkennbaren Dinge, ergibt sich eine Parallelität der Strukturen des erkennenden Subjekts und des erkannten Objekts, die der Rechtfertigung des Anspruchs objektiver Gültigkeit in bezug auf empirische Erkenntnis gedient haben dürfte."[46]

Diese Theorie des Parmenides auf seine Aussage über das Alter übertragen, be-

---

[43] Heraklit: fr. 88, in: Diels/Kranz: Bd. 1, S. 170f.
[44] In der Übersetzung bei Capelle heißt es (S. 139, Nr. 46 Fr. 88): "Es ist immer dasselbe, was <in den Dingen> wohnt: Lebendes und Totes, Wachendes und Schlafendes, Junges und Altes. Denn dieses wird, sich wandelnd, zu jenem und jenes wieder, sich wandelnd, zu diesem." Da Diels/Kranz sowohl wörtlicher übersetzen als auch die Gegensatz-Harmonie-Theorie des Heraklit besser treffen, wurde die Diels/Kranz-Übersetzung hier gewählt.
[45] 34 Aetios V 30,4 (Stobaios; DK 28 A 46a), in: Die Vorsokratiker I, übers. von J. Mansfeld, Stuttgart 1986, S. 331; Diels/Kranz, S. 131.
[46] Röd, W.: Die Philosophie der Antike, Bd.1, S. 124.

deutet, daß der Mangel an Wärme im Alter zu einem weniger rationalen Denken führt. Wodurch jedoch der Mangel an Wärme eintritt und zum Alter führt, wird nicht geklärt. Trotzdem kommt bei Parmenides zum ersten Mal der Versuch auf, das Altern des Menschen physiologisch zu erklären, nämlich durch den Verlust an Wärme.

In den philosophischen und naturwissenschaftlichen Schriften des *Empedokles von Akragas* (um 492 - um 430 v.u.Z.) sind keine Bemerkungen über das Alter ausfindig zu machen. Jedoch erwähnt Empedokles einmal das Alter in seinen religiösen Schriften, wo er selbst als Heilsverkünder und gottähnlich auftritt. Seinem Jünger Pausanias verkündet er - als Herr der Natur - ihm "alle Heilmittel, soviele es gibt als Abwehr gegen Krankheit und Alter"[47] zu vermitteln als auch Kräfte über Wind, Regen und Tod. Krankheit und Alter werden hier zusammen genannt und Empedokles glaubt, Heilmittel gegen diese Erscheinungsformen zu kennen. Er will seinem Schüler Pausanias alle Kräfte vermitteln, die dieser gegen die dem Menschen nicht dienlichen Kräfte der Natur einsetzen kann. Das Alter kann in diesem Zusammenhang nur als Feind des Menschen, als zerstörende Kraft, verstanden werden.

Eine andere Äußerung finden wir in der Poetik des Aristoteles, wobei eine ähnliche Metapher dem Empedokles zugeschrieben wird. Sie lautet: "Der Abend, des Tages Greisenalter."[48] Der Abend, als Greisenalter des Tages kann in der Umkehrung der Metapher bedeuten, daß das Greisenalter als Abend des Lebens zu verstehen ist. Damit wäre das Alter ein Abschnitt im natürlichen Ablauf der Gesetzmäßigkeiten bzw. des Lebens.

Xenophon aus Athen (um 430 - 354 v.u.Z.) ist ein Schüler des Sokrates, der in seinen Schriften über das Leben seines Lehrers schreibt und dadurch zu einer der Quellen über das Leben und die Lehren des Sokrates wird. Allerdings wird von Xenophon gesagt, daß er die Lehren des Sokrates nicht in dessen Sinne, sondern in seinem Verständnis widergegeben habe.[49] Da Xenophon zeitweilig bei den Lakedaimoniern lebte, lernte er die dortige Gesellschaftsordnung kennen und schreibt über die Stellung der Ältesten: "Wann werden die Athener wie die Lakedaimonier die Älteren ehren? Sie, die seit Väterzeit anfingen, die Betagten zu verachten!"[50] Hier wird die unterschiedliche Achtung der Älteren in der spartanischen und in der athenischen Gesellschaft besonders deutlich. Xenophon beklagt, daß die Athener nicht einmal die grundlegendste Regel, nämlich die Achtung der Kinder vor ihren (alten) Vätern, einhalten. In einem Text aus dem "Oikonomikos" thematisiert Xenophon ebenfalls die Achtung vor dem Alter.

"Das, was dir aber am meisten gefallen wird, ist, daß du mich, wenn du tüchtiger bist als ich,

---

[47] Empedokles: fr.111, in: Capelle, W.: Die Vorsokratiker, S. 248.
[48] Empedokles, fr. 152, in: Aristoteles, Poetik, 21. 1457b 22, in: Diels/Kranz: Bd. 1, S. 371.
[49] Vgl. Russell, B.: Philosophie des Abendlandes, Zürich 1979, S. 103f.
[50] Xenophon: Memorabilien III, 5, in: Xenophon: Die Sokratischen Schriften, übertr. u. hg. von Ernst Bux, Stuttgart 1956, S. 124.

zu deinem Diener machst und nicht zu fürchten brauchst, daß du bei fortschreitendem Alter im Hause und von mir weniger geehrt werden wirst, sondern daß du überzeugt bist, daß du um so mehr Achtung im Hause gewinnst, je mehr du mir später eine treue Gefährtin und den Kindern eine liebevolle Hüterin bist. Denn adeliges Wesen bei den Menschen wächst nicht durch die blühende Jugend, sondern durch die Tüchtigkeit für das Leben."[51]

Hier ist es die Ehefrau und Mutter, die wegen ihrer Verdienste darauf vertrauen kann, auch im Alter geachtet zu werden.

In der Parabel "Herakles am Scheideweg" von *Prodikos von Keos* (geb. 1. Hälfte d. 5.Jhd. v.u.Z.), im Original verlorengegangen, aber von Xenophon überliefert, wird anschaulich geschildert, wie das Alter als mühselig oder als ehrenvoll empfunden werden kann. Prodikos erzählt, wie Herakles, dem Jugendalter entwachsen, sich für ein tugendhaftes oder ein lustvoll - schlechtes Leben entscheiden muß. Die Schlechtigkeit und die Tugendhaftigkeit, versinnbildlicht in den Gestalten zweier Frauen, versuchen Herakles von ihrer Lebenshaltung zu überzeugen. Nachdem die "Schlechtigkeit" ihre Vorzüge geschildert hat, entgegnet ihr die "Tugend":

"In ihrer Jugend sind deine [der Schlechtigkeit, Anm.d. Verf.] Anhänger körperlich unfähig, wenn sie aber älter werden, sind sie geistig blöde. Ohne Mühsal und schön gepflegt lassen sie sich in der Jugend ernähren, mit Mühe aber schleppen sie sich schmutzig durch das Greisenalter. Sie schämen sich ihrer Taten und sind beschwert durch das, was sie tun müssen. Das Angenehme haben sie in der Jugend hinter sich gebracht, das Schwere aber für das Alter aufgespart."[52]

Nach einem tugendhaften Leben gestaltet sich das Alter jedoch anders:

"Die Jungen freuen sich über das Lob der Alten, die Alten aber sind stolz auf die Ehren von seiten der Jungen. Gern erinnern sie sich der früheren Taten, mit Freuden erfüllen sie die gegenwärtigen Aufgaben. Durch mich sind sie Freunde der Götter, geliebt bei den Freunden, geehrt in ihrer Heimat. Wenn aber das vorbestimmte Ende kommt, dann liegen sie nicht ungeehrt und vergessen, sondern in Liedern besungen leben sie in Ewigkeit im Gedächtnis."[53]

In dieser Parabel wird die Einstellung Prodikos' deutlich, daß das Alter nicht unabhängig vom bisherigen Leben betrachtet werden kann, sondern eine Fortführung und Konsequenz der gesamten Lebensführung ist. Bei einem nicht tugendhaften Leben - wobei sowohl die moralische Seite als auch Regeln in bezug auf gesunde Ernährung und Pflege des Körpers gemeint sind - ist das Alter beschwerlich und leidvoll, bei einem tugendhaft geführten Leben ehrenvoll, zufrieden und geschätzt. Prodikos spricht in dieser Parabel sowohl den möglichen geistigen Verfall im Alter an, als auch die soziale Komponente, nämlich entweder Einsamkeit und Isolation, da man sich aufgrund der schlechten Lebensweise seines verfallenen Körpers schämt, oder Freundschaft und Ehre, da man im Alter geschätzt wird.

Ein uns namentlich nicht bekannter Sophist *Anonymus Iamblichi*, dessen moralische Aussagen im 20.Kapitel des "Protrepticus" des Neuplatonikers Iam-

---

[51] Xenophon: Oikonomikos, 7, 42, in: Xenophon: Die Sokratischen Schriften, S. 263.
[52] Xenophon: Memorabilien II, 1,31, in: ebda., S. 86f.
[53] ebda., S. 87.

blich entdeckt wurden[54], zeigt eine ähnliche Einstellung zum tugendhaften Leben wie Prodikos. Für die Menschen, die keine Tugendhaftigkeit erstreben, wird das Geld zum Mittel für die Erhaltung des Lebens in Notzeiten. "Das Geld aber lieben sie wegen der Dinge, vor denen sie Angst haben. Was sind das für Dinge? Krankheit, Alter, plötzliche Verluste -..."[55] Durch finanzielle Mittel soll die Versorgung gesichert und die Angst vor dem Alter, die er hier als gesellschaftliche Norm seiner Zeit darstellt, genommen werden. Im weiteren Text heißt es:

> "Was nun das Kleben am Leben anlangt, so könnte man wohl folgende Überzeugung haben: wenn es dem Menschen vergönnt wäre, falls er nicht von einem anderen getötet würde, überhaupt nicht alt zu werden und obendrein unsterblich zu sein, dann wäre derjenige, der sein Leben schont, voll gerechtfertigt; da aber dem Menschenleben, das zu lange dauert, ein um so schnelleres Alter droht und auch keine Unsterblichkeit winkt, ist es eine große Torheit und eine Gewöhnung an schlechte Gedanken und Wünsche, wenn man sich dies auf Grund ruhmlosen Verhaltens zu erhalten sucht und nicht einen unsterblichen Schatz an seiner Statt hinterlassen will: an Stelle einer vergänglichen Existenz nie versiegenden, ewig lebendigen Nachruhm."[56]

Dieser Sophist spricht sich gegen eine Lebenseinstellung aus, die eine Verleugnung von Alter und Tod beinhaltet. Vielmehr sollen die Bedingungen des Lebens akzeptiert werden. Der Wunsch des Menschen nach Unsterblichkeit kann nur durch den ehrenvollen Nachruhm erfüllt werden, der natürlich nur tugendhaften Menschen zuteil werden kann. Ein langes Leben und damit die Erreichung des Alters ist für ihn kein anzustrebendes Ziel, da das "Alter droht" und mit Angst besetzt ist. Die Angst, die wohl mehr dem Tod als dem Alter gilt, soll durch eine "realistische" Lebenseinstellung kompensiert werden, indem man sich durch den Nachruhm Unsterblichkeit sichert.

Einen Hinweis zur politischen Position von Greisen finden wir in dem Staatsentwurf des *Hippodamos von Milet*, den Aristoteles in seiner "Politik" skizziert und kritisiert. Nach Hippodamos soll das oberste Gericht im Staat, "vor das alle Prozesse gebracht werden sollten, die nicht richtig entschieden zu sein schienen", von "einzelnen ausgewählten Greisen"[57] zusammengesetzt werden. Damit legt Hippodamos die höchste gerichtliche Instanz in die Hände von ausgewählten alten Männern, denen er somit auch die Fähigkeit zur höchsten Gerechtigkeit zuschreibt und die er als wertvoll für einen funktionierenden Staat ansieht.[58]

Von *Demokrit aus Abdera* (um 470 - 380/330 v.u.Z.) sind einige Fragmente überliefert, die das Thema "Alter" betreffen. Die Aussagen gehören zu seinen ethischen Schriften, wobei umstritten ist, ob es sich hier lediglich um moralische Ratschläge bzw. Imperative handelt oder ob Demokrit eine systematische Mo-

---

[54] Vgl. Capelle, W.: Die Vorsokratiker, S. 380.
[55] ebda., S. 384.
[56] ebda., S. 384.
[57] Aristoteles: Politik, 1267 b 40ff., i. d. Übers. von O. Gigon, München 1984.
[58] In der Kritik dieser Staatsverfassung geht Aristoteles zwar auf das Gerichtswesen ein, nicht aber auf das oberste Gericht, was er zu akzeptieren scheint.

ralphilosophie entwarf, deren Gesamtkonzeption verloren ging.[59] Ein Fragment von ihm lautet:
> "Kraft und Schönheit sind der Jugend Güter, des Alters Blüte aber ist Besonnenheit."[60]

Dieser Ausspruch kann als eine Beschreibung der Vorzüge des jeweiligen Lebensalters gedeutet werden, indem Demokrit in jeder Altersstufe eine typische Besonderheit sieht und dem Alter die Besonnenheit zuschreibt. Im Zusammenhang mit seiner Lehre von der Euthymie, d.h. der "Wohlgemutheit" als höchstem Gut, wird eine andere Interpretation möglich. Seine ethische Lehre zielt darauf hin, für den Menschen "Harmonie" und "Seelenruhe" zu finden und einen Gemütszustand zu erreichen, der frei von Angst und Schrecken ist. Wenn die Besonnenheit zum Verständnis von "Wohlgemutheit" gehört und darin impliziert ist, wird das vom Menschen anzustrebende Ziel der "Wohlgemutheit" erst im Alter erreicht werden können. Weitere Fragmente bestätigen diese Interpretation:

> "Als alter Mann anmutig ist, wer von gewinnendem Wesen und auch von ernstem Worte ist."[61]
> "Der Greis war einmal jung, ob der Jüngling aber das Greisenalter erreichen wird, ist ungewiß. So ist das abgeschlossene Gut besser als das noch in der Zukunft liegende und unsicher."[62]

Die "Anmut" des Alters liegt also nicht im Äußeren wie bei der Jugend, sondern in der inneren Reife des Menschen. Ein weiteres Fragment bezieht sich auf das Verstandesvermögen des Menschen:

> "Es gibt gelegentlich Verstand bei den Jungen und Unverstand bei den Alten. Denn Zeit lehrt nicht denken, sondern frühzeitige Erziehung und Naturanlage."[63]

Für Demokrit ist die Erziehung zur Entfaltung des Verstandesvermögens notwendig, da die Naturanlage an sich nicht ausreicht, wohl aber vorhanden sein muß. In diesem Fragment sieht er den Menschen als entwicklungsfähiges Wesen; der alte Mensch hat nicht einfach Verstand aufgrund seines langen Lebens, sondern weil das Verstandesvermögen gefördert wurde. Im Zusammenhang mit den früher angeführten Fragmenten besagt dies, daß die Besonnenheit im Alter während des Lebens erarbeitet werden muß und keineswegs jeder alte Mensch Verstand besitzt und besonnen ist. Wie auch aus anderen Fragmenten ersichtlich, befürwortet Demokrit eine Pflichtethik[64], worunter er die Pflicht versteht, durch Arbeit und Mühe das Gute zu erlernen und immer zu erstreben. Das Gegenteil von Besonnenheit und Verstandesvermögen sieht Demokrit in der Torheit des Menschen. Neben einigen anderen Kritikpunkten über törichtes Verhalten von Menschen findet auch das Alter Erwähnung:

> "Toren wollen aus Furcht vor dem Tod alt werden."[65]

Also Altwerden an sich muß nicht als ein anzustrebendes Ziel betrachtet werden, es kann auch die Angst vor dem Tod den Menschen ein hohes Alter wün-

---

[59] Vgl. Röd, W.: Die Philosophie der Antike, Bd.1, S. 194f.
[60] Demokrit: fr. 294, in: Diels/Kranz: Bd. 2, S. 206.
[61] Demokrit: fr. 104, in: Diels/Kranz: Bd. 2, S. 163.
[62] Demokrit: fr. 295, in: Diels/Kranz: Bd. 2, S. 206.
[63] Demokrit: fr. 183, in: Diels/Kranz: Bd. 2, S. 182.
[64] Vgl. Demokrit: fr. 41; fr. 225; fr. 42; fr. 181, in: Capelle, W.: Die Vorsokratiker, S. 450f. und 462.
[65] Demokrit: fr. 206, in: Diels/Kranz: Bd. 2, S. 187.

schen lassen. Ein Fragment bezieht sich auf den körperlichen Alternsprozeß:
> "Alter ist eine Verstümmelung bei ganzem Leibe: alles hat es, und allem fehlt etwas."[66]

Der Mensch im Alter ist zwar ein "vollständiger" Mensch, aber durch die körperlichen Verlusterscheinungen fehlen ihm Fähigkeiten und Vermögen, die er vorher im Erwachsenenalter besaß.

Ein letztes Fragment in der Reihe der Vorsokratiker ist noch zu nennen; es stammt von dem Sophisten *Antiphon*, der im späten 5. Jhd. in Athen lebte. Im Rahmen seiner Ausführungen über den Gemeinsinn heißt es:
> "Greisenpflege ähnelt ja Kinderpflege."[67]

Der hilflose gebrechliche Greis, der gepflegt werden muß wie ein Kind, wird hier angesprochen. Es wäre möglich, daß Antiphon die Pflege alter Menschen mit zum Aufgabenbereich im Gemeinwesen hält. Nähere Zusammenhänge sind aus den anderen Fragmenten nicht zu schließen.

Zusammenfassung

Die Vorsokratiker, die nicht mehr einfach einem bedingungslosen Glauben an die Macht der Götter ausgeliefert sind, versuchen Ordnungsprinzipien zu finden, die ihnen die Erscheinungen in der Natur verstehen und erklären helfen. So wird auch beim Alter nach Naturgesetzlichkeiten gesucht und durch Einteilungen der menschlichen Entwicklung in Zeitintervalle das Alter und das Ende des Lebens mit Jahresangaben von z.B. 60, 70, 80 Jahren festgelegt. In Analogie zu Naturerscheinungen wird das Greisenalter mit dem Herbst und dem Winter verglichen, oder es werden physikalische Erklärungen wie der Verlust von Wärme und Feuchtigkeit für das Alter geboten. Der Mensch unterliegt (teilweise) den Naturgesetzen und nicht mehr der Willkür der Götter.

Mit der Entmystifizierung und Entgöttlichung der Welt einhergehend, ändern sich die Vorstellungen von Normen. Diese gelten nun (z.T.) als von Menschen gesetzte, um eine gesellschaftliche Ordnung aufrechtzuerhalten. Wenn das Gebot bzw. die Norm wie z.B. "Ehre den Älteren" mißachtet wird, braucht der Mensch nicht mehr die Strafe der Götter fürchten, sondern liefert sich einem weltlichen Gericht aus. Wenn der Verstoß nicht entdeckt wird - bei Göttern war das (fast) unmöglich -, folgt auch keine Strafe. Durch diese Umorientierung in der Handlungskonsequenz ist es wahrscheinlich, daß Verstöße häufiger vorkamen. So ist m.E. die relativ häufige Überlieferung des Gebots der Achtung/Ehre von alten Menschen und der Verankerung des Gebots in der Gesetzgebung zu interpretieren. Da jetzt nicht mehr durch gottgefälliges Verhalten ein "gutes" Alter erreicht werden kann, werden Wege und Mittel gesucht, die Naturgesetze zu beeinflussen, zu umgehen oder sich ihnen anzupassen, um dadurch das Bestmögliche zu erreichen. Mit dieser Vorstellung wird die Möglichkeit

---

[66] Demokrit: fr. 296, in: Diels/Kranz: Bd. 2, S. 206.
[67] Antiphon: fr. 66, in: Diels/Kranz: Bd. 2, S. 366.

eröffnet, das Alter mit einer subjektiven Einstellung entweder zu erleiden, als Fremdbestimmung durch die Naturgesetzlichkeit, oder aktiv zu bestimmen. Bei der Selbstbestimmung wird aufgezeigt, daß der Umgang mit sich selbst (während des ganzen Lebens) Auswirkungen hat auf die körperliche und geistige Verfassung und die sozialen Kontakte. Moralische Vorstellungen entstehen, denn der Mensch übernimmt in der Selbstbestimmung für sich die Verantwortung. Ansätze einer Pflichtethik werden entwickelt, in der der Mensch die Pflicht hat, seine menschlichen Fähigkeiten zu entfalten.

Das Alter wird weiterhin als gesonderter Lebensabschnitt betrachtet; ein Alternsprozeß wird noch nicht gesehen, obwohl die Voraussetzungen für die prozeßhafte Sichtweise durch den Zusammenhang vom Umgang mit sich während des ganzen Lebens und mit der körperlichen und geistigen Verfassung im Alter geschaffen waren. Allgemeingültige Aussagen und subjektives Erleben werden einbezogen und miteinander verknüpft, indem z.B. Solon von sich sagt, daß er auch im Alter gerne weiterlerne und damit gleichzeitig behaupten will, daß der Mensch generell im Alter lernen kann und soll.

6.2.4 Die Zeit der klassischen griechischen Philosophie

Die Blütezeit der klassischen griechischen Philosophie beginnt mit Sokrates, gefolgt von Platon und Aristoteles. Obwohl diese drei bedeutenden Philosophen in einer Schüler- bzw. Lehrertradition stehen, denn Platon war Schüler des Sokrates und Lehrer des Aristoteles, entwickeln sie eigenständige Philosophien, die getrennt zu behandeln sind.

6.2.4.1 Sokrates

Bei *Sokrates* (469 - 399 v.u.Z.) stehen wir vor dem Problem, daß keine authentische Schrift von ihm überliefert wurde, da er selbst wahrscheinlich nur mündlich agierte. Xenophon, Platon und Aristophanes geben uns Zeugnis über sein Leben und seine Lehren, aber sie bemühten sich nicht ausdrücklich um eine historisch exakte Widergabe. Platon läßt in seinen Dialogen durch die Gestalt des Sokrates die wichtigsten Ideen und Einstellungen vortragen, die zwar in der Art und Weise der Redeführung der sokratischen Methode - dem fragenden, sich-auseinander-setzenden Dialog - entsprechen, aber auch Platons eigene Philosophie beinhalten. In den frühen platonischen Dialogen kann davon ausgegangen werden, daß mit dem Dialogpartner der historische Sokrates gemeint ist, aber schon die im Phaidon vorgetragene Ideenwelt ist platonischer Natur und nicht mehr sokratisch. In bezug auf das Thema Alter ist aus den platonischen Schriften nichts Prägnantes herauszufinden, was authentisch dem Sokrates zugeschrieben werden könnte. Deshalb sollen an dieser Stelle die Aussagen über das Alter, die Sokrates in den Dialogen Platons formuliert, nicht behandelt werden, sondern im folgenden Kapitel über Platon.

Aristophanes gibt in seiner Komödie "Die Wolken"[68] ein verzerrtes Sokrates-Bild wider, indem er ihn als einen Sophisten darstellt und ihn als eine lächerliche Figur auftreten läßt. Obwohl in dieser Komödie der Greis bzw. das Alter (in Form des lächerlich vergreisten Alten) eine dominante Rolle spielt, handelt es sich um eine Auseinandersetzung zwischen 1. alten und neuen Lehren bzw. Sitten, 2. Vater und Sohn und 3. alter und neuer Rechtssprechung in Athen. In den von Aristophanes aufgenommenen und thematisierten Konflikten kritisiert er den Verfall der Sitten in Athen zu seiner Zeit und benutzt zur Darstellung seiner Kritik den Generationenkonflikt zwischen Vater und Sohn als Vertreter der alten traditionellen und neuen modernen Lehre. Ebenso werden der Greis (Vater) und der Junge (Sohn) als Vertreter der geänderten Rechtssprechung in Athen benutzt. Für eine Eruierung der Einstellung des Sokrates zum Alter ist die Komödie unbrauchbar, da es zu fragwürdig ist, ob die/einige Aussagen mit denen des historischen Sokrates identisch sind; der Anspruch der Authentizität war von Aristophanes nicht impliziert.

Auch von *Xenophon* läßt sich nicht nachweisen, daß er die Lehren des Sokrates in dessen Verständnis widergibt.

Somit muß in dieser Arbeit Sokrates weitgehend unberücksichtigt bleiben, da zum uns betreffenden Thema "Alter" keine nachweisbaren authentischen Aussagen vorliegen.

6.2.4.2 Platon: Tugendhaftes Leben gibt frohe Hoffnung im Alter

Platon (428/427 - 347 v.u.Z.) hat keine explizite Abhandlung über das Alter geschrieben, jedoch finden sich in seinen Werken zahlreiche "Randbemerkungen" über Fähigkeiten bzw. Unfähigkeiten, Eigenheiten und Aufgaben im Alter. In seinen frühen Werken treten die Äußerungen über das Alter fast immer im Zusammenhang mit Sokrates auf, der sich in den Dialogen selbst als alt bezeichnet.

Sokrates ist ca. 70 Jahre alt (Platon ca. 28 Jahre), als er durch das Athener Gericht zum Tode verurteilt wird und den Schierlingsbecher trinkt. Bis zu seinem Todestag lehrt und diskutiert er mit der Jugend von Athen. Für Platon ist Sokrates der gerechteste Mann, und so trifft ihn die Verurteilung seines verehrten Lehrers tief. Als Platon nach Athen geht, nicht um die politische Staatsführung zu erlernen, wie es eigentlich von seinen Verwandten vorgesehen war, sondern um bei Sokrates die Kunst des Philosophierens zu erlernen, wird er nicht nur der bedeutendste Schüler Sokrates', sondern auch sein großer Bewunderer.

In den frühen Werken Platons tritt Sokrates mit Vehemenz immer wieder gegen die Sophistik ein, in der nur Wortspielereien und Manipulation betrieben wird, nicht aber nach der eigentlichen Bedeutung der Worte und der Wahrheit gesucht, dem Wesen der Dinge und der Bestimmung des Menschen gefragt wird. Hier wird mit großer Wahrscheinlichkeit der historische Sokrates vorgetragen, und nicht, wie in

---

[68] Aristophanes: Die Wolken, in: Ders.: Sämtliche Komödien, übertr. von L. Seeger, 1.Bd., Zürich 1952, S. 119 - 190.

den späteren Werken (mindestens seit "Phaidon" und "Symposion"), die Philosophie Platons durch die Gestalt des Sokrates.[69]

Mit ironischen Anspielungen weist Sokrates auf sein Alter hin: - daß er von der Jugend ausgelacht werden könnte, wenn er ihnen vorkäme, als triebe er Kinderei (Menexenos 236c), da seine Reden vielleicht weniger gut seien als die der Sophisten und dies doch nicht seinem Alter entsprechen würde, - oder daß er sie in ihrer sophistischen Redeweise nicht verstehen könnte und "naive" Fragen stelle (Kratylos 429d), - oder daß ein Junger über die Alten zu herrschen und sie zu beraten hätte (Menexenos 234b). Indem Sokrates selbst die sophistische Redekunst anwendet, "spielt" er mit "dem Alter" als einem sowohl kindischen Zustand als auch einer in ihr liegenden Weisheit und Erfahrung. Indem er vortäuscht, sich mit seinen Fragen und Ansichten (die seinem kindischen Alter entsprächen) lächerlich zu machen, zeigt er, daß er im Alter der Jugend an Erfahrung, Wissen und Weisheit überlegen ist. Trotz der Gefahr, von der Jugend verspottet zu werden, will Sokrates auch im Alter lernen; er überzeugt andere Ältere davon, mit ihm zu lernen (Euthydemos 272b ff.). Im Dialog "Menon", auf der Suche nach dem Wesen der Tugend bzw. dem, was die Tugend ausmacht, vertritt Sokrates/Platon die Ansicht, daß die Auffassung, jedes Alter, jeder Stand und jedes Geschlecht habe seine eigene Tugend, so nicht richtig gesehen werde. Wenn das Wesen der Tugend erkannt sei, lassen sich daraus für die Altersstufen, Stände und Geschlechter Ableitungen zum tugendhaften Verhalten treffen. (Menon 71e f.). Nicht in bezug auf *die* Tugend, wohl aber in bezug auf tugendhaftes Verhalten wird in allen Werken Platons, in denen das Alter erwähnt wird, direkt oder indirekt die Ehrerbietung gegenüber alten Menschen vertreten. Schon im Dialog "Hippias I" wird erwähnt, daß ein ehrenvolles Alter für alle und immer das Schönste sei (Hippias I 291d f.). Sowohl der Einzelne hat die Pflicht, dem Alter Ehre zu erweisen, als auch die Stadt bzw. der Staat sollte es sich zur Aufgabe machen, alten Menschen eine würdige Pflege zukommen zu lassen (Menexenos 248d f.).

Offensichtlich gehört es zur Aufgabe von alten Frauen, Kindern Märchen zu erzählen, da Platon dies mehrfach erwähnt (Hippias I 286a; Lysis 205d; Politeia 378c). Mit diesen Märchen sind auch traditionelle Mythen und Dichtungen wie die von Homer und Hesiod gemeint, und das Erzählen der Märchen ist als ein Teilbereich der Erziehung der Kinder zu verstehen, die damit in die Tradition, in Sitten, Gebräuche und Wertvorstellungen eingeführt werden.

Ausführlichere Aspekte zum Alter finden sich im Dialog "Symposion", wo in den Lobreden über Eros unterschiedliche und gegensätzliche Einstellungen zum Alter deutlich werden. Während in der Rede des Phaidros Eros als ältester Gott hervorgehoben wird, dem, da er zu den Ältesten gehört, höchste Ehre zu erweisen ist, will Agathon, fünfter Redner an diesem Abend, Eros als den jüngsten und zartesten Gott verstanden wissen, glückselig, da er das Alter flieht und sich zur Jugend gesellt. In der nun folgenden Rede des Sokrates, der darin die Lehren der Diotima widergibt,

---

[69] In diesem Kapitel dienen folgende Ausgaben als Textgrundlage: Platon: Sämtliche Werke Bd. 2 bis Bd. 6, in der Übers. von Fr. Schleiermacher und Hieronymus Müller, Hamburg 1962 - 1984. Im fortlaufenden Text wird jeweils der Titel des betreffenden Werkes mit der Stephanus-Numerierung angegeben.

wird das Alter zu einem Glied im ewigen Kreislauf der Natur. Alles ist unsterblich, da das Neue und Junge immer auf dem Alten basiert, die Jungen zu Greisen werden, die wiederum Junge gezeugt haben und in diesen fortleben, so wie jede Erkenntnis auf vorangegangenem beruht und die Grundlage für neue Erkenntnisse bildet. Dem natürlichen Kreislauf in der Natur unterliegt auch der Mensch, und das Alter gehört notwendig zu diesem Kreislauf (Symposion 207d ff.). (Dieser Kreislauf muß nicht als geschlossener Kreis, sondern kann auch als unendliche Spirale verstanden werden.) Insofern wird also weder die Jugend noch das Alter hervorgehoben.

Platon bringt in der Sokrates/Diotima-Rede noch einen weiteren Aspekt in der Einstellung zum Alter hinein, der sich dann in seinen nachfolgenden Werken häufiger findet. Platon weist auf die körperlichen Alterserscheinungen hin, die durch Verlust und Mangel gekennzeichnet sind, aber durch geistige Reife, Einsicht und inneren Frieden kompensiert werden. "Das Auge des Geistes fängt erst an scharf zu sehen, wenn das leibliche von seiner Schärfe schon verlieren will, ..."(Symposion 219a).

Im "Phaidon" finden wir noch die Randbemerkung von der Anmut und Schönheit der Jugend und dem vom Alter eingefallenen Körper (Phaidon 80c), ohne daß jedoch das Alter weiter thematisiert wird.

In der "Politeia" werden die Äußerungen über körperliche Alterserscheinungen und über geistige Reife im Alter häufiger. Beginnend mit der Gestalt des Kephalos, einem alten Mann, der an Kraft verloren hat und kaum noch das Haus verlassen kann - was für einen Athener Bürger ein gravierender Verlust ist, da sich das Leben (der Männer) weitgehend in der Öffentlichkeit außer Haus abspielt -, und dem die Freuden des Körpers absterben, betont Sokrates/Platon den Erfahrungsschatz der Greise. Jüngere können von den Älteren lernen, da diese einen Weg (des Lebens) schon früher gegangen sind (Politeia 328d ff.). Kephalos führt weiter aus, daß das Greisenalter in bezug auf Leidenschaften (Sexualität) von heiligem Frieden und Freiheit begleitet wird (Politeia 329c), und an den Übeln im Greisenalter, auch an der üblen Behandlung durch Verwandte, hat nicht das Greisenalter allgemein Schuld, sondern der Charakter des jeweiligen Menschen.

> "Denn wenn sie [die Menschen, Anm.d.Verf.] gefaßt sind und gefällig, so sind auch des Alters Mühseligkeiten nur mäßig: wenn aber nicht, o Sokrates, einem solchen wird Alter sowohl als Jugend schwer durchzumachen." (Politeia 329d)

Kephalos ist der Ansicht, daß ein tugendhaftes Leben den alten Menschen ruhig und zufrieden sein läßt, ohne Angst vor dem Tod bzw. dem Hades, wo der Mensch für seine Untaten büßen muß.

> "Welcher sich aber nichts Ungerechtes bewußt ist, der hat immer angenehme und gute Erwartung gegenwärtig als <<Alterspflegerin>>, wie auch Pindaros sagt. Denn sehr hübsch, o Sokrates, sagt jener dieses, daß, wer nur gerecht und fromm das Leben verbracht hat, den <<die süße, das Herz schwellende Alterspflegerin Hoffnung geleitet, die zumeist der Sterblichen wandelreichen Sinn regiert.>>" (Politeia 331a)

Als Sokrates im weiteren Gespräch danach fragt, ob man im Alter das empfängt, was man vorher gegeben hat, und dann allgemein nach dem, was Gerechtigkeit ausmacht, verabschiedet sich Kephalos, um sich dem Opfern zu widmen. Die Jüngeren bleiben im Gespräch über den Platonischen Idealstaat unter sich, und das Thema Alter findet nur noch in Randbemerkungen Erwähnung. Unter anderem wird gesagt, daß das Alter als eine körperliche Schwäche anzusehen ist (Politeia 366d) und nur gesunde Menschen alt werden können (Politeia 372d), sowie, daß man am Alter sterben kann (Politeia 469b). In bezug auf Anstandsregeln wird festgelegt, daß Sitten wie "daß die Jüngeren vor den Älteren schweigen, wie es sich ziemt, und sich verneigen und aufstehen, und die Achtungsbezeigungen gegen die Eltern ..."(Politeia 425b) auch im Platonischen Staat Geltung haben müsse. Bei der Bestattung von Toten sind die im Krieg Gefallenen ebenso zu ehren wie alle am Alter gestorbenen, die ein gutes Leben geführt haben (Politeia 469b). Das Alter wird als ein Lebensabschnitt der menschlichen Reife verstanden, so daß man dem alten Menschen vertrauen kann (Politeia 487a), und die Herrscher müssen älter sein als die Beherrschten (Politeia 412c). Bei späteren Überlegungen, daß die Philosophen doch die besten Staatsmänner seien, kommen Bedenken, ob alte Männer die Aufgaben der Staatsführung auch noch wirklich wahrnehmen könnten.

"Das aber laß uns nicht vergessen, daß bei unserer ersten Wahl wir Alte gewählt haben, bei der jetzigen dies aber nicht angehen wird. Denn es ist dem Solon nicht zu glauben, daß alternd einer noch viel zu lernen vermag, sondern noch weniger als zu laufen; vielmehr gehören alle großen und anhaltenden Anstrengungen der Jugend." (Politeia 536c f.)

Die Textstelle ist so zu verstehen, daß beim Aufbau des Idealstaates zunächst auf die älteren und erfahrensten Männer zurückgegriffen werden muß; beim Fortbestehen des Staates und entsprechender Erziehung der Jugend können Jüngere als Staatsmänner eingesetzt werden, die dann besser sind als die Älteren.

Für die "Politeia" ist kennzeichnend, daß von Platon mehrfach die körperlichen Alterserscheinungen betont werden und das Lernen im Alter, das in seinen frühen Werken durch Sokrates selbstverständlich bejaht wurde, hier in der "Politeia" nicht nur in Frage gestellt, sondern sogar negiert wird.

Ein weiterer Aspekt des Alters zum Thema "Vergessen" findet sich im "Phaidros" und im "Timaios". Gemeint ist in den beiden Werken das Vergessen in einer unterschiedlichen Bedeutung. Während Platon im "Phaidros" das Nachlassen des Gedächtnisses bei einzelnen anspricht (Phaidros 276d), meint er im "Timaios" ein kollektives Vergessen, wenn nämlich in einem Volk die Bedeutung von Mythen und Erzählungen verloren geht und Märchen nur noch um des Erzählens willen weitergegeben werden, nicht aber um bestimmte Helden und Heldentaten, also Historisches, sowie Erkenntnisse zu tradieren. Nur Greise verstehen noch die eigentliche Bedeutung der Erzählungen und können das Vergessen der vergangenen Zeiten verhindern (Timaios 22a ff.). Gegen Ende des "Timaios" nimmt Platon Stellung zum Tod im Alter und sagt, daß der durch das Alter eintretende Tod naturgemäß sei und daher von den Todesarten am wenigsten beschwerlich und mehr mit Freude als mit Schmerz verbunden sei (Timaios 81e).

In seinem letzten Werk, den "Nomoi", als Platon sich bereits in einem Alter von ca. 80 Jahren befand, treten Bemerkungen über das Alter am häufigsten auf, wobei Platon bei der Aufgabenverteilung im Staat zwischen verschiedenen Altersgruppen bis hin zu den Hochbetagten unterscheidet. Grundtenor in den "Nomoi" bleibt die Achtung und Ehre gegenüber den Ältesten, auch wenn diese verwirrt und unzurechnungsfähig geworden sein sollten (Nomoi 717c; 864d; 879c; 928e; 929d f.; 931a ff.). Die Ehre den alten Eltern gegenüber ist naturgemäß, göttliches Gesetz und unumstößlich; bei Nichteinhaltung ist der Fluch der Eltern über die Kinder berechtigt

(Nomoi 931a ff.). Im Greisenalter hat man das Recht zu tadeln (Nomoi 634e ff.), man weiß um die richtigen Lehren und Gesetze (Nomoi 659d), Älteste stehen an der Spitze eines Stammes (Nomoi 681a), haben Jüngere zu beherrschen (Nomoi 690a), sind besonnen (Nomoi 692a) und scharfsichtig (Nomoi 715e) und Vorbild für die Jüngeren (Nomoi 729b f.).

Bei der Aufgabenverteilung im Staat setzt Platon Altersgrenzen. Das Amt des Gesetzeswächters soll von maximal bis zu 7ojährigen ausgeübt werden (Nomoi 755a f.). Priester werden darf man erst ab 60 Jahren, dann jeweils für ein Jahr; die Priester, die Orakel und heilige Zeichen auslegen, sollen allerdings auf Lebenszeit berufen werden (Nomoi 759d f.). Bei Gerichtsverfahren mit möglicher Todesstrafe dürfen nur die Ältesten über das Urteil abstimmen, und die Befragung im Prozeß geht in der Reihenfolge des Alters vor sich, so daß der Älteste zuerst fragen darf (Nomoi 855 d). Oberaufseher können Männer bis zum 75.Lebensjahr sein (Nomoi 946 c). Gegen Ende der "Nomoi" wird Platons Prioritätensetzung noch einmal deutlich: Jüngere und Ältere haben gemeinsam für das Wohlergehen des Staates zu sorgen, womit sie der obersten Zielsetzung entsprechen; die Jüngeren teilen den Älteren Vorschläge, Beobachtungen usw. mit und die Älteren treffen die Entscheidung (Nomoi 964e f.).

Zusammenfassend läßt sich festhalten, daß in Platons Gesamtwerk das Thema "Alter" unter zahlreichen Aspekten an vielen Stellen zu finden ist, ohne daß es selbst in einem Dialog oder einem Kapitel eigens zum Thema erhoben wird. Auffallend ist vor allem der unterschiedliche Schwerpunkt der Alternsproblematik. Obwohl m.E. bei Platon eine veränderte Einstellung zum Alter im Laufe seines langen Lebens nachzuweisen ist, treten doch keine grundsätzlichen Widersprüche in der Einstellung auf. In den frühen Dialogen dominiert die Erfahrung Platons mit dem 60 bis 70jährigen Sokrates, der trotz seines Alters weiter lehrt und lernt und von Platon u.a. deswegen bewundert wird. Nachteile des Alters werden von Platon vor allem in den körperlichen Abbauerscheinungen gesehen, die er häufiger erwähnt, als er selber in einem Alter von über 50 Jahren ist. Trotz aller Mängel, die sogar zu Verwirrung und Unzurechnungsfähigkeit im hohen Alter führen können, bleibt das Alter für Platon ein geschätzter Lebensabschnitt, in dem die Besonnenheit und Zufriedenheit überwiegt. Die Achtung und Ehre den Ältesten gegenüber, in der griechischen Tradition fest verwurzelt, bleibt für Platon unumstößlich und wird in seinen Staatsentwürfen "Politeia" und "Nomoi" gesetzlich verankert. Wenn man die Äußerungen Platons über das Alter parallel zu seinem Lebenslauf betrachtet, so scheint m.E. aus seiner anfänglichen Bewunderung, die er als junger Mann alten Menschen bzw. Sokrates entgegenbringt, eine mehr kritische Einstellung mit Verlusterscheinungen im Alter im körperlichen und geistigen Bereich zu werden, als er selber das 50.Lebensjahr überschritten hat und sich bei ihm vielleicht körperliche Alterserscheinungen bemerkbar machen. Zu einer grundsätzlich hohen Wertschätzung des Alters trotz aller Mängel kommt er, als er selber ein Alter von 70 und 80 Jahren erreicht hat. Dabei sieht er wohl die Grenzen, die durch ein hohes Alter gesetzt werden können, die aber deswegen nicht zu einem Verlust im Ansehen bzw. in der Ehre führen müssen. Er differenziert im Alterslebensabschnitt zwischen verschiedenen Alterszuständen und ordnet den jeweiligen Abschnitten bestimmte gesellschaftspolitische Funktionen zu. Ausschlaggebend ist für Platon die Betrachtung der gesamten Lebensführung, nicht einzelner Lebensabschnitte.

6.2.4.3 Aristoteles: Alter und Fäulnis aber sind dasselbe

Aristoteles (384 - 322 v.u.Z.) hat das Thema "Alter" sowohl in den naturwissenschaftlichen als auch in den ethischen und ästhetischen Schriften behandelt. Er geht nicht in einem gesonderten Buch nur auf das Alter ein, sondern seine Beschreibungen von Alterserscheinungen finden sich verstreut in seinen Abhandlungen. Eine ausführlichere und zusammenfassendere Stellungnahme über Aspekte des Alters ist in einem Abschnitt der "Rhetorik" enthalten, wo er im zweiten Buch dieses Werkes in drei Kapiteln die Lebensalter des Menschen, die Jugend, das Mannesalter und das Greisenalter, abhandelt.

Zunächst sollen die Beobachtungen über Erscheinungen im Alter mit den entsprechenden Erklärungsversuchen, die Aristoteles in den naturwissenschaftlichen Schriften gesammelt hat, hier aufgeführt werden. Dabei ist es nicht notwendig, alle Stellen zum Thema aus der "Tierkunde", "Über die Seele", "De generatione animalium" und "Problemata physica" auszuwerten, da es sich zum Teil um Wiederholungen handelt und zum Teil um Auflistungen von körperlichen Alterserscheinungen über Haare, Zähne, Haut usw., die spekulativ und manchmal widersprüchlich erklärt werden. Es reichen m.E. Beispiele aus, die zeigen, was und wie beobachtet, wie erklärt und wie bewertet wird.[70] In den dann folgenden ethischen Schriften, der "Nikomachischen Ethik" und der "Politik", wird die Stellung der Greisen innerhalb von menschlichen Gemeinschaften wie Freundschaften, Familie und Polis dargelegt, und in der abschließend zu behandelnden "Rhetorik" zeigt sich die Aristotelische Einstellung zum Alter zusammenhängend.

In der naturwissenschaftlich-psychologischen Schrift "De anima" macht Aristoteles darauf aufmerksam, daß durch das allgemeine Hinschwinden im Greisenalter der Geist am ehesten vernichtet werden kann. Der Geist ist ein Seelenteil, der eigentlich nicht zerstört werden kann. Das Nachlassen im Greisenalter ist aber so zu verstehen, daß nicht eigentlich dieser Seelenteil hinschwindet, sondern der alte Körper als Träger der Seele. Als Folge der Altersschwäche der körperlichen Organe, der

---

[70] Als Textgrundlage dienen folgende Ausgaben:
Aristoteles: Tierkunde, hg. u. übertr. von P. Gohlke, Paderborn ²1957.
Aristoteles: Über die Seele (De anima), übers. von Willy Theiler, 2. durchgeseh. Aufl., Darmstadt 1966.
Aristoteles: The Works of Aristotle, Vol. V., 3. De generatione animalium, transl. by A. Platt, ed. by J.A. Smith / W.D. Ross, Oxford 1972.
Aristoteles: Problemata physica, hg. u. übers. von H. Flashar, Darmstadt 1975.
Aristoteles: Die Nikomachische Ethik, hg. u. übers. von O. Gigon, München 1978.
Aristoteles: Politik, hg. u. übers. von O. Gigon, München 1984.
Aristoteles: Rhetorik, übers. von F.G. Sieveke, München 1980.
Im fortlaufenden Text wird jeweils die Aristoteles-Numerierung der Akademie-Ausgabe von I.Becker angegeben.

Wahrnehmungen, der Erinnerungen und der Gefühle scheint die Vernunft zerstört zu werden. Das Greisenalter ist aber nicht die Folge eines Nachlassens der Seele ebensowenig wie der Stumpfsinn eine Folge der Zerstörung des Geistes ist; nur der Träger der Seele und der Träger des Geistes, die Organe des menschlichen Körpers, verfallen (De anima 408b 20 ff.). Da die Seele aber den Körper zusammenhält, geht von ihr Wachstum, Vollkraft und Altern aus (De anima 411a 30 f.). Demnach altert die Seele selber nicht, bewirkt aber den körperlichen Alternsprozeß, als dessen Folge dann der geistige Alternsprozeß - Abnahme der Vernunft (in der Erscheinung) - einsetzt. Voraussetzung für diese Theorie ist die Annahme einer vom Körper nicht beeinflußten Seele.

Die Beschreibungen von Alterserscheinungen in den naturwissenschaftlichen Schriften werden immer wieder auf das Erklärungsschema von den vier elementaren Qualitäten, die allem Lebenden zugrundeliegen, zurückgeführt. Diese vier Qualitäten sind das Warme, das Kalte, das Feuchte und das Trockene. Die lebensbejahenden und lebensspendenden Qualitäten sind das Warme und Feuchte, das Alter dagegen ist trocken und kalt (De anima 466a 18 ff.). Alle zeugungskräftigen und vollsamigen Wesen altern schnell, da auch der Same eine Ausscheidung ist und Ausdörrung hinterläßt (De anima 466b 4 ff.) Allerdings leben männliche Geschöpfe von Natur aus länger als weibliche - nach Aristoteles sind Frauen nicht zeugungsfähig - da das männliche Wesen wärmer ist (De anima 466b 15 ff.). Weiter heißt es hierzu noch, daß diejenigen, die arbeiten müssen, schneller altern, denn "Arbeit dörrt aus, und das Greisenalter ist dürr" (De anima 466b 12 ff.).

Schon nach diesen wenigen "Untersuchungen" über das Alter und Altern wird deutlich, daß 1. die beobachteten Phänomene manchmal recht eigenartig und willkürlich genannt werden und in einigen Fällen kaum für einen Einzelfall richtig sein können, von empirischer Beobachtung, die den Anspruch auf Verallgemeinerung erhebt, aber weit entfernt sind, daß 2. die Erklärungsversuche von der Prämisse der vier Qualitäten ausgehen, darüber hinaus das Warme und Feuchte positiver bewertet werden als das Kalte und Trockene, und daß 3. der Mann als der normale Mensch bzw. das mämnliche Prinzip als das richtungsweisende und qualitativ bessere gilt im Unterschied zum weiblichen.

Die meisten aufgeführten Aspekte in den naturwissenschaftlichen Schriften gehen von beobachtbaren Phänomenen aus und versuchen, diese mit Hilfe der Qualitäten-Lehre zu erklären. Die Bewertung erfolgt dann entsprechend den Qualitäten. Sollten Erscheinungen beobachtet werden, die nicht den Prämissen entsprechen, handelt es sich um Ausnahmen, die widernatürlich sind. Manchmal wird auch der Eindruck erweckt, daß die Untersuchung von einem positiv (oder negativ) zu bewertenden Aspekt ausgeht und dann die entsprechenden Qualitäten zugeordnet werden, ohne daß dies in der Realität so beobachtet sein könnte. Zum Beispiel entsprechen die Qualitäten 'Kalt' und 'Trocken', die dem Alter zugeschrieben werden, den zu beobachtenden Phänomenen, daß die alternde Haut tatsächlich trockener ist als die junge, und die Körpertemperatur im Alter meist etwas niedriger liegt als die bei jungen Menschen. Auch der Gegensatz zum Lebensbejahenden ist verständlich, da das Alter die Zeit am Ende des

Lebens ausmacht. Aber warum der Mann wärmer und damit auch lebensbejahender sein soll als die Frau, bleibt unverständlich, da bei den Geschlechtern kein Temperaturunterschied vorliegt. Auch die längere Lebenszeit des Mannes ist für die Antike m.W. nicht nachgewiesen; für die Gegenwart und die Vergangenheit der letzten 300 Jahre ist es richtig, daß die Frau eine durchschnittlich längere Lebenszeit hat, und auch absolut gesehen der Mann nicht länger lebt.[71]

In der "Tierkunde" treten weitere Merkwürdigkeiten auf. So heißt es dort, daß die Männchen mehr Zähne haben als die Weibchen - auch bei den Menschen -, und diejenigen, die mehr Zähne haben, in der Regel länger leben (Tierkunde 501b 20 ff.). Neben der Feststellung, daß beim Menschen im Alter die Haare weiß werden (Tierkunde 518a 8 f.), wird erwähnt, daß mit dem Alter die Kopfhaare am ehesten ausfallen, später auch Wimpern, Augenbrauen und Schamhaare (Tierkunde 518a 20 ff.). An anderer Stelle heißt es dann, daß alle im Alter eher fett werden als in der Jugend (Tierkunde 520b 8) und das Blut sich nach Menge und Art ändert: bei Greisen ist es dick, dunkel, spärlich und gerinnt schneller als bei Jungen (Tierkunde 521a 33 ff.). In bezug auf die Nachkommenschaft wird von Aristoteles angenommen, daß der Mensch (d.h. der Mann) höchstens bis zu seinem 70. Lebensjahr zeugungsfähig sei und die Frau bis zu ihrem 50. Lebensjahr Kinder gebären kann (Tierkunde 545b 26 ff.). Frauen, die zu früh empfangen, bleiben in der körperlichen Entwicklung zurück, und Männer, die zu sehr der Liebe frönen, sowie Frauen, die zu viele Geburten durchmachen, altern schneller (Tierkunde 582a 20 ff.). Außerdem erreicht eine Frau schneller (als ein Mann) die Jugendreife, die Vollkraft und das Greisenalter (Tierkunde 583b 29 ff.), ohne sich jedoch je ganz zum Menschen (Mann!) entwickeln zu können. Diese Meinung wird in "De generatione animalium" besonders deutlich. Auch hier wird betont, daß die Frau schneller reift als der Mann. Sie erreicht früher das hohe Alter,

> "demgemäß mit seiner [des Alters, Anm.d.Verf.] Schwäche, alle schwächeren Dinge kommen früher als deren Fertigkeit oder das Ende. [D.h. die Frau entwickelt sich nie fertig, erreicht nie ihre fertige Ausbildung als Mensch aufgrund ihrer Kälte und Schwäche, Anm.d.Verf.], und weil dies die Wahrheit ist über die Arbeit der Arten, so ist es deshalb, weil es in der Natur so gegeben ist." (De gen. animalium 4. Buch, Abs. 6, 755a 5 ff.)[72]

In den "Problemata physica" herrscht eine mehr medizinische Betrachtungsweise vor. Das Werk, eine handbuchartige Sammlung mit Fragen und ein oder zwei Antworten über den Untersuchungsaspekt, kann nicht eindeutig Aristoteles zugeschrieben werden. Vielmehr bilden Aristoteles, Theophrast und antike medizinische Schriftsteller die Grundlagen der Sammlung, die im 3. Jhd. v.u.Z.

---

[71] Vgl. Imhof, A.E.: Die gewonnenen Jahre. Von der Zunahme unserer Lebensspanne seit dreihundert Jahren oder von der Notwendigkeit einer neuen Einstellung zu Leben und Sterben, München 1981.

[72] Das, was Aristoteles hier der Natur zuschreibt, entspricht wohl eher dem gesellschaftlichen Ansehen der Frau in Athen, wo ihr nur eine untergeordnete und unmündige Stellung zukam. Aristoteles hat die minderwertige Stellung der Frau nicht kritisch hinterfragt, sondern als eine der Natur der Frau entsprechende angesehen.

zusammengestellt wurde.[73]

Die Beschreibung von Phänomenen - in den Fragen als Realitäten postuliert - und die spekulativen Erklärungen bleiben in ihren Aussagequalitäten zum Teil hinter den anderen naturwissenschaftlichen Schriften des Aristoteles zurück. Deshalb sollen nur einige Beispiele angeführt werden. Das Erklärungsschema mit den Qualitäten 'Kalt' und 'Trocken' für das Alter, auf das alles zurückgeführt wird, findet auch hier Anwendung.

Die Parallele oder der Zusammenhang von Krankheit und Alter, bekannt aus der antiken Medizin, findet auch in den "Problemata physica" einen Niederschlag. Hier heißt es, daß chronisch Kranke sich in der gleichen Verfassung befänden wie alte Menschen, denn eine lange Schwächung bedeute schon so etwas wie Alter. In beiden Fällen sei der Körper trocken und kalt, wegen des Alters und wegen der Krankheit (Probl. physica 861a 25 ff.). Ob nun das Kalte und Trockene das Alter bewirkt oder der Körper durch das Alter trocken und kalt wird oder aber das Kalte das Trockene bewirkt und in Folge davon das Alter oder umgekehrt das Trockene das Kalte und dann das Alter, bleiben letztendlich ungeklärt. Je nach Phänomen wird eine plausible - oder auch weniger plausible - Erklärung auf die eine oder andere Art herangezogen und Ursache und Wirkung eingesetzt. "Im Alter aber verlischt die Wärme, weil die Nahrung ausgeht. Denn Nahrung für die Wärme ist das Feuchte, das Alter aber ist trocken." (Probl. physica 875a 13 f.)

Neben Äußerungen über Zittern, hoher Stimme und dunkler werdender Haut im Alter kommt es in den "Problemata physica" sogar zu einer Gleichsetzung von Fäulnis- und Alternsprozeß.

> "Warum altern die in luftigen Gegenden (Wohnenden) langsam, die in Schluchten und sumpfigen Gegenden (Wohnenden) aber schnell? Es ist doch wohl das Alter eine Art Fäulnis, das Ruhende aber fault, ..."(Probl. physica 909b 1 ff.)
> "Warum sind die in warmen Gegenden Wohnenden langlebiger? Doch wohl, weil sie eine trockenere Natur haben, das Trockene aber weniger faulbar und von längerer Dauer ist, während der Tod so etwas wie eine Fäulnis ist." (Probl. physica 909b 25 ff.)
> "Warum werden die Alternden dunkler: Doch wohl, weil alles Faulende dunkler wird, außer Schimmel, Alter und Fäulnis aber dasselbe sind. Ferner: da das Blut, wenn es eintrocknet, dunkler wird, dürften die Älteren verständlicherweise dunkler sein." (Probl. physica 967b 13 ff.)

Bei dem Vergleich von Fäulnis und Alter, wobei das Alter selbst als ein Fäulnisprozeß bezeichnet wird, hat es den Anschein, als wenn alte Menschen eigentlich gar nicht mehr leben, sondern der biologische Prozeß der Zersetzung des Organischen, der nach dem Tod eintritt, hier schon vorweggenommen und auf die Lebenden übertragen wird. Eine vergleichbare derart negative Vorstellung vom Altern und Alter des Menschen ist m.W. aus der griechischen Antike nicht bekannt. Zu den naturwissenschaftlichen Schriften des Aristoteles bleibt abschließend noch zu erwähnen, daß dem Alter die Hoffnung schwer zugänglich ist, während die Jugend voller Hoffnung ist (Probl. physica 955a 4 ff.).

---

[73] Vgl. Flashar, H. (Hg.): Die Philosophie der Antike, Bd.3, Ältere Akademie. Aristoteles. Peripatos, Basel/Stuttgart 1983, S. 290f.

Die Schrift "Über Jugend und Alter, Leben und Tod und Atmung" bleibt hier unberücksichtigt, da sie keine der für diese Arbeit interessanten Gesichtspunkte enthält. Obwohl der Titel eine Abhandlung über Alter und Jugend vermuten läßt, beinhaltet das Werk lediglich die Beschreibung und Erklärung von menschlichen und tierischen Körperorganen, die wachsen und schrumpfen, sich erwärmen und abkühlen usw.

Die Ausführungen in den naturwissenschaftlichen Schriften müssen vor dem Hintergrund verstanden werden, daß Aristoteles versucht, seine Theorie mit den beobachtbaren Phänomenen widerspruchsfrei in Einklang zu bringen.

> "Grundüberzeugung ist, dass im Naturgeschehen zwar 'Notwendigkeit' (...) herrscht, weil die physikalischen Prozesse in ihrer Bedingtheit bestimmten Kausalitäten unterworfen sind, die sich zwangsläufig ergeben, dass aber zugleich teleologische Formbestimmtheit alles so steuert, dass die Natur nichts Vergebliches und Überflüssiges schafft, sondern einfach und sinnvoll alles auf die bestmögliche Weise einrichtet (...)."[74]

Der Alternsprozeß des Menschen kann vor diesem Hintergrund nach Aristoteles so verstanden werden, daß die körperlichen Veränderungen während des Lebens schon im Leben selbst zielgerichtet impliziert sind, und Schwächen, Verluste und Abbauerscheinungen erfolgen müssen, damit das Ende, der Tod, erreicht werden kann.

In den ethischen Schriften hat es zunächst den Anschein, als würde das Alter aus diesem Blickwinkel ganz anders als in den naturwissenschaftlichen Abhandlungen betrachtet werden. In der "Nikomachischen Ethik" steht vermerkt, daß der Mensch bis ins Alter hinein (sein Leben lang) glückselig leben kann (NE 1100a 20 ff.). Glückselig schließt im Aristotelischen Sinne ein tugendhaftes Leben ein, und nur derjenige, der tugendgemäß handelt, kann die Schicksale (wie z.B. das Alter?) am schönsten und auch harmonisch ertragen. Bei der Betrachtung von Verschwendung und Geiz kommt Aristoteles zu der Einstellung, daß das Alter und jede Hilflosigkeit geizig zu machen scheint (NE 1121b 10 ff.). Eine Begründung dafür wird an dieser Stelle noch nicht gegeben. In der "Rhetorik" steht zur Erklärung der Geldgier, daß die Greise aus der Erfahrung wissen, wie schwer der Erwerb und wie leicht das Verschleudern ist (Rhet. 1389b 13. Kap.). In bezug auf sittliches Verhalten heißt es in der "Nikomachischen Ethik", daß ein älterer Mensch (im Unterschied zum jüngeren) nichts tun darf, dessen er sich schämen müßte (NE 1128b 19 ff.).

An die traditionelle Sitte der Ehre gegenüber alten Menschen hält auch Aristoteles fest, denn in einer Randbemerkung erwähnt er, daß jedem Greis die Ehre zuteil werden soll, "die seinem Alter zukommt, das Aufstehen vor ihm und Ihm-Platz-Machen bei Tisch und dergleichen" (NE 1165a 25 ff.). Auch räumt Aristoteles den Älteren das "Auge der Erfahrung" ein, womit sie richtig sehen können, und selbst wenn die Beweise fehlen, sollen die Behauptungen von Älteren aufgrund der Erfahrung beachtet werden (NE 114 3b 10 ff.). Beachten bedeutet, mit in die Überlegung einbeziehen, es bedeutet nicht einfach befolgen.

Bei der ausführlichen Erörterung der verschiedenen Freundschaftsformen

---

[74] Flashar, H. (Hg.): Die Philosophie ..., S. 410.

wird auch die Freundschaft mit Greisen einbezogen, die um des Nutzens willen - nicht wegen der Lust - vom Menschen im Alter gesucht wird (NE 1156a 25 ff.). Die Freundschaft verhilft dem Greis zur Pflege und ergänzt, wo er aus Schwäche nicht zu handeln vermag (NE 1155a 10 ff.).

"Weder die Greise noch die mürrischen Leute scheinen zur Freundschaft [der Tugendhaften, Anm.d.Verf.] geeignet zu sein. Denn es gibt bei ihnen wenig Angenehmes, und keiner kann mit einem unangenehmen Menschen zusammenleben, nicht einmal bei einem solchen, der bloß nicht angenehm ist." (NE 1157b 14 ff.)

Greise sind für Aristoteles demnach geizig, hilflos, schwach und unangenehm. Ob er mit dem "Auge der Erfahrung" der Älteren überhaupt Greise gemeint hat, kann bezweifelt werden, wenn man die Gesamtheit seiner Aussagen über das Alter betrachtet.

Ab wann für ihn die Altersschwäche und damit das Greisenalter beginnt, hat er in der "Politik" vermerkt: es ist das 70. Lebensjahr (Pol. 1335a 35 f.). In dieser Schrift hat er u. a. die Stellung der Älteren und Greisen innerhalb der Polis behandelt. Bei der Auseinandersetzung von verschiedenen Staatsformen erwähnt er einmal, daß bei den Barbaren die Ältesten wie Könige den Familien vorstehen (Pol. 1252b 20 ff.), sowohl in der archaischen Zeit Homers als auch in der Gegenwart, wobei er dies als die ursprüngliche Form in der Entwicklung der menschlichen Gemeinschaft von der Familie zur Polis ansieht. Die Institution der Gerusie bei den Spartanern wird von Aristoteles kritisiert, und er hält sie deswegen für bedenklich, weil die Geronten auf Lebenszeit gewählt werden und Herren über Entscheidungen sein sollen, wenn sie dafür eigentlich schon zu alt sind. Denn so wie es das Greisenalter des Körpers gibt, so auch das des Verstandes (Pol. 1270b 36 ff.). Wie er das körperliche Greisenalter versteht, ist aus dem bisher gesagten deutlich geworden, er überträgt es auf das Verstandesvermögen. Greise sind zwar Bürger der Polis, aber nur in gewissem Sinne. Da sie der Bürgerpflichten enthoben sind, sind sie ehemalige Bürger (Pol. 1275a 15 ff.). (Zu den Bürgerpflichten im attischen Staat zählten vor allem die Wehrpflicht und die Teilnahme an Ratsversammlungen und Gerichtssitzungen, gegebenenfalls die Übernahme von Staatsämtern.) Bei der Aufgabenverteilung im Staat wird festgelegt, daß die Aufgaben den Lebensaltern angemessen sein müssen. Da von Natur aus die Kraft bei den Jüngeren liegt, sollen diese die Waffen tragen und später, wenn sie älter geworden sind und an Einsicht gewonnen haben, politische Aufgaben übernehmen. Mit den Älteren sind aber nicht alte Menschen bzw. Greise gemeint. Ob er den Alten oder den Älteren das Priesteramt übertragen will, bleibt offen.

"Es bleibt von der Aufzählung noch der Stand der Priester. Auch deren Einordnung ist klar. Weder einen Bauern noch einen Banausen darf man zum Priester machen (denn es ziemt sich, daß es die Bürger sind, die die Götter ehren), und da die politische Gemeinschaft in zwei Teile zerfällt, die Waffentragenden und die Beratenden, so wird man den Gottesdienst und die damit verbundene Ruhe den Alten geben, also ihnen die Priestertümer anvertrauen." (Pol. 1329a 26 ff.)

Wenn Aristoteles hier mit den Alten diejenigen Beratenden gemeint hat, die die politischen Aufgaben wahrnehmen, so bleibt für die ab 70jährigen keine Aufgabe und keine Bedeutung im Staat.

Abschließend zu Aristoteles soll die Beschreibung des Alters aus der "Rhetorik" geschildert werden. Hier hat er in einem Katalog von 15 Punkten die Kennzeichen, die das Alter seiner Ansicht nach ausmachen, festgehalten. Zu Beginn der "Rhetorik" wird grundsätzlich gesagt, daß jedes Lebensalter seine eigene Schönheit hat.

"Die Schönheit des Greises schließlich besteht darin, daß er für die notwendigen Belastungen noch kräftig genug ist, ferner ohne Beschwerden ist, wenn er nichts davon hat, wodurch das Alter zur Plage wird." (Rhet. 1361b, 11. Abs.)

Ein glückliches Alter ist möglich, wenn man spät schnell ohne Beschwerden altert (Rhet. 1361b, 15. Abs.).

Nun zum Katalog der Merkmale für die "Älteren und die, die bereits ihre Blüte überschritten haben" (Rhet. 1389b, 13. Kap., 1. Abs.)[75]; folgende Punkte werden aufgezählt:

1. Sie [die Älteren, Anm.d.Verf.] haben ein Wesen, das im Gegensatz zu dem der Jugend steht; aufgrund häufiger Täuschung und Fehler und weil überhaupt die Mehrzahl der Dinge von Nachteil sind, enthalten sie sich aller bekräftigenden Behauptung und des Übermaßes.
2. Sie sprechen von "meinen" und nicht von "wissen" und drücken nichts mit Bestimmtheit aus.
3. Sie sind übelwollend, argwöhnisch und mißtrauisch aufgrund ihrer Erfahrung.
4. Aus dem gleichen Grund lieben noch hassen sie heftig, sondern so, als wenn sich die Gefühle zu einem späteren Zeitpunkt umkehren könnten, d.h. aus Liebe Haß und aus Haß Liebe wird.
5. Sie sind von niedriger Gesinnung, da sie vom Leben gedemütigt wurden.
6. Sie sind geldgierig.
7. Sie sind feige.
8. Sie hängen am Leben.
9. Sie überschreiten das adäquate Maß der Selbstliebe.
10. Sie sind eher gleichgültig als schamhaft in bezug auf Ehrenvolles.
11. Sie sind ohne Hoffnung und die meisten tendieren zum Schlechten.
12. Sie leben mehr in der Erinnerung als in der Hoffnung, und dies führt bei ihnen zur Geschwätzigkeit über das Vergangene.
13. Ihr Zorn ist heftig aber schwach und ihre Begierden sind erloschen oder ohne Kraft; daher erscheinen sie besonnen, aber dies erklärt sich daraus, daß ihre Begierden erschlafft sind und sie dem Vorteil frönen.
14. Ihr Leben ist mehr nach Berechnung ausgerichtet als nach den Impulsen des Charakters bzw. des Tugendhaften.
15. Sie sind aufgrund ihrer Schwäche mehr zum Mitleid disponiert und neigen mehr zum Klagen denn zum Lachen.[76]

Als Resümee kann festgehalten werden, daß Aristoteles weder in seinen naturwissenschaftlichen noch in seinen ethischen und ästhetischen Schriften das

---

[75] Blüte des Lebens: körperlicher Höhepunkt mit 30 - 35 Jahren, seelischer Höhepunkt mit 49 Jahren (Rhet. 1390b, 14. Kap.).
[76] Vgl. Aristoteles: Rhetorik, 1389b, 13. Kapitel.

Alter des Menschen positiv gesehen hat. Das Alter ist bei ihm ausschließlich durch Verlust und Mangel sowohl von körperlichen als auch von geistigen Fähigkeiten gekennzeichnet, und selbst ein tugendhaftes Leben im Alter wird von ihm ausgeschlossen. Man muß das Alter erleiden, wenn man lange lebt. Es hat den Anschein, daß Aristoteles es eigentlich für besser hielte, wenn der Mensch das Greisenalter erst gar nicht erreiche, sondern schon vorher (ohne Leiden) stürbe, obwohl er dies so extrem nicht formuliert. Aber selbst seine Bemerkungen zur Schönheit und Glückseligkeit des Alters sind an Bedingungen geknüpft, die atypisch für den Alternsprozeß sind.

Relativiert werden seine insgesamt negativen Äußerungen über das Alter(n) dadurch, daß er das Leben überhaupt als beschwerlich ansieht und die Verhaltensweisen im Alter sich durch die zahlreichen negativen Erfahrungen im Leben entwickelt haben. Die Erfahrung des Lebens führt nach Ansicht von Aristoteles nicht zur Besonnenheit, Weisheit oder ähnlichem, sondern zu Mißtrauen, Argwohn, Geiz, Egoismus, Gleichgültigkeit usw. Erst wenn die Menschen tugendhafter würden, könnten auch positivere zwischenmenschliche Erfahrungen im Alter gemacht werden. Da Aristoteles seine Lehren insgesamt in ein mehr durch die Biologie geprägtes Weltbild einordnet, kommt er in seinen Ausführungen über das Alter ebenfalls zu einem in sich geschlossenen biologisch geprägten Altersbild, unabhängig davon, ob die Ausführungen im naturwissenschaftlichen oder im ethisch-politisch-gesellschaftlichen Bereich liegen. Sein Altersbild insgesamt wird von den körperlichen Abbau- und Verlusterscheinungen bestimmt.

Aristoteles führt als erster eine begründete Erklärung für den Alternsprozeß beim Menschen ein. Es ist die Seele, die das Altern bewirkt. (Er gab diese Erklärung in den naturwissenschaftlichen Schriften allerdings nicht durchgängig an.) Damit unterliegt die Steuerung des Alternsprozesses einer Kraft, die der Mensch nicht manipulieren kann. Er kann das Alter(n) nur schicksalsergeben erleiden. Obwohl Aristoteles in seiner Ethik fordert, daß die verschiedenen "Vermögen" der Seelenteile in der Jugend ausgebildet werden und der erwachsene Mensch (Mann) tugendhaft leben soll, indem er das für ihn richtige Maß der Mitte zwischen dem Zuviel und dem Zuwenig finden und entsprechend handeln soll, gelten diese Forderungen nicht mehr für den alten Menschen. Der Greis fällt bei Aristoteles weitgehend aus der "Gattung Mensch" heraus und damit auch aus seiner Ethik. Der Greis ist für ihn kein vollwertiger Mensch mehr, ähnlich wie es der Junge (Knabe) noch nicht ist (und wie es die Frau niemals sein kann). Das Maß der Mitte scheint Aristoteles auch für die Entwicklung des Menschen angewandt zu haben, indem er der Jugend das Zuwenig und dem Alter das Zuviel des am "Mannesalter" orientierten höchsten Maßes zugeordnet hat.

6.2.5 Griechische Philosophen nach Aristoteles

Aus der Zeit nach den drei großen antiken Philosophen sind uns einige

Fragmente und Hinweise überliefert, die zeigen, daß das Alter nicht nur Randthema, sondern mit zum Hauptthema einzelner Philosophen wird. Überhaupt gewinnt das Thema "Alter" zum Ende der griechischen Antike und dann mehr noch in der römischen Antike ein verstärktes Interesse in der Philosophie.[77] Leider sind die Abhandlungen über das Alter von Theophrast, Demetrios und Ariston verlorengegangen.

Theophrast (um 370 - 285 v.u.Z.), Schüler des Aristoteles und dessen Nachfolger in der Leitung des "Peripatos", hat ein Buch "Vom Alter" geschrieben, das Diogenes Laertius im Schriftenverzeichnis aufführt (Vgl. D.L.: V.42, Nr.21), das uns aber nicht erhalten blieb. Eventuell hat Cicero die Abhandlung als Quelle für sein Werk "Cato maior de senectute" benutzt.[78] Insgesamt sind uns drei Fragmente des Theophrast, das Alter betreffend, überliefert.

Widersprüchlich scheinen die Aussagen in den Fragmenten L 46 und L 84. Einmal lehnt Theophrast es ab, daß Kinder eine Stütze im Alter seien (L 46) und dann wiederum gibt er im Text zu verstehen, daß gut erzogene Kinder ihre alten Eltern pflegen (L 84).[79] Die Fragmente können m.E. so verstanden werden, daß mit dem ersten mehr realitätsbezogen und kritisch gemeint ist, daß man sich nicht auf die Kinder als Stütze im Alter verlassen kann, und mit dem zweiten Fragment eine moralische Forderung, die in dem "gut erzogene Kinder" ausgesagt wird, gemeint ist. Aus einem weiteren Fragment (L 129) erfahren wir, daß auch Theophrast (wie Hippokrates, Aristoteles u.a.) davon ausgeht, daß der Körper im Alter abkühlt; für ihn ist dies die Ursache für Mutlosigkeit. Aufgehoben werden kann die Mutlosigkeit durch den Genuß von Wein, da dieser durch seine Wärme die Stimmung von älteren Menschen ändern kann.[80]

Diogenes Laertius führt in dem Schriftenverzeichnis des *Demetrios von Phaleron* (um 360 - 280 v.u.Z.) ebenfalls ein Werk an mit dem Titel "Vom Alter" (Vgl. D.L.: V.81, Nr.42). Was inhaltlich in dieser Abhandlung stand, ist ungewiß. Überliefert wurden durch Diogenes Laertius nur zwei Fragmente (fr. 82 und 83),in denen erwähnt wird, daß Demetrios der Phalereer in seinem Buch über das Alter berichtet, daß sowohl Anaxagoras (D.L.: II.13) als auch Xenophanes (D.L.: IX.20) ihre beiden Söhne eigenhändig begraben hätten.

Diese Fragmente können so interpretiert werden, daß, mit Hinweis auf Anaxagoras und Xenophanes, gesagt werden soll, man möge sich kein langes Leben wünschen. Eine andere Deutung würde beinhalten, daß man aufgrund des Alters oder allgemein im Alter gelassen gegenüber schweren Schicksalsschlägen

---

[77] Vgl. Rosenmayr, L.: Soziologie des Alters, S. 222.
[78] Vgl. Fortenbaugh, W.: Quellen zur Ethik Theophrasts, Amsterdam 1984, S. 108f.
[79] Vgl. ebda., S. 256.
[80] Vgl. ebda., S. 325. - Die Redensart "Guter Wein ist der Alten Milch" (Grimmsches Wörterbuch, Stichwort "Wein", Bd. 28 = Bd. 14, Abt. 1, Teil 1, Leipzig 1854, Nachdruck München 1984, S. 850) findet sich durch die Jahrhunderte immer wieder. Auch van Swieten führt noch in seiner "Rede über die Erhaltung der Gesundheit der Greise (Wien 1778)" aus, daß der Wein den Greis erwärmt (S. 60 f.).

sei.[81] Eine weitere Interpretationsmöglichkeit bezöge sich auf die Pflege im Alter durch die Kinder. Aber die Deutungsversuche bleiben Spekulation. Wenn man Demetrios von Phaleron als in der Nachfolge der aristotelischen Schule stehend betrachtet, wäre die zuerst angeführte Interpretation wahrscheinlich, nämlich daß ein langes Leben mit schweren Schicksalsschlägen verbunden sein kann und deshalb nicht wünschenswert sei.

Ein anderer Peripatetiker, *Ariston von Keos* (um 240 v.u.Z), hat ebenfalls eine Abhandlung über das Alter geschrieben. Den einzigen Hinweis auf dieses Werk erhalten wir durch Cicero, der in "Cato maior de senectute" am Anfang (Kap. I,3) erwähnt, daß er nicht wie Ariston einer Mythengestalt wie Tithónos das Gespräch in den Mund gelegt habe, da eine Sagenerzählung nicht genügend Aussagekraft habe, sondern er, Cicero, für seinen Dialog über das Alter den greisen Marcus Cato ausgewählt habe. Demnach ließ Ariston in seiner Abhandlung, wahrscheinlich einem Dialog, wie es zu seiner Zeit üblich war, den Tithónos das Gespräch führen. Es ist zu vermuten, daß Aristons Aussagen nicht die drastische negative Einstellung zum Alter, wie es im Tithónos-Mythos vermittelt wird, beinhaltet, da Cicero in diesem Sinne keinen Hinweis gibt. Dyroff ist der Ansicht, daß die Mythengestalt des Tithónos nicht nur den körperlichen Alternsprozeß symbolisiert, sondern auch die Greisenweisheit, da dieser aufgrund seiner Unsterblichkeit Erfahrungen besitzt, wie sie ein Sterblicher niemals erreichen kann. Tithónos konnte demnach in der Abhandlung des Ariston von Keos das Alter darstellen, das einerseits durch körperliche Abnahme bestimmt wird und andererseits durch geistige Zunahme.[82]

Auf diesem Hintergrund mit den zwei elementaren Ansichten über das Alter wird m.E. verständlich, warum die Schrift des Ariston von Keos nicht nur Cicero, sondern wahrscheinlich auch Iuncus und zahlreichen Rhetorikern als Vorlage zur Disputation über das Alter diente. Fritz Wehrli vermutet, daß Ariston, ähnlich wie nach ihm Cicero und andere, der Ansicht war, die Begehrlichkeit lasse im Alter nach und eine natürliche Sattheit stelle sich im hohen Alter ein.[83]

Es bleibt noch zu erwähnen, daß *Bion vom Borysthenes* (1. Hälfte d. 3. Jhd. v.u.Z.), ein Wanderlehrer aus der Schule des Diogenes von Sinope, generell feststellt: "Das Alter, [...], ist der Sammelplatz der Übel; denn alle Übel suchen da ihre Unterkunft." (D.L.: IV.48) Gemeint sind hier die körperlichen Übel, denn an anderer Stelle heißt es, daß Greise ihre Stärken in der Einsicht haben müßten und das Alter nicht zu schmähen sei, da alle wünschten, zu ihm zu gelangen

---

[81] Vgl. Wehrli, F: Demetrios von Phaleron, in: Ders.(Hg.): Die Schule des Aristoteles, H.IV., Basel 1949, S. 59.
[82] Vgl. Dyroff, A.: Junkos und Ariston von Keos über das Greisenalter, in: Rheinisches Museum für Philologie. N.F., Frankfurt/M. 86, 1937, S. 242ff.
[83] Vgl. Wehrli, F.: Lykon und Ariston von Keos, in: Ders. (Hg.): Die Schule des Aristoteles, H.VI, Basel 1952, S. 52.

(Vgl. D.L.: IV.51). Für die (unabänderlichen realen ?) körperlichen Übel wird folglich ein Ausgleich durch die Einsicht gefordert.

Als letzter Philosoph der griechischen Antike, der über das Alter geschrieben hat, soll an dieser Stelle *Epikur* (341 - 270 v.u. Z.) genannt werden. Er gründet eine eigene Schule, den sogenannten "Garten", der in Konkurrenz zur Platonischen Akademie und zum Aristotelischen Peripatos steht. Epikur lehrt in seiner Philosophenschule, daß man über den Weg der Vermeidung von Unlust, über den Weg der Ataraxie, d.h. hier der Abwesenheit von Schmerz und Unruhe bzw. Unlust, und über das Erreichen der Lust zur Glückseligkeit finden kann.[84] Mit Lust sind nicht sinnliche Gelüste gemeint, sondern Empfindungen, die als Lust (im Gegenteil zum Übel) angesehen werden. Zu den wenigen uns erhalten gebliebenen Schriften gehört der Brief an Menoikeus, in dem die epikureische Ethik festgehalten wird und der auch Äußerungen über das Alter enthält.

"Wer noch jung ist, der soll sich der Philosophie befleißigen, und wer alt ist, soll nicht müde werden zu philosophieren. Denn niemand kann früh genug anfangen, für seine Seelengesundheit zu sorgen, und für niemanden ist die Zeit dazu zu spät. Wer da sagt, die Stunde zum Philosophieren sei für ihn noch nicht erschienen oder bereits entschwunden, der gleicht dem, der behauptet, die Zeit für die Glückseligkeit sei noch nicht da oder nicht mehr da. Es gilt also für jung und alt zu philosophieren, auf daß der eine auch im Alter noch jung bleibe auf Grund des Guten, das ihm durch des Schicksals Gunst zuteil geworden, der andere aber Jugend und Alter in sich vereinige dank der Furchtlosigkeit vor der Zukunft. Also gilt es, unsern vollen Eifer dem zuzuwenden, was uns zur Glückseligkeit verhilft; denn haben wir sie, so haben wir alles, fehlt sie uns aber, so setzen wir alles daran, sie uns zu eigen zu machen."
(D.L.: X.122)
"Wie er [der Weise, Anm.d.Verf.] sich aber bei der Wahl der Speise nicht für die größere Masse, sondern für den Wohlgeschmack entscheidet, so kommt es ihm auch nicht darauf an, die Zeit in möglichster Länge, sondern in möglichst erfreulicher Fruchtbarkeit zu genießen. Wer aber den Jüngling auffordert zu einem lobwürdigen Leben, den Greis dagegen zu einem lobwürdigen Ende, der ist ein Tor, nicht nur weil das Leben seine Annehmlichkeit hat, sondern auch, weil die Sorge für ein lobwürdiges Leben mit der für ein lobwürdiges Ende zusammenfällt." (D.L.: X.126)

Die Erreichung der Glückseligkeit ist bei Epikur ganz auf das irdische Dasein ausgerichtet und kann sich nur nach dem Prinzip der Lust (i.o.a.S.) erfüllen. Diese Lebenshaltung beschränkt sich nicht auf eine bestimmte Altersstufe, sondern gilt generell bis zum Tod. Angst vor dem Tod, wodurch Unlust erzeugt würde, ist widersinnig, "... denn solange wir noch da sind, ist der Tod nicht da; stellt sich aber der Tod ein, so sind wir nicht mehr da." (D.L.: X.125)

Auf Altersbeschwerden oder Schmerzen, die Unlust (üble Empfindungen) hervorrufen, geht Epikur in den uns erhaltenen Schriften nicht ein. In dem o.a. Brief und einem Spruch aus Epikurs Weisungen (Nr. 17)[85] hält er die Ataraxie und die Erreichung der Lust nicht nur für erstrebenswert, sondern generell auch im Alter für möglich.

---

[84] Vgl. Gatzemeier, M.: Epikur, in: Mittelstraß, J.(Hg.): Enzyklopädie Philosophie und Wissenschaftstheorie, Bd.1, S. 562; und Hossenfelder, M.: Die Philosophie der Antike 3. Stoa, Epikureismus und Skepsis (Geschichte der Philosophie Bd.III, Hg.von W. Röd), München 1985, S. 102f.
[85] Vgl. Epikur: Briefe. Sprüche. Werkfragmente, Griech./dt., Übers. u. hg. von H.-W. Krautz, Stuttgart 1985, S. 83.

Epikur setzt in seiner Philosophie konträre Akzente zur Aristotelischen Schule. Während bei ihm der Mensch versuchen sollte, so 'lustvoll' wie möglich zu leben, bleiben in der Nachfolge des Aristoteles die Ansichten über Alter und Altern mehr im Bereich des "minderwertigen" Lebens.

6.2.6 Auswertung der griechischen Antike

In der Philosophie der griechischen Antike wird das Verständnis vom Altern und Alter des Menschen keineswegs einheitlich als kennzeichnend für eine Epoche dargelegt. Das Altersbild vermittelt vielmehr sehr unterschiedliche und sich z.T. widersprechende Einstellungen, und reicht vom Lob des Alters bis zum Sammelplatz allen Übels. Trotz der gegensätzlichen Ansichten ist ein Wandel des Alter(n)sverständnisses von der archaischen Zeit Homers bis zur hellenistischen Zeit Epikurs nachzuweisen.

Durchgängig ist die Forderung nach Achtung und Ehre gegenüber den Älteren/Greisen. Besonders hervorgehoben wird dabei die Ehre gegenüber den alten Eltern. Während zu Homers Zeiten diese Forderung als göttliches Gesetz gilt, wird sie in vorsokratischer Zeit und danach als moralische Norm verstanden, abgesichert in der weltlichen Gesetzgebung. Begründet wird diese Norm hauptsächlich mit der existentiellen Notwendigkeit der Versorgung im Alter.

Während die Ehrbezeugung in diesem Sinne kaum von Jüngeren negiert wird, obwohl Verstöße gegen die Norm wahrscheinlich waren, wird Kritik und Zweifel bekundet, wenn es sich um Erfahrung, Weisheit, Einsicht u.ä. handelt. Die Erfahrung in der Führung eines Staates oder eines Heeres, der Umgang mit Göttern und die Interpretation von göttlichen Zeichen sowie generell das Wissen aus vergangenen Zeiten - ursprünglich Domänen von alten Menschen - verlieren ihren Wert. Die Mißachtung der Ratschläge und Weisungen der Alten durch Jüngere nimmt mit der geschichtlichen Entwicklung zu und erreicht einen Höhepunkt bei Aristoteles, der die Ehrerbietung gegenüber Älteren nur noch als leere Formel mit "Aufstehen" und "Ihm-Platz-Machen" bei Tisch versteht. Die politische und gesellschaftliche Machtstellung der Älteren in archaischer Zeit, basierend auf und legitimiert durch Erfahrungswissen, geht verloren und reicht bis zur politischen Unmündigkeit bei Aristoteles. Innerhalb der Familie nimmt der alte Vater nicht mehr die unangefochtene Position des Familienoberhauptes ein, sondern stärker die eines Geduldeten.

Während zur Zeit der Mythendichtung körperliche Gebrechen und Verluste von Fähigkeiten im Alter als Strafe der Götter angesehen werden und ein langes Leben in Gesundheit mit (männlichen) Nachkommen als Belohnung der Götter für ein tugendhaftes Leben, versuchen die Vorsokratiker physiologische und logische Erklärungen für das Alter des Menschen zu finden. Durchgängig war man der Ansicht, daß der Mensch durch Verlust von Wärme und Feuchtigkeit altere. Für Aristoteles war es die Seele, die den Alternsprozeß steuert. Die Qualitäten 'Kalt' und 'Trocken' als Kennzeichen des Alters werden überwiegend mit negativen Wertungen besetzt, wodurch das Alter, vor allem der körperliche Alterszustand als ein Übel angesehen wird. Bei Aristoteles werden körperliche Abbauerscheinungen auf geistige (Un-)Fähigkeiten übertragen, so daß die Beschreibung von Altersphänomenen darin gipfelt, einen Vergleich mit dem Fäulnisprozeß heranzuziehen. Tugendhaftes Leben zur Erreichung der Glückseligkeit als höchstem anzustrebendem Gut ist im Alter nicht mehr möglich. In der Nachfolge der Aristotelischen Schule bleibt eine überwiegend negativ gekennzeichnete Einstellung zum Alter, aber nicht in der extremen Form wie bei Aristoteles selbst.

Neben dieser Auffassung entwickelt sich ein anderes Verständnis vom Alter. Die in der Natur des Menschen liegenden Altersbeschwerden und Verluste von Fähigkeiten werden durch geistige Reife, Besonnenheit, Ruhe, Weisheit u.ä. kompensiert. Die Natur schafft einen Ausgleich für den Verlust im körperlichen Bereich durch einen Gewinn im geistig-seelischen Bereich. Dabei tritt vermehrt die Position auf, daß die Besonnenheit usw. nicht einfach der Natur des Menschen zuzuschreiben ist, sondern vom einzelnen selbst erarbeitet werden muß. Der Mensch hat die Möglichkeit, die körperlichen Verluste durch geistige Anstrengungen zu kompensieren.

Generell zeigt sich in der Entwicklung der griechischen Antike die Tendenz, daß die Erreichung eines hohen Alters nicht an sich als etwas Ehrenvolles und Verdienstvolles angesehen wird; nur dem Einzelnen wird für sein tugendhaftes Leben Achtung entgegengebracht. Die Äußerungen der Philosophen beinhalten vielfach Weisungen, wie der Einzelne zu einem zufriedenen und glücklichen Alter gelangen kann.

In einer dritten Position wird die Auffassung vertreten, daß das Leben von der Geburt bis zum Tod als Einheit zu verstehen sei und der körperliche und geistige Alterszustand eine Folge des bisherigen Lebens sei. Übermäßige Genußsucht oder Vernachlässigung der körperlichen Pflege führen nach Ansicht einiger Philosophen zu den Übeln im Alter. In der Umkehrung führt eine gesunde Lebenshaltung zum Wohlbefinden trotz körperlicher Mängel und Verluste. Diese können durch geistige Reife, Besonnenheit, Kontemplation und Philosophie kompensiert werden. Geistiger und körperlicher Verfall sowie soziale Isolation hat der Einzelne selbst zu verantworten. Körperliches und geistiges Wohlbefinden im Alter kann nur als Folge von vernünftigem und tugendhaftem Leben erreicht werden. Tugendhaftes Leben führt dazu, daß man im Alter nichts bereuen und keine Angst vor dem Tod bzw. dem Hades haben muß. Das Alter gehört zum natürlichen Lebenslauf, ist nicht als gesonderter Lebensabschnitt zu betrachten, der sich vom bisherigen Leben abhebt, sondern ist die konsequente Fortführung der Lebenshaltung bis zum Tod, wobei sich die körperlichen Kräfte in der Jugend auf die Potenz von geistigen Kräften im Alter verschieben können.

Während in der vorphilosophischen Zeit der griechischen Antike der Lebensabschnitt des Alters distanziert als etwas Statisches betrachtet wird, gewinnt in philosophischer Zeit das subjektive Erleben des Alters an Bedeutung. Erst bei Aristoteles wird ausdrücklich der Prozeßcharakter des Alterns beschrieben, vorher überwiegt die Sichtweise, daß das Alter als ein fest umgrenzter Abschnitt zu verstehen sei.

Aus philosophischer Sicht wird das Alter als eine anthropologische Komponente gesehen. Es kann individuell verschieden erlebt werden; entweder erleidet man das Alter(n) schicksalsergeben und lehnt es ab, indem man sich wüncht, vor dem Eintritt ins Alter zu sterben, oder man kann und soll das Alter aktiv gestalten und wünscht sich dann ein langes Leben.

6.3 Die römische Antike

6.3.1 Zur realhistorischen Situation: Vom "pater familias" zum "60jährige abtreten!"

In der römischen Antike wandelt sich die politische und gesellschaftliche Position der alten Menschen entsprechend der politischen Situation vom frühen Königtum über die Republik bis zur Kaiserzeit. Zur Zeit der etruskischen Könige (bis 6./5.Jhd. v.u.Z.) regiert unter dem herrschenden König der Ältestenrat (ähnlich konzipiert wie die Gerusie in Sparta), deren Mitglieder dem patrizischen Adelsgeschlecht entstammen und vom König eingesezt werden. Die Aufgabe des Ältestenrates liegt in der Vertretung der Gemeinde vor dem Monarchen und im Falle des Interregnums wählen sie den Interrex, den "Zwischenkönig". Die Mitglieder des Ältestenrates sind auch "pater familias", die ältesten männlichen Oberhäupter einer Familiensippe.

"Der Familienvorstand (pater familias) genoß aufgrund seines Ansehens (auctoritas) uneingeschränkte Macht über die Ehefrau, die Kinder, die Sklaven und das Familiengut (res familiaris). Ihm oblagen die Verwaltung des Familienbesitzes (bonorum administratio) und die Leitung der wirtschaftlichen Tätigkeit der Familie, vor allem der Bebauung des Familiengrundstückes. Unter Anhörung der erwachsenen Männer entschied er über rechtliche Angelegenheiten wie über die Aufnahme neuer Mitglieder in den Familienverband oder den Austritt von Mitgliedern (z.B. durch Heirat) sowie über deren Bestrafung bei Straftaten; auch vertrat er die Familie nach außen. Außerdem pflegte er als Priester den Kult der Ahnen (sacra familias). Seine fast uneingeschränkte Machtstellung, der im politischen Leben die Herrschaft des aus den angesehensten Familienhäuptern zusammengesetzten Adels entsprach, ist am besten durch sein im Zwölftafelgesetz kodifiziertes Recht gekennzeichnet, die eigenen Kinder als Sklaven verkaufen zu können."[86]

Die Stellung des pater familias im römischen Familienleben wird bis in die späte Kaiserzeit hinein beibehalten. Das Recht über Leben und Tod der Kinder, das der Sippenälteste in republikanischer Zeit erhielt ('Zwölftafelgesetz' um 451 v.u.Z.), wird allerdings nur selten angewandt. Selbst die erwachsenen Söhne, die das Amt eines Konsuls innehaben, stehen unter der Gewalt (manus) des pater familias und können von ihm z.B. dazu gezwungen werden, der Ehefrau den Scheidungsbrief zu überreichen. Eine Ausnahme ist allein für die Gattin möglich, wenn sie nach altem Ehevertrag trotz Heirat weiterhin unter der Gewalt *ihres* ältesten männlichen Verwandten verbleibt. Als Ausnahme gibt es die Form der rechtlichen Entmündigung des pater familias, wenn dieser für geisteskrank oder nicht mehr zurechnungsfähig erklärt wird.

---

[86] Alföldy, G.: Römische Sozialgeschichte, Wiesbaden 1984, S. 16.

Die absolute Machtstellung der Ältesten sowohl im politischen als auch im gesellschaftlich-privaten Leben muß jedoch unter der Perspektive gesehen werden, daß die durchschnittliche Lebenserwartung zur damaligen Zeit recht niedrig liegt.[87] Für die Zeit des römischen Imperiums wird eine durchschnittliche Lebenserwartung von ca. 24 Jahren angenommen.[88] Die Ältesten müssen nicht unbedingt alt gewesen sein. Die medizinische Heilkunde ist in der römischen Antike nicht so verbreitet und so weit entwickelt wie in der griechischen. Daher liegt die durchschnittliche Lebenserwartung eventuell niedriger als in Griechenland.

In der Zeit der römischen Republik verlieren die Ältesten ihr hohes Ansehen und ihre Machtstellung, obwohl die Institution des pater familias als Rechtsstellung erhalten bleibt.

"Die Welt dieser Zeit war eine Welt von jungen Männern: das Wort senior (der Ältere) bezeichnete jeden Mann über vierzig und ein altes Schlagwort lautete: 'Sechzigjährige abtreten!'"[89]

Für die Römer sind die über 60jährigen die Greise und das "abtreten" bezieht sich wahrscheinlich auf den Sitz im Senat bzw. generell auf politische Funktionen. Die politische Macht liegt nun häuptsächlich in Händen der 40- bis 60jährigen, die in die Ämter hineingewählt werden. Teilweise liegt das Alter von Heerführern, Magistraten, Konsuln, Senatoren usw. weitaus niedriger, z.B. erhält Scipio Africanus ein prokonsularisches Heereskommando mit 26 Jahren, Flaminius wird unter 30 zum Konsul gewählt, Gaius Gracchus ist 21, als er sein erstes politisches Amt bekleidet, Pompeius erhält im Alter von 25 Jahren den Namen 'Magnus' verliehen, Octavian (Kaiser Augustus) wird mit 21 Konsul und gehört damit zu den drei Herrschern des römischen Imperiums. Augustus legt das Wählbarkeitsalter für Quaestoren auf 25 und für Konsuln auf 33 Jahre fest.[90]

Zur Zeit der römischen Republik wird die Mitgliederzahl des Senats wesentlich erhöht (von 100 zur Zeit des Romulus auf 300 bei Sulla, dann auf 600, unter Cäsar zwischenzeitlich 900) und die Senatoren, die auf Lebenszeit aufgenommen werden, setzen sich vor allem aus den gewesenen Magistraten zusammen. Die Wahl der Magistrate findet in einem jährlichen Wechsel statt.[91] Senatoren können aber auch nach bestimmten Kriterien wieder abgesetzt werden oder austreten. Der politische Einfluß des Senats wächst während der Republik, verliert jedoch in der Kaiserzeit an Bedeutung.

Zur Verfahrensordnung gehört es, daß Amtsälteren vor -jüngeren das Wort erteilt wird.[92] Bei den Volksversammlungen sind die Schlüssel zur Stimmabgabe so aufgeteilt, daß die zahlenmäßig unterlegeneren älteren Jahrgänge über 46, die seniores, sich mit den Jüngeren, den iuniores, ausgleichen, so daß die eher konservativ denkenden Älteren den Jüngeren nicht unterlegen sind.[93] Trotz der Verfahrensregeln zum Vorteil der (Amts-)Älteren können daraus keine Anzeichen für allgemeine gesellschaftliche

---

[87] Vgl. Wilkinson, L.P.: Rom und die Römer, Bergisch Gladbach 1979, S. 46.
[88] Vgl. Krenkel, W.: Alter, in: Lexikon der Alten Welt, Sp. 130.
[89] ebda., S. 46.
[90] Vgl. Wilkinson, L.P.: Rom ..., S. 47.
[91] Vgl. Meier, Chr.: Senat, in: Lexikon der Alten Welt, Sp. 2773ff.
[92] Vgl. ebda., Sp. 2775.
[93] Vgl. Alföldy, G.: Römische Sozialgeschichte, S. 26.

Anerkennung, Ehrung und Wertschätzung von alten Menschen abgeleitet werden, da die über 60jährigen kaum in politischen Ämtern vertreten sind. Wahrscheinlich werden nur einzelne alte Menschen persönlich aufgrund ihres Standes, ihres Vermögens oder ihrer militärischen und politischen Verdienste geachtet. Bekannt geworden ist in diesem Sinne vor allem Marcus Porcius Cato der Ältere, der 85 Jahre alt wurde.

In der Philosophie bzw. Rhetorik findet das Thema "Alter" reges Interesse, besonders im ersten und zweiten nachchristlichen Jahrhundert.[94] Für die Rhetoriker ist die Argumentation des Für und Wider des Greisenalters ein beliebtes Schulthema und eine Gelegenheit, die Kunst der Rhetorik zu demonstrieren. Die Römer kennen unter der Bezeichnung "Senecta" oder "Senectus" auch eine Personifikation des Greisenalters, wahrscheinlich nach griechischem Vorbild entstanden und durch philosophische Diskussionen gefördert.[95]

6.3.2 Das Altersbild in den Dichtungen von Horaz, Ovid und Juvenal

Wie das Ansehen von alten Menschen in der römischen Gesellschaft ist, spiegelt sich nicht nur in politischen und sozialen Funktionen wider, sondern auch in der Dichtung. Zeugnisse dafür geben uns Horaz, Ovid und Juvenal.

6.3.2.1 Horaz: Mühseligkeiten umzingeln den Greis

Horaz (Quintus Horatius Flaccus, 65 - 8 v.u.Z.) wird selbst nur 57 Jahre alt, erlebt die Zeit der Unruhen nach der Ermordung Cäsars und den Beginn der Kaiserzeit unter Augustus. In seinen Dichtungen hält Horaz das Zeitgeschehen fest, schreibt persönliche Erlebnisse und seine Anschauungen über die Welt, die Moral und das sittliche Verhalten nieder. Über das Alter schreibt er in der Art und Weise, wie es dem Verständnis seiner Zeit in der römischen Gesellschaft entspricht. Im Zusammenhang mit der Beschreibung der Eigentümlichkeiten einer jeden Altersstufe beschreibt er das Greisenalter - im römischen Verständnis das Alter über 60 - folgendermaßen:

> "Viele Mühseligkeiten umzingeln den Greis, etwa weil er zu besitzen verlangt, sich dann das Erlangte verwehrt und sich scheut, es zu nutzen, oder weil er alle Geschäfte nur furchtsam und fröstelnd betreibt, ein Vertagter, weit hoffend, tatenlos und gierig nach Zukunft, ein schwieriger Mensch, Querulant, Lobredner vergangener Zeiten, als er noch jung war, ein Tadler und Sittenrichter der Jüngeren."[96]

---

[94] Vgl. Faltin, J.A.A.: Die Juncus-Fragmente bei Stobaeus. Inaugural-Dissertation, Freiburg i.Br. 1910, S. 8.
[95] Vgl. Pötscher, W.: "Senecta oder Senectus", in: Der Kleine Pauly, Bd. 5, München 1979 ([1]1975), Sp. 116.
[96] Horaz: Brief an die Pisonen "Über die Dichtkunst", 169ff., übers. von E. Schäfer, Stuttgart 1984, S. 15.
Diese Textstelle erinnert stark an die Beschreibung des Alters in der Aristotelischen Rhetorik.

In den Gedichten finden sich Bemerkungen wie "mürrisches Alter"[97] (Oden I. 9), "häßliches Alter" (Oden I. 31) und "Runzeln des Alters" (Oden II. 14). Auch beklagt Horaz den Verlust der sexuellen Potenz und das Mißgeschick, daß sich schöne Frauen jüngeren Gefährten zuwenden und die alten verlassen (Oden I. 33; IV. 13). Immer wieder finden sich in seinen Versen persönliche Zeilen über den Verlust der Liebe bzw. der Liebsten wegen seines hohen Alters (Oden II. 11; IV. 10); in einem Gedicht gibt er dieses "hohe Alter" mit 50 Jahren an (Oden IV. 1). Auffallend ist, daß Horaz alte Frauen, die sich der Liebe hingeben, moralisch verurteilt (Oden III. 15) und ihr Äußeres so drastisch beschreibt, als empfinde er persönlichen Ekel ("jahrhundertealt und ekelhaft", "schwarze Zähne", "greisenhaft durchfurchte Stirn", "dürre Backen", "welke Brüste", "schlaffer Bauch"...<Epoden VIII>; oder: "O welch' Schweiß und welch' böser Geruch von verschrumpeltem Körper"<Epoden XII>). Ob es sich bei den Klagen über den Verlust der sexuellen Potenz in relativ frühem Alter und der moralischen Verurteilung von alten Frauen, die sich der Liebe hingeben, sowie dem häßlichen Altersbild von Frauen um persönliche Probleme und Einstellungen Horaz' handelt, oder ob er das gesellschaftliche Bild seiner Zeit widerspiegelt, ist fraglich. Horaz hat nie geheiratet und sein Urteil und seine Beschreibung über alte Frauen sind in dieser extremen Form für die römische Geschichte nicht üblich. Deshalb spielt in seinem Frauenbild m.E. stark eine persönliche Komponente hinein.

Insgesamt entspricht die Beschreibung des Alters einer Bilanz, die das Ideal der Jugend als Ausgangspunkt setzt. Von den Annehmlichkeiten, die das Alter auch bringt, wird außer der Erwähnung derselben kein Beispiel von Horaz angeführt.

6.3.2.2 Ovid: Gemeinsames Altern wie bei Baucis und Philemon

Ein Zeitgenosse Horaz', 22 Jahre jünger als dieser, ist *Ovid* (Publius Ovidius Naso, 43 v. - 8 n.u.Z.), ein Dichter ganz anderer Art. Nach seinen zahlreichen Liebesgedichten, die ihn berühmt machen, aber später auch zu seinem Verhängnis werden und zur Verbannung aus Rom führen, schreibt Ovid die "Metamorphosen", ein umfassendes Werk über den Anfang der Welt bis zu seiner gegenwärtigen Zeit. In Anlehnung an die griechische Mythologie schreibt Ovid seine Version über die Entstehung und Entwicklung der Welt. Charakteristisch für ihn sind differenzierte Beschreibungen von menschlichen Empfindungen. Trotz des starken griechischen Einflusses schreibt er als Römer für Römer und gibt uns in seiner Dichtung Zeugnis über die damalige Zeit und das Altersbild in seiner zeitgenössischen Gesellschaft.

In bezug zum Thema "Alter" dominiert die Beschreibung von äußeren Erscheinungsbildern. Ovid nennt die mit Runzeln durchfurchte Haut, die zitternden Glieder, die gebeugte Haltung[98] (III. 275 ff.), das graue Haar, die Schwäche usw.

---

[97]Folgende Ausgaben dienten als Textgrundlage: Horaz: Gedichte. Eine Auswahl, Hg. von Wilhelm Plankl, Stuttgart 1985; Horaz: Gedichte, übertr.u.m.d.lat.Text hg.von Rudolf Helm, Stuttgart 1954.
[98]Folgende Textausgabe dient als Grundlage: Ovid: Metamorphosen, hg. u. übers. von H. Breitenbach, Zürich 1964².

Das Greisenalter ist eine Belastung (VII. 478) für den Menschen, und es ist nicht gut, zu lange zu leben (VI. 26 ff.). Durch Zauberkräfte werden Greise in junge Menschen verwandelt (VII. 162 ff.; VII. 285 ff.), oder die Metamorphose verläuft in umgekehrter Folge, wie es dem natürlichen Lebenslauf entspricht, von der Jugend zum hohen Alter, dann aber ähnlich dem Tithónos-Mythos in ein unendliches Greisenalter (XIV. 135 ff.). Trotz der vorherrschenden Beschreibung von äußeren Altersmerkmalen schreibt Ovid auch über Zufriedenheit im Alter. Er erzählt von Baucis und Philemon, die zusammen alt wurden, zufrieden und bescheiden lebten und nur noch den Wunsch hatten, gemeinsam zu sterben, damit nicht einer des anderen Tod erleben müsse (VIII. 630 ff.). Auch wird mehrmals die Treue von alten Ammen erwähnt und das Vertrauen, das diese genießen.

Die Art und Weise, wie Ovid über das Alter schreibt, zeigt Mitgefühl gegenüber alten Menschen, die in einer Gesellschaft leben, in der die Jugend als Ideal verherrlicht wird. Trost kann nur in einer zwischenmenschlichen Beziehung, die von Treue gekennzeichnet ist, gefunden werden. Wie Ovid das Greisenalter dichterisch beschreibt, sollen einige Zeilen aus dem letzten (XV.) Buch der Metamorphosen veranschaulichen.

"Dann kommt zitternden Schrittes der Greis, der schaurige Winter,
Sei es der Haare beraubt, oder weiß, wenn ihm welche geblieben.
Auch unsre eigenen Leiber verwandeln sich stets ohne jeden
Stillstand: morgen werden wir nicht mehr sein, was wir heute sind und gestern gewesen.
[...]
Gleitet dann jählings hinab auf den Pfad des gebrechlichen Alters
Dies unterwühlt und zertrümmert die Kräfte der früheren Zeiten.
Milon weint - alt ist er geworden -: er sieht, wie die Arme,
Die dem herculischen ähnlich gewesen an Wucht der gestrafften
Wülste der Muskeln, nun leer und erschlafft an den Seiten ihm hangen.
Auch des Tyndareos Tochter, nachdem sie im Spiegel des Alters
Runzeln erblickt hat, sie weint und staunt, daß sie zweimal geraubt ward!
O du gefräßige Zeit und du, o neidisches Alter;
Alles reißt ihr herunter, und wenn euer Zahn es geschändet,
Laßt ihr alles allmählich in schleichendem Tode zerfallen!"[99]

Obwohl Ovid hauptsächlich die negativen Seiten des Alters beschreibt, negativ im Vergleich zum Vermögen im Jugendalter, spricht er kein vernichtendes Urteil aus, bewertet nicht ironisch-spöttisch, sondern beschreibt in einer Form, als wenn er das Leid nachempfinden würde.

6.3.2.3 Juvenal: Die schrecklichen Übel des Alters

Gut ein halbes Jahrhundert nach Ovids Tod schreibt der Satiriker *Juvenal* (Decimus Junius Juvenalis, um 60/62 - um 140 n.u.Z.) in ironisch anklagenden Gedichten über den moralischen Sittenverfall bei den Römern, wobei er sich auch besonders gegen die Ehe und gegen Frauen ausspricht. In seiner 10. Satire warnt er davor, sich Macht, Beredtsamkeit, Kriegsruhm, langes Leben und Schönheit zu

---

[99] Ovid: Metamorphosen, hg. u. übers. von H. Breitenbach, Zürich ²1964, Liber XV, 212ff [...] 227ff.

wünschen, bzw. im Gebet zu erflehen. Dies sei töricht, denn was die Menschen am heißesten erflehen, bringt ihnen nur Schaden und Verderben. In bezug zum Wunsch nach langem Leben schildert er in der 10. Satire den körperlichen Alternsprozeß in drastischen Bildern, betont den Verlust der sexuellen Potenz und als schlimmstes Übel den Altersschwachsinn, der den Greis nicht mehr die Kinder, die er gezeugt und erzogen hat, erkennen läßt.

> "Doch welche Kette von schrecklichen Übeln befället die Greise,
> füllet das Alter! Zuerst das Gesicht, so entstellt und so widrig,
> daß es dir selbst nicht mehr gleicht; dann das Fell statt der Haut, o wie häßlich!
> Sieh nur die hängenden Wangen, die Runzeln sieh, die so tief sind,
> wie sie Paviansmutter auf welker Wange sich eingräbt,
> [...]
> Greise sind alle sich gleich; wie die Stimme, so zittern die Glieder,
> glatt ist der Schädel, und feucht, wie beim Säugling, laufen die Nasen;
> mummeln muß er das Brot mit entwaffnetem Zahnfleisch, der Arme."[100]

Juvenal schildert nicht nur allgemein die Gebrechen des Alters, sondern er führt Beispiele für das Schicksal historischer Personen an, die durch ihr langes Leben viel Leid ertragen mußten. Er nennt u.a. Nestor[101], Priamus, Marius und Pompejus, die zu einem hohen Alter verdammt waren. Aus der Beschreibung des Greisenalters in der 10. Satire spricht die Menschenverachtung des Juvenal, die auch aus seinen anderen Satiren ersichtlich ist. Die negative Sichtweise des Alters kann zwar allgemein für die römische Antike dieser Zeit angenommen werden, aber nicht unbedingt in einer so drastischen Form, wie Juvenal sie schildert.

Kennzeichnend für die Dichtung der römischen Antike in der Zeit von Ovid bis Juvenal ist die Schilderung in subjektiver Erlebnisform mit einer fast ausschließlich negative Sichtweise durch den Vergleich von Jugend und Alter, wobei die Jugend mit ihren körperlichen Kräften als Ideal hingestellt wird. Beklagt wird vor allem der Verlust der sexuellen Potenz in relativ frühem Alter, der durch rein biologische Gegebenheiten kaum erklärt werden kann.

6.3.3 Cicero: Cato maior de senectute

Die bekannteste uns erhaltene vollständige Schrift aus der Antike über das Alter stammt von *Cicero* (Marcus Tullius Cicero, 106 - 43 v.u.Z.) und lautet: "Cato maior de senectute" ("Cato der Ältere über das Alter"). Cicero verfaßt die Schrift, als er in einem Alter von ca. 62 Jahren ist, und wird motiviert, wie er sagt, durch sein eigenes Alter, das ihm Sorgen macht. Zielsetzung seiner Niederschrift ist es, sich durch die philosophische Betrachtung von der Last des Alters

---

[100] Juvenal, in: Römische Satiren, eingel. u. übertr. von O. Weinreich, Zürich 1962, S. 274f., V. 190 - 194; 198 -200; das Thema Alter wird in der 10. Satire insgesamt in den Versen 188 bis 288 behandelt.
[101] Bei Nestor heißt es: "seine Jahr an der Rechten schon zählet" V. 249; damit ist das Lebensalter gemeint. Einer und Zehner wurden an der linken, Hunderte an der rechten Hand abgezählt. Vgl. Juvenalis, D. Junii: Saturarum Libri V., mit erklärenden Anm. v. L. Friedlaender, 2. Bd., Leipzig 1895, S. 477.

zu befreien.[102] Er widmet das Werk einem Freund im gleichen Alter, von dem er annimmt, daß dieser ähnliche Probleme habe wie er, Cicero.

Die Abhandlung über das Greisenalter ist in Form eines Dialogs gestaltet, in dem Cato der Ältere als 85jähriger Greis den Laelius und Scipio darin unterweist, wie man das Alter bewältigen kann. Obwohl es sich bei den drei Gesprächspartnern um historische Personen handelt, sind die Angaben, Verhaltensweisen, Einstellungen usw. der drei nicht historisch authentisch. Cicero läßt seine eigenen philosophischen Betrachtungen durch die Gestalt des Cato vortragen. Ausgangspunkt der Betrachtungen ist die Voraussetzung, daß das Alter dem Naturgesetz unterliegt und die Bestimmung (das Telos) von der Natur gesetzt wird. Wer meint, daß das Alter zu früh oder zu schnell kommt, hat nicht die Naturgesetze akzeptiert und sich ihnen nicht untergeordnet.

>"Sie [meine Weisheit, Anm.d.Verf.] besteht darin, daß ich der Natur als der besten Führerin wie einer Gottheit folge und mich ihr zu beugen weiß; ..." (S. 23)
>[...]
>"Denn ein Kampf gegen das Naturgesetz: Was wäre es anders als der Krieg der Giganten gegen die Götter?" (S. 25)

Damit legt Cicero fest, daß es nur *eine* sinnvolle Möglichkeit gibt, das Alter zu bewältigen, nämlich die, sich den Naturgesetzen zu unterwerfen. Die Alternative dazu, sich wehren und gegen das Alter ankämpfen, führt immer nur zur Niederlage. Aber nicht nur die Anerkennung einer Naturteleologie führt zu einer Akzeptanz des Alters, sondern Cicero nennt auch die Wissenschaft (= Philosophie) und die praktische Verwirklichung sittlicher Werte als beste Waffen gegen die Beschwerden des Alters (Vgl. S. 29). Eine Widersprüchlichkeit in der Auseinandersetzung mit dem Alter wird deutlich: Cicero fordert sowohl die Akzeptanz des Alters mit seinen Einschränkungen und Beschwerden gemäß den natürlichen Gesetzmäßigkeiten als auch den Kampf gegen das Alter mit seinen Beschwerden mit Hilfe von Philosophie und sittlichem Verhalten. Die Widersprüchlichkeit von Akzeptanz und Ablehnung kann aufgehoben werden, wenn man annimmt, daß Cicero im ersten Fall das Alter als eine anthropologische Komponente versteht, als den letzte Abschnitt im Lebenslauf des Menschen, und im zweiten Fall das Alter als subjektiv vom Individuum zu erlebendes. Cicero unterscheidet sprachlich nicht zwischen diesen beiden Ebenen, so daß seine Aussagen immer wieder als wispruchlich erscheinen. Wenn er die Begriffe Altern (= Erlebensebene) im Alter (= abstrakt-theoretische Ebene) einheitlich verwendet hätte, wäre ein eindeutigeres Verständnis möglich gewesen. Statt dessen verwendet er die Begriffe Alter und Altern auf beiden Ebenen ohne spezifische Kennzeichnung.

Die folgenden Ausführungen in seinem Werk und damit Ciceros eigentliche Auseinandersetzung mit der Problematik "Alter" beinhalten nur noch, in aller Ausführlichkeit und mit zahlreichen Beispielen belegt, die Umkehrung der negativen Aspekte des Alternserlebens in einen Gewinn, in eine positive Betrach-

---

[102] Vgl. Cicero: Cato maior de senectute. Cato der Ältere über das Alter, Mit Einl., Übers. u. Anm. hg. v. Max Faltner, München 1983, S. 19.

tungsweise. Er gibt vier Gründe für das Unglück "Alter" an:
1. Großes kann nicht mehr geleistet werden,
2. Entkräftigung des Körpers,
3. Entbehrung der Sinnenfreuden,
4. Nähe des Todes. (Vgl. S. 35f.)

In der Widerlegung der Gründe folgt nun, daß in bezug auf Punkt 1 ein Greis sehr wohl im Stande sei, Großes zu leisten, nämlich durch seine Klugheit, seinen Verstand und seine Urteilskraft (Vgl. S. 41). Gedächtnis und Geisteskraft lassen nur nach, wenn sie nicht gefordert und betätigt werden. Das Argument in Punkt 2 wird von ihm dadurch entkräftet, daß die Geisteskraft höher bewertet wird als die Körperkraft, und von daher ein Nachlassen der körperlichen Kräfte - was nicht Folge des Alters ist, sondern des unmäßigen und ausschweifenden Lebens - ausgeglichen wird durch die Fähigkeit, die Jungen zu belehren, zu unterweisen und zu erziehen. Außerdem muß man unter dem Verlust der körperlichen Stärke nicht leiden, wenn man sich die noch vorhandenen Kräfte richtig einzuteilen weiß. Ciceros Ansicht kommt in dem folgenden Satz deutlich zum Ausdruck:

> "Es heißt dem Altern entgegentreten, [...], und seine Gebrechen durch Umsicht aufwiegen, gegen das Altern ankämpfen wie gegen eine Krankheit, ..." (S. 59)

Hier wird wieder der Zwiespalt von Annahme und Ablehnung des Alter(n)s deutlich, und das Theorem 'Altern ist wie Krankheit' klingt an. In bezug auf Punkt 3, Entbehrung der Sinnenfreuden, kann der Mensch nach Cicero nur froh sein, daß er diesem tödlichen Gift, diesem Laster, entronnen ist. Verbrechen kommen durch die Begierde nach sinnlicher Lust, Sinnlichkeit ist gegen Verstand und Tugend gerichtet, und der Mensch kann gegenüber dem Alter nur dankbar sein, daß er von dem Übel befreit ist. Die Ausführungen Ciceros in diesem Punkt richten sich deutlich gegen die epikureische Lehre, wonach es bei allem, was der Mensch tut, auf die sinnliche Lust ankomme. Freude am Essen und Trinken - im Unterschied zur Sexualität - gehen im Alter keineswegs verloren und gehören auch zu den sinnlichen Genüssen. Es folgen im Dialog, der eigentlich zu einem Monolog des Cato geworden ist, weitschweifige Ausführungen über das glückliche Leben auf dem Lande, wo der Mensch in Harmonie mit der Natur Erfüllung finden kann. Über den Sinnenfreuden steht das Ansehen als die Krone des Alters (Vgl. S. 91). Alter allein, bzw. graue Haare usw., reichen nicht aus, um Ansehen zu erlangen; vielmehr muß man sich die Ehre während des ganzen Lebens verdienen. Die allgemein dem Alter zugeschriebenen Eigenschaften wie 'mürrisch', 'verdrießlich', 'jähzornig', 'eigensinnig' und 'feige' sind Charakterfehler des Menschen und nicht dem Alter zuzuordnen. (Vgl. S. 95)

Der 4. Punkt, die Belastung durch die Todesnähe, wird von Cicero ganz einfach ausgeräumt. Auf den Tod soll man nicht achten, denn wenn man nicht an ein Weiterleben der Seele glaubt, dann ist der Tod gleichgültig, und wenn man an die Unsterblichkeit der Seele glaubt, ist der Tod wünschenswert, da die Seele dann endlich an den Ort kommt, wo sie das ewige Leben findet (Vgl. S. 97). Ausserdem haben junge Menschen den Tod mehr zu fürchten, da sie ihm stärker durch Krankheit ausgesetzt sind. Daß mehr junge Menschen als alte sterben zeigt sich schon daran, daß nur so wenige überhaupt alt werden. Weiterhin ist die Länge des Lebens nicht ausschlaggebend für ein sittlich gutes Leben, dazu reicht auch eine kurze Zeit, und ein gutes Leben zählt mehr als ein langes. Es folgt wieder die Argumentation mit der Naturteleologie in Form einer Metapher von Alter und Tod zu reifer Frucht und Ernte. Abschließend führt Cicero aus, daß er selbst an den himmlischen Ursprung der Seele glaube (Vgl. S. 109), und als Bekräftigung seiner Annahme zählt er auf, daß, so wie er, auch Pythagoras, Sokrates, Platon und Aristoteles an die Unsterblichkeit der Seele glaubten. Die Betrachtung über das Alter wird von Cicero in der gleichen Form beendet wie er sie begonnen hat, nämlich mit der Anerkennung der Naturgesetze als Grundvoraussetzung für ein gelingendes Altern und Alter.

"Denn die Natur hat, wie allem anderen, so auch dem Leben ein Maß bestimmt. Das Greisenalter aber ist, wie bei einem Schauspiel, des Lebens letzter Akt. Hier schlappzumachen, sollten wir vermeiden, zumal wir ja die Erfüllung haben." (S. 119)

Die Erfüllung liegt im sittlich guten gelebten Leben und in der Unsterblichkeit der Seele. Wenn die Naturgesetzlichkeit anerkannt wird, und dies ist für Cicero unabdingbar, dann hat der Mensch die Aufgabe, mit Hilfe von Philosophie und durch sittlich gutes Leben, das Alter, das vom Einzelnen als Übel empfunden wird, bestmöglich zu bewältigen.

6.3.4 Römische Philosophen in republikanischer und kaiserlicher Zeit

6.3.4.1 Lukrez: Altern im Kreislauf der Natur

Der aus der römischen Antike durch sein philosophisches Lehrgedicht "De rerum natura" ("Von der Natur der Dinge") bekanntgewordene Dichter und Philosoph *Lukrez* (Titus Lucretius Carus, 99/94 - 55/53 v.u.Z.) schreibt in der Nachfolge Epikurs und führt die Existenz aller Dinge auf die kleinsten Einheiten, die Atome, zurück. Seine Theorie besagt, daß aus dem Nichts nichts entsteht, und was ist, sich nicht in ein Nichts auflösen kann.[103]

"Gleichsam schwinden dahin vom langaufzehrenden Alter,
Bis sie endlich die Zeit den Augen gänzlich entrückt hat.
Aber die Summe selbst scheint unverändert zu bleiben;
Denn die Teilchen, die stets den Körpern entweichen, vermindern
Hier die Masse, vergrößern sie dort: wann jenes veraltet,
Drängt sich dieses hervor zu neuer Jugend und Blüte.
Bleibt nicht dauernd auch da. So wird die Summe des Ganzen
Immer wieder erneut, so borgt man das Leben vom andern."[104]

Altern ist ein Prozeß im Kreislauf der Natur, und die durch das Altern entschwindenden Stoffe, Teilchen, Atome - damit meint Lukrez den körperlichen und geistigen Abbauprozeß - bilden die Grundelemente für neues anderes Leben. Lukrez versucht nachzuweisen, daß Seele und Geist im Körper wohnen und

---

[103] Vgl. Parmenides', Lehre vom Seienden.
[104] Lukrez: Von der Natur der Dinge, dt. von Karl Ludwig von Knebel, Frankfurt/M. 1960, II, 71ff.

mit ihm sterben. Für ihn gibt es keine Vor- und Nachexistenz der Seele unabhängig vom Körper, sondern in jedem Körperteil ist auch Seelenteil, und so, wie die Seele mit heranwachsendem Leben wächst, so zerfällt sie mit der Zerrüttung des Körpers im Alter (Vgl. III, 445 - 456).

> "Dann so sinkt auch der Geist, Gedank' und Sprache verirren sich,
> Jegliche Kraft nimmt ab, zuletzt fällt alles auf einmal.
> Also löset sich auf das gesamte Wesen der Seele,
> Und es zergeht, wie der Rauch in den hohen Lüften zergehet:
> Sintemal wir es sehn sich zugleich mit dem Körper erzeugen,
> Gleich fortwachsen mit ihm und mürbe vom Alter zerlechzen." (III, 449 - 456)

Aus der Endlichkeit des individuellen Lebens, der Verneinung eines Fortlebens nach dem Tod oder allgemein der Negierung der Unsterblichkeit leitet Lukrez den Sinn des Lebens ab. Das Leben kann nur sinnvoll gestaltet werden, wenn man es als endlich akzeptiert. Ein Greis, der darüber wehklagt, daß er vieles noch nicht genossen hat, und begehrt, was seinem Alter nicht mehr ansteht und möglich ist, hat sein Leben vertan, da er das, was er besaß, nicht geniessen konnte, sondern immer nur begehrte, was er nicht hatte. Die Sinngebung liegt in der Anerkennung der von der Natur gesetzten Grenzen: da nichts aus dem Nichts entstehen kann, muß das Neue aus dem Alten kommen.

> "Laß nun, was ohnehin nicht deinem Alter mehr ansteht:
> Auf, und ohne Verdruß, tritt's Jüngeren ab; denn es muß sein!<<
> Würde Natur nicht mit Recht so handeln, uns tadeln und schelten?
> Muß das Veraltete nicht, hinweggedrängt vom Neuen,
> Weichen? immer sich aus dem anderen wieder ergänzen?" (III, 961 - 965)

Die Grundannahme seiner philosophischen Theorie - aus dem Nichts entsteht nichts, weil das andere, aus dem Nichts entsteht etwas, nicht denkbar ist - führt bei Lukrez auch zur Sinnbegründung des Lebens. Altern und Alter wird bei ihm in dem philosophischen Zusammenhang von Vergehen und Entstehen aus dem Vergangenen gesehen und aus dem Kreislauf dieses Naturgesetzes leitet er die Sinngebung des Lebens ab. Das Leben kann nur sinnvoll sein, da es diesem Kreislauf unterliegt und wenn dieser Kreislauf akzeptiert wird. Wenn der alte Mensch sich entsprechen den physikalischen Gesetzen (= körperlicher und geistiger Abbauprozeß) verhält, muß er mit den Alterserscheinungen einverstanden sein.

6.3.4.2 Seneca: Sittlich gutes Leben führt zur "geistigen Blüte" im Alter

Seneca (Lucius Annaeus Seneca, um 4 v. bis 65 n.u.Z.), der über das Alter schreibt, als er sich selbst alt fühlt und sich so bezeichnet[105], muß auf Anordnung Neros, bei dem er in Ungnade gefallen ist, durch Suizid aus dem Leben scheiden, wodurch ihm eine Tötung auf andere Art erlassen wird. Seneca schreibt keine Abhandlung über das Alter, sondern in seinen kurzen moralischen Lehrschriften und Briefen verfaßt er allgemeine Lebensweisheiten über eine stoische

---

[105] Vgl. Seneca: Ad Lucilium epist. moral. ep. 12, in: Ders. Mächtiger als das Schicksal, übers. von W. Schumacher, Wiesbaden 1949, S. 40ff.

Lebenshaltung der Bedürfnislosigkeit und des tugendhaften Verhaltens mit Gedanken über Zufriedenheit im Alter.

Gemäß der stoischen Lehre führt eine einfache, vernünftige und gemäßigte Lebensweise zu hohem Alter.[106] Die Natur verteilt gerecht an alle gleich, entscheidend ist, wie man mit sich umgeht; man kann es sich selbst durch die Bewahrung des Gleichmuts, durch Schicksalsergebenheit, leichter machen (Vgl. ep. 91, 15.18.19.).

> "Wir wollen das Alter wahrnehmen und es lieben! Es ist reich an Genuß, wenn man es zu nutzen versteht. Die Früchte schmecken am süßesten, wenn sie zur Neige gehen. Die Kindheit ist am reizendsten, wenn sie zu Ende geht. Dem Zecher mundet der letzte Schluck am besten, der ihn ganz versinken läßt, der seinen Rausch vollkommen macht. Das Köstlichste, was jede Lust in sich birgt, spart sie fürs Ende auf. Das angenehmste Lebensalter ist jenes, das sich bereits dem Ende zuneigt, doch noch nicht jäh endet; und auch jenes, das auf der letzten Stufe steht, hat seine Freuden, wie ich glaube, oder an Stelle der Vergnügungen das frohe Bewußtsein, ihrer nicht mehr zu bedürfen. Wie angenehm ist es doch, seine Begierden müde zu wissen und sie hinter sich gelassen zu haben!" (ep. 12, 4.5)

Ähnlich wie Cicero und andere vor ihm sieht auch Seneca den Verlust der Begierden als Befreiung. Der Geist ist frei vom körperlichen Verlangen, er ist frei für neues Wissen. Man soll so lange lernen, als man noch Mangel an Kenntnissen hat, also lebenslang, und so bejaht Seneca die Einstellung, daß das Alter die Blütezeit des Geistes sei.[107] Gemäß dem Stoizismus wird der Geist höher bewertet als der Körper. Für Seneca ist das Greisenalter ein Zustand der Erschlaffung, nicht des Zusammenbruchs, und körperliche Schäden bedeuten nicht geistigen Abbau. Solange der Geist arbeitet, lebt man; sterben muß und sollte man - auch freiwillig durch Suizid - wenn der Geist zerrüttet ist, denn nur vegetieren reicht für Seneca zum Leben nicht aus (Vgl. ep. 58). Im Alter muß man auf etwas schauen können und vorzuweisen haben, denn Jahre alleine zählen nicht.[108] Lange da sein und lange leben ist ein Unterschied; wer im Alter zufrieden sein will, muß sittlich gut gelebt haben und dies im Alter weiter befolgen.

> "Das Leben ist lang, wenn es erfüllt ist. Es wird erfüllt, wenn die Seele sich ihr Gut geschaffen und die Herrschaft über sich selbst gewonnen hat. Was haben für jenen seine in Untätigkeit verbrachten achtzig Jahre für einen Sinn? Er hat nicht wahrhaft gelebt, sondern nur im Leben sich aufgehalten; er ist nicht spät, sondern andauernd gestorben."[109]

Das Alter als Lebensabschnitt ist für Seneca nicht die Zeit der Vorbereitung auf den Tod; vielmehr muß die Lebenshaltung während des ganzen Lebens so sein, als könne der Tod jeden Tag eintreten. Nicht jeden Tag sterben, sondern jeden Tag leben bis zum Tod ist die Erkenntnis, die Seneca mitteilen möchte.

Seneca setzt für die römische Antike neue Akzente, indem er nicht mehr Jugend und Alter einander gegenüberstellt, sondern das Alter in Verbindung mit dem ganzen bisherigen Leben betrachtet. Da er nicht gemäß dem römischen Ideal die körperlichen Kräfte hervorhebt, sondern die geistigen Fähigkeiten in

---

[106] Vgl. Seneca: Moralische Briefe an Lucilius, ep. 58, in: Ders.: Vom glückseligen Leben und andere Schriften, übers. von L. Rumpel, Stuttgart 1984.
[107] Vgl. ebda., ep. 26 und ep. 75/76, in: Seneca: Mächtiger als das Schicksal.
[108] Vgl. Von der Gemütsruhe, Kap. 3, in: Seneca: Vom glückseligen Leben, S. 39.
[109] ebda., ep. 93, 2.3, in: Seneca: Moralische Briefe an Lucilius, S. 154.

Verbindung mit tugendhaftem Leben, gewinnt das Alter für ihn den Stellenwert der "geistigen Blüte". Voraussetzungen dafür sind ein sittlich gut geführtes Leben und geistige Kraft. Für Seneca kann die Geistestätigkeit als Lust und Freude erlebt werden, und so kann man im Alter die höchste Stufe der Freude, Zufriedenheit und Glückseligkeit erreichen.

6.3.4.3 Musonius: Das Leben nach festen Grundsätzen und gemäß der Natur

Ein anderer überzeugter Stoiker, *Musonius* (C.Musonius Rufus aus Volsinii, um 30 - um 100 n.u.Z.) gibt neben anderen moralischen Weisungen auch seine Überzeugung über "Was die beste Wegzehrung des Alters sei"[110] weiter. Musonius selbst hat nichts Schriftliches festgehalten, seine Diatriben wurden von seinem Schüler Lucius aufgezeichnet. An der Zuverlässigkeit der Niederschrift nach Inhalt und Form besteht kein Zweifel, wie Capelle betont.[111]

Die beste Wegzehrung des Alters ist für Musonius: "Ganz dieselbe wie die der Jugend: das Leben nach festen Grundsätzen und gemäß der Natur." (S. 290). Ein Mensch lebt gemäß der Natur, wenn er die ihm eigentümliche Tugend in sich verwirklicht (jedes Lebewesen hat eine eigene Tüchtigkeit/Tugend) und nicht nach Sinnenlust und Begierden lebt. In der dem Menschen eigenen Gottähnlichkeit heißen die Tugenden: Einsicht, Gerechtigkeit, Tapferkeit und weise Mäßigung. Ichsucht und Begierden führen den Menschen von Gott weg ins Unglück. Höchstes erstrebenswertes Ziel ist die Glückseligkeit, die nur durch ein tugendhaftes Leben erreicht werden kann. Wenn also jemand schon in der Jugend und in seinem weiteren Leben dieses Ziel angestrebt hat, kann er auch sein Alter unbekümmert leben, da er die Grundlagen für das der Natur gemäße Leben in seiner Seele trägt. Verluste der Potenz und der körperlichen Kräfte sind für ihn dann ohne Bedeutung. Wenn ein Mensch jedoch mit mangelhafter Bildung ins Alter eintritt, so muß er sich durch philosophische Vorträge belehren und leiten lassen und sein Leben nach den Tugenden gestalten. Das größte Problem für Greise ist die Angst vor dem Tod, die den Menschen unglücklich machen kann. Nur mit Hilfe der "echten Philosophen" - d.h. für ihn vor allem der Stoiker und der Philosophen, die der stoischen Lehre nicht widersprechen - kann die Angst vor dem Tod überwunden und ein glückliches und hochgeehrtes Alter gelebt werden. Reichtum führt nicht zum naturgemäßen tugendhaften Leben und kann kein Trost des Alters sein (Vgl. S. 290 ff.). Das Alter ist für Musonius ein Lebensabschnitt, der ohne Unterschied zu den anderen menschlichen Lebensstufen bei "tugendgemäßem" Leben glücklich gelebt werden kann.

Musonius unterscheidet sich in seinen Weisungen für ein zufriedenes und glückliches Alter nicht wesentlich von Senecas moralischen Hinweisen. Nur betont Musonius besonders die Fähigkeiten der Philosophie, durch die der

---

[110] Musonius: Was die beste Wegzehrung des Alters sei, in: Epiktet, Teles und Musonius: Wege zu glückseligem Leben, übertr. u. eingel. von W. Capelle, Zürich 1948, S. 290 - 293.
[111] Vgl. ebda., S. 236.

Mensch zu der ihm eigenen Natur und über diesen Weg dann zum glückseligen Alter (bzw. Leben) finden kann.

6.3.4.4 Plutarch: Ob ein Greis noch Staatsgeschäfte treiben soll

Der Geschichtsschreiber *Plutarch* (um 45 - um 120/125 n.u.Z.) ist uns vor allem bekannt durch seine Parallelbiographien von je einem berühmten Griechen und Römer, deren Leben er im Vergleich gegenüberstellt. Zwar legt er keinen großen Wert auf die historische Exaktheit seiner Angaben, trotzdem liefern uns die 46 erhaltenen Biographien wichtiges Quellenmaterial. Plutarchs zweites umfassendes Werk sind die Moralia, die ethischen Schriften, von denen 80 erhalten blieben, ca. die Hälfte des Gesamtwerkes. Die Moralia können aufgeteilt werden in Schriften über allgemein menschliche Problematiken wie Kindererziehung, Ehevorschriften, Tugendverhalten, Staatsführung und in Schriften über philosophisch-religiöse Fragen wie Orakel und Weissagung, Gott und Vorsehung. Plutarch wendet sich grundsätzlich gegen den Epikureismus und Stoizismus, greift vielmehr Themen älterer Philosophen wie z.B. von Aristoteles auf und schreibt neue Abhandlungen darüber, ohne unbedingt zu neuen Erkenntnissen zu gelangen. In zwei Aufsätzen seiner Moralia hat er sich mit dem Alter befaßt. Die Schriften behandeln die Fragen "Ob ein Greis noch Staatsgeschäfte treiben soll?"[112] und "Warum werden Greise schnell und Frauen nur langsam betrunken?"[113].

In der Schrift über die politische Tätigkeit von alten Menschen stimmen einige Ansichten Plutarchs mit Ciceros Schrift "Cato maior..." überein. Der Unterschied besteht im wesentlichen darin, daß Plutarch die Diskussion über das Greisenalter auf die politischen Aktivitäten beschränkt und Cicero generell über das Alter schreibt.

Plutarch setzt das Alter mit 50 Jahren an, nennt Beispiele aus der Geschichte für die Leistung von alten Menschen in Staatsgeschäften und hebt vor allem hervor, daß Ältere weise Ratschläge für die Gesetzgebung im Staat geben können. Freude am Tätig-sein und an der Vitalität werden auch im Alter empfunden und können zum Wohle des Volkes/Staates eingesetzt werden. Ehrenvolle Tätigkeit im Dienste des Gemeinwohls bedeutet sinnvolle Tätigkeit und Zielsetzung auch im Alter. Es gibt zahlreiche Gründe, warum alte Menschen politisch tätig sein sollen. Gründe sind vor allem ihre Vernunft, ihre Gerechtigkeit, Freimütigkeit und ihre tiefe Weisheit. Nicht durch ihren Körper, wie etwa junge Soldaten oder Wettkämpfer, sondern durch ihren Geist, speziell ihre Weisheit dienen sie dem Staat. Die Kraft zur Führung und Regierung haben sie

---

[112] "Ob ein Greis noch Staatsgeschäfte treiben soll" (783 -797), in: Plutarch: Moralische Schriften, 3. Bd.: Politische Schriften, übers. v. Otto Apelt, Leipzig 1927, S. 21 - 59.
[113] "Aus den Tischgesprächen. Warum werden Greise schnell und Frauen nur langsam betrunken?", in: Plutarch: Von der Ruhe des Gemüts und andere philosophische Schriften, übers. v. Bruno Snell, Zürich 1948, S. 291 - 293, (650. 3, I).

auch im Alter, denn nicht körperliche Kräfte sind ausschlaggebend, sondern die geistige Tätigkeit ist die eigentlich fruchtbare. Wer politisch tätig war und sich im Alter von den Staatsgeschäften zurückziehen will, begeht Verrat und wird sich selbst untreu. Die Jugend muß vom Alter lernen können, der alte Staatsmann ist verpflichtet, dies zu ermöglichen. Nur er besitzt die nötigen Kenntnisse und Erfahrungen, um in Notzeiten wichtige Entscheidungen zu treffen und um grundsätzlich einen Staat gut zu führen.

> "Denn nicht bloß unsere Hände, Füße und Körperkräfte sind ein Besitz und Zubehör des Staates, sondern vor allem der Geist mit seinen herrlichen Vorzügen der Gerechtigkeit, Besonnenheit und Einsicht. Und eben weil diese Vorzüge erst so spät zu voller Reife gedeihen, ist es wider alle Vernunft, daß sie dem Hause, dem Feldbau und der sonstigen Erwerbstätigkeit zugute kommen, dem gemeinsamen Vaterlande aber und den Mitbürgern gegenüber völlig außer Rechnung bleiben sollen und zwar bloß aus Rücksicht auf die Jahre, die doch die körperlichen Kräfte nur in dem gleichen Verhältnis schwächen wie sie die Umsicht des Feldherrn und Staatsmannes stärken.[114]"

Hierin grenzt sich Plutarch von Ciceros Ansicht ab, der ja das Leben auf dem Lande in Einklang mit der Natur als ein dem Alter entsprechendes betont. Aufgrund von Übereinstimmungen und gegensätzlichen Ansichten in einigen Punkten, die beide anführen, ist es wahrscheinlich, daß Plutarch Ciceros Schrift kannte.

Recht unbedeutend ist m.E. Plutarchs Schrift über Greise und Trunkenheit. Ausgangspunkt dieser Erörterung ist die Behauptung des Aristoteles, daß Greise schneller betrunken werden als Frauen.[115] Bei einer Tischgesellschaft von guten Freunden sollen die Ursachen für dieses Phänomen gesucht werden, da Aristoteles selbst seine Behauptung nicht ausreichend begründet habe. Eine Ursache für die schnellere Betrunkenheit von Greisen wird im Temperament bzw. in der Qualität 'trocken' gesehen, die zum Alter gehört; Frauen sind im Unterschied dazu 'feucht'. Eine andere Ursache liegt in der Natur der Greise (d.h. des Greisentums) selbst:

> "Zudem zeigt die Erfahrung, daß schon in der Natur der Greise selbst die Symptome der Trunkenheit liegen: das Zittern der Glieder, das Stammeln der Zunge, die Schwatzhaftigkeit, die Reizbarkeit, die Vergeßlichkeit und das Durcheinander der Gedanken. Es entstehen also in der Trunkenheit beim Greis keine neuen Symptome, sondern die gewohnten werden nur verstärkt. Zum Beweise dient, daß nichts einem Greise so ähnlich ist wie ein trunkener Jüngling."[116]

Während Plutarch das äußere Erscheinungsbild beim betrunkenen Jüngling als äußere Symptome der Trunkenheit definiert, schreibt er das beobachtbare Verhalten beim alten Menschen der in ihm liegenden Greisenhaftigkeit zu, also als zum Alter gehörend. Durch zusätzliche Trunkenheit wird das typische Erscheinungsbild des Greisen nur noch verstärkt. Plutarch zeigt sich hier als Eklektiker, der Gedankengut aus aristotelischer Schule vorträgt und in der Begründung

---

[114] ebda., S. 59.
[115] Auch Abaelard beruft sich noch im 6.Brief seines fingierten Briefwechsels mit Heloisa im Zusammenhang mit Ordensregeln für Nonnenklöster auf diese Aussage des Aristoteles. Vgl. Abaelard: Die Leidensgeschichte und der Briefwechsel mit Heloisa, 2. erw. Aufl. Heidelberg 1954, S. 175f.
[116] Plutarch: Von der Ruhe des Gemüts, S. 292f.

nicht über die antike naturwissenschaftliche Lehre hinauskommt. In der hier zuerst erwähnten Schrift über das politische Engagement von alten Menschen wählt Plutarch wieder in antiker römischer Tradition den Vergleich von Jugend, die mit körperlicher Kraft ausgestattet ist, und Alter, das mit Weisheit bedacht ist.

6.3.4.5 Iuncus: Über das Alter

Ein uns wenig bekannter Philosoph, *Iuncus* (im 2.Jhd. n.u.Z.), verfaßt ebenfalls eine Schrift über das Alter. Er übernimmt den traditionellen Titel "περὶ γήρως"(Über das Alter) nach griechisch-antikem Vorbild, und die durch Stobaios überlieferten Fragmente der Schrift dokumentieren, daß die Abhandlung über das Alter wenig Originelles enthält, sondern vielmehr platonisches, aristotelisches und allgemein philosophisches Gedankengut der griechischen Antike beinhaltet. Iuncus vereinfacht überlieferte Theorien und überträgt sie in einen populär-philosophischen Stil.

Der Inhalt der Schrift "Über das Alter" ist eine Disputation über die Hypothese, ob das Alter ein Gut oder ein Übel sei. Ausgetragen wird der Dialog von einem alten Mann, der das Gut "Alter" vertritt und einem jungen Mann, der für das Übel "Alter" argumentiert. Iuncus Abhandlung beginnt mit der Argumentation, daß das Alter eine 'Ilias von Übeln'[117] sei. In der Rede des jungen Mannes wird deutlich, daß zunächst der Standpunkt vertreten wird, daß die menschliche Glückseligkeit in den Freuden und Genüssen der Jugend liege.[118] Der Vertreter der Jugend negiert auch die Einstellung Plutarchs in dessen Schrift "An seni ...", daß ein Greis noch imstande sei, einem Amt vorzustehen. Vielmehr solle ein alter Mann sich der Politik enthalten, denn er sei nur noch eine Last der Gemeinde. Auch die Beschreibung von körperlichen Altersgebrechen, ähnlich wie sie in den Satiren Juvenals stellenweise enthalten ist, fehlt nicht in der Rede über das Übel "Alter". Nachdem im Dialog der junge Mann seine Ansicht über das Greisenalter vorgetragen hat, folgt nach stoischer Art die Position,

> "daß fast alle menschlichen Dinge weder zum Guten noch zum Schlechten bestimmt sind, sondern erst durch den Gebrauch gut oder schlecht werden. Das gilt auch von Jugend und Alter (p. 90, 29 - 91)."[119]

Nach dieser Überleitung beginnt die Verteidigungsrede für das Gute und Schöne des Alters. Dabei beruft sich Iuncus, bzw. der "alte" Dialogpartner, auf einen Lehrvortrag eines anderen Philosophen, um seiner Rede mehr Glaubwürdigkeit

---

[117] Vgl. A p. 85, 15 - 24, in: Wilhelm, Fr.: Die Schrift des Iuncus περὶ γήρως und ihr Verhältnis zu Ciceros Cato maior, Beilage zum Jahresbericht des Königlichen König-Wilhelms-Gymnasiums zu Breslau, Breslau 1911, S. 4.
[118] Wilhelm (S. 5) führt diesen Standpunkt auf epikureische Einflüsse zurück; Dyroff (S. 249f.) dagegen vertritt die Ansicht, daß eine Argumentation dieser Art schon bei Theophrast zu finden ist und Iuncus sich auf ihn beruft. - Dyroff, Adolf: Junkos und Ariston von Keos über das Greisenalter, in: Rheinisches Museum für Philologie, N.F. Frankfurt/M 86, 1937, S. 241 - 269.
[119] Wilhelm, Fr.: Die Schrift ..., S. 5. - Im folgenden wird hiernach zitiert.

und Gewicht zu verleihen (Vgl. S. 6). In der Argumentation folgt jetzt das bekannte Schema, daß die Jugend den Leidenschaften verfallen sei und das Alter - frei von diesem Übel - vor allem durch Besonnenheit ausgezeichnet sei. Die Erwähnung der Kardinaltugenden des Alters: Klugheit, Besonnenheit, Tapferkeit und Gerechtigkeit, fehlen auch in der Schrift des Iuncus nicht. Als Zielsetzung des menschlichen Lebens wird die Erreichung der Gottähnlichkeit impliziert, und gerade im Greisenalter sei dieses Ziel nicht mehr fern.

> "Daß aber die Greise nicht mehr von den Begierden belästigt werden, das ist das größte und angemessenste Geschenk, welches die Götter den Menschen nach ihrer Ähnlichkeit mit ihnen gemacht haben. Sie sind enthaltsam in Essen und Trinken und verlangen nicht nach Liebesgenüssen. Die Liebe des Greises zum Eigner der Schönheit ist die des Vaters zum Sohne, des Sokrates zum Alkibiades, ohne ausschweifendes Gelüst. Und überhaupt führt jedes Verlangen nach irgend etwas, wenn es nicht befriedigt wird, Traurigkeit herbei, während der leidlose und bedürfnislose Zustand der Seele eine Nachahmung der göttlichen σωφροσύνη [Besonnenheit] bewirkt (p. 72, 7 - 31)." (S. 8)

Der vernünftige Seelenteil - nach platonischem Muster - ermöglicht die Einsicht in das Schöne, in die philosophische Welt des Erkennenden. Und im Greisenalter überwiegt der vernünftige Seelenteil; der unvernünftige, begehrliche Seelenteil, der die Leidenschaften weckt, ist erschlafft und hat seine Wirkung verloren. In den Ausführungen des Iuncus folgen die Argumente, daß es im Alter die "wahre" Schönheit gäbe, während die Jugend nur die äußere körperliche Schönheit kenne. Die Angst vor dem Tod träfe nicht nur alte, sondern auch junge Menschen, und es sei schlimmer, in jungen Jahren zu sterben. Außerdem gehöre es zur Wahrheit, daß alles Entstandene auch vergehen müsse, Ausnahmen kämen allein dem Göttlichen zu.

Im letzten Teil der Schrift "Über das Alter" folgt eine Wende in der Argumentation; das Loblied auf das Greisenalter wandelt sich in eine Art Loblied auf den Tod. Iuncus sagt:

> "Wer aber in die Philosophie eingeweiht ist, dem ist klar, daß der Tod wünschenswerter ist (p. 119, 28)." (S. 9)

Der Tod bedeutet "wirklich" die Befreiung von allen nur möglichen Übeln, denen der Mensch im Laufe seines Lebens ausgesetzt ist. Nach dem Tod gehen die Gerechten ins Elysium ein.

Iuncus Schrift weist zahlreiche Ähnlichkeiten mit Ciceros "Cato maior" auf. Besonders die verschiedenen Argumente für und gegen das Alter, die Form, sich auf einen anderen früheren Philosophen zur Legitimation zu berufen und die Art der Trostschriftenliteratur mit dem "Lob des Todes" am Ende der Abhandlung zeigen dies. Trotz der Parallelen ist nicht zu beweisen und wird nicht angenommen, daß Iuncus die Schrift Ciceros kannte. Sowohl Wilhelm, in einer inhaltlichen Analyse, als auch Faltin[120], in einer sprachanalytischen Untersuchung, kommen unabhängig voneinander (Wilhelm kannte die ein Jahr vor seinem Aufsatz erschienene Dissertation Faltins nicht) zu dem Schluß, daß Iuncus' Abhandlung über das Alter nicht auf Ciceros Schrift zurückzuführen sei. Faltin weist in seiner Untersuchung nach, daß Iuncus nicht nur attische Stil- und

---

[120] Faltin, J.A.A.: Die Juncus-Fragmente bei Stobaeus. Inaugural-Dissertation, Freiburg i.Br. 1910.

Wortelemente klassischer Zeit verwendet, sondern auch illustrierende Beispiele ausschließlich aus griechisch-antiker Zeit benutzt. Es wird vermutet, daß Iuncus und Cicero dieselbe griechische Quelle benutzten, eine Schrift über das Alter, die zahlreiche Argumente für und gegen das Greisenalter enthielt.[121] Es wäre möglich, daß diese Quelle die Schrift "Über das Alter" des Ariston von Keos war, die leider verlorenging, jedoch von Cicero angegeben wurde. Wilhelm kommt in seiner Untersuchung über einen möglichen Zusammenhang der Schrift des Iuncus mit der des Cicero zu folgendem Schluß:

> "Der Dialog Iuncus περὶ γήρως (ein beliebtes Schulthema) beruht in seinen beiden Teilen, einem ψόγος [Tadel] und einem ausführlicheren ἔπαινος γήρως [Lob des Alters], wie schon seine Berührungen mit Musonius (...), mit Plutarch (...) und Favorinus (...) beweisen, auf mindestens einer griechischen Schrift desselben Inhalts. Dies Material enthielt alles, was gegen und für das Alter zu sagen war. ... Abhängigkeit von Ciceros Cato m. ist bei einer Verwandtschaft, die über die in der Gattung περὶ γήρως üblichen loci communes nicht erheblich hinausgeht, ebensowenig nachweislich, wie das Umgekehrte." (S. 18 f.)

Dyroff, dem die Abhandlungen von Faltin und Wilhelm vorlagen, zeigt in seinem Aufsatz, daß Iuncus' Dialog sowohl sprachlich als auch inhaltlich auf platonische, aristotelische und theophrastische Schriften zurückzuführen sei. Dyroff stellt die Hypothese auf, daß die Schrift "Über das Alter" des Ariston von Keos dem Iuncus als Vorlage diente, da nur von dieser Schrift bekannt ist, daß die Mythengestalt des Tithónos als Vertreter des Greisenalters auftritt. Tithónos galt dabei nicht nur als Bild für den körperlichen Alternsprozeß, sondern auch als Vertreter der Greisenweisheit, da er durch sein "ewiges Leben" unermeßliche Erfahrungsschätze sammeln konnte. Aufgrund dieser Eigenschaft sieht Dyroff u.a. die Verbindung zwischen Ariston von Keos und Iuncus.[122] Wahrscheinlich kannte Ariston von Keos die Schrift Theophrasts, so daß über diesen Weg die sprachlichen und inhaltlichen Ableitungen verständlich werden.

Iuncus gehört zur griechischen Antike, nicht nur, weil er griechisch schrieb, sondern auch weil sein Gedankengut griechischer Abstammung war. Da er zeitlich jedoch in die Epoche der römischen Antike fällt, wird er in der Arbeit an dieser Stelle aufgeführt.

6.3.4.6 Marc Aurel: Langes Leben ist nicht unbedingt erstrebenswert

Als Vertreter der späten Stoa ist der römische Kaiser und Philosoph *Marc Aurel* (121 bis 181 n.u.Z.) mit seinen "Selbstbetrachtungen"[123] bekannt. Auch er betont wie die frühen Stoiker die Überlegenheit der geistigen Fähigkeiten über die körperlichen. Für das Alter sieht er den körperlichen Abbau und Verfall und warnt vor der geistigen Zerrüttung, vor dem kindischen Alter.

---

[121] Vgl. Wilhelm, Fr.: Die Schrift ..., 2. Teil, S. 11 - 20; Ueberweg, Fr.: Grundriß der Geschichte der Philosophie des Altertums, hg. v. K. Praechter, Berlin 1920, S. 564; und Hirzel, Rudolf: Der Dialog 2, Leipzig 1895, S. 254.
[122] Vgl. Dyroff, A.: Junkos ..., S. 242ff.
[123] Des Kaisers Marcus Aurelius Antoninus Selbstbetrachtungen, übers. von A. Wittstock, Stuttgart 1986.

"Man muß nicht allein den Gedanken erwägen, daß unser Leben sich täglich verzehrt und daß mit jedem Tag der Rest kleiner wird, sondern man muß auch bedenken, daß, könnte man selbst sein Dasein bis ins höchste Alter verlängern, es doch ungewiß ist, ob unsere Denkkraft immer dieselbe geistige Fähigkeit behalten werde für jene Betrachtung, die die Grundlage für die Wissenschaft der göttlichen und menschlichen Dinge ist. In der Tat, wenn man kindisch zu werden anfängt, so behält man zwar das Vermögen zu atmen, zu verdauen, Vorstellungen und Begierden zu haben und dergleichen Wirkungen mehr; aber sich seiner selbst zu bedienen, seine jedesmalige Pflicht pünktlich zu beachten, die Eindrücke genau zu zergliedern, zu prüfen, wann es Zeit ist, aus diesem Leben zu scheiden, kurz, alles, was einen geübten Verstand erfordert, das ist in uns erloschen. Darum müssen wir eilen, nicht nur, weil wir uns immer mehr dem Tode nähern, sondern auch, weil die Fassungskraft und die Begriffe in uns oft schon vor dem Tode aufhören."[124]

Die kritische Selbstreflexion, nicht nur als Möglichkeit, sondern als Forderung und Bedingung für ein gelingendes Leben, ist für Marc Aurel die anthropologisch-ethische Gegebenheit des Menschen. Leben ist nur in der geistigen Auseinandersetzung sinnvoll, und wenn die Sinnlosigkeit erkannt wird, soll man aus dem Leben scheiden, durch eigene Hand oder durch natürlichen Tod, beides ist bei Marc Aurel gemeint. Die Gefahr im fortgeschrittenen (kindischen) Alter ist, daß ein Mensch seine Sinnlosigkeit nicht mehr erfassen kann und sozusagen sinnlos weiterlebt. In seiner kosmopolitischen Betrachtungsweise ist für Marc Aurel das Erreichen eines hohen Alters für einen Menschen ebensowenig von Bedeutung wie überhaupt ein einzelner Mensch im Ganzen des Weltgeschehens.

"Alles, was du siehst, wird sich bald verändern, und die, welche diesen Veränderungen zuschauen, werden selbst auch sehr bald vergehen, und derjenige, der in einem hohen Alter stirbt, wird vor einem Frühverstorbenen nichts voraus haben."[125]

Da sich alles in einem steten Fluß der Veränderung befindet[126], soll auf äußere materielle Dinge kein Wert gelegt werden. Marc Aurel führt auch als römischer Kaiser ein sehr bescheidenes Leben, entsprechend der Bedürfnislosigkeit, die er in seinen Lehren hervorhebt.

6.3.5 Lukian von Samosata, ein Grieche im römischen Staat

Als letzter Philosoph in der Epoche der römischen Antike soll hier *Lukian von Samosata* aufgeführt werden, der zwar zeitlich in diese Epoche gehört, er lebt von 120 bis 180 n.u.Z., aber nicht römischer, sondern griechischer Abstammung ist. Da Samosata, sein Heimatort, zum römischen Imperium gehört, ist er Bürger dieses Staates; seiner geistigen Ausbildung entsprechend ist er Grieche. Lukian setzt sich in seinen Dialogen, Erzählungen und Briefen mit den philosophischen Anschauungen, der Religion und dem Aberglauben seiner Zeit als Skeptiker auseinander. Humorvoll und kritisch zugleich hält er seinen Zeitgenossen einen Spiegel vor, indem er ihnen die Fragwürdigkeit ihrer Lebenseinstellung und Weltanschauung zu erkennen gibt und wodurch er impizit seine

---

[124] ebda., 3. Buch, 1., S. 31.
[125] ebda., 9. Buch 33., S. 139f.
[126] Vgl. Heraklits Lehre vom steten Fluß der Dinge.

eigene philosophische Haltung aufzeigt. Durch Erzählungen von 'falschen' Einstellungen und beispielhaften 'richtigen' Lebenshaltungen illustriert er seine kritische Auseinandersetzung mit den gesellschaftlichen Normen seiner Zeit. In dieser Form behandelt er auch das Thema Alter und verurteilt die Art und Weise des Umgangs der jungen mit den alten Menschen. In seinen "30 Totengesprächen" wird in vier Dialogen das Thema Alter behandelt: V. Pluto und Merkur, VI. Tempsion und Pluto, IX. Simylus und Polystratus, XXVII. Diogenes, Antistenes, Krates, und ein Bettler.[127]

In den Dialogen wird immer wieder die gesellschaftliche Praxis angeprangert, daß junge Männer nach dem Erbe von kinderlosen alten Männern und Frauen trachten und den Hochbetagten den Tod wünschen, damit sie selbst sorgenlos von dem Erbe leben können. Als Norm wird von den Jungen angegeben, daß Alte genug gelebt hätten, nicht mehr genießen könnten oder lustvoll zu leben bräuchten und das Recht auf ein schönes, gutes, lustvolles Leben den Jungen zukäme. Als Naturgesetz sollte eigentlich gelten, daß die Menschen entsprechend ihrem Alter - die ältesten zuerst - sterben müßten, es wäre ungerecht, daß 30jährige Männer zu Tode kämen und nicht 80jährige Greise. Lukian kritisiert hier die moralische Haltung, daß jemand einem anderen den Tod wünscht und sich als Nutznießer am Eigentum anderer bereichern will. Deshalb sind in seinen Dialogen die Greise die klügeren, die sich von den jungen Verehrern Geschenke und Pflege gefallen lassen, das Erbe aber anderen vermachen, die ehrlicher leben. Auch läßt Lukian in seinen Dialogen diese jungen Männer früher sterben als die Greise, so daß sich von der Hoffnung auf Reichtum bei den Jungen nichts erfüllt. Damit will Lukian aufzeigen, daß eine Lebenshaltung, die nur auf den Besitz materieller Güter, die noch nicht einmal selbst erworben wurden, zielt, und auf 'falscher' Liebe zu einem Menschen beruht, nicht zu einem sinnvollen, zufriedenen und langen Leben führen kann. Aber auch ein langes Leben wird vertan, wenn man eine Haltung einnimmt mit der Hoffnung, daß man ewig leben könne. Die "rasende Liebe zum Leben"[128] wird von Lukian kritisiert, weil etwas festgehalten werden soll, was nicht möglich ist. Und aus Angst zu verlieren, vergeudet der Mensch sinnlos sein Leben. Selbst Greise sterben manchmal mit dieser Angst. Für Lukian geht also nicht Einsicht und Weisheit mit zunehmendem Alter einher. Generell ist für ihn das Einverständnis mit dem Tod ein elementares Kriterium für zufriedenes Leben.

Eine Abhandlung zum Thema Alter ganz anderer Art findet sich bei Lukian in dem "Verzeichnis von Personen, die bis zu einem sehr hohen Alter gelebt haben"[129]. Er schenkt das "Verzeichnis" einem Freund zum Geburtstag und wünscht ihm, das "äußerste Ziel des menschlichen Lebens"[130], das hohe Alter, zu

---

[127] Lucian von Samosata, Sämtliche Werke, Bd. 1, übers. von Chr. M. Wieland, Darmstadt 1971 (Leipzig 1788/89), 2. Teil, S. 208ff, 211ff, 218ff, 285ff.
[128] ebda., S. 290.
[129] ebda., Bd. 3, S. 353 - 378, 5. Teil; Es ist umstritten, ob diese Schrift tatsächlich von Lukian verfaßt wurde, siehe Anm. "Verzeichnis", S. 353.
[130] ebda., S. 354.

erreichen. Der Freund soll aus den Beispielen die "gute Lehre" ziehen, "daß gerade diejenigen, die in Rücksicht auf die Seele sowohl als auf den Körper die meiste Sorge für sich selbst getragen auch dieselben sind, die bey vollkommener Gesundheit das höchste Alter erreicht haben."[131] Lukian führt in dem "Verzeichnis" insgesamt 72 Beispiele von Einzelpersonen an, die ein sehr hohes Alter, das heißt für ihn über 80 Jahre, erreichten. Außerdem nennt er drei Stämme, die für ihre Langlebigkeit bekannt sind, und darüber hinaus die Klassen und Stände von Priestern, Brahmanen, Magiern, Propheten und Theologen, die durch ihre philosophische Kontemplation zu einem hohen Alter in körperlicher und geistiger Gesundheit gelangen.

In dem "Verzeichnis" von 72 Personen nennt er 33 Könige/ Fürsten und 39 Gelehrte. Die letzte Gruppe gliedert er weiter auf in 18 Philosophen, 8 Geschichtsschreibern, 11 Rednern/ Rhetorikern/ Dichtern, 1 Prophet und (1) Lykurg als Gesetzgeber. Die aufgezählten Personen starben in folgendem Alter:

20 im Alter von 80 Jahren und mehr
13 im Alter von 85 Jahren und mehr
16 im Alter von 90 Jahren und mehr
10 im Alter von 95 Jahren und mehr
 9 im Alter von 100 Jahren und mehr
 1 im Alter von 110 Jahren und mehr
 1 im Alter von 120 Jahren und mehr
 1 im Alter von 150 Jahren und mehr.

Als Todesursachen werden bei 54 Personen keine näheren Angaben gemacht, z.T. wird das Alter als Todesursache angegeben. Weiterhin starben sechs durch Suizid (diese waren alle über 90 Jahre alt), sechs durch Krankheit, drei durch Krieg, zwei durch Unfall und einer wurde ermordet. Eigentlich wollte Lukian in dem "Verzeichnis" noch einige Römer und andere Bewohner des römischen Staates aufführen, die weder Könige noch Gelehrte waren und trotzdem alt wurden, aber er verschiebt die Auflistung auf einen späteren Zeitpunkt. (Wahrscheinlich hat er dieses Vorhaben nie ausgeführt.) Hohes Alter ist demnach kein Privileg für Könige und Gelehrte. Daß Lukian das hohe Alter mit 80 Jahren beginnen läßt, orientiert sich m.E. an der allgemein verbreiteten Auffassung in der (griechischen) Antike, daß das menschliche Leben 'normalerweise' spätestens mit diesem Alter endet. Lukian zeigt auf, daß die Überschreitung der durch die gesellschaftliche Norm gesetzten Grenze nicht nur sehr wohl möglich ist, sondern daß sogar qualitativ gutes Leben 'hinter der Grenze' gegeben sein kann. Ein zufriedenes Leben in körperlicher, geistiger und seelischer Gesundheit ist für ihn nicht an eine Altersgrenze oder einen Lebensabschnitt wie z.B. Jugend gebunden, sondern an die grundsätzliche Einstellung zum Leben. Für Lukian gilt der Schluß: Je verantwortungsvoller ein Mensch mit sich selbst umgeht, desto älter kann er werden. Das bedeutet für ihn nicht unbegrenztes Leben oder das Streben danach, sondern sinnvolles Leben bis zum Tod. Die von ihm am

---

[131] ebda., S. 355.

häufigsten angegebenen Todesursachen, Alter, Suizid und Krankheit, bedeuten für ihn, wie seiner Art des Schreibens zu entnehmen ist, die natürliche Beendigung eines erfüllten Lebens. Krieg, Unfall und Mord versteht er im Unterschied dazu als unnatürliche Todesursachen; diese Menschen hätten natürlicherweise länger leben können.

Die Sorge für Körper und Geist werden bei ihm gleichrangig nebeneinander gestellt und vor allem die geistig Tätigen - Könige und Gelehrte - sowie die in "philosophischer Kontemplation" Geübten - Priester, Brahmanen ... - entsprechen dieser Verantwortung für das eigene Wohl und können deswegen ein zufriedenes hohes Alter erlangen.

6.3.6 Auswertung der römischen Antike

Ähnlich der archaischen Zeit der griechischen Antike ist in der etruskisch-römischen Königszeit das gesellschaftspolitische Ansehen von alten Menschen relativ hoch. Die Ältesten üben neben dem König die bedeutendste politische Macht aus und nehmen innerhalb der Großfamilie die höchste Position ein. Diese gesellschaftliche Praxis wird auch gesetzlich verankert. In republikanischer Zeit verlieren die Ältesten zunehmend ihre politischen Funktionen, die rechtliche Stellung als Familienoberhaupt bleibt bestehen, aber das gesellschaftliche Ansehen nimmt entsprechend dem Motto "Sechzigjährige abtreten!" ab. In der römischen Gesellschaft entwickelt sich das Ideal der jugendlichen körperlichen Stärke; das römische Einzugsgebiet soll vergrößert werden und starke Soldaten werden gebraucht. Das Alter wird im Vergleich zur jugendlichen Kraft gesetzt und entsprechend abwertend beurteilt. Ein gewisser Schutz bzw. eine Vorrechtsstellung der Älteren in politischen Gremien wird noch tradiert, aber allgemein ist die gesellschaftspolitische Bedeutung und Anerkennung der Älteren verloren gegangen. Während der Kaiserzeit zeigt sich immer mehr die Tendenz, daß nur einzelne alte Menschen aufgrund persönlicher Verdienste geehrt und geachtet werden.

In der Dichtung von Horaz, Ovid und Juvenal steht an erster Stelle die Beschreibung eines häßlichen Erscheinungsbildes vom alten Menschen und der Verlust der sexuellen Potenz bei Männern. Das Schönheitsideal entspricht einem muskulösen, athletischen jungen Soldaten, der Widerpart dazu ist das Bild des häßlichen schwachen Greisen. Als Schilderungsaspekt wird in der Dichtung das subjektive Erleben des Alter(n)s gewählt; jedes Individuum muß das schreckliche Schicksal des Alterns erleiden.

In der Diskrepanz zwischen einem hohen Ansehen alter Menschen in früherer Zeit und einem minderwertigen im Berichtszeitraum, sowie der rechtlichen Stellung des Ältesten als Familienoberhaupt (pater familias) und dem unbedeutenden gesellschaftspolitischen Ansehen ("sechzigjährige abtreten") entwickeln sich in der römischen Philosophie Ansätze zu einer Anerkennung des Alters bzw. des alten Menschen, die aus Naturgesetzlichkeiten abgeleitet werden. Bewältigungsstrategien werden vorgestellt, die dem Einzelnen das Erleiden des Alter(n)s erleichtern sollen.

Cicero geht von dem Axiom aus, daß die Abläufe, die den Naturgesetzen unterliegen, immer zielgerichtet sind. Um das Alter(n) gut zu bewältigen, muß der Mensch die teleologische Naturgesetzlichkeit als anthropologische Bedingung des Lebens anerkennen und sich individuell durch geistige Auseinandersetzung, d.h. durch philosophische Betrachtungen, dem Altern als Abbauprozeß widersetzen, sowie durch eine sittliche Lebensführung die Basis für ein gelingendes zufriedenes Alter(n) schaffen. Anerkennung im hohen Alter kann nur auf einem persönlichen Verdienst beruhen, nicht generell auf der Anzahl von Lebensjahren. Eine Zufriedenheit im Alter muß jeder Mensch sich selbst erarbeiten, sie gehört nicht zu den anthropologischen Gegebenheiten. Auch Lukrez geht in seinen naturwissenschaftlichen Betrachtungen von der Prämisse aus, daß das Alter(n) zum natürlichen Lebenslauf des Menschen gehört und als ein Glied im Kreislauf der Natur zu verstehen ist. Für ihn ist die Ordnung der Natur sinnvoll und der Mensch hat deshalb die Aufgabe, die Ordnung der Natur zu erkennen und eine darin liegende Sinngebung für sich zu übernehmen. Nur so kann der Mensch das Alter(n) verstehen, akzeptieren und sinnvoll leben. Senecas Prämisse ist die in den Naturgesetzen liegende Gerechtigkeit, der alle Menschen gleich unterliegen. Der Mensch hat für ihn die Aufgabe, sein Schicksal anzunehmen und damit umzugehen. Für Seneca ergibt sich daraus, daß alle Menschen das Schicksal "Alter" anzunehmen haben, und als Bewältigungskonzept schlägt er vor, geistig tätig zu sein. Bei ihm wird die Gegenüberstellung von Jugend und Alter aufgehoben und damit auch das Ideal der körperlichen Kraft im Jugendalter. Seneca setzt ein neues Ideal, nämlich das der geistigen Kräfte als wichtigstes und wertvollstes Vermögen des Menschen. Die geistigen Kräfte ordnet er vor allem dem alten erfahrenen Menschen zu und hebt damit das Alter besonders hervor. Aber die Kontemplation kommt nicht einfach mit zunehmenden Lebensjahren, sondern bleibt eine persönliche Leistung des einzelnen. Musonius' Ansatz ist ebenfalls das naturgemäße Leben, einmal verstanden als anthropologische Komponente, zum anderen meinte er damit die in jedem Individuum liegende eigene Natur. Die philosophische Betrachtung ist für ihn ausschlaggebend für ein zufriedenes glückliches Alter. Plutarch hebt die Erfahrung und Weisheit von alten Menschen hervor und befürwortet, daß Ältere politisch tätig sein bzw. bleiben sollen, da sie so zum Gemeinwohl beitragen können. Auch für Marc Aurel steht die Überlegenheit der geistigen Tätigkeit über die der körperlichen außer Zweifel, und sinnvolles Leben - auch im Alter - ist nur in der geistigen Auseinandersetzung möglich.

Die römischen Philosophen richten sich in ihren Betrachtungen gegen die gesellschaftliche Praxis und versuchen, die Unterordnung des Menschen unter die Naturgesetzlichkeit zu postulieren. Dem Ideal der jugendlichen Kraft stellen die Philosophen die Überlegenheit der geistigen Fähigkeiten im Alter gegenüber. Alle Aussagen über das Alter bleiben darin verhaftet, daß sie etwas verteitigen, was nicht allgemein in der römischen Gesellschaft anerkannt wird. Es kommt nicht dazu, daß das Alter(n) an sich betrachtet wird, sondern fast ausschließlich im Vergleich zur Jugend. Der Betonung des Körperlichen wird in der Philosophie die Hervorhebung des Geistigen gegenübergestellt. Selbst bei Seneca, der versucht, diesem Vergleich auszuweichen, indem er nicht die Jugend, sondern die Haltung während des ganzen Lebens als Kriterium für ein gelingendes Alter nennt, steht das Ideal der Jugend ungenannt im Hintergrund.

Ganz anders setzt Lukian seine Kritik an der gesellschaftlichen Praxis der Römer an. Da er selber griechischer Abstammung ist, steht er außerhalb der römischen Gesellschaft und kann insofern auch als ein außerhalb des Systems stehender Kritik üben. Die Ausnutzung alter Menschen durch die jungen ist für ihn verwerflich, ebenso die Wertschätzung der materiellen Güter vor den immateriellen. Das Einverständnis mit dem Tod, die Bejahung der Endlichkeit, ist für Lukian die Voraussetzung für ein gelingendes Leben und Altern. Körperliche *und* geistige Gesundheit im Alter sind möglich, wenn man vorher entsprechend sorgfältig mit sich umgegangen ist. Körperliche Verluste werden bei ihm nicht durch geistige Fähigkeiten kompensiert, sondern Körper und Geist gehören gleichwertig zusammen. Da er die Eigenverantwortlichkeit des Menschen betont, muß man sich nicht schicksalsergeben an die Naturgesetzlichkeiten anpassen, sondern muß selbstbestimmend das Leben - dazu gehört auch das Alter - gestalten. Als Grenze ist nur der Tod gesetzt. Selbst ein sinnvolles und glückliches Leben über 80 Jahre hinaus ist für Lukian möglich und keineswegs ungewöhnlich; damit sprengt er die Grenzen der römischen Norm, bei denen der 60- bis 80jährige ein häßlicher, schwacher, sinnlos lebender Greis ist.

6.4 Das Mittelalter

Für das Mittelalter stellt sich das Problem der Zeitabgrenzung dieser Epoche. Einmal ist der Beginn des Mittelalters in Abgrenzung zur römischen Antike nicht klar zu definieren und zum anderen ist das Ende des Mittelalters in Unterscheidung zur anschließenden Neuzeit ebenso schwierig festzulegen. Der erste hier zum Mittelalter gerechnete Philosoph Boethius ist noch wesentlich von der Kultur der römischen Antike geprägt, obwohl Momente der christlichen Lehre bei ihm auch nachzuweisen sind. Das frühe Mittelalter trägt noch Spuren der römischen Antike und das späte Mittelalter nach der hier vorliegenden Einteilung schon wieder Spuren der Antike; dies ist die Zeit der Renaissance. Die Renaissance wird hier mit zum Mittelalter gerechnet, kann aber auch zur Neuzeit gehören oder bei detaillierten Abgrenzungen eine eigene Epoche bilden. Dies ist für die Bearbeitung des Themas der vorliegenden Arbeit nicht erforderlich, es reicht eine globale Einteilung der geschichtlichen Epochen aus.

6.4.1 Zur realhistorischen Situation: Alter als Schicksal und Alter = Sünde

Das beginnende frühe Mittelalter (5. Jhd.) ist vom Untergang des römischen Imperiums und den Einflüssen der christlichen Religion gekennzeichnet. Germanische Stämme erobern das ehemalige Imperium Romanum, gründen eigene Reiche und bringen ihre religiösen und kulturellen Einflüsse mit. Vonseiten der Kirche findet eine Assimilation des christlichen Gedankenguts mit den kultisch-religiösen Riten der ansässigen Volksstämme statt. In bezug auf die geistesgeschichtliche Relevanz wird diese Epoche auch als das "finstere Mittelalter" bezeichnet, da weder im literarischen noch im philosophischen und auch nicht im allgemein wissenschaftlichen Bereich gravierende Schöpfungen, Erkenntnisse und Entdeckungen gemacht werden und nur wenige namhafte Persönlichkeiten aus dem frühen Mittelalter bekannt sind.

Das gesellschaftliche Leben und die Stellung der alten Menschen in ihm muß zunächst unterschieden werden nach den germanischen und den romanischen Volksstämmen. Während bei den germanischen Stämmen die Verwandtschaft im weiteren Sinne, die Sippe, der mehrere Familien angehören, eine stärkere Bedeutung hat, dominiert bei den Romanen die Verwandtschaft im engeren Sinne, d.h. die Familie innerhalb einer Hausgemeinschaft. Zumindest in bezug auf die Verehelichung und die Namensführung scheint sich die germanische Form der Sippe durchgesetzt zu haben, da sich das Eheverbot für die agnatische Sippe, die Blutsverwandten, und auf die Namensführung mit nur einem Namen (im Romanischen waren zwei Namen üblich) immer stärker verbreiten. (Von der Kirche wird im Laufe der Zeit das Verbot auch auf die verschwägerten Sippenmitglieder erweitert.)[132] In bezug auf die Erbschaft gibt es die Form der Unteilbarkeit von Haus und Gut und ebenso die Form der Teilbarkeit sowohl bei den germanischen als auch bei den romanischen Volksstämmen. Bei der Unteilbarkeit erbt ein Sohn alles und die anderen gehen leer aus, oder die Brüder erben gemeinsam in einer Gütergemeinschaft, wobei sie das ererbte Gut nicht untereinander aufteilen dürfen.[133] Wenn zahlreiche Brüder lange leben und entsprechenden Nachwuchs haben, kann diese Form der Erbfolge zu einer großen Verwandtschaft innerhalb einer Hausgemeinschaft führen, was dann eine eigene Problematik hervorruft. Dies dürfte aufgrund hoher Sterblichkeitsquoten im Säuglings- und Kindesalter nur die Ausnahme gewesen sein. Frauen sind häufig von der Erbfolge ausgeschlossen. Bei der Teilung des Erbgutes kann eine Zerstückelung des Landes erfolgen, wodurch dann der einzelne eventuell keine ausreichende Existenzgrundlage zur Bewirtschaftung erhält und verarmt. Es kann aber auch sein, daß sich nach mehreren Generationen ein Gut wieder zu einem großen Ganzen zusammenfügt, da durch den frühzeitigen Tod von Verwandten das Erbgut auf einen Erben zurückfällt. Haushaltsvorstand bzw. Hausherr für die ganze Hausgemeinschaft bzw. Sippe ist der Vater bzw. der Sippenälteste. Aber er behält diese Position nicht im hohen Alter bis zu seinem Tod, sondern übergibt sie vorher dem Erbfolger. Die Vormachtstel-

---

[132] Vgl. Sprandel, Rolf: Verfassung und Gesellschaft im Mittelalter, 2., überarb. Aufl., Paderborn/München/Wien/Zürich 1978, S. 32f.
[133] Vgl. ebda., S. 35f. Die Formen der Erbregelung bei germanischen Stämmen sind in einigen Grimmschen "Brüdermärchen" überliefert worden.

lung des Ältesten mit der Gewalt über Recht und Frieden für die Hausgemeinschaft wird mit dem Erbgut übergeben. Die unangefochtene Position des "pater familias" im römischen Recht ist verloren gegangen.

Alte Menschen bzw. Männer haben also bis zur Übergabe des Erbgutes und der damit verbundenen Macht eine unangefochten hohe Position innerhalb der Familie, Hausgemeinschaft oder Sippe inne. Nach der Übergabe haben Menschen im hohen Alter keine Funktionen mehr. Ihr Ansehen hängt vom Wohlwollen ihrer Familie/Sippe ab; es kann sein, daß sie innerhalb der Hausgemeinschaft nur noch geduldet werden oder viel zu erleiden haben; es kann auch sein, daß sie aufgrund ihrer Persönlichkeit bis zum Tod ein hohes Ansehen und Achtung genießen. Politisch betrachtet üben alte Menschen in der gesamten Zeit des Mittelalters (5.-15./16.Jhd.) keine herausragende Funktion aus, sondern haben eher eine unbedeutende und untergeordnete Position inne. Politische Macht sowohl auf staatlicher als auch auf kirchlicher Seite liegt in Händen von oftmals jungen Männern. Alte Menschen sind in politischen Ämtern nur als Ausnahmen zu finden.

Die Gesellschaftsordnungen ändern sich im Verlauf des Mittelalters dahingehend, daß Dorfgemeinschaften unter die Gewalt von Burgherren fallen. Selbst freie Bauern müssen z.T. so hohe Abgaben an ihre Landesfürsten zahlen, daß sie unweigerlich in immer größere Abhängigkeiten zu ihnen geraten. In den Städten haben sich die Handwerkerzünfte und Kaufmannsgilden gebildet und bestimmen immer stärker das gesellschaftliche und politische Leben. Insgesamt geht die Tendenz zu immer mehr übergeordneter staatlicher/kirchlicher Machtausübung.[134]

Von alten Menschen erwartet man, daß sie entsprechend ihren körperlichen und geistigen Kräften so lange arbeiten, wie sie es vermögen. Wenn dies zum Lebensunterhalt nicht mehr ausreicht, müssen sie in den Städten oftmals betteln gehen, wobei im Mittelalter die Bettler einen eigenen Stand bilden. Die Ärmsten erhalten von der Kirche Almosen. Verwitwete und alte Frauen aus bürgerlichen und adeligen Kreisen suchen häufig Schutz in Klöstern und später, nachdem der Zugang zu Klöstern Frauen, besonders armen, teilweise verwehrt wird, in Beginenkonventen. Alte Ehepaare können den Schutz von Klostermauern aufsuchen, indem sie ihr Hab und Gut der Kirche bzw. dem Kloster vermachen und von diesem bis zum Tod versorgt werden.

Eine häufig anzutreffende Regelung für die Altersversorgung im späten Mittelalter ist die Stiftung von Spitälern. Diese sind zumeist reine Altenheime, in die man sich "einkaufen" kann und die ein Dreiklassensystem unterhalten. Eine Klasse bilden die armen, notleidenden Alten, eine zweite die bürgerlichen, die für ein geringes Entgelt Nahrung und Unterkunft erhalten, und eine dritte Klasse bilden die wohlhabenden alten Bürger, die einen bevorzugten Lebensstandard bezahlen können. Die Spitäler werden von Reichen (ohne Erben) gestiftet, die sich in dieser Form eine persönliche Altersversorgung sichern und gleichzeitig für ihr Seelenheil nach dem Tode Vorsorge treffen, indem sie für die Aufnahme der Armen Bedingungen stellen, wie etwa, daß diese täglich für sie beten müssen. Eine andere Form der Stiftung, die ebenfalls den

---

[134] Vgl. ebda., S. 159ff.

Ärmsten zugute kommt, ist die Regelung, daß nach dem Tod des Stifters das Vermögen der Stadt/Gemeinde übergeben wird. Dafür müssen die Kommunen täglich eine bestimmte Menge von Nahrungsmitteln oder Geld den bettelnden alten Menschen aushändigen, die für diese Gabe wiederum für das Seelenheil der Stifter beten müssen. Zudem soll nach christlicher Lehre Mildtätigkeit im jenseitigen Leben belohnt werden.[135] Im Verlauf der geschichtlichen Entwicklung vom frühen bis zum späten Mittelalter entwickelt die Kirche eine immer stärker werdende Machtposition, die das gesellschaftliche und geistige Leben der Menschen beeinflußt. Da die Bevölkerung in der Regel weder Lesen noch Schreiben kann, werden durch Bilderzählungen und Predigten von Laien und Priestern die christliche Moral mit der Lehre von der Sündhaftigkeit des Menschen verbreitet.

Die christliche Altersmoral zeigt verschiedene Facetten auf, die vom Altern als Schicksal bis zum Alter = Sünde reichen. In frühchristlicher Zeit wird noch zwischen körperlichem und geistigem Alter unterschieden, auch als äußeres und inneres Alter bezeichnet, wobei das Alter des Körpers negativ bewertet, das Alter des Geistes jedoch mit Weisheit und Erfahrung in Verbindung steht und positiv bewertet wird. Während der körperliche Alternsprozeß schicksalsergeben hingenommen werden muß, beansprucht man für das "geistige Reifen" die Eigenverantwortlichkeit des Menschen.[136] Das Ideal der geistigen Altersreife in Unabhängigkeit zum kalendarischen Alter ist ein bestimmendes Element in Bibelexegesen und -kommentaren, in christlicher Literatur und in Moralvorstellungen, die sich dann in der Erziehung auswirken. Das Motiv ist schon in der Stoischen Schule zu finden, z.B. bei Seneca. Es besagt, daß weises, moralisches, religiöses Verhalten in allen Lebensaltersstufen zu finden sei. Ursprünge des Motivs sind, neben der Stoa, in dem "puer-senex-Ideal", das in Trostepigrammen und Trostschriften in der römischen Antike Niederschlag fand, und in dem christlichen Glaubensverständnis, nämlich daß alle Menschen vor Gott gleich sind, unabhängig von Alter und Stand, nachzuweisen.[137] Durch dieses Ideal verliert das kalendarische Alter an Bedeutung; die zeitliche Dimension ist im "Ideal der geistigen Altersreife in jeder Altersstufe" aufgehoben. Um weise, klug, erfahren usw. zu sein, muß man nicht mehr alt werden.

Im Hochmittelalter nimmt die Tendenz zu, im Altern nur noch einen körperlichen Abbauprozeß zu sehen. Altwerden kann als eine Last verstanden werden, die durch Gottes Beistand erleichtert werden kann. Altern wird vor allem mit körperlichem Verfall gleichgesetzt, man geht von gesetzmäßig inneren und schicksalhaften äußeren Ursachen für den Prozeß des Alterns aus; die Unterscheidung von einem inneren geistigen Wert "Alter" und einem äußeren Alter ist aufgehoben. Statt dessen wird im übertragenen Sinne Altern mit "Sünder werden" oder "immer sündiger werden"

---

[135] Vgl. Borscheid, Peter: Geschichte des Alters. 16. - 18. Jahrhundert, Münster 1987, S. 81ff.
[136] Vgl. Gnilka, Christian: Aetas Spiritalis. Die Überwindung der natürlichen Altersstufen als Ideal frühchristlichen Lebens, Bonn 1972, S. 97 ff.
[137] Vgl. Gnilka, Chr.: Aetas Spiritalis, Rückblick, S. 205 - 219. - Da das "puer-senex-Ideal" ein spezieller Aspekt der spätantiken und frühchristlichen Lebenseinstellung unter ethisch anthropologischen Gesichtspunkten ist, kann es im Rahmen dieser Arbeit nicht weiter ausgeführt werden. Eine ausführliche Erörterung der Problematik findet sich in dem o.a. Werk von Christian Gnilka in der Einleitung S. 28 - 46.

in Beziehung gesetzt, bis es bei einzelnen Predigern auch zur Gleichsetzung von Alter = Sünde kommt. Der körperliche Prozeß des Alterns wird in einem buchstäblichen Sinn als Folge der Versündigung des Menschen verstanden; das alte Gewand, der alte Körper werden zum Symbol für die Sündhaftigkeit des Menschen. Dabei wird das Alter häufig auch mit Armut in Verbindung gebracht, besonders als sich eine Besitzmentalität in bürgerlichen Kreisen entwickelt.[138] Die Armut im Alter trifft für die Mehrheit der Bevölkerung auch faktisch zu.

In den Predigten werden verschiedene Ansichten über die Bedeutung des Alterns vertreten. Eine Position besagt, daß man durch das Erleiden des Alterns mit all seinen Gebrechen für die begangenen Sünden büße und dann weniger Zeit/Strafe im "Fegefeuer" zu verbüßen habe. Eine andere Position beinhaltet, daß das Alter allgemein als eine Strafe Gottes anzusehen sei. Auch im Zusammenhang mit dem Bußverständnis wird in einer weiteren Ansicht vertreten, daß man bei entsprechender Buße (Pönitenz) im Alter weniger zu erleiden habe, oder aber, daß man durch Bußübungen das Altern aufhalten könne.[139] Als Norm, wie man sich alten Menschen gegenüber zu verhalten habe, werden die Menschen angewiesen, mitleidig und gütig zu sein und den armen Alten Almosen zu geben. Durch barmherziges Verhalten kann der einzelne wiederum ein "Stück Himmelreich" erlangen.

Neben dem individuellen Altern des Menschen gibt es auch die Vorstellung vom Altern der Menschheit. Das Mittelalter selbst wird als das Alter der Menschheit bezeichnet; als Anzeichen dafür werden die große Armut, Kriege, Pestepedemien und vor allem die Sündhaftigkeit des Menschen angesehen.

In Bilddarstellungen wird das Leben des Menschen in sechs oder sieben Altersstufen gegliedert, wobei die fünfte und sechste oder die sechste und siebte Lebensaltersstufe das Alter und das Greisenalter meinen. An Altersangaben werden u.a. das 70. Lebensjahr für das Alter und darüber hinaus für das Greisenalter genannt. Die letzte Altersstufe bedeutet den Zeitabschnitt vor dem Tod oder das Sterben selbst. Der Greis und der Tod stehen als allegorische Darstellungen nebeneinander; die Menschen sollen ihrer Vergänglichkeit und der unwiederbringlich rasch dahineilenden Zeit gedenken.[140] Die bildlichen Darstellungen oder auch dichterischen Angaben zur Lebensspanne stehen allerdings in Diskrepanz zur realen Lebenserwartung. Außer den Adeligen, wohlhabenden Bürgern und Pfarrern hat die Mehrheit der Bevölkerung wenig Chancen, das 60. Lebensjahr zu erreichen oder zu überschreiten. Im 15./16. Jhd. erreichen vielleicht 2 - 6 % der Land- und Stadtbevölkerung das 60. Lebensjahr[141], bei den Pfarrern z.B. sind es in Hessen zur Reformationszeit immerhin 30,3 %, die 60 Jahre alt werden (21,4 % werden 70, 8,6 % 80 und 0,6 % 90 Jahre alt).[142] Ein Mensch ist mit 40 Jahren bereits alt und muß sich auf den Tod einstellen, mit 50 und 60 Jahren sind die körperlichen Gebrechen oft so weit fortgeschritten, daß man

---

[138] Vgl. Sprandel, Rolf: Altersschicksal und Altersmoral. Die Geschichte der Einstellungen zum Altern nach der Pariser Bibelexegese des 12.-16. Jahrhunderts, Stuttgart 1981, S. 57ff; 154; 161.
[139] Vgl. ebda., S. 151f.
[140] Vgl. ebda., S. 160.
[141] Vgl. Borscheid, P.: Geschichte ..., S. 15 u. 20.
[142] Vgl. ebda., S. 46.

sich selbst kaum noch helfen kann. Da Alter hauptsächlich als körperliches Gebrechen verstanden und im Gegensatz dazu das Ideal der Jugend verherrlicht wird, leben die Wunschvorstellungen nach einer Verjüngung des Menschen stark auf. Der Jungbrunnen oder die Altweiber- und Altmännermühlen sind beliebte Themen in der Kunst.

Einen Eindruck über das Empfinden der Vergänglichkeit und der dahinfließenden Zeit erhalten wir durch ein Gedicht von *Walther von der Vogelweide* (ca. 1170 - 1230):

> "Wehe, wohin sind alle meine Jahre entschwunden?
> Habe ich mein Leben geträumt oder ist es wirklich?
> Was ich immer für etwas hielt, was da wäre, war das alles etwas?
> Demnach hab ich, ohne es zu wissen, geschlafen.
> Jetzt bin ich aufgewacht und kenne nicht mehr,
> was mir früher bekannt war wie meine Hand.
> Die Leute und das Land, in dem ich von Kind an erzogen worden bin,
> die sind mir fremd geworden, gerade als sei es unwahr.
> Mit denen ich herumgespielt habe, die sind jetzt träge und alt;
> wüst ist das Feld, umgehauen ist der Wald;
> flösse nicht das Wasser, wie es einstens floß,
> so würde mein Leid, möchte ich glauben, wahrlich groß.
> Mich grüßt mancher lässig, der mich früher gut kannte.
> In der Welt ist es überall trostlos.
> Sowie ich manches herrlichen Tages gedenke,
> die mir entglitten sind wie ein Schlag ins Meer,
> - immerdar: wehe!"[143]

Er beschreibt in diesem Gedicht sein subjektives Empfinden, als er, rückblickend auf das Land und die Menschen aus der Welt seiner Kindheit, die Veränderungen im Land und das Alter der ihm bekannten und unbekannten Menschen betrachtet. Dabei schreibt er nicht über sein eigenes Alter. Erst im Spiegel seiner Mitmenschen und seiner Umwelt wird deutlich, daß er selbst gealtert ist. In dem Gedicht vermittelt Walther von der Vogelweide auch einen Eindruck über den Geist seiner Zeit, nämlich über die Vorstellung, daß das Alter der Menschheit gekommen sei.

Im ausgehenden späten Mittelalter sieht die Dichtung über das Alter weniger melancholisch-sinnlich als vielmehr drastisch, spöttisch die Realität darstellend, aus. *Hans Sachs* (1494 - 1576) schreibt in seinem Vergleich der Lebensalter mit den 12 Monaten des Jahres über den "herbstmon" des Menschen, den er mit dem 49. Lebensjahr beginnen läßt, daß er "langweylig und verdrossen" und "mit spot und feindschafft beladen"[144] wird. Mit mehr als 60 Jahren wird der Mensch "ein fruchtloß kalter". "Bey all seim gut ist er unwerd./ Iedermann nur seins tods begert./ Sein kinder sehen in gern sterben,/ Das sie nach im sein gut erwerben./ Ist er aber gar arm auff erd,/ So ist er wie ein hund unwerd."[145] Erlöst wird der Mensch durch den Tod und die Hoffnung auf ein ewiges Leben. In einem anderen Text, in dem ein Kampfgespräch zwischen dem (personifizierten) Alter mit der (personifizierten) Jugend vorgetragen wird, verteidigt das Alter seine Tugenden, indem es u.a. die Altersleistungen von

---

[143] Walther von der Vogelweide, Übertragung von Hans Böhm, in: Echtermeyer, Deutsche Gedichte, Düsseldorf 1966, S. 47f.
[144] Keller, Adelbert von (Hg.): Hans Sachs, 4. Bd., Hildesheim 1964, S. 68.
[145] ebda., S. 70.

berühmten Personen anführt. Die Jugend zählt dagegen vor allem die nach außen in Erscheinung tretenden körperlichen Gebrechen des Alters auf:

"On zal mancherley brechligkeyt,
Groß kopffweh und ein schwindlet hiren,
Ein kal haubt, geruntzlete stiren,
Dunckle augen, sausende oren,
Sinn und gedechtnuß, halb verloren,
Ein bleichen mund voller zanlucken,
Rinnende pein, ein bogen rucken,
Husten und reyßpern uber massen,
Böß drieffende augen und nasen,
Zitren, unlust, rewden und kretz.
Alter, sich an! das sind dein schetz,
..."[146].

Zur eigenen Verteidigung führt die Jugend dann die herausragenden Leistungen von z.B. jungen Römern wie Africanus an. Das Streitgespräch führt letztendlich nicht zu einem Ergebnis, da beide immer neue Argumente zu ihrer Verteidigung und gegen den Widerpart finden. Sie überlassen es Göttinnen, darüber zu urteilen, wer gehen muß, die Jugend oder das Alter. Die drei Göttinnen fällen das salomonische Urteil, daß beide ihre Berechtigung im Leben hätten, daß das Alter auch einmal jung gewesen sei und die Jugend alt werden möchte, und es das Beste wäre, wenn beide miteinander und nicht gegeneinander leben könnten.[147]

Die schwerste Zeit - im besonderen für alte Menschen - folgt im Übergang zur Neuzeit, in den Schrecknissen und Ausartungen des 30jährigen Krieges.

"Und die wenigen Ansätze zur sozialen Aufwertung der älteren Generation gehen in den Wirren des Dreißigjährigen Krieges mit seinen beispiellosen menschenverachtenden Grausamkeiten, seinem Haß und totalen Zusammenbruch aller Zivilisation wieder unter. Das Ansehen der Alten hat seinen absoluten Tiefpunkt erreicht."[148]

6.4.2 Ansichten und Einstellungen im frühen Mittelalter. Boethius und Maximianus

Als ein Philosoph der Übergangszeit von der römischen Antike zum christlichen Mittelalter kann *Boethius* (Anicius Manlius Torquatus Severinus Boethius, ca. 480 - Ende 524 n.u.Z.) betrachtet werden. Als Übersetzer und Kommentator aristotelischer Werke beruhen seine Philosophiekenntnisse auf griechisch-antikem Gedankengut und obwohl er wahrscheinlich Christ war, wird er als ein Neuplatoniker angesehen, dem eine eigentlich christliche Überzeugung fehlt. Wir finden bei ihm ein ganz neues Verständnis vom Alter. Bei ihm wird es als der letzte Lebensabschnitt vor dem Tod verstanden, unabhängig vom kalendarischen Alter. Im Bewußtsein des baldigen Todes wird das Alter zu einem Reifungsprozeß mit dem höchsten Stadium der Erkenntnis im menschlichen Leben.

Boethius wird wegen Hochverrats mit ca. 44 Jahren hingerichtet, hat aber vom

---

[146] ebda., S. 34 f.
[147] Vgl. ebda., "Kampff-gesprech. Das alter mit der jugend.", S. 31 - 59.
[148] Borscheid, P.: Geschichte ..., S. 36.

Zeitpunkt seiner Verurteilung bis zu seiner Hinrichtung noch eine Zeitspanne, in der er seine philosophischen Erkenntnisse niederlegen kann.[149]

In Form eines Lehrgesprächs zwischen sich und der (fiktiven) personifizierten Philosophie versucht er, seine Situation zu verstehen und sich mit seinem Schicksal zu versöhnen, d.h. sein baldiges Lebensende zu akzeptieren. Dem Epikureismus und Stoizismus steht er ablehnend gegenüber. Er übernimmt Elemente der Sokratischen, Platonischen und Aristotelischen Lehre und verbindet sie zu einer einheitlichen Philosophie mit dem Glauben an einen Gott. In seinem Dialog (Gesprächspartner sind er und die personifizierte Philosophie) tritt er die Beweisführung an, daß die göttliche Vorsehung sehr wohl mit der Freiheit des Willens und Handelns zu vereinbaren ist. Der Mensch erkennt gemäß seiner Wahrnehmung und seines Verstandesvermögens und nicht gemäß der in den Dingen liegenden Natur, deshalb kann die menschliche Erkenntnis nicht die göttliche Vorsehung, so wie sie Gott eigen ist, erfassen.[150] Der Mensch kann sich in der Erkenntnis nur der eigenen Fähigkeiten bedienen, nicht derjenigen des zu Erkennenden.[151]

Boethius beginnt sein letztes Werk "Trost der Philosophie" mit einem Gedicht über sein Empfinden, im Angesicht des baldigen Todes einen beschleunigten Alternsprozeß bei sich zu bemerken. Obwohl erst 43/44 Jahre alt, schreibt er:

"Als Gefährten nur sie [die Musen, Anm.d.Verf.] folgten allein meinem Pfad.
Was die Zierde einst war glückselig blühender Jugend,
Ist dem trauernden Greis Trost jetzt in schlimmem Geschick.
Unvermutet erschien vom Leide beschleunigt das Alter,
Und es verkündigt' der Schmerz, daß seine Zeit nun genaht.
Von dem Scheitel zu früh ergrauend wallen die Locken,
Schlaff erzittert und welk mir am Leibe die Haut."[152]

Das Alter ist für Boethius demnach der Lebensabschnitt, der durch körperliche Phänomene wie graue Haare, faltige Haut usw. und durch geistige Reife sowie durch die höchst mögliche Stufe der Erkenntnis des Menschen gekennzeichnet ist. Die Stufe der Erkenntnis - die göttliche Intelligenz als höchste Instanz und vom Menschen als eine nicht zu erreichende zu sehen - ist gemäß seiner Philosophie bei jedem Menschen individuell verschieden. Das Alter als Reifungsprozeß ist unabhängig vom kalendarischen Alter und für Boethius persönlich in seinem letzten Werk "Trost der Philosophie" mit 43/44 Jahren manifestiert. Das Alter ist für ihn zu einem "geistigen Wert" geworden.

In den Verszeilen des Boethius klingt das "puer-senex-Ideal" an, das typisch für die spätantike Zeit ist. Es besagt, daß der Knabe schon die Weisheit des Greises besaß, als er starb. Auf Grabinschriften und Bildnissen von im Kindes- oder Jugendalter Verstorbenen wurde das "puer-senex-Ideal" überliefert. Um den Eindruck der Weisheit zu verstärken, wurden teilweise auch körperliche Altersmerkmale wie graue/ weiße Haare in der Darstellung hinzugenommen.[153] Boethius benutzt die Metapher

---

[149] Boethius: Trost der Philosophie, übers. von Ernst Gegenschatz und Olof Gigon, München 1981 (Zürich 1949 u. 1969).
[150] Vgl. ebda., S. 257ff. und 5. Buch insgesamt.
[151] Vgl. ebda., S. 253.
[152] ebda., 1. Buch, I.c., 6 - 12, S. 3.
[153] Vgl. Gnilka, Chr.: Aetas Spiritalis. Einleitung, S. 28 - 46.

des "weisen Knaben" für sich, obwohl er sich im Mannesalter befindet, und unterstreicht das Bildnis, das er von sich vermitteln möchte, mit den Attributen des körperlichen Alterns. Das Ideal der "geistigen Altersreife" aus frühchristlicher Zeit könnte zwar auch Vorlage für seine Verszeilen gewesen sein, jedoch fehlt diesem Ideal das Element der Bewußtheit der Todesnähe.

Aus der endenden Antike und dem beginnenden Mittelalter ist uns ein lateinischer Dichter bekannt, der in insgesamt sechs Elegien das "hohe Alter" thematisiert. *Maximianus* (um die 1. Hälfte des 6. Jhd. n.u.Z.) - die Echtheit des Namens ist umstritten, letztendlich hier aber unerheblich - gibt eine anklagende, z.T. dramatisch-kunstvolle Beschreibung des Greisenalters, indem er als erleidendes Subjekt schreibt. Seine Schilderungen müssen deswegen nicht autobiographisch sein. Von Webster wird vielmehr angenommen, daß Maximianus nicht einmal alt war, als er die Elegien schrieb.[154] Maximianus kennt offensichtlich die "Consolatio" (Trostschrift der Philosophie) des Boethius und nimmt in mehreren Textstellen Bezug dazu, ohne daß er den Namen des Boethius ausdrücklich erwähnt. Christliches Gedankengut ist Maximianus nicht direkt nachzuweisen; in einem Vers der 3. Elegie spricht er von der Sünde der Liebe, was auf eine christliche Ethik verweist, aber als ein Beleg für ein allgemein christliches Verständnis bei Maximianus reicht dies kaum aus. Die Grundhaltung in seinen Dichtungen ist dadurch gekennzeichnet, daß er für einen frühen Tod plädiert, um den Leiden des Alter(n)s zu entgehen. Das Greisenalter ist für ihn ein lebendiger Tod.

> "(Er)löse als Bittender dein unglückliches Leben aus dem so beschaffenen Kerker [Kerker = Körper, Anm.d.Verf.]: der Tod ist schon Ruhe, zu leben ist mir Strafe, ich bin nicht, der ich gewesen war: der größte Teil von uns ist zugrunde gegangen;..."[155]

In den Elegien verwendet Maximianus zwei Perspektiven zur Betrachtung des Alters: einmal die Sichtweise im Vergleich zur Jugend, in der das Greisenalter nur durch die Retroperspektive vergangener Jugendzeit mit Ehren, Ruhm usw. gekennzeichnet ist, und zum anderen die Sichtweise einer portraitartigen Beschreibung des Alter(n)szustandes mit der Betonung, daß ein alter Mensch nicht mehr die Erfüllung der Liebesfreuden erreichen kann.

In der 3. Elegie mit dem prägnantesten Altersbild beschreibt er z.T. zynisch-spöttisch, daß - im Unterschied zur optimistischen Einstellung des Boethius: Bewältigung mit Hilfe der Kontemplation - die Krankheit "Alter" nicht eine Sache des Intellekts/Geistes sei, sondern eine körperlich-materialistische Wirklichkeit.[156] Auch wenn man aus Schamhaftigkeit über die "Krankheit" schweigt, so offenbaren bestimmte äußere Zeichen die "Sache". Ganz in römisch-antiker Tradition wird von Maximianus

---

[154] Vgl. Webster, R.(Ed.): The Elegies of Maximianus, Princeton Press 1900, S. 8.
[155] Maximianus: Erste Elegie, 3 - 5. in: Webster, R.(Ed.): The Elegies ... Originalverse:
"solve precor miseram tali de carcere vitam:
mors est iam requies, vivere poena mihi,
non sum qui fueram: periit pars maxima nostri;"(3 - 5)
[156] Vgl. Maximianus: 3. Elegie 55f.
"non intellecti nulla est curatio morbi,
et magis inclusis ignibus antra fremunt."

der Verlust der Liebesfähigkeit theatralisch-dramatisch geschildert. In der 3. Elegie heißt es u.a.:

"Und die Waffen der Venus werden dir genommen und der Bogen des Cupido,
selbst die waffenmächtige Minerva geht dir aus dem Weg.
so entbehre ich der Möglichkeit zu sündigen
und selbst wenn ich solches möchte, fliehe ich."[157]

Nicht nur ist einem alten Menschen die Möglichkeit zur Sexualität genommen, sondern aufgrund der gesellschaftlichen Normen fliehen alte Menschen die intime Begegnung, sie schämen sich.[158] Hiermit meint Maximianus wahrscheinlich Nähe und Zärtlichkeit zwischen alten Menschen, die für Greise als unanständig und anstößig galt.

Die zwei beschriebenen Ansichten über das Alter aus der Zeit des frühen Mittelalters, wobei die auslaufende Antike den Inhalt der Texte noch sehr bestimmt, sind nicht miteinander zu vergleichen. Die Elegien des Maximianus zeigen deutlich die ablehnend-pessimistische Haltung der römischen Antike und gehören in ihrer inhaltlichen Aussage zu dieser Epoche.

Boethius dagegen ist mit seinen Ausführungen über das Alter zwar in den Zeitabschnitt der auslaufenden römischen Antike und des beginnenden Mittelalters einzuordnen, aber seine Einstellung ist auf sein persönliches Schicksal zurückzuführen und nur auf diesem Hintergrund zu verstehen. Er benutzt die Metapher des "puer-senex-Ideals", die kennzeichnend für seine Epoche ist, obwohl sie für sein Lebensalter keine Gültigkeit hat. Seine subjektive Erfahrung ist, daß er im Bewußtsein seines baldigen Todes schnell altert, und zwar sowohl mit körperlichem Erscheinungsbild als auch mit geistiger Reife. Das Phänomen eines beschleunigten Alternsprozeßes auf körperlicher und geistiger Ebene ist ganz allgemein immer wieder bei Menschen zu beobachten, die um ihren baldigen Tod wissen. Boethius hat seine Selbstbeobachtung beschrieben und diese ist als eine allgemein anthropologische zu betrachten, die nicht als eine Ansicht für die auslaufende Antike und das frühe Mittelalter festzulegen ist und auch nicht für das Alter unabhängig vom kalendarischen Alter gilt, sondern nur dann vom Lebensalter unabhängig ist, wenn das Bewußtsein des nahen Todes vorliegt. Kriterium für das (vorzeitige) Alter ist für Boethius folglich das Wissen um die Todesnähe.

6.4.3 Die Zeit der Scholastik: Abaelard und Papst Innocenz III.

In der Zeit der Scholastik wird die Philosophie durch die Normenzuschreibung aus der christlichen Ethik bestimmt; auch wenn Philosophie und Theologie als getrennte Wissenschaften betrachtet werden, so kann im philosophischen Bereich

---

[157] Maximianus: 3. Elegie, 89 - 92.
"arma tibi Veneris cedantque Cupidinis arcus,
cedat et armipotens ipsa Minerva tibi.
sic mihi peccandi studium permissa potestas
abstubit atque ipsum talia velle fugit."
[158] Vgl. Maximianus: 3. Elegie, 93f.

in der Regel nur das ausgeführt werden, was von theologischer Seite erlaubt wird; die führenden Denker sind Theologen.

Hinweise über eine Normenzuschreibung für ältere Menschen, insbesondere Frauen, finden wir bei *Abaelard* (1079 - 1142). Er schreibt einen fingierten Briefwechsel mit seiner Geliebten Heloisa, die nach der unglücklichen Liebesaffaire mit ihm in ein Kloster eintreten muß. Da in diesem Zeitraum Nonnenklöster erstmalig gegründet werden, unterstehen sie in allem einem Ordenskloster von Männern. Im Zusammenhang mit Ordensregeln speziell für Frauenklöster, die Abaelard auf Bitten von Heloisa erstellen soll, werden Altersangaben für die Besetzung von Ämtern gemacht, die Rückschlüsse auf ein normatives Verständnis der damaligen Zeit zulassen.

Im Briefwechsel heißt es, daß Diakonissinnen bzw. Äbtissinnen mindestens 60 Jahre alt sein sollen, ehe sie geweiht werden. Gründe dafür sind, daß junge Frauen zu leicht das Keuschheitsgelübte brechen könnten, wenn sie der Versuchung der Leidenschaft unterlägen, und daß die Versuchung für die Mönche und den Abt, die das Frauenkloster beaufsichtigen, die Messe lesen und eben zahlreiche Kontakte zur Äbtissin hätten, zu groß sein könnte. Außerdem könnte eine 60jährige Witwe (nicht Jungfrau) auf Lebenserfahrungen zurückblicken und generell seien ältere Vorgesetzte leichter zu ertragen als jüngere.

"Ein älterer Mann ist als Vorgesetzter leichter zu ertragen denn ein jüngerer; der Gehorsam gegenüber einem Älteren kommt aus einem freudigeren Herzen, hat ihn doch nicht bloß des Lebens Zufall über uns gesetzt, sondern die naturgegebene Altersabstufung."[159]

Begründet wird die Vorschrift weiter mit Anweisungen des Paulus, der auch 60 Jahre als Lebensalter für Diakonissinnen angibt und mit Beispielen aus der Jesusgeschichte, wo dieser Ältere über Jüngere setzt wie z.B. Petrus über die anderen Apostel.[160]

Eine Entsprechung für Ordensregeln von Männerklöstern oder generell Ämtern in der Kirche gibt es allerdings nicht. Diakone, Äbte, Bischöfe und Päpste können auch in einem jüngeren Alter geweiht werden. In einer späteren Textstelle führt Abaelard nochmals an, daß die Diakonissin/Äbtissin die anderen in der Lebensführung und im Wissen übertreffen soll:

"sie soll gereiften Alters sein, daß man auf ihre sittliche Zuverlässigkeit bauen darf, ..."[161]

Bei den unabdingbaren Besuchen von Männern in Frauenklöstern soll darauf geachtet werden, daß nur ältere Priester zur Spende der Sakramente kommen. Als Grund wird wieder die Gefahr der Versuchung angegeben.[162] Die Reglementierungen in bezug auf das Alter verdeutlichen, daß die Frau im Bild der sündigen Eva gesehen wird: Eva unterliegt der Versuchung des Teufels und der Mann unterliegt der Versuchung Evas. Die alten, über 60jährigen Frauen und alte Männer - hier werden keine Altersangaben gemacht - sind im gesellschaftlichen Verständnis asexuell, d.h., daß sie weder selbst der Versuchung unterliegen noch andere "versuchen".

Für Abaelard gilt die "naturgegebene Altersabstufung", die von Gott als ordnendes

---

[159] Abaelard: Die Leidensgeschichte und der Briefwechsel mit Heloisa, übertr. u. hg. von Eberhard Brost, 2. erw. Aufl., Heidelberg 1954, 7. Brief, S. 230.
[160] Vgl. ebda., 7. Brief, S. 225 - 231.
[161] ebda., 8. Brief, S. 299.
[162] Vgl. ebda., 8. Brief, S. 324 u. 340.

Prinzip geschaffen wurde und vom Menschen zu beachten ist. Daraus leitet sich aber nicht eine Achtung vor dem Alter ab. Vielmehr zeigen die aufgestellten Regeln für das Zusammenleben im Kloster, daß man davon ausgeht, daß alte Menschen weniger leidenschaftlich und dafür "sittlich gereifter" sind.

Im Rahmen einer kurzen Abhandlung "Über das Elend des menschlichen Lebens" schreibt *Lotario Conte di Segni* (1160/61 - 1216; seinerzeit Kardinal, ab 1198 *Papst Innocenz III.*) auch über die Gebrechen des Alters. Er ist der Ansicht, daß es "eigentlich" das Beste für den Menschen sei, wenn er erst gar nicht geboren werde, da schon mit der Geburt und vorher mit der Empfängnis das Elend und die Sündhaftigkeit des menschlichen Lebens beginnt und sich bis zum Alter hin fortsetzt. Die Abhandlung enthält eine ausschließlich negative Bewertung der anthropologischen und ethischen Aspekte des Menschen. Über das Alter heißt es:

"10. Kap. Die Gebrechen des Alters.
Wenn aber jemand bis zum Greisenalter gelangt ist, dann gerät alsobald sein Herz in Betrübnis, sein Geist in Verwirrung; das Leben ermattet, der Athem stößt ab, das Antlitz runzelt und die Haltung krümmt sich;* es dunkeln die Augen, und unsicher werden die Finger; es äußert sich die Nase und schwindet das Haar; es zittert die Berührung und erlahmt die Bewegung; die Zähne werden morsch und taub die Ohren. Leicht wird der Greis gereizt, schwer besänftigt, schnell glaubt er, spät mißtraut; hartnäckig und begehrlich, trübselig und klagend, geschwätzig und schwerhörig, dabei aber zum Zorne geneigt: so lobt er die Alten, verachtet die Neueren, tadelt Gegenwart, erhebt die Vergangenheit, seufzt und ängstigt sich, und ist doch ohne Gefühl und Kraft. Höre den Dichter Horaz:
'Viele Übel umgeben den Greis.'**
Also mögen sich die Greise nicht brüsten gegen die Jünglinge noch die Jünglinge sich erheben über den Greis: denn was wir sind***, ist dieser gewesen; was dieser ist, werden einstens wir sein."[163]

Das Alter ist nach Lotario Conte di Segni vor allem durch Verlusterscheinungen gekennzeichnet. In seiner Beschreibung zählt er die Summe der Gebrechen in einer Art auf, als wenn sie immer bei jedem Menschen im Alter aufträten, so daß im letzten Abschnitt des Lebens nichts Lebenswertes mehr aufzuweisen sei. Seine zutiefst ablehnende Haltung gegen das menschliche Leben überhaupt äußert sich auch in dem Ausspruch: "das sterbliche Leben ist ein lebendiger Tod" (S. 27). Das Greisenalter ist ebenso furchtbar wie die anderen Abschnitte des Lebens, und weder im Jugend- noch im Greisenalter sollte man sich erheben und sich über andere stellen. Einziger, sinngebender Trost ist der Glaube an Gott und die Hoffnung auf das ewige Leben nach dem Tod. Lotario Conte di Segni sieht das Greisenalter nicht nur als eine anthropologische Komponente, das jeder Einzelne schicksalsergeben zu erleiden hat, sondern er ist der Ansicht, daß sowohl das Menschengeschlecht generell bereits die Stufe des Greisenalters erreicht hat als auch das Greisenalter selbst furchtbarer geworden ist als zu beginn der Menschheitsentwicklung.

"Weil es ehedem so zahlreiche heilbringende Mittel gegeben, die wegen der Verweichlichung unserer

---

[163] *) Gregor d. Gr. Homil. in evang. 1. I. Homil. 1.
 **) Horaz: Epist. ad Pison. 169.
 ***) Innocenz war damals selbst erst gegen 28 J. alt."
in: Papst Innocenz' III. Schrift: Über das Elend des menschlichen Lebens, Übers. von Fr. Rudolf, Festgabe zum fünfzigjährigen Priesterjubiläum Sr. Heiligkeit Papst Leo's XIII., Arnsberg 1887, S. 13 f.

Natur heutzutage todbringend sind, so sind ja beide Welten schon gealtert, der Makrokosmus und der Mikrokosmus, d.h. die Welt im großen und die Welt im kleinen. Und je mehr das Greisenalter beider hervortritt, um so schlimmer verwirrt sich ihre Natur." (S. 30)
Der Mensch seiner Zeit muß demnach also das Greisenalter der Menschheit, welches auch immer weiter altert, und das individuelle Greisenalter, welches schlimmer geworden ist als zu Beginn der Menschheitsentwicklung, erleiden.

6.4.4 Dante Alighieri: Das Gastmahl

Ein uns hauptsächlich als Dichter bekannter italienischer Denker des hohen Mittelalters ist *Dante Alighieri* (1265 - 1321), der sich darum bemühte, philosophisches Gedankengut seinem Volk, das er liebte, näher zu bringen.

Im ersten Traktat der Abhandlung "Das Gastmahl" (Convivio) begründet er in aller Ausführlichkeit, warum er für dieses Werk die italienische Sprache, die Sprache des Volkes also, gewählt hat, und nicht die lateinische, die der Wissenschaft vorbehalten ist. Auch erkärt er den populär-wissenschaftlichen Stil des "Gastmahls" mit seinem Anliegen, die Philosophie durch eine allegorische Bildersprache dem Volk zu vermitteln. Dieses Anliegen ist für seine Zeit revolutionär; wahrscheinlich hat Dante als erster die Umgangssprache für eine philosophische Abhandlung gewählt.

Das "Gastmahl" wird von Dante nie zu Ende geschrieben; vermutlich verfaßt er es in der Zeit von 1308 bis 1309, vor der "Göttlichen Komödie". Es enthält u.a. allgemeine Lehren über Tugendhaftigkeit, Seelenlehre und Astronomie (Dante selbst nennt diesen Bereich irrtümlicherweise Astrologie). Nach dem Vorbild von Boethius' "Trost der Philosophie" tritt die Philosophie als personifizierte Frau auf, die von Dante als Geliebte verehrt und geachtet wird. Inhaltlich beruft sich Dante häufig auf Aristoteles, dessen Lehre er als "die Wahrheit" ansieht; in Punkten, in denen die aristotelische Lehre nicht mit der christlichen übereinstimmt, wird sie entsprechend dem christlichen Verständnis umgeschrieben. Im vierten Traktat des "Gastmahls" behandelt Dante die vier Lebensalter des Menschen. In der den Traktat eröffnenden "Kanzone" heißt es zunächst:

"Gehorsam, Demut, zücht'ges Wesen
Sind Zierden ihrer [der Seele, Anm.d.Verf.] Jugendzeit,
Mit Schönheit schmückt sie ihren Körper,
Und alle Glieder zeigen dies.
Im Mannesalter ist sie tapfer, mäßig,
Voll Lieb und edler Höflichkeit.
Vor dem Gesetz die Achtung hegt sie immer.
Im höhern Alter zeigt sich dann die Seele
Einsichtig und gerecht, will gerne geben
Und hat daran die größte Freude,
Den Sorgen anderer Ohr und Rat zu leihen.
Im vierten Abschnitt unsres Lebens
Kehrt innerlich die Seel zu Gott zurück,
Schaut auf das Ziel, das ihrer wartet,

Und segnet die vergangne Zeit."[164]

In den Erläuterungen zu diesen Verszeilen werden Dantes Ansichten über die dem Alter entsprechenden Tugenden spezifiziert. Der Einteilung in vier Lebensalter des Menschen, der Jugend- und Manneszeit, dem höheren Alter und dem Greisentum, folgen die Zuordnungen der Qualitäten, ähnlich, wie es auch aus der griechischen Antike bekannt ist: das Warme und Feuchte für das Jugendalter bis 25 Jahren, das Warme und Trockene für das Mannesalter bis 45 Jahren, das Kalte und Trockene für das höhere Alter bis 70 Jahren und das Kalte und Feuchte für das Greisentum bis ungefähr 80 Jahren. Auch werden die Lebensaltersphasen in Analogie zu den vier Jahreszeiten und vier Tageszeiten gesetzt. Der höchste Punkt im Spannungsbogen des menschlichen Lebens fällt in die Zeit zwischen dem 30. und 40. Lebensjahr, bei gesunden Menschen normalerweise in das 35. Jahr. In der nun folgenden Argumentation, in der seine christliche Überzeugung zum Ausdruck kommt, heißt es:

> "Maßgebend ist für mich die Überzeugung, daß unser Heiland Christus die beste Natur sein eigen nannte. Dieser aber wollte im 34. Lebensjahre sterben. Es wäre nicht angemessen gewesen, wenn die Gottheit in ein abnehmendes Alter gekommen wäre." (S. 246)

Das ideale Alter erreicht man als Mensch mit 81 Jahren; Platon erlangte es.(Vgl. S. 249 f.) Dante nimmt also eine Blütezeit im Lebenslauf an und beschreibt die Entwicklung bis dahin und im Anschluß daran als einen gespannten Bogen. In der Zuordnung der Tugenden und Naturen zum Lebensalter wird deutlich, daß die Blütezeit mit ca. 35 Jahren den körperlichen und geistigen Höhepunkt meint. Im höheren Alter dann soll der Mensch klug, gerecht, freigebig und leutselig sein (Vgl. S. 259). Der alte Mensch sucht nicht nur die Vollkommenheit für sich, sondern auch für andere. Er ist weise und gut - die beiden Tugenden bedingen einander -, er erteilt guten Rat, auch wenn er nicht gefragt wird, sondern wenn er meint, daß es notwendig sei. Er redet Gutes und hört sich das Leid anderer an. Der letzte Abschnitt des Lebens, das Greisentum, ist die Rückkehr der Seele zu Gott, woher sie gekommen ist. Die Seele 'segnet den zurückgelegten Weg ohne Bitterkeit' (Vgl. S. 264); im Rückblick auf das vergangene Leben erklärt sich der Greis mit seinem gelebten Leben einverstanden. Das Greisenalter ist die Vorbereitung auf den Tod. Als Allegorie gebraucht Dante hier den reifen Apfel, der sich naturgemäß vom Ast löst. Als furchtbar kann das Greisentum erlebt werden, wenn man "mit vollen Segeln diesem Hafen [den Tod, Anm.d.Verf.] zueilet" (S. 265), d.h., nicht auf den Tod vorbereitet ist. Für Dante gehört zum Leben insgesamt der Rückblick und der Abschied am Ende. Erst dadurch wird das Leben im eigentlichen Sinne vollendet. Durch sein Werk "Das Gastmahl" will Dante die Menschen seiner Zeit aufklären und in allgemeine Lebensregeln unterweisen. In seiner starken Anlehnung an die Klassiker der griechischen Antike transponiert er unkritisch das "Wissen" aus damaliger Zeit in seine christlich geprägte Gegenwart, um dann in allgemeinverständlicher Sprache die Inhalte seinem Volk zu vermitteln.

---

[164] Dante Alighieri: Das Gastmahl, übertr. von Constantin Sauter (1911), München 1965, S. 163.

6.4.5 Vorlesung über das Alter von Jean Hesdin

In der Blüte des Mittelalters erlebt die Schrift Ciceros über das Alter eine neue Popularität. Im 11./12., besonders im 13.Jhd., werden zahlreiche Abschriften des "Cato maior" angefertigt (heute zählt man noch ca. 150 Handschriften), mit Beginn der Druckkunst werden verschiedene Ausgaben gedruckt, z.T. in übersetzten Fassungen. Die Auseinandersetzung mit dem Alter und dem Greisenalter - dazwischen wird unterschieden - ist ein verbreitetes Thema im Mittelalter, und immer wieder wird das Muster des Pro und Contra in dialogischer Form, wie Cicero es gewählt hatte, als Vorlage genommen. Auch inhaltlich orientiert man sich an den von Cicero vorgetragenen Argumenten.

Der wahrscheinlich ausführlichste Traktat dieser Epoche über das Alter wird von *Jean Hesdin* verfaßt.[165] Über diesen Theologen ist nur soviel bekannt, daß er in der Zeit von 1340 bis 1367 Priester des Hospitaliterordens St. Jean ist, Professor der Universität Paris und Dekan der dortigen Theologischen Fakultät. Jean Hesdin verfaßt von 1362 bis 1364 eine Vorlesung über den "Titus-Brief" (Brief des Paulus an Titus, Bischof von Kreta)[166], worin der Traktat über das Alter enthalten ist. Die Vorlesung wird zur Abschrift freigegeben und zahlreiche Kopien angefertigt (heute sind noch 24 Manuskripte erhalten)[167]. Durch die Verbreitung der Kopien kann angenommen werden, daß diese Schrift das mittelalterliche Denken beeinflußt. Die inhaltlichen Aussagen finden vor allem durch Predigten Verbreitung. Aus diesem Grunde und weil es wahrscheinlich die ausführlichste Abhandlung dieser Zeit über das Alter ist, soll die Schrift in diese Arbeit mit aufgenommen werden.

In der Auseinandersetzung mit dem Thema "Alter" benutzt Jean Hesdin zahlreiche antike und christliche Autoren, um die verschiedensten Argumente zu begründen oder zu widerlegen. Es reicht für ihn aus, berühmte Persönlichkeiten wie Aristoteles, Horaz, Ovid, Cicero, Vergil, Seneca, Augustinus, Hieronymus, Macrobius, Boethius, Maximianus, Thomas von Aquin und andere zu zitieren, um das von ihm vorgetragene Argument zu verifizieren. Daneben benutzt er Bibelzitate aus dem Alten und Neuen Testament, um eine Behauptung oder eine moralische Forderung zu untermauern. Manchmal kehrt er die inhaltlichen Aussagen solcher Zitate um, damit sie besser in seine Argumentation passen.

Vor der Auslegung des Bibeltextes beginnt Jean Hesdin die Abhandlung mit einer Analyse des "Cato maior". Die dialogische Struktur von Ciceros Werk wird beibehalten, Gesprächspartner jedoch sind Aristoteles für die Contra-Position und Cicero für die Pro-Position. In der Analyse wird zunächst zwischen vier Weisen des Alt-seins unterschieden: nach Lebensjahren, nach Amtswürde, nach Vernunft und nach Heiligkeit. Bei der besagten Bibelstelle im "Titus-Brief" meint Paulus das Alter nach Lebensjahren (Vgl. S. 141). Anhand einer Bildinterpretation wird die Betrach-

---

[165] Vgl. Sprandel, R.: Altersschicksal, S. 138. - Im Anhang seines Werkes ist ein Auszug der "Vorlesung über Titus" von Jean Hesdin in lateinischer Sprache abgedruckt, S. 164 - 186; der Auszug betrifft die Lektionen 2 - 9 über das Alter.
[166] Die Bibel. Altes und Neues Testament. Einheitsübersetzung, Freiburg/Basel/Wien 1980, S. 1348f.
[167] Vgl. Sprandel, R.: Altersschicksal ..., S. 139.

tungsweise des Alters von seiten der Jünglinge demonstriert, die das Alter verlachen, und von seiten reifer Männer, die es krönen. Symbolisch soll gezeigt werden, daß Menschen vom Alter gebeugt werden und trotzdem "lebenshungrig" sind, auf jedes weitere Lebensjahr hoffen. Das Alter hat seine Vor- und Nachteile (Vgl. S. 141). Nach dieser allgemeinen Einleitung beginnt Jean Hesdin, sich mit den vier Schwächen des Alters zu befassen, die von Cicero im "Cato maior" angeführt werden. Die erste Schwäche ist die "Verurteilung zur Untätigkeit durch Mangel an öffentlicher Verantwortung" (S. 142). Nach bestätigenden Argumenten für diese Schwäche, wobei u.a. Aristoteles und Maximianus zitiert werden, erfolgt die Widerlegung. Jean Hesdin kommt zu dem Schluß, daß alte Menschen sehr wohl für öffentliche Angelegenheiten geeignet seien, da sie (1) über geistige Kräfte verfügten (diese werden im Alter mehr), da (2) die Geschichte lehre, daß die Alten das von Jungen Zerstörte wieder aufbauten, und da sie (3) ein gutes Gedächtnis hätten. Mit der zweiten Schwäche des Alters ist das körperliche Versagen gemeint. Dieses ist zwar nicht wegzuargumentieren, aber durch gesundes und sündenfreies Leben in der Jugend sind die Gebrechen im Alter nicht so drastisch. Die dritte Schwäche beinhaltet den Mangel an Begierden, womit zunächst Liebe und Freude gemeint sind. In der Auseinandersetzung des Für und Wider werden das Fehlen der körperlichen Begierden als Vorteil angesehen, da die Vernunft ohne die Begierden nur um so besser agieren kann und die "ratio" letztendlich den höchsten Wert besitzt. Außerdem gibt es die dem Alter angemessenen Begierden wie z.B. die Lust am Gartenbau (wird von Cicero genannt) und die Genüsse des Geistes. In der vierten Schwäche wird die Nähe des Todes als Bedrängnis thematisiert. In diesem Punkt wird angeführt, daß der Tod etwas Gutes gibt, nämlich den schlechten Menschen die Befreiung ihrer Unglückseligkeit und Ungerechtigkeit, und den guten die Seligkeit im ewigen Leben. Außerdem haben die alten ihr Leben gelebt, die jungen dagegen nicht, wenn sie sterben; deswegen sind alte Menschen im Vorteil. Damit schließt die Auseinandersetzung mit Ciceros "Cato maior" und Jean Hesdin kommt zu dem Schluß, daß, wegen der Schwächen des Alters, die trotz allem gegeben sind, die Alten eine dreifache Verpflichtung haben: sie sollen in ihrem Verhalten reifer, in ihrer Einstellung heiliger und in ihrem Handeln besser sein, und zwar nicht besser als die Jugend, sondern gemeint ist, besser als die "schlechten Alten". Für die Jungen gilt, daß die (guten) Alten geehrt, gehört und geliebt werden sollen (Vgl. S. 144).

Nun werden in der Vorlesung erst die sechs paulinischen Vorschriften für alte Männer erörtert.[168] In der ersten Vorschrift wird die Nüchternheit thematisiert. In der Argumentation für die Richtigkeit dieser Vorschrift heißt es, daß die Alten verehrungswürdig seien, und dies schließt die Verpflichtung zur Nüchternheit ein. Außerdem würden Alte schneller betrunken sein als Junge, da ihr Körper trockener sei; auch verletze die Trunkenheit das Schamgefühl, was Alte besonders vermeiden müßten. Ebenso sei die Trunkenheit ein Libido-Ersatz für alte Menschen und deshalb als

---

[168] Die Bibelstelle hierzu lautet: (2. 2) "Die älteren Männer sollen nüchtern sein, achtbar, besonnen, stark im Glauben, in der Liebe, in der Ausdauer. (2. 3) Ebenso seien die älteren Frauen würdevoll in ihrem Verhalten, nicht verleumderisch und nicht trunksüchtig; sie müssen fähig sein, das Gute zu lehren, ..." Die Bibel, Der Brief an Titus, S. 1349.

schandbar anzusehen. Die zweite Vorschrift wird in bezug auf geschlechtliche Zügellosigkeit interpretiert. Dem Alter gebührt Enthaltsamkeit; damit ist nicht nur der Geschlechtsakt gemeint, dieser wird infolge des Alters irgendwann nicht mehr möglich sein und bedeutet dann keine Enthaltsamkeit, sondern auch Berührungen und Küsse sind gemeint. Der Austausch von Zärtlichkeiten gilt für alte Menschen als unmoralisch. Zur Weisheit (im Alter) gehört an erster Stelle die Züchtigkeit. Die Klugheit-/Besonnenheit, dritte Vorschrift, ist dem Alter vorbehalten, da sie auf Erfahrung beruht. Die Stärke des Glaubens, vierte Vorschrift, kann gefährlich sein, wenn ein Glaubensirrtum vorliegt, da alte Menschen stärker an ihrer Überzeugung festhalten als junge. Starke Liebe und Geduld bzw. Ausdauer, fünfte und sechste Vorschrift, sind wichtig, damit die christliche Lehre im richtigen Verständnis überliefert wird und auch bei Verfolgungen am Glauben festgehalten wird. In der siebten Lektion der "Titus-Vorlesung" geht Jean Hesdin zu den Moralvorschriften für alte Frauen über. Da das weibliche Geschlecht schwach ist und mehr zu den Lastern neigt als zu den Tugenden (im Unterschied zum männlichen Geschlecht, das stärker und stabiler ist und auch ein sichereres Urteil hat), werden von Paulus den Frauen vier Laster vor Augen geführt. Zunächst wird klargestellt, daß es zum Vorteil von alten Frauen ist, wenn sie Witwen sind, denn dann sind sie in eine Familie eingebunden. Auch sollen Frauen nicht nach den Beschwernissen des Alters, sondern nach ihrer geistigen Reife beurteilt werden. Witwen sollen sich in vier Eigenschaften auszeichnen: in der Enthaltsamkeit, in der Heiligkeit (womit nicht Sündenlosigkeit wie beim Mann, sondern religiöse Übungen gemeint sind), in ihren Absichten und in ihrer Ausdauer (Vgl. S. 146). Bezugnehmend auf die Paulus-Aussagen im "Titus-Brief"(2.3) schreibt Jean Hesdin, daß Frauen sich nicht unnötig schmücken und nicht prunksüchtig sein sollen. Ihrem Ehemann zum Gefallen sollen sie sich schön kleiden, aber keinesfalls aus Eitelkeit. Witwen sollen ganz dem Schmuck entsagen. Im Zusammenhang mit der angemessenen Kleidung sollen alte Frauen und (alte) Witwen[169] folgende vier Eigenschaften besitzen bzw. anstreben: "Reife der Gestik, Einfachheit der Redeweise, Ehrenhaftigkeit der Bewegung und Güte der Handlung" (S. 147). Im weiteren heißt es dann, daß alte Frauen keine "criminatrices" sein sollen. Damit ist nicht eine allgemeine Sündhaftigkeit gemeint, sondern "eine Infamie wie Fälschung, Häresie und Wahrsagerei" (S. 147). Da alte Frauen schwach im Glauben sind, sogar als leichtgläubig bezeichnet werden können, unterliegen sie leicht den Verführungen der Dämonen und lassen sich auf die Wahrsagerei ein. Der Verzicht auf den Weingenuß findet noch Erwähnung, und als letzter Punkt zur Altersmoral bezieht sich Jean Hesdin auf die Aufforderung im "Titus-Brief", "das Gute zu lehren". Natürlich ist damit nicht die Lehre in der Öffentlichkeit gemeint wie etwa Schule oder Kirche, sondern der häusliche Bereich. Alte Frauen sollen die jungen Frauen u.a. lehren, Mann und Kinder zu lieben und dem Manne gehorsam zu sein. Ausnahmen gibt es nur, wenn "heilige" Frauen "aus einem von Gott inspirierten Wissen heraus den Glauben lehren können." (S. 148) Jean Hesdin vermerkt im Anschluß daran noch, daß für ihn 'das Alter' von 50 bis 70 Jahren reicht und das Greisenalter von 70 bis zum Lebensende.

---

[169] Wenn der Ehemann früh stirbt, sollen Frauen nochmals die Ehe eingehen.

Ähnlich wie Dante ist auch Jean Hesdin in der Literatur der griechischen und römischen Antike bewandert. Hesdin gebraucht sein Wissen zur Verifizierung seiner Argumente. Unkritisch übernimmt er antikes Gedankengut, überträgt es in sein christliches Verständnis, um es dann in dieser Form als "Lehrgut" zu vermitteln. Seine Pro- und Kontra-Argumente über das Alter reichen in ihrer inhaltlichen Aussage nicht über die antiken Vorlagen hinaus. Sie sind lediglich auf das christliche Gedankengut abgestimmt und manifestieren die offizielle Lehre der Kirche. Die Vorschriften für Christen, ausgelegt für den Lebensabschnitt des Alters, vermitteln ein Idealbild des Menschen, das es anzustreben gilt, das aber in der Realität nicht in idealer Vollendung verwirklicht werden kann. Daher wird jeder alte Mensch letztendlich sündig, vor allem aber alte Frauen, die noch besonderer Vorschriften bedürfen, da sie leichter der Sünde verfallen. Das von Jean Hesdin angegebene Alter von 70 Jahren für Greise dürfte in seiner Zeit höchstens Pfarrern oder anderen Männern in geistlichen Berufen bzw. von hohem Stand vorbehalten gewesen sein, der einfache Bürger hatte im hohen Mittelalter kaum Chancen, überhaupt 60 Jahre alt zu werden.

6.4.6 Erasmus von Rotterdam: Carpe diem

Erasmus von Rotterdam (1466/69 - 1536) gilt als bedeutendster europäischer Humanismusvertreter, der sich zur Reformation Luthers abgrenzt. In seinen theologischen Studien versucht er, die "mit der christlichen Antike beginnende positive Theologie mit dem Gedanken einer natürlichen Theologie in einer >philosophia Christi< zu verknüpfen, die in diesem Sinne eine >patristische< Verbindung von kirchlicher Religiosität und weltlicher Vernunft darstellt."[170] In seinen Werken bevorzugt er die Form des Essays und des Aphorismus, so daß systematische philosophische Abhandlungen von ihm nicht verfaßt werden. Die Thematisierung des Alters ist mehrfach in seinen Werken verstreut zu finden, so im "Lob der Torheit", in Gedichten, im "Altmännergespräch" und in seiner Sammlung von Sprichwörtern.

Im "Lob der Torheit" tritt die personifizierte "Torheit" auf, um als Sophist, als Freund der Weisheit, sich selbst zu loben. Die Torheit kann ein Freund jedes Menschenalters sein, der Kindheit, der Jugend und vor allem des Alters. Das mühselige Alter wäre nicht zu ertragen, hätte nicht die Torheit Erbarmen mit ihm und führe es zurück zur Kindheit. Kennzeichen des Alters sind:

> "...: silbern ist ihr Haar, zahnlos ihr Mund, zwerghaft ihr Wuchs; ihr Labsal ist Milch; sie stammeln, sie plappern, sind kindisch, vergeßlich, gedankenlos. Je mehr es dem Alter zugeht, desto näher kommen sie wieder der Kindheit, bis sie wie Kinder, des Lebens gar nicht müde, des Todes gar nicht gewärtig, fortwandern aus dem Dasein."[171]

Die Träume der Menschen nach Rückverwandlung zur Jugend führen nicht ins Glück; in einen Baum, einen Vogel, eine Grille oder eine Schlange verwandelt zu werden - statt in ewige Jugend - brachte schon in der Antike nicht den gewünschten

---

[170] Mittelstraß, Jürgen: Erasmus von Rotterdam, in: Enzyklopädie Philosophie und Wissenschaftstheorie, Bd. 1, S. 566.
[171] Erasmus von Rotterdam: Ausgewählte Schriften, Bd. 2, hg. v. W. Welzig, Darmstadt 1975, S. 29.

Erfolg, sondern führte zur Vernichtung. Nur die Torheit kann den Ernst des Lebens, kann Kummer und Mühsal verdrängen und das Alter erträglich machen. Nicht Weisheit und Besonnenheit erleichtern das Alter, sie sind vielmehr eine Belastung, die einem die Plage des Alters verspüren lassen (Vgl. S. 29 ff.). Weise haben oft Hand an sich gelegt, die von der Torheit begnadeten erfeuen sich dagegen des Lebens.

> "Ja, so nachhaltig wirkt meine [der Torheit, Anm.d. Verf.] Hilfe in all dem Jammer, daß sie auch dann vom Leben nicht scheiden mögen, wenn von ihnen das Leben schon lange geschieden ist; je weniger sie Ursache hätten zu leben, desto größeren Spaß macht es ihnen, und von Überdruß spüren sie nichts. Mir dankt ihrs, wenn ihr seht, wie überall Greise in Nestors Jahren noch guter Dinge sind, Gestalten, kaum mehr wie Menschen, stammelnd, schwachsinnig, zahnlos, graubärtig, glatzköpfig oder, wie Aristophanes sagt: 'gebeugt, gebrechlich, ungepflegt, zahnlos, kahlköpfig, runzlig längst ausgebrannt ...', aber sie freuen sich noch ihres Daseins und nehmen es mit jedem Jungen auf..." (S. 69/71)

Wenn der Mensch also die Wahl hätte zwischen Weisheit und Torheit, so solle er die Torheit wählen, da die Weisheit zu beschwerlich und belastend sei. Überall könne man in der Welt sehen, daß Torheit leichter zu leben und zu ertragen sei, denn sonst würden sich die Menschen wohl kaum so sehr den Trugbildern, Träumen, irrealen Vorstellungen, oder generell der Torheit hingeben.

Erasmus hält in seinem Werk "Lob der Torheit" den Menschen seiner Zeit einen Spiegel vor, beschreibt detailliert die gesellschaftlichen Verhältnisse des Spätmittelalters und plädiert letztendlich für das vernünftige Handeln des Menschen. Indem er in der Umkehrung das sinnlose, törichte Verhalten lobt, entlarvt er es.

In dem Gedicht "Leidvolle Klage" schildert Erasmus die Gebrechen des Greisenalters, so wie sie in seiner Zeit alltäglich zu beobachten waren, und beklagt sich darüber, daß er persönlich das seelische Leid, das eigentlich erst mit dem körperlichen Leid des Alters einhergeht, schon in der Jugendzeit ertragen muß.

> "Leidvolle Klage
> Obwohl ich noch nicht auf dem Haupte weiß werde oder mir graue Haare wachsen, oder mein Haupt seiner Haare beraubt erglänzt, oder das schon fortgeschrittenere Alter die Sehschärfe schwächt, oder der schwarze Zahn dem ungepflegten Munde entfällt, und struppige Haare meine Arme noch nicht jucken oder auf dem eintrocknenden Körper mir die Haut schlaff herabhängt, ja, obwohl ich zu guter Letzt keinen Beweis für mein Greisenalter sehen kann, so fügen mir Unglücklichen etwas, das ich nicht näher beschreiben kann, das Los und Gott zu. Sie wollten, daß ich die üble Last des Greisenalters schon in den zarten Jugendjahren trage, sie wollen, daß ich schon ein Greis bin, aber sie lassen mich nicht alt geworden sein." (S. 229)

Auch in anderen Gedichten werden immer wieder die körperlichen Gebrechen des Alters geschildert, so in der "Elegie über die Wandelbarkeit der Zeit. An einen Freund", in der "Zweite(n) Elegie, wider einem Jüngling, der im Leben schwelgt, und mahnender Verweis auf den Tod" und in "An Wilhelm Copus, den hochgelehrten Arzt, ein Lied über das Alter". Im zuletzt genannten Gedicht beschreibt er das Alter als "eine ungeheuerliche Krankheit", die "sich durch kein Heilmittel aufhalten oder vertreiben" (S. 343) läßt.

Das Alter ist für Erasmus ein Zustand des körperlichen und geistigen Verfalls, dem kein Mensch einfach entgehen kann. Deshalb befürwortet er die Maxime "Carpe diem", eine in der Hochblüte des Mittelalters verbreitete Lebenseinstellung, wobei Erasmus nicht einfach ein lustvolles Genießen meint, sondern ein bewußtes, vernünftiges Leben mit den Freuden und Genüssen eines jeden gelebten Tages, der ohne Leid ist. Diese Lebenshaltung kommmt besonders in seinem Essay "Altmännergespräch, oder: Das Fuhrwerk"[172] zum Ausdruck. In der Erzählung treffen sich vier Männer nach mehr als vierzig Jahren wieder. Obwohl sie fast gleichaltrig sind - sie haben das "tithonische" Alter von 66 Jahren und mehr erreicht -, sind sie sehr unterschiedlich gealtert. Der erste Erzähler ist ergraut, gebrechlich und faltenreich, der zweite gesund, kraftvoll und ohne Falten. Diese zwei Männer erzählen ihre Lebensgeschichte als Erklärung für ihren Alterszustand. Während der zweite Erzähler nur vernünftig, bescheiden und planvoll gelebt hat und kaum Alterserscheinungen aufweist, hat der erste ein ausschweifendes, lustvolles Leben ohne Vernunft geführt und ist nun von den Gebrechen des Alters furchtbar gezeichnet.

In der Sprichwörtersammlung trägt Erasmus Redewendungen und Sprichwörter aus der Antike zusammen, ohne sie jedoch weiter zu interpretieren. Das Stichwort "Alter" gehört mit zu seiner Sammlung.

Erasmus hat in seinen Werken die alltäglich zu beobachtenden Altersphänomene realitätsnah beschrieben und mit dem Lebenswandel der Menschen seiner Zeit in Beziehung gesetzt. Körperliches und geistiges Altern als Abbauprozeß steht für ihn in einem direkten Zusammenhang mit einem vernünftig-moralischen Lebenswandel. Je vernünftiger und christlicher der Mensch lebt, desto weniger und desto später altert er.

6.4.7 Michel de Montaigne: Stimmung am Lebensabend

Im Stil subjektiver Erlebensweise beschreibt *Michel Eyquem de Montaigne* (1533 - 1592) sein Altwerden und seine Gedanken im Alter. Montaigne, Hauptvertreter der französischen Moralisten, schildert in einem weniger moralisierenden als vielmehr individuell exemplarisch gestalteten Essay seine "Stimmung am Lebensabend".[173] Er sieht sein Alter mit der Gelassenheit, ein gutes Leben geführt zu haben, das nun dem Ende zugeht. Es liegt in der Ordnung der Natur, daß alles ein Ende hat. Weniger gut zu ertragen wäre das Alter, wenn es abrupt einträte, wenn man es plötzlich als einen "Sturz aus voller Höhe" erleben müßte. Aber da der Altersabbau nach und nach eintritt und die Verluste nacheinander zu verkraften sind, ist das Alter bis zum Ende durch den Tod gelassen zu ertragen.

"Bei jedem Geschäft findet sich das Ende ganz von selbst. Meine Welt sinkt unter mir dahin. Meine Form löst sich auf. Der Vergangenheit gehöre ich an. Sie hat mein Wesen geformt. Ihr gemäß muß ich meinen Abgang einrichten. Gott erweist denjenigen eine Gnade, denen er das Leben stückweise entzieht. Das ist das einzige Gute am Alter. Der letzte Tod ist dann weniger schmerzlich und gewaltsam. Er tötet nur einen halben oder Viertelsmenschen."[174]

Montaignes Haltung gegenüber seinem Altwerden könnte mit "Ataraxie" umschrieben werden. Es ist die Gleichmütigkeit gegenüber dem individuellen Schicksal

---

[172] Erasmus von Rotterdam: Ausgewählte Schriften, Bd. 6, hg. v. W. Welzig, Darmstadt 1967, S. 212 - 251.
[173] Montaigne, M.d.: Der Lebensweisheit letzter Schluß, in: Ders.: Die Essais oder Das Reisetagebuch, i. d. Hauptteilen hg. u. verdt. v. Paul Sakmann, Leipzig 1932, S. 278f.
[174] ebda., S. 278.

und der Ordnung der Natur, die ihn sein Alter ertragen läßt, ohne darunter zu leiden. Obwohl er subjektiv seine Empfindungen und Gedanken vorträgt, vermittelt er den Anspruch, daß auch andere seine Haltung als eine dem Alter (dem Gegenstand) angemessene übernehmen sollten. In der Unterordnung unter die natürlichen Gegebenheiten bleibt der Wunsch, Gesundheit und Weisheit im Alter (durch göttliche Fügung) zu erhalten.[175]

6.4.8 Auswertung des Mittelalters

Die Epoche des Mittelalters, die einen langen Zeitraum umfaßt und in eine Früh-, Hoch- und Spätphase untergliedert werden muß, zeigt eine ständig fortschreitende Abwertung des Alters. Während im frühen Mittelalter noch zwischen körperlichem Altern und geistigem Reifen unterschieden wird, und die Altersweisheit sich als positiver Aspekt auf das Ansehen der alten Menschen auswirkt, liegt die Betonung im Hoch- und Spätmittelalter fast ausschließlich auf den körperlichen Altersgebrechen.

Für Boethius kann die höchste Stufe der menschlichen Erkenntnis vor dem Tod erreicht werden und somit bei zahlreichen Menschen im Alter. Geistige Altersreife und körperliche Alterskennzeichen verlaufen parallel zueinander, sind aber unabhängig vom kalendarischen Alter, wenn das Wissen vom baldigen Tod vorliegt. Mit der Verbreitung des Christentums und der Lehre von der Sündhaftigkeit des Menschen kommt es zu einer immer stärker werdenden Heraushebung der Abwertung alles Körperlichen. Der Mensch wird durch seinen Körper sündig; der alte Körper zeigt in seiner Häßlichkeit diese Sündhaftigkeit. Da das Alter an Leidenschaft verliert, wird der alte Mensch sittlich gereifter. So sieht Abaelard den Alternsprozeß. Für Papst Innocenz III. muß das individuelle und das makrokosmische (Menschheitsalter) Greisenalter erlitten werden, da die Menschen immer mehr der Sünde verfallen sind. In der Blütezeit des Mittelalters kommt es in Philosophie und Theologie zu einer Rückbesinnung auf die Lehren der Antike, die mit der christlichen Anschauung in Einklang gebracht werden. Der normative Anspruch, daß das Alter gut und weise, gerecht und edel sei, soll dem Volk gelehrt werden. Im Alter soll der Mensch auf sein vergangenes Leben zurückblicken und sich auf seinen zukünftigen Tod vorbereiten. Die tugendhaften Lehren, die mit ihrem christlichen Idealanspruch im Gegensatz zur faktischen Realität der gesellschaftlichen Verhältnisse stehen, dokumentieren die Diskrepanz zwischen den in gesicherten Lebensverhältnissen stehenden geistig Tätigen und der notleidenden, um ihre Existenz kämpfenden, schwer arbeitenden Bevölkerung. Durch den Anspruch der christlichen Lehre, daß der alte Mensch weise und sittlich gut sein soll, wird der Bevölkerung gezeigt, wie sündig und unmoralisch sie tatsächlich sei. In der Pro- und Kontra-Argumentation über das Alter gehen die Gründe für eine positive Bewertung mit der Achtung und Ehre von alten Menschen nicht über die inhaltlichen Aussagen der Antike hinaus. Die Argumente werden

---

[175] Vgl. Montaigne, M.d.: Absage an die Übermenschen, in: Ders.: Die Essais, S. 290.

lediglich dem christlichen Gedankengut angepaßt. Im Spätmittelalter appeliert Erasmus von Rotterdam an die Vernunft des Menschen und stellt das Alter(n) in einen direkten Zusammenhang mit einem vernünftig-moralischen Lebenswandel. Der Mensch ist wieder selbst für seinen Alter(n)szustand verantwortlich, und zwar auch für die körperlichen Altersgebrechen.

Die im Mittelalter verbreitete Maxime "Carpe diem", die im Angesicht der Kriege, Hungersnöte, Pestepedemien und Krankheiten für die Bevölkerung oft die einzig mögliche Lebenseinstellung bedeutet, führt zu einem moral- und prinzipienlosen Lebenswandel. Dies soll von geistiger/kirchlicher Seite eingeschränkt und verhindert werden; deshalb appeliert man an Vernunft und Moral. Für Montaigne schließlich, der schon in die Übergangszeit zur Neuzeit eingeordnet werden kann, unterliegt der Mensch der göttlichen und natürlichen Ordnung, die sinnvoll eingerichtet ist. Das Alter "baut" den Menschen "stückweise ab", so daß die körperlichen Leiden und die geistigen Verluste nicht in ihrer ganzen Ausprägung erlebt werden müssen. Der alte Mensch ist demnach kein "ganzer" vollwertiger Mensch mehr, sondern zuletzt nur noch ein "Viertelsmensch" oder weniger.

In der Epoche des Mittelalters sind weniger die zwei gegensätzlichen Pole im Altersbild - die Achtung vor dem Alter und die Abwertung des Alters - zu finden, als vielmehr einseitig die Betonung des negativen Altersbildes. Das Alter wird fast ausschließlich unter körperlichen Aspekten gesehen, geistige Altersqualitäten werden zwar normativ gefordert, aber nicht mit der Konsequenz, daß das Alter geachtet und geehrt werden solle. In der christlichen Moral wird Mildtätigkeit und Barmherzigkeit gegenüber alten Menschen gefordert, aber weniger aus humanistischen Gründen, als vielmehr zur "Sicherung des Himmelreiches". Insgesamt überwiegt die Ablehnung und Abwertung des Alters, alte Menschen werden als Sünder verachtet.

6.5 Die Neuzeit

6.5.1 Zur realhistorischen Situation[176]: Gesunde Lebensführung heißt die Maxime

Der 30jährige Krieg hat Sitten und Werte verfallen lassen; Arme, Schwache und Hilflose haben am stärksten unter den Grausamkeiten des Krieges, den Pestepedemien und der allgemeinen Not zu leiden. Nach den Wirrnissen des Krieges soll eine neue humanistische Moral aufgebaut werden, die zunächst einmal eine äußere Ordnung

---

[176] Die Geschichte des Alters vom 16. bis zum 20. Jhd. ist inzwischen umfangreich und differenziert erarbeitet worden, so daß sich das Problem ergibt, einige prägnante Inhalte zur Geschichte zusammenfassend darzulegen. Die Werke, in denen das gesellschaftliche Altersbild ausführlich bearbeitet wurde, sind: Konrad, H. (Hg.): Der alte Mensch in der Geschichte, Wien 1982; Altwerden in der Bundesrepublik Deutschland: Geschichte-Situationen-Perspekten, Bd. 1-3, von der Arbeitsgruppe Fachbericht über Probleme des Alterns, Berlin ²1987 (¹1982); Conrad, Chr./Kondratowitz, H.-J. von (Hg.): Gerontologie und Sozialgeschichte. Wege zu einer historischen Betrachtung des Alters, Berlin ²1985 (¹1983); Borscheid, P.: Geschichte des Alters. 16.-18. Jahrhundert, Münster 1987.

schaffen und garantieren soll, und die in der Folge eine innere Ordnung, eine humanistische Lebenshaltung, anstrebt. Von der Befürwortung zu mehr Menschlichkeit profitieren besonders die Schwachen der Gesellschaft, wozu auch die alten Menschen gehören. Während die Aufklärung mehr Menschlichkeit, Achtung usw. über die Vernunft fordert, geht die andere Richtung des Humanismus den Weg über das Gefühlsleben des Menschen und fordert mehr gefühlvolle Anteilnahme und Verstehen, so auch für die (leidenden) Alten.

Die Herrschaftsform wird absolutistisch, der "Landesvater" regiert, und in Behörden und Ämtern gilt wieder das Prinzip der Anciennität. Auch im Familienleben übertragen sich die neuen Ordnungs- und Herrschaftsprinzipien, der Familienvater nimmt die unangefochten oberste Stellung als Familienoberhaupt ein. Achtung und Ehre vor den Eltern ist wieder strenges Gebot in der Verbreitung der christlichen Lehre und somit kommen alte Eltern und alte Menschen generell zu einem hohen Ansehen.

Trotzdem gibt es auch im 17. Jhd. die entgegengesetzte Einstellung zum Alter: die Verachtung und Verspottung. Die grausamste und drastischste Verurteilung des Alters, allerdings mehr geschlechtsspezifisch für Frauen, dokumentiert sich in der immer noch praktizierten Hexenverfolgung, in der besonders arme, alte, alleinstehende Frauen verurteilt werden, die sich nicht streng an die gesellschaftliche Ordnung halten oder wegen auffälliger äußerer Merkmale oder Verhaltensweisen verfolgt werden.

Gegen Mitte des 18. Jhds. ist eine Wandlung des Altersbildes zu beobachten, die sich zunächst einmal in der Auflehnung der Jungen gegen die patriachalen Verhältnisse in der bürgerlichen Familie zeigt. Die Achtung und Anerkennung des Alters erfolgt weniger generell als mehr gegenüber einzelnen Persönlichkeiten aufgrund ihrer Verdienste. Trotzdem bleibt das Alter ein relevantes Thema, das sich in Dichtung und Malerei niederschlägt, teils verherrlichend dargestellt, teils mit Blick auf die Leiden, von denen das Alter nicht frei ist.

Johann Wolfgang von Goethe (1749 - 1832), widmet einige Gedichte dem Thema Alter, worin der Geist seiner Zeit in seiner Einstellung zum Alter deutlich zum Ausdruck kommt.

"'Die Jahre nahmen dir, du sagst, so vieles:
die eigentliche Lust des Sinnespieles;
Erinnerung des allerliebsten Tandes
von gestern, weit und breiten Landes
durchschweifen frommt nicht mehr; selbst nicht von oben
der Ehren anerkannte Zier, das Loben,
erfreulich sonst. Aus eignem Tun Behagen
quillt nicht mehr auf, dir fehlt ein dreistes Wagen!
Nun wüßt' ich nicht, was dir Besondres bliebe?'
Mir bleibt genug! Es bleibt Idee und Liebe!"[177]

"Das Alter ist ein höflich Mann:
Einmal übers andre klopft er an,
aber nun sagt niemand: Herein!

---

[177] Goethe, Vom künftigen Alter, in: Reiners, Ludwig (Hg.): Der ewige Brunnen. Ein Hausbuch deutscher Dichtung, München 1982, S. 236.

> Und vor der Türe will er nicht sein.
> Da klinkt er auf, tritt ein so schnell,
> und nun heißt's, er sei ein grober Gesell."[178]

Der Wunsch nach langem Leben gewinnt wieder an Bedeutung, Appelle zur gesunden Lebensführung, Hygiene und Diätetik werden an die bürgerlichen Kreise gerichtet. In dieser Zeit erscheinen auch die Abhandlungen von van Swieten "Rede über die Erhaltung der Gesundheit der Greise" und von Hufeland "Makrobiotik oder Die Kunst, das menschliche Leben zu verlängern." Die durchschnittliche Lebenserwartung steigt kontinuierlich an; durch bessere medizinische Versorgung, Hygiene, bessere Ernährung und der zunehmend erfolgreichen Bekämpfung von Epedemien erlangen immer mehr Menschen ein höheres Alter. Allerdings bleibt die zu erwartende Lebensspanne weiterhin in schichtspezifischer Abhängigkeit. Je größer die Armut, desto kürzer ist die zu erwartende Lebenszeit. Durch den größer werdenden Anteil von älteren Menschen in Dörfern und Städten können diese besser ihre Rechte durchsetzen und Macht ausüben. Aber mit dem Beginn der "Sturm- und Drangzeit" gegen Ende des 18. Jhds. ändert sich das gesellschaftliche Altersbild.

> "Aus dieser neuerlichen Hochschätzung der Jugend ergibt sich eine Umbewertung der Lebensalter. Während die Aufklärer unter der Herrschaft der Vernunft den ruhigen Verstand und die Lebenserfahrung des Alters höher bewerten als die Gefühlsempfänglichkeit der Jugend, wird jetzt der alte Mensch zwar nur selten herabgesetzt, aber das Ansehen der Jüngeren ganz deutlich gehoben. Die Einschätzung von Jugend und Alter, Gefühl und Vernunft wird vertauscht. Das macht das eigentlich Revolutionäre des Sturm und Drangs aus."[179]

In wenigen Worten drückt *Friedrich von Schiller* (1759 - 1805) den Wertewandel der Lebensalter seiner Zeit aus:

> "In den Ozean schifft mit tausend Masten der Jüngling;
> still, auf gerettetem Boot, treibt in den Hafen der Greis."[180]

Im 18. Jhd. insgesamt gelangt das Alter zu einer Anerkennung als Autorität, wie es wahrscheinlich seit archaischer Zeit nicht mehr gewesen war. In zahlreichen Dichtungen, in Porträtbildern von Greisen, in "vernünftigen" Argumentationen wird immer wieder das Ansehen von alten Menschen hervorgehoben und begründet. Aber diese Hochachtung und Verehrung überträgt sich keinesfalls in alle Bereiche des Alltagslebens, sondern die Unterscheidung von Achtung und Verachtung verläuft fast entsprechend der Trennung zwischen reichen und armen alten Menschen.

> "Die Verehrung des Alters war zunächst nichts anderes als eine fast reine Elitenkultur, die in den obersten Gesellschaftskreisen ihre Begründung nicht nur im aufgeklärten Denken und im vierten Gebot der Bibel, sondern auch im realen Alltag fand.
> [...]
> Die hohe Stellung der alten Menschen war in der Wirklichkeit zunächst allein eine Frage der Schichtenzugehörigkeit, des Geldes, zum Teil des Geschlechts und hing weiterhin sehr stark von religiösen Bindungen ab; darüber hinaus war sie ein Ideal, auf das hinzuarbeiten war, eine Art Sozialutopie, ..."[181]

Die unterschiedliche Bewertung des Alters, die - je nach Schichtung - in einem gegensätzlichen Altersbild zum Ausdruck kommt, findet ihre Entsprechung in der Existenzsicherung im Alter. Adelige und Reiche können für den Lebensabend Vorsorge

---

[178] Goethe, Das Alter, ebda., S. 240.
[179] Borscheid, P.: Geschichte ..., S. 138.
[180] Schiller, Erwartung und Erfüllung, in: Reiners, L. (Hg.): Der ewige Brunnen, S. 247.
[181] Borscheid, P.: Geschichte ..., S. 151.

treffen, so daß ihnen unter normalen Umständen bis zu ihrem Tode eine ausreichende Lebensgrundlage zur Verfügung steht. Bauern sichern sich in Form von "Gedinge-Verträgen" eine Altersversorgung. Die Erbverträge aus damaliger Zeit, die mit dem Übernehmer des Hofes geschlossen werden, dokumentieren, daß der Bauer differenziert und exakt vertraglich regelt, welche Räumlichkeiten, Verpflegung, Rechte, Rangordnung (z.B. Sitzplatz am Eßtisch) usw. ihm nach der Übergabe des Hofes zusteht. Auch wenn das gesamte Gut dem leiblichen Sohn übertragen wird, was die Regel ist, enthalten die "Gedinge-Verträge" bis ins Einzelne gehende Auflistungen von Rechten und Pflichten, so daß von einem selbstverständlichen Einvernehmen zwischen Vater und Sohn oder Achtung und Ehre gegenüber den alten Eltern, obwohl dies moralische Pflicht ist, in der alltäglichen Praxis keineswegs ausgegangen werden kann.

Die Landarbeiter arbeiten entsprechend ihren körperlichen Kräften bis zum Tode. Sie werden im Alter von Familienangehörigen oder innerhalb der Dorfgemeinschaft gepflegt, wenn dies notwendig ist. Im Vergleich zu heute kommt es allerdings nur in Ausnahmefällen zu langen Pflegezeiten, so daß überhaupt der Pflegebereich für alte Menschen kein generelles gesellschaftliches Problem darstellt. In den Städten gibt es die Spitäler, in denen die Armen untergebracht sind und in denen sie notdürftig gepflegt werden. Aber auch hier werden die alten Menschen zur Arbeit herangezogen, so lange ihre Kräfte reichen. Mit der Zeit der Frühindustrialisierung kommt es zur Massenverarmung in den Städten. (Die Gründe hierfür sind zahlreich und können deswegen nicht im einzelnen thematisiert werden.) Zwar bieten bestimmte Handwerkerzünfte noch einen gewissen Schutz vor Verelendung, besonders im Alter, aber z.B. im Textil- und Baugewerbe ist die Armut der Handwerker groß. Die Heimarbeit entwickelt sich im Bereich der Textilverarbeitung; häufig muß die ganze Familie, Kinder und Alte eingeschlossen, bis zur Erschöpfung arbeiten, um ein Existenzminimum zu erreichen. Mit dem Aufkommen der außerhäuslichen Lohnarbeit in Manufakturen und Maschinenfabriken wird das traditionelle Zusammenarbeiten in der Familie zerstört. Die Familienwirtschaft wandelt sich zur Industriewirtschaft, und damit einhergehend wird die Stellung der alten Eltern in der Familie zerstört, da sie nicht mehr zum Lebensunterhalt materiell beitragen können. Sie werden u.a. als "belastende Esser" gesehen. Generell nimmt die familiäre Bindung ab. Da es für Lohnarbeiter keine Altersversorgung gibt, muß auch hier bis ins hohe Alter gearbeitet werden, um überhaupt zu überleben.

Bedienstete, die jung vom Lande in eine Stadt gekommen sind, um hier ihren Lebensunterhalt zu verdienen, werden häufig im Alter, wenn sie die Arbeit nicht mehr leisten können, entlassen und kehren in ihr Heimatdorf zurück. Zum Teil wird eine Altersversorgung für die im Staatsdienst stehenden Beamten, Offiziere u.a. durch das "Allgemeine Preußische Landrecht" von 1794 geregelt, aber es schafft keine garantierte Alterssicherung für die Betreffenden. Pfarrer können mit einer Altersversorgung rechnen, die aber in ihrer materiellen Ausstattung sehr unterschiedlich ausfällt. Von den Arbeitern sind lediglich die Bergleute im Alter materiell abgesichert, wobei die Arbeit in diesem Bereich so gefährlich und schwer ist, daß relativ wenige eine Altersversorgung überhaupt in Anspruch nehmen können.

Insgesamt ist die Situation gegen Ende des 18. und im 19. Jhd. für die alten

Menschen im größten Teil der Bevölkerung durch eine überaus unsichere Existenzversorgung und große Armut gekennzeichnet. Erst mit der Bismarck'schen Sozialversicherungspolitik ab 1881, wozu dann 1889 die Alters- und Invalidenversicherung für die Arbeiter kommt (Inkrafttreten der Gesetze 1891), gewährleistet ein Minimum an materieller Altersversorgung, wenn man aufgrund von Krankheit, Invalidität oder (Alters-)Schwäche nicht mehr arbeiten kann. Arbeiter werden versicherungspflichtig und ein Rentenanspruch kann mit 70 Jahren (1916 mit 65 Jahren) zur Geltung kommen. Zu Beginn des 20. Jhds. können nach den Industriearbeitern und Handwerksgesellen auch die Angestellten und Landarbeiter (1911) und schließlich die selbständigen Handwerker (1938) mit in die Altersversicherung einbezogen werden.[182]

6.5.2 Anfrage an Kant, ob das Physische im Menschen moralisch zu behandeln sei

Nachdem *Immanuel Kant* (1724 - 1804) im Jahre 1796 seine letzte Vorlesung an der Universität zu Königsberg gehalten hat, erreicht ihn das im selben Jahr erschienene Werk von Christoph Wilhelm Hufeland "Makrobiotik oder Die Kunst, das menschliche Leben zu verlängern". Hufeland schenkt ihm seine Abhandlung mit der Bitte, Kant möge sein Urteil dazu abgeben, ob die These Hufelands, daß "das Physische im Menschen moralisch zu behandeln" sei, von ihm, Kant, geteilt werden würde.[183] Kant antwortet im "Dritten Abschnitt. Der Streit der philosophischen Facultät mit der medicinischen" in dem Kapitel: "Von der Macht des Gemüths, durch den bloßen Vorsatz seiner krankhaften Gefühle Meister zu sein. Ein Antwortschreiben an Herrn Hofrath und Professor Hufeland". (S. 97 - 116)

Nach Hufelands Ansicht ist auch der physische Mensch "als ein auf Moralität berechnetes Wesen darzustellen" (S. 97), so daß moralische Lebensführung sich auf Gesundheit und Lebensdauer auswirken. Kants Antwort lautet zunächst, daß der Mensch durch den "bloßen festen Vorsatz" seine krankhaften Gefühle beherrschen könne. Die Bestätigung dieser Aussage kann allerdings nicht aus der Erfahrung anderer abgeleitet werden, sondern nur aus eigener Erfahrung, aus dem, was aus dem Selbstbewußtsein hervorgeht (Vgl. S. 98). Damit stellt Kant klar, daß er ein allgemeines Urteil, wie Hufeland es von ihm erwartet, nicht geben kann.

Im Antwortschreiben befaßt sich Kant weiter mit dem Wunsch nach langem Leben und dem Alter des Menschen. Zunächst gilt es, zwei allgemeine Wünsche zu unterscheiden, nämlich dem, lange zu leben, und dem, dabei gesund zu bleiben. Wenn ein schwer Erkrankter sich den Tod wünsche, so würde dies zwar seiner Vernunft entsprechen, aber sein Naturinstinkt stände dem entgegen, denn der Naturinstinkt würde immer am Leben festhalten. Deswegen wäre der Wunsch zu

---

[182] Vgl. Neumann, Lothar F. / Schaper, Klaus: Die Sozialordnung der Bundesrepublik Deutschland, Hg.: Bundeszentrale für politische Bildung, Bonn, 3. aktualisierte Aufl. 1984, S. 24 u. 32 ff.
[183] Vgl. Kant, Immanuel: Der Streit der Facultäten in drei Abschnitten, in: Kants Werke, Akademie-Textausgabe, Band VII: Der Streit der Fakultäten. Anthropologie in pragmatischer Hinsicht, Berlin 1968, S. 97. Die weiteren Angaben im Text beziehen sich auf diese Ausgabe.

sterben, nicht wirklich, sondern nur scheinbar vorrangig. Folglich würde also der Wunsch nach langem Leben ein genereller sein, der in der Anthropologie des Menschen begründet sei, und nicht ein Wunsch, der vom Gesundheitszustand abhängig sei. Durch seinen Verstand vermag der Mensch nicht seinen Naturinstinkten - d.h. auch seinem physischen Körper - entgegengesetzt zu handeln. (Die suizidale Handlung schließt Kant hiervon nicht aus; der Selbstmord Ausübende möchte eigentlich nicht sterben.) Ein krankhaftes Gefühl muß jedoch nicht Krankheit bedeuten, ebenso wie das Gefühl der Gesundheit kein Garant dafür ist, daß man tatsächlich gesund sei. Insofern kann das Gefühl sehr wohl von der Vernunft beeinflußt werden. In den weiteren Ausführungen heißt es nun über das Alter, daß die Pflicht, das Alter zu ehren, nicht davon abzuleiten sei, daß schwache alte Menschen zu schonen seien, oder weil sie sich Erfahrung und Weisheit erworben hätten, sondern weil sie sich so lange dem Tode widersetzt hätten.

Hufelands vorrangiges Anliegen, daß Leben zu verlängern, nicht es zu genießen, kann Kant so nicht teilen, da der Mensch generell ein langes Leben anstrebt. Mit Hilfe der Diätetik, der Kunst, den Krankheiten vorzubeugen, kann dem eigentlichen Wunsch des Menschen, nämlich dabei gesund zu bleiben, entsprochen werden. Nun folgen detaillierte Ausführungen zur Diätetik, in denen Kant immer wieder Hufelands "Rezepten" widerspricht. Während Hufeland der Ansicht ist, daß man sich im Alter pflegen oder pflegen lassen sollte, um Kräfte zu sparen und dadurch länger zu leben, ist Kants Meinung dazu, daß gerade dieses Verhalten zum frühen Altwerden und zur Verkürzung des Lebens beitrüge. Während Hufeland anführt, daß sehr alt Gewordene "mehrenteils verehelichte" Personen gewesen seien, kann Kant dies aufgrund eigener Beobachtung nicht bestätigen. Vielmehr neige er in seiner Ansicht zum Gegenteil, nämlich daß Junggesellen nicht so früh altern würden und dies spräche für ein langes Leben. Kants Anmerkung hierzu lautet:

"Hierwider möchte ich doch die Beobachtung anführen: daß unverehelichte (oder jung verwitwete) alte Männer mehrenteils länger ein jugendliches Aussehen erhalten, als verehelichte, welches doch auf eine längere Lebensdauer zu deuten scheint. - Sollten wohl die letztern an ihren härteren Gesichtszügen den Zustand eines getragenen Jochs (davon coniugium), nämlich das frühere Altwerden verraten, welches auf ein kürzeres Lebensziel hindeutet?"[184]

Kant ist der Ansicht, daß Altwerden erblich sein kann. Als politisches Prinzip mag man die Ehe zur Verlängerung des Lebens anpreisen, auch wenn es für ein "vorzügliches" zusammen Altwerden nur wenige Beispiele gibt (Vgl. S. 102). Aber da es sich hier nicht um eine Anfrage zur politischen Führung handele, sondern um die Frage nach dem physiologischen Grunde des Altwerdens, geht Kant nicht näher auf die Problematik von Ehedauer und Lebensverlängerung ein. Seine Überlegungen sind ganz anderer Art. Kant ist der Ansicht, daß auch Philosophieren - ohne deshalb Philosoph sein zu müssen - zur Abwehr von unangenehmen Gefühlen beitragen, das Gemüt aktivieren und dadurch die Lebenskraft fördern könne. Die körperliche

---

[184] Diese Anmerkung Kants ist nicht in der Akademie-Ausgabe enthalten, sondern wurde in der Veröffentlichung der Abhandlung Kants im "Journal der practischen Arzneykunde und Wundarzneykunst" 1798, S. 701 -751 gedruckt. Hier zitiert nach: Kant, I.: Schriften zur Anthropologie, Geschichtsphilosophie, Politik und Pädagogik, Bd. 1 (Werkausgabe XI), hg. v. W. Weischedel, Frankfurt/M. 1981, S. 376 f, Anm. 1.

Schwäche des Alters kann "durch vernünftige Schätzung des Werths des Lebens wohl vergütet" (S. 102) werden. Philosophieren - als zweckfreie Tätigkeit verstanden, nicht als Werkzeug zu etwas - kann den Menschen erregen, seine Kräfte aktivieren und dadurch Verjüngung und Verlängerung des Lebens bewirken. Aber die Art der Beschäftigung muß nicht unbedingt geistig-philosophischer Art sein, "eingeschränkte Köpfe", "die mit Nichtsthun immer vollauf zu thun haben, werden gemeiniglich auch alt." (S. 102). Nach Kant kommt es also auf die subjektive Sinngebung an, auf das Tätigsein überhaupt; Kriterium für eine Lebensverlängerung kann nicht das moralische Handeln sein.

Im "Streit mit der medizinischen Fakultät" folgen nun differenzierte Ausführungen über verschiedene Krankheitsbilder und wie diesen Krankheiten diätetisch vorzubeugen oder wie sie therapeutisch zu behandeln seien. Im letzten Absatz seiner Abhandlung schließlich bekennt sich Kant dazu, daß er nicht bereit sei, so schnell der "jüngeren Welt" Platz zu machen. Nur die von Natur aus Schwächeren könnten mit einer mutmaßlichen kürzeren Lebensdauer rechnen, und er, Kant, wolle durch sein Beispiel nicht die Sterbelisten in Verwirrung bringen (Vgl. S. 114).

Ob Hufeland mit dem Antwortschreiben Kants zufrieden war und seinen Brief erwidert hat, ist nicht bekannt.

6.5.3 Schleiermacher: Die Jugend will ich dem Alter vermählen

Ein ganz anderes Verständnis von Jugend und Alter in ihrer Bedeutung von "innerem" und "äußerem" Leben finden wir bei *Friedrich Daniel Ernst Schleiermacher* (1768 - 1834). Dieser Romantiker, der in den "Monologen" seine Philosophie des "principium individuationis" niederschreibt, wendet sich gegen die Aufklärung seiner Zeit. Schleiermachers Ethik, die er vom Allgemeinen zum Besonderen ableitet, besagt (in kürzester Form), daß die Individualität das höchste Sittliche sei. "Jeder Mensch soll auf eigene Art die Menschheit ethisch darstellen."[185]

In seinen Monologen greift Schleiermacher im fünften Kapitel die Thematik von Jugend und Alter auf. Das Alter setzt er mit dem "äußeren" Körper gleich, der schwach ist, und dessen Sinne abstumpfen. Alter bedeutet Entsagung, Verkümmerung und trübe Zeit (Vgl. S. 83). Im Gegensatz dazu steht die Jugend für "innere" Kraft, für die Freiheit des Geistes, für Phantasie und Neugierde.

> "Frühe sucht Manchen das Alter heim, das mürrische dürftige hoffnungsloses, und ein feindlicher Geist bricht ihm ab die Blüthe der Jugend, wenn sie kaum sich aufgethan; lange bleibt Andern der Muth, und das weisse Haupt hebt noch und schmückt Feuer des Auges und des Mundes freundliches Lächeln." (S. 84)

Die Frage, die er sich im Selbstgespräch stellt und beantwortet, betrifft das Problem, ob der Geist dem Körper unterliege oder sich von ihm frei machen könne. Für Schleiermacher kann die Jugend des Geistes bis zum Tod erhalten bleiben und

---

[185] Schleiermacher, Friedrich: Monologen nebst den Vorarbeiten, 3. Aufl., Krit. Ausg. hg. v. Friedrich Michael Schiele, Hamburg 1978, Einleitung S. XXV.

fortleben, während der Körper altert. Körper und Geist unterliegen nicht den gleichen Gesetzmäßigkeiten; durch seinen freien Willen kann der Mensch sich seine Jugend bewahren, auch wenn er gegen das körperliche Altern nichts auszurichten vermag. Während der Körper sich abnutzen kann, die Sinne stumpfer werden, die Erinnerungen verblassen und Lust und Wohlgefallen schwächer werden, kann der Geist wachsen, die Menschheit in sich erkennen, der Wille klarer und stärker werden. Deshalb gelobt sich Schleiermacher:

> "Ich will nicht sehn die gfürchteten Schwächen des Alters; kräftige Verachtung gelob ich mir gegen jedes Ungemach, welches das Ziel meines Daseins nicht trifft, und ewige Jugend schwör ich mir selbst." (S. 87)

Der nächste Gedanke seines Selbstgespräches befaßt sich mit der Achtung und Ehre des Alters. Als "eigene Tugenden der höheren Jahre" werden "nüchterne Weisheit", "kalte Besonnenheit", "Fülle der Erfahrung" und eine "bewunderungslose gelassene Vollendung in der Kenntniss der bunten Welt" genannt (Vgl. S. 87). Aber für Schleiermacher sind diese Attribute des Alters keineswegs positiv zu bewerten - was auch schon durch die Wahl seiner Worte erkenntlich wird -, sondern sie zeigen "leere Heucheleien" und betrügen die Menschen um ihr schönstes Gut, nämlich um Phantasie, um Suche nach Erkenntnissen, um die Tätigkeit des Geistes überhaupt. Alter wird bei ihm mit Stillstand und Jugend mit Bewegung gleichgesetzt. Deshalb schadet das Alter, wenn es zur "inneren Einstellung" geworden ist.

Trotzdem findet Schleiermacher auch eine Form der Anerkennung des Alters. Sie ist dann gegeben, wenn das "reife Alter" mit seiner Erfahrung die Jugend "befruchtet".

> "Besser gedeiht ja, wie Alle sagen, der junge Geist, wenn das reife Alter sich seiner annimmt: so verschönt sich auch des Menschen eigne innere Jugend, wenn er schon errungen hat, was dem Geiste das Alter gewährt. Schneller übersieht was da ist der geübte Blik, leichter fasst Jeder wer schon viel ähnliches kennt, und wärmer muss die Liebe sein, die aus einem höhern Grade eigener Bildung hervorgeht. So soll mir bleiben der Jugend Kraft und Genuss bis ans Ende. Bis ans Ende will ich stärker werden und lebendiger durch jedes Handeln, und liebender durch jedes Bilden an mir selbst. Die Jugend will ich dem Alter vermählen, dass auch dies habe die Fülle und durchdrungen sei von der allbelebenden Wärme." (S. 90)

In der "doppelten Vermählung" von Jugend im Alter und Alter in der Jugend ist die ideale Form des menschlichen Strebens gegeben. Das Alter der Menschheit - hier verstanden als Erfahrung der Menschheit - findet in der Individualität der Jugend - hier verstanden als individuelles Streben und Suchen - seine Bestimmung und Ausdrucksweise.

Zum Abschluß seines Monologs kommt Schleiermacher auf die Freiheit des Geistes zu sprechen, die für ihn das höchste Gut darstellt. Der freie Wille und die Kraft des Geistes sind nicht vom Körper abhängig; kraft seines Geistes kann der Mensch sich von einer Beeinflussung durch den Körper unabhängig machen. Sein Selbstgespräch über Jugend und Alter endet mit den Worten:

> "...; aber durch das Anschaun seiner selbst gewinnt der Mensch, dass sich ihm nicht nähern darf Muthlosigkeit und Schwäche: denn dem Bewusstsein der innern Freiheit und ihres Handelns entspriesst ewige Jugend und Freude. Dies habe ich ergriffen und lasse es nimmer, und so seh ich lächelnd schwinden der Augen Licht, und keimen das weisse Haar zwischen den blonden Loken. Nichts was geschehen kann mag mir das Herz beklemmen; frisch bleibt der Puls des inern Lebens bis an den Tod." (S. 94)

Schleiermacher nimmt in seiner Abhandlung über Jugend und Alter keine strenge begriffliche Klärung vor, die für ein eindeutiges Verständnis von Jugend und Alter notwenig gewesen wäre. Aus dem Kontext ist aber sein unterschiedliches Begriffsverständnis herauszulesen. So steht Alter einmal für das körperliche Alter mit Schwächen und Gebrechen und einmal für die innere Einstellung mit Erfahrung und Stillstand in der geistigen Entwicklung. Seine über alles gesetzte Freiheit des Geistes, seine Unabhängigkeit des Individuums, kann nur im Prinzip der "ewigen Jugend" Verwirklichung finden, da Jugend für ihn das innere Streben und Suchen nach Erkenntnis und Wahrheit symbolisiert.

6.5.4 Schopenhauer: Das Alter der Illusionen ist vorüber

Arthur Schopenhauer (1788 - 1860) bemüht sich um eine philosophische Klärung von Welt als Vorstellung und Welt als Wille. Er orientiert sich in seiner Philosophie an die platonische Ideenwelt und versucht, die Willensfreiheit und die Triebfestlegung des Menschen zu bestimmen. Seine pessimistische Lebenshaltung spiegelt sich durchgängig in seinen gesamten Werken wider. Er tendiert zu philosophisch-psychologischen Beschreibungen und Erklärungen von Verhaltensmustern bei Menschen. In seinem letzten Werk "Parerga und Paralipomena", das 1851 erschien, sind seine bekannt gewordenen "Aphorismen zur Lebensweisheit" enthalten, die im Kapitel VI. "Vom Unterschiede der Lebensalter" auch Ausführungen über das Greisenalter behandeln.[186] In den "Aphorismen zur Lebensweisheit" legt Schopenhauer seine Erfahrungen und Erkenntnisse nieder, die er im Laufe seines Lebens gewonnen hat, und in Randbemerkungen kommt er auch auf das Alter zu sprechen, das er in Abgrenzung zur Jugend darstellt.

Nach Schopenhauer soll der Mensch sich selbst genügen, sich nicht auf äußere Umstände verlassen, die dem Zufall unterworfen sind, sondern sehen, was er an sich selber hat. Besonders im Alter kommt diese Lebenseinstellung zum tragen, nämlich dann, wenn die äußeren Quellen "versiegen", wenn Liebe, Scherz, Reiselust, Tauglichkeit für die Gesellschaft usw. nicht mehr da sind (Vgl. S. 40f.).

Daß Schopenhauer das Antwortschreiben Kants an Hufeland kannte, kommt in einer Textstelle zum Ausdruck, die in der Argumentation Parallelen zu Kants Schreiben aufweist. Im Kapitel "Von dem, was einer vorstellt" im Zusammenhang mit den Ausführungen über Ehre und Achtung ist Schopenhauer der Ansicht, daß die Achtung vor dem Alter weder auf die Anzahl der Jahre noch auf die Rücksicht auf die "bloße Schwäche" zurückzuführen sei und die Ehre im Alter durch den Lebenswandel bewiesen werden müßte. Aber ein "gewisser Respekt vor weißen Haaren" sei den Menschen angeboren, sei instinktiv, nicht dagegen zu finden sei Respekt vor den Runzeln der Haut, die auch Kennzeichen des Alters seien (Vgl. S. 81f.).

---

[186] Schopenhauer, Arthur: Aphorismen zur Lebensweisheit, hg. u.m.e. Vorwort von Arthur Hübscher, Stuttgart 1983.

Bei seinen Ausführungen zur Erlangung von Ruhm, den Schopenhauer selbst immer wieder zu erstreben hoffte, bringt er seine persönliche Erfahrung zum Ausdruck.

"Unser Leben ist so arm, daß seine Güter haushälterischer vertheilt werden müssen. Die Jugend hat vollauf an ihrem eigenen Reichthum und kann sich daran genügen lassen. Aber im Alter, wann alle Genüsse und Freuden, wie die Bäume im Winter, abgestorben sind, dann schlägt am gelegensten der Baum des Ruhmes aus, als ein ächtes Wintergrün: auch kann man ihn den Winterbirnen vergleichen, die im Sommer wachsen, aber im Winter genossen werden. Im Alter giebt es keinen schönern Trost, als daß man die ganze Kraft seiner Jugend *Werken* einverleibt hat, die nicht mit altern." (S.130)

Schopenhauer selbst hat erst spät, er war schon über 60 Jahre alt, Anerkennung für seine Werke erhalten. Erst nach der mißglückten Revoution von 1848 finden seine Abhandlungen Beachtung, und so spricht aus diesem Zitat seine subjektive Erfahrung mit seinem erst spät erlangten Ruhm, der dann allerdings weniger aus Kreisen der Fachkollegen kommt, als vielmehr von Künstlern, die seine pessimistische Lebenshaltung teilen.[187]

Als ebenfalls von sich selbst ausgehend auf andere schließend sind seine Betrachtungen über Geselligkeit und Einsamkeit zu verstehen. Die Einsamkeit, die auch als Aspekt des "sich selbst genügen" zu betrachten ist, kann beim Jüngling von edler Gesinnung zeugen, dem Greis ist sie jedoch natürlicherweise zu eigen, ist sozusagen sein "eigentliches Element" (Vgl. S. 162). Aber auch im Alter bleibt die Neigung zur Absonderung und zur Einsamkeit ein Maß des intellektuellen Wertes.

"Einsamkeit ist das Loos aller hervorragenden Geister: sie werden solche bisweilen beseufzen; aber stets sie als das kleinere von zwei Übeln erwählen. Mit zunehmendem Alter wird jedoch das sapere aude [Wage es, vernünftig zu sein! Anm.v.Schopenhauer] in diesem Stücke immer leichter und natürlicher, und in den sechsziger Jahren ist der Trieb zur Einsamkeit ein wirklich naturgemäßer, ja instinktartiger. [...] Der stärkste Zug zur Geselligkeit, Weiberliebe und Geschlechtstrieb, wirkt nicht mehr, ja, die Geschlechtslosigkeit des Alters legt den Grund zu einer gewissen Selbstgenügsamkeit, die allmälig den Geselligkeitstrieb überhaupt absorbirt; von tausend Täuschungen und Thorheiten ist man zurückgekommen; ...
[...]
Denn freilich wird dieses wirklichen Vorzugs des Alters Jeder immer nur nach Maaßgabe seiner intellektuellen Kräfte theilhaft, also der eminente Kopf vor Allen; jedoch in geringerem Grade wohl Jeder. Nur höchst dürftige und gemeine Naturen werden im Alter noch so gesellig seyn, wie ehedem: sie sind der Gesellschaft, zu der sie nicht mehr passen, beschwerlich, und bringen es höchstens dahin, tolerirt zu werden; während sie ehemals gesucht wurden." (S. 166 ff.)

Das Nachlassen der Lüste und Leidenschaften wird von Schopenhauer als Gewinn betrachtet, da der Geist dann freier wird für "wesentlichere" Dinge des Lebens.

In dem Kapitel "Vom Unterschiede der Lebensalter" erfolgt im wesentlichen eine Gegenüberstellung und Abgrenzung zwischen Jugend und Alter. Das Erwachsenenalter (Mannesalter) macht in Schopenhauers Ausführungen nur einen geringen Anteil im Vergleich zum Jugend- und Greisenalter aus. Die Auseinandersetzungen zwischen Vorstellung und Wille, zwischen "Sehn" und "Seyn", zwischen Objektivität und Subjektivität sind die Unterscheidungen zwischen Jugend (Kindheit) und Alter (Vgl. S. 233). Das Alter hat die Illusion der Jugend genommen, es hat pessimistisch gemacht, denn die Erfahrungen im Leben haben die leuchtenden Erscheinun-

---

[187] Vgl. Störig, Hans Joachim: Kleine Weltgeschichte der Philosophie, 12. Aufl., Stuttgart 1981, S. 519f.

gen als Nichtigkeit entlarvt. Das Empfinden der Zeit ist im Alter anders geworden, da vergangenes Leben kurz erscheint, unwichtige und unangenehme Ereignisse in der Erinnerung ausgeblendet werden. Was die Erreichung eines hohen Alters betrifft, so schildert Schopenhauer in einem Gleichnis seine Überlegungen dazu:

> "Ein hohes Alter zu erreichen, giebt es, bei fehlerfreier Konstitution, als conditio sine qua non, zwei Wege, die man am Brennen zweier Lampen erläutern kann: die eine brennt lange, weil sie, bei wenigem Öl, einen sehr dünnen Docht hat; die andere, weil sie, zu einem starken Docht, auch viel Öl hat: das Öl ist die Lebenskraft, der Docht der Verbrauch derselben, auf jede Art und Weise." (S. 241)

Da man die Lebenskraft für das ganze Leben braucht, darf man sie nicht schon in der Jugend vergeuden. Ein langes Leben zu erhalten, ist folglich zunächst einmal erblich bedingt, aber dann vom Haushalten der Lebenskräfte abhängig. Das Besondere und Hervorzuhebende im Alter ist der Umstand, daß das Denken vorherrscht (in der Jugend die Anschauung), daß es mehr die Zeit der Philosophie ist (Jugendzeit ist mehr Poesie). Erfolg und Gelehrsamkeit, Wissen und Einsicht sind Kennzeichen des Alters.

> "Nur wer alt wird, erhält eine vollständige und angemessene Vorstellung vom Leben, indem er es in seiner Ganzheit und seinem natürlichen Verlauf, besonders aber nicht bloß, wie die Übrigen, von der Eingangs-, sondern auch von der Ausgangsseite übersieht, wodurch er dann besonders die Nichtigkeit desselben vollkommen erkennt; ..." (S. 246)

Im Alter erntet man die Früchte des Lebens, die Leistungen finden ihre gerechte Würdigung, und, da man frei wird vom "Dämon" der Leidenschaften, tritt im Alter eine gewisse Heiterkeit und Gelassenheit ein. Das Alter kennt die Ruhe, die "unmittelbare, aufrichtige und feste Überzeugung von der Eitelkeit aller Dinge und der Hohlheit aller Herrlichkeiten der Welt" (S. 251).

Das Nachlassen der Kräfte, auch der Geisteskräfte, ist leicht zu ertragen, wenn vorher die Kräfte genug entwickelt worden sind und daher ausreichende geistige Kräfte zur Verfügung stehen. Das Schwinden der Kräfte im Alter ist zwar traurig, aber auch notwendig und "wohlthätig", da sonst der Tod zu schwer zu ertragen wäre. Der höchste Gewinn ist dann die "Euthanasie" im hohen Alter, das Hinübergleiten vom Leben in den Tod ohne Krankheit und Leiden, ohne Widerstreben. Aber diese "Euthanasie" ist erst im hohen Alter natürlich und möglich, vorher stirbt der Mensch nicht am Alter, sondern an Krankheiten.

> "Das Seltsamste aber ist, daß man sogar sich selbst, sein eigenes Ziel und Zwecke, erst gegen das Ende des Lebens eigentlich erkennt und versteht, zumal in seinem Verhältniß zur Welt, zu den Anderen." (S. 248)

Diese Erkenntnis gewinnt Schopenhauer für sich, als er sich selbst alt fühlt und die Summe seiner Erfahrungen und Erkenntnisse in den "Aphorismen zur Lebensweisheit" niederschreibt.

6.5.5 Jacob Grimms Rede über das Alter

Eine systematisch gehaltene, kurze Abhandlung über das Alter verfaßt *Jacob Grimm* (1785 - 1863), als er selbst bereits 75 Jahre alt ist. Die "Rede über das Alter"[188], die er am 26. Januar 1860 in der Königlichen Akademie der Wissenschaften zu Berlin hält, bezeugt sein Interesse an Altertums- und Sprachforschung. Zudem vermittelt er in seiner "Rede" - ohne dies explizit zum Ausdruck zu bringen - persönliches Erleben und Erfahren, indem er sachlich *und* einfühlsam über das Alter schreibt.

Einleitend geht er von Ciceros "Cato maior" aus und beurteilt die Schrift so, daß das Alter durch diese Abhandlung "erhoben" werden würde; Cicero schreibe das, was zur Gunst des Alters und gegen dessen Verkennung und Herabsetzung gesagt werden könne. Dann beginnt Jacob Grimm mit der Bearbeitung des Themas, indem er eine Untersuchung über die Zeitpunktbestimmung des Eintritts in das Alter vornimmt. Zunächst findet er in der Geschichte die Einteilung in Lebensalter im Vergleich zu Jahreszeiten, wobei drei Formen vorliegen:

a) die Zweiteilung: Jugend - Alter : Sommer - Winter;
b) die Dreiteilung: Kind - Mann - Greis : Frühling - Sommer - Winter;
c) die Vierteilung: Kind - Jugend - Mann - Greis : Frühling - Sommer - Herbst - Winter.

"das greisenalter gleicht den abnehmenden wintertagen, an welchen die sonnenstrahlen schräge fallen, dann aber oft noch einen fernen schein über den himmel werfen, wie in unserm landstrich wir besonders an heiteren novembertagen gewahren." (S. 190)

In differenzierter Form folgt die griechische Hebdomadeneinteilung und die bei den Deutschen verbreitete Gliederung der Lebenszeit in 10 Stufen. Er hebt die Gegenüberstellung von Kind und Greis hervor, die in bildlichen oder mythisch-dichterischen Darstellungen häufig vorzufinden ist und betont, daß ein Greis seiner Ansicht nach nicht wieder zum Kind werden kann, wohl aber kindisch. Die ewigen Naturgesetze haben immer das Alter des Menschen bestimmt, das normalerweise mit 70 oder 80 Jahren endete. Darüber hinaus Lebende seien Einzelfälle, seltene Ausnahmen, oder aber mythische, unglaubwürdige Geschichten. Das Alter wurde von den Menschen immer gehaßt, am stärksten wohl von den Griechen, aber weise und erfahrene Männer wie Platon haben es auch günstig beurteilt.

Nach dem historischen Abriß der Lebenszeiteinteilungen folgt eine erste persönliche Beurteilung zum Alter als Lebensabschnitt. Jacob Grimm ist der Ansicht, daß das Alter nicht verurteilt werden solle, denn es sei richtig, daß es nach langer Zeit des Lebens einsetze. In der Ordnung der Natur liege Anfang und Ende, so auch im menschlichen Lebenslauf. Die Menschen wollen alt werden, aber nicht alt sein; das sei widersprüchlich und deshalb widersinnig, wenn es vom Menschen gewünscht und gedacht würde. Vielmehr solle ein Greis dankbar sein, daß er in Stille und Ruhe auf sein vergangenes Leben zurückblicken könne. Aber das Alter kennt nicht nur Stille und Ruhe, sondern auch Trauer und Einsamkeit.

"solch ein hochbejahrter, den das schicksal aufgespart, dem verwandten und freunde vorausgestorben

---

[188] Grimm, Jacob: Rede über das Alter, in: Ders.: Kleinere Schriften I. Reden und Abhandlungen, Hildesheim 1965 (Berlin 1864), S. 188 - 210.

sind, nur noch deren nachkommen zur seite stehen, darf sich dann auch einsam und verlassen fühlen, freude und trauer mischen." (S. 195)

Er zitiert das Gedicht über das Alter von Walther von der Vogelweide und identifiziert sich mit den inhaltlichen Aussagen. Sein Einfühlungsvermögen in die Einsamkeit eines alten Menschen, das in dieser Textstelle sehr persönlich zum Ausdruck kommt, beruht wahrscheinlich auf unmittelbarer Betroffenheit. Sein Bruder Wilhelm, mit dem er eng zusammen gelebt und gearbeitet hatte, war zwei Monate vorher gestorben. Im nächsten Teil seiner "Rede" gibt er das Ziel seiner Untersuchung an: er will herausstellen, was zu Gunsten und zu Ungunsten des Alters behauptet werden kann. Seine Argumente zu Ungunsten des Alters beinhalten als Hauptargument, daß dem Menschen die körperlichen und geistigen Kräfte genommen werden. Der körperliche Verfall betrifft das äußere Erscheinungsbild, einschneidender sind die Verluste der Sinneswahrnehmungen wie Hören und Sehen, dazu kommen häufiger leichte Krankheiten, die den Greis schwächen. Aber der Mensch entwickelt auch Kräfte zur Abwehr der Leiden, die Natur schafft sich Ausgleiche, Ersatz für Verlorengegangenes sozusagen. Nach Genesung von einer Krankheit kann das Gefühl des Wohlbefindens intensiver erlebt werden als zu allen anderen Lebenszeiten. Bei einem Blinden kann sich der Tast- und Gehörsinn verfeinern und durch diesen Ausgleich trotzdem zum Wohlbefinden im Alter führen. Taubheit ist leichter zu ertragen als Blindheit, denn auch ohne zu Hören kann der alte Mensch am Leben teilnehmen, er lernt die Gestik der Menschen als Sprache zu verstehen, kann Bücher lesen usw. Im Altertum dagegen war die Blindheit weniger schlimm, berühmte alte Dichter wie Homer wurden erst durch ihre Blindheit ausgezeichnet, denn das Leiden befähigte sie, besonders gut überlieferte Mythen und Dichtungen weiter zu erzählen. Jacob Grimm sieht also die Leiden des Alters in ihrer Bewertung abhängig von der jeweiligen Kultur.

Ähnlich ist es auch mit dem Nachlassen geistiger Kräfte im Alter und den Vorwürfen sittlicher Verfehlungen von seiten jüngerer. Im Altertum beruhte die Sitte, sich mit Schmuck, Waffen und Geld beerdigen zu lassen, auf dem Glauben, im jenseitigen Leben diese Dinge zu brauchen. Habsucht und Geiz kann damit zusammenhängen, daß man den Erben nichts geben möchte. Die wahrscheinlichste Erklärung ist für ihn jedoch, daß die Sparsamkeit und Ordnung während des Lebens im Alter noch genauer eingehalten wird und, da der alte Mensch weniger verbraucht, meint er, daß jüngere auch mit dem wenigen auskommen müßten. Neben den Schwächen und Fehlern kennt das Alter auch Tugenden und Vorzüge. Es gibt die Schönheit der Gesichtszüge im Alter, die freundliche, aufgeheiterte, feine Stimmung. Im Alter entwickelt der Mensch oft mehr Gefühl für die Natur; er vermag über natürliche Schönheit, Wachstum, Ordnung usw. zu staunen und gibt sich der Pflege der Pflanzen oder der Bienenzucht hin. Der einsame Spaziergang bedeutet Lust und Vergnügen für den alten Menschen. Jacob Grimm kennt im Alter die ungetilgte Arbeitsfähigkeit und die ungetrübte Forschungslust. Vor allem sieht er sich frei im Denken, kann sich in Freiheit zur Wahrheit bekennen und göttliches und irdisches Gesetz anerkennen.

Im abschließenden Teil seiner Rede kommt er nochmals auf die archaische Zeit zurück, in der das Alter geehrt wurde; aber schon zur Athener Zeit wurden die

Männer nach herausragenden Leistungen beurteilt, nicht einfach nach der Höhe des Alters. Geblieben ist der Wunsch nach Leben, der im Alter ungebrochen zu finden sei, ohne daß deswegen der Wunsch vorläge, ein zweites Mal das Leben als Kind wieder neu beginnen zu wollen. Das Alter liegt an der Grenze des Lebens, der Tod kommt unausweichlich, alles wird ein letztes Mal getan und erlebt. Der Tod im Greisenalter ist wie ein verglimmendes Feuer, wie Abendröte, der die Nacht folgt. Mit diesen sinnbildlichen Gedanken schließt Jacob Grimm seine Rede über das Alter.

6.5.6 Auswertung der Neuzeit

Nach der Überwindung der Zerstörungen und Wirrnisse des 30jährigen Krieges geht mit dem Aufbau einer neuen gesellschaftlichen Ordnung und den stärker werdenden Einflüssen des Humanismus eine steigende Hochachtung und Wertschätzung des Alters einher, wie sie wahrscheinlich nur in der archaischen Zeit der Antike zu finden war. Nach Peter Borscheid wird im 18. Jhd. der Höhepunkt in der Wertschätzung des Alters erreicht. Trotzdem verläuft in den realen gesellschaftlichen Verhältnissen die Trennung zwischen Achtung und Verachtung des Alters weitgehend parallel zu Reichtum und Armut. Da sich die durchschnittliche Lebenserwartung des Menschen langsam erhöht und es mehr alte Menschen gibt, stellt sich verstärkt die Frage nach der Gesunderhaltung des Menschen bis ins hohe Alter. Im Zuge der Aufklärung wird die Bedingung von Freiheit und Abhängigkeit, von Wille und Vorsehung, von freiem Geist und anthropologischer Festlegung thematisiert.

Der Mensch will lange leben, so Kant, auch wenn nach vernünftigem Urteil ein schweres Leiden durch einen frühzeitigen Tod beendet werden könnte. Die Natur des Menschen ist so festgelegt, daß ein langes Leben nicht als etwas Erstrebenswertes anzusehen ist, sondern als eine anthropologische Determinante vorliegt. Zur Gesunderhaltung kann der Mensch allerdings durch entsprechende Lebenshaltung und Fürsorge selber beitragen. Auch die Sinngebung im Alter bestimmt der Mensch selbst, indem er einer - für ihn subjektiv sinnvollen - Beschäftigung nachgeht und damit Verjüngung und Lebensverlängerung bewirken kann. Da sich die Lebenszeit des Einzelnen nach der natürlichen Ausstattung von Stärke und Schwäche ausrichtet, sterben Schwächere entsprechend früher.

Auch für Schleiermacher stellt sich die Frage nach der Vormachtstellung, Beeinflussung und Abhängigkeit von Körper und Geist und für ihn stellt sich das Problem in der Form, daß er fragt, ob das körperliche Alter mit seinen Gebrechen die jugendliche Kraft des Geistes brechen kann. Da Körper und Geist nicht den gleichen Gesetzmäßigkeiten unterliegen, ist die Frage seiner Ansicht nach zu verneinen. Vielmehr ist für ihn eine gegenseitige "Befruchtung" von Jugend und Alter die ideale Lösung; Alter hier unter dem Aspekt der Erfahrung und selbst erworbenen Bildung gesehen. Die Freiheit des Geistes überwiegt und läßt die (körperliche) Schwäche des Alters unbedeutend werden. Die Gewährung eines langen Lebens ist auch für Schopenhauer biologisch festgelegt, kann aber durch das Haushalten der Lebenskräfte beeinflußt werden. Das Besondere des Alters ist das Denkvermögen, das vorherrscht; Wissen und Einsicht kommen erst im Alter, ebenso wie die Ernte der Lebensfrüchte. Auch wenn im hohen Alter die Kräfte des Geistes nachlassen, so ist dies als Vorbereitung auf das Ende nur zweckmäßig.

Kennzeichnend für die Epoche der Neuzeit im 18. und 19. Jhd. in der geisteswissenschaftlichen Haltung ist die Betonung und Wertschätzung des Geistigen im Menschen. Das Körperliche, biologisch festgelegt, unterliegt bis zu gewissen Grenzen der Freiheit und Macht des Willens. In dieser Perspektive ist das Leben im Alter abhängig von den geistigen Kräften; körperliche Schwächen und Gebrechen werden als zweitrangig betrachtet und sind entsprechend unbedeutend. Im Wertverständnis dieser Zeit ist eine Schätzung des Alters in den bürgerlichen Kreisen der Gesellschaft nur folgerichtig. Da wohlhabende Bürger nicht nur eine längere Lebenserwartung, sondern auch eine größere Gesundheit zu erwarten haben als die körperlich schwer arbeitende Mehrheit der Bevölkerung, außerdem den Zugang zu Bildung und Wissen, können sie das Alter in besserer Gesundheit und in geistiger Tätigkeit geübt erleben. Da die körperlichen Gegebenheiten in diesem Selbstverständnis weitgehend biologisch determiniert sind, muß der körperliche Alterszustand nur zum Teil selbst verantwortet werden.

Die in dieser Arbeit behandelten Philosophen der Neuzeit orientieren sich in ihren Abhandlungen zum Thema an den realen gesellschaftlichen Verhältnissen ihres sozialen Umfeldes und lassen die Perspektiven der Mehrheit der Bevölkerung außer acht. Auf der Suche nach Abgrenzung zwischen Willensfreiheit und anthropologisch-biologischer Festlegung sprechen sie sich für die Stärke des Geistes aus und plädieren für eine geringe Bedeutung des Körperlichen. Aus dieser Werthaltung ergibt sich die Achtung vor dem Alter mit geistiger Schaffenskraft. Es folgt daraus aber nicht eine Vormachtstellung des Alters vor der Jugend, sondern eher eine Gleichstellung von Jugend und Alter.

Jacob Grimms Rede über das Alter muß für sich betrachtet werden, da es sich um eine kurze Untersuchung über das Verständnis von Alter in der Geschichte handelt und weniger um eine philosophische Betrachtung der Thematik. Grimm kommt u.a. zu dem Ergebnis, daß die Leiden des Alters in ihrer Bewertung von der jeweiligen Kultur abhängig sind, so wie überhaupt das Alter im historischen Verlauf sehr unterschiedliche Wertschätzungen erfahren hat. Er persönlich empfindet das Alter als einen wertvollen Lebensabschnitt, in dem der Mensch weiterhin schöpferisch tätig sein kann in Anerkennung der Ordnung der Natur.

6.6 Einblick in philosophische Betrachtungen zur Thematik aus der jüngsten Geschichte

Auf eine ausführliche Beschreibung der realhistorischen Situation der jüngsten Geschichte mit Blick auf die Gegenwart soll hier verzichtet werden. Zum einen sind Aspekte hierzu bereits in der Einleitung und im ersten Hauptteil dieser Arbeit enthalten, und zum anderen wäre eine Analyse über das historische Material der letzten ca. 80 Jahre notwendig, die im Rahmen dieser Arbeit nicht zu leisten ist. Außerdem wird die Auswertung von Daten aus der jüngsten Geschichte derzeit vom Deutschen Zentrum für Altersfragen in Berlin durchgeführt und durch zahlreiche Schriften publiziert, so daß eine generelle Notwendigkeit an dieser Stelle entfällt. Durch einige Bemerkungen über prägnante Kennzeichen und der Vorstellung von zwei philosophischen Abhandlungen zum Thema soll ein Einblick in diesen Zeitabschnitt vermittelt werden.

Das Erleben des Alters ist in der jüngsten Geschichte und in der Gegenwart vor allem dadurch gekennzeichnet, daß man sich mit 60, spätestens 65 Jahren im sogenannten Ruhestand befindet und von der Erwerbsarbeit und zahlreichen Verpflichtungen entbunden ist. Rente oder Pension sichern grundsätzlich ein finanzielles Auskommen (obwohl dies im Einzelfall besonders bei Witwen nicht immer zutrifft) und eine Altersversorgung mit medizinischer Betreuung und Pflege ist gewährleistet. Die Lebenserwartung hat sich in den Jahren von 1910 bis heute (1990) fast verdoppelt, und ein Mann, der mit 60 Jahren ins Rentenleben eintritt, kann davon ausgehen, noch ca. 17 bis 18 Jahre zu leben, eine Frau noch ca. 21 bis 22 Jahre. Dieser letzte Lebensabschnitt kann grundsätzlich selbständig, unabhängig und in weitgehender Gesundheit gelebt werden. Für die Mehrheit von alten Menschen bedeutet das "Ruhestandsleben" allerdings auch ein Leben allein oder zu zweit in der Ehe. Man spricht in der Soziologie auch von der "empty-nest-Generation", womit gemeint ist, daß die Kinder einen eigenen Hausstand gegründet haben und die Eltern alleine zu Hause bleiben. Nach den Angaben des Statistischen Jahrbuches leben derzeit von den Männern über 75 Jahren 36 % alleine und 64 % verheiratet, von den Frauen 84 % alleine und nur 16 % verheiratet.[189] Für viele alte Menschen bedeutet das Leben zu zweit oder alleine Isolation von der Umwelt, Einsamkeit und Zurückgezogenheit. Das gesellschaftliche Verständnis vom alten Menschen war in der jüngsten Vergangenheit von der Vorstellung geprägt, daß diese Gruppe von Menschen ein großes Ruhebedürfnis hätten und die Stille und Einsamkeit suchten. Die andere Ausprägung des Altersbildes beinhaltete den Gesichtspunkt, daß alte Menschen wertlos für unsere Leistungsgesellschaft sind und nur als Randgruppe existieren.

Beide Altersvorstellungen fanden ihren Niederschlag in der Philosophie.

---

[189] Vgl. Statistisches Jahrbuch 1988, S. 64.

6.6.1 Ernst Bloch: Der Wunsch nach Ruhe

Im ersten Teil seines Hauptwerkes "Das Prinzip Hoffnung"[190] widmet sich *Ernst Bloch* (1885 - 1977) auf wenigen Seiten dem Thema Alter. Das umfassende Gesamtwerk schrieb Bloch während seiner Emigrationszeit 1938 - 1947 in den USA. Nachdem er es 1953 noch einmal durchgesehen hat, erscheinen 1955 die beiden ersten Bände und 1959 auch der dritte Band der Abhandlung "Das Prinzip Hoffnung".

"Grundmotiv des gesamten Blochschen Werkes ist das Aufsuchen der konkreten Utopien und Hoffnungen, die in den bewußten und noch nicht bewußten Alltagsvorstellungen der Menschen, in den historischen Produkten ihre Träume und Phantasien sowie in den Objektivationen von Kunst, Technik, Wissenschaft, Religion und Philosophie verborgen sind."[191]

Im Kapitel "Was im Alter zu wünschen übrigbleibt" versucht Bloch, die Wunschträume der im spätkapitalistischen Gesellschaftssystem lebenden alten Menschen als Scheinutopien zu entlarven und das sozialistische Gesellschaftssystem als konkrete Utopie zur Alternative anzubieten.

In der Thematisierung des Alters beginnt Bloch mit der Beschreibung von typischen Merkmalen des Alter(n)s, wie etwa dem Vergessen, der körperlichen Schwäche, dem mürrischen Verhalten, Geiz und Selbstsucht, (Ersatz-)Befriedigung in Alkohol und Besitztum. "Wein und Beutel bleiben dem trivialen Alter als das ihm bleibend Erwünschte, und nicht immer nur dem trivialen." (S. 38). Der Eintritt ins Alter wird als tiefgreifender Lebenseinschnitt erlebt, als "brutal negativ", als Verlust von Zeugungsfähigkeit und Gebärfähigkeit, "Verlieren" überhaupt, das sind die einschneidenden Kennzeichen. Als Altersangabe nennt Bloch das ungefähr 50. Lebensjahr[192]; in dieser Altersspanne tritt das spezifische Altersgefühl auf, das als ein "nicht Bekanntes wahrgenommen" wird. Grund für die Verdrängung des Alters in jüngeren Jahren ist u.a. die ausgeprägt negative Vorstellung von diesem Lebensabschnitt, der Gewinn der Alters, den es auch gibt, wird in der Gesellschaft nicht herausgehoben. Der "Gruß des Alters" wird überwiegend als Hinweis auf den Abschied, auf den Tod "am dünnen Ende" empfunden (Vgl. S. 39f.). Der alte Mensch wünscht sich in die Jugendzeit zurück versetzt und möchte 20 Jahre jünger sein. Aber das Alter ist nicht einfach ein Abschiednehmen, wie es von einem Lebensabschnitt zu einem anderen erlebt wird, also z.B. Abschied von der Jugendzeit beim Eintritt ins Erwachsenenalter, sondern im Alter ist es Abschied vom langen Leben überhaupt (Vgl. S. 40).

Da das Alter sehr unterschiedlich erlebt wird und nicht für jeden und nicht zu allen Zeiten nur als "organische Ebbe", muß beim negativen Erleben des Alters zum körperlichen Leiden noch die "psychische Leere" hinzukommen. Dies steht aber nach Ernst Bloch im Zusammenhang mit unserer spätbürgerlichen Gesellschaftsform und deren Wertsystem. Da unsere Gesellschaft die Jugend idealisiert und das Ende nicht sehen will, kann sie auch nicht das Alter achten und als Erntezeit betrachten, so

---

[190] Bloch, Ernst: Das Prinzip Hoffnung, Erster Band, Frankfurt a.M. ³1976.
[191] Blasche, Margret: Bloch, Ernst, in: Enzyklopädie Philosophie und Wissenschaftstheorie, Bd. 1, S. 320.
[192] Wenn Bloch dieses Kapitel über das Alter zu Anfang geschrieben hat, also in der Reihenfolge der Druckausgabe, war er ca. 53 Jahre alt, als er es verfaßte.

wie es z.B. in Sparta oder im republikanischen Rom vorzufinden war.

Das Alter wird von einem letzten Wunsch getragen, dem nach Ruhe. "Und jeder Alte wünscht die Erlaubnis, vom Leben erschöpft zu sein; steht er selbst im Weltgetümmel, so doch zu einem Teil, als stünde er darin nicht." (S. 42). Im Gefühl der Ruhe werden vergangene Fehlleistungen und Versäumnisse erträglich und körperliche Verluste wie Hören und Sehen nicht so bedeutungsvoll. Allerdings ist auch das Erleben des Ruhewunsches nach Zeiten und Gesellschaftsformen verschieden.

> "Die spätkapitalistische Welt hält für die Alten am wenigsten eine Bank der guten Hoffnung. Durch die Schrumpfung oder Fragwürdigkeit der Sparguthaben ist die Winterruhe auch dem Mittelstand sehr gestört. Nur die sozialistische Gesellschaft kann den Alterswunsch nach Muße erfüllen, jedoch auch hier ist dies, freilich mit positivem Sinn, eine andere als früher, indem der Unterschied der Generationen nicht mehr so scharf trennt." (S. 43)

In der sozialistischen Gesellschaft stimmen die Klischees von Alter = reaktionär und Jugend = fortschrittlich nicht mehr, es kann sogar zur Umkehrung kommen, z.B. zu faschistischen Jugendbünden. Das Alter kann aber mit Mut und Erfahrung die Ruhe und den Fortschritt bringen, der in der sozialistischen Gesellschaft zum Aufbau und zur Weiterentwicklung notwendig ist. Abschließend formuliert Bloch als "konkrete Utopie und Hoffnung":

> "Vornehm zu sein, eine Haltung gebend, Worte gebrauchend, überblickende Blicke sendend, die nicht aus dem jeweiligen Tag und nicht für ihn sind. [...] Das ermöglicht eine auffallende und doch verständliche Verbindung manches Alten von heute, sofern er weise wurde, mit einer neuen Zeit, [...], also der sozialistischen Zeit. Wunsch und Vermögen, ohne gemeine Hast zu sein, das Wichtige zu sehen, das Unwichtige zu vergessen: dergleichen ist eigentliches *Leben* im Alter." (S. 43f.)

Blochs Altersbild trägt stark idealisierte Züge vom weisen, ruhigen und wissenden alten Menschen, der zwischen dem Wichtigen und Unwichtigen zu unterscheiden weiß und entsprechend zu handeln vermag. Die Vorstellung, daß der alte Mensch ein ausgeprägtes Ruhebedürfnis habe, entspricht ganz der Disengagement-Theorie, die zu Anfang der 60iger Jahre in den USA publik wurde. Vielleicht hat Bloch das gesellschaftliche Image vom alten Menschen, das sich dann in der soziologischen Theorie manifestierte, in seinen philosophischen Betrachtungen vorweggenommen. Vielleicht hat er das aufgegriffen, was an Meinung vorlag, oder er hat die Grundlagen für die Disengagment-Theorie vorbereitet, so daß die Theorie schnelle Verbreitung finden konnte. Eine eindeutige Klärung der Fragen ist nicht mehr möglich, aber daß ein Zusammenhang zwischen dieser Theorie und seinen Betrachtungen zu finden ist, kann kaum übersehen werden.

6.6.2 Jean Améry: Altern ist geschichtete Zeit

Eine philosophische Abhandlung über das Altern des Menschen verfaßt *Jean Améry* (1912 - 1978).[193] Er schließt sein Werk im Sommer 1968 ab, als Alter und Altern noch keine weit verbreiteten Themen sind, als hauptsächlich im Fachbereich der Medizin und der Psychologie diese Themen bearbeitet werden. Erst in den letzten

---

[193] Améry, Jean: Über das Altern. Revolte und Resignation, Stuttgart 1971 ([1]1968).

Jahren findet seine Betrachtung über das Altern - als Revolte und Resignation - Beachtung, nämlich als die Themen in weiten Kreisen populär werden.

Geprägt vom französischen Existentialismus Sartres schreibt Jean Améry aus der Perspektive eines Betroffenen, der zu einem bestimmten Zeitpunkt wahr nimmt, daß er altert. Er erlebt das Altern weniger als eine prozeßhafte Veränderung oder Entwicklung, sondern mehr aus dem Blickwinkel eines bestimmten Momentes der Bewußtwerdung, eines Zeitpunktes mit Blick auf die Vergangenheit und Blick auf die Zukunft. Durch äußere Umstände und in der Begegnung mit dem Anderen wird er auf sein Altern gestoßen. Jean Améry hat in seiner Abhandlung das Altern unter fünf Kategorien betrachtet, unter
- Altern als Zeitempfinden,
- Altern als Köperveränderung,
- Altern als sozialer Kategorie,
- Altern als kultureller Dimension und
- Altern in Auseinandersetzung mit Sterben und Tod.

Im "Sich-bewußt-werden" des Alterns wird die Zeit als irreversibel empfunden, wird unmißverständlich deutlich, daß die vergangene Zeit unwiderruflich vorbei ist und nicht mehr geändert werden kann. Altern ist "gebündelte" oder "geschichtete" Zeit, wie Jean Améry es nennt. Das Erleben der Gegenwart bedeutet die Empfindung von "geschichteter" Zeit der Vergangenheit, die Erinnerung an Gewesenes und die immer kürzer werdende zu erwartende zukünftige Zeitspanne.

> "Daß es menschlicher Richtigkeit - nicht Wahrheit! - sich annähert, was wir hier vorbringen: daß nämlich die Zeit und ihre Irreversibilität erst vom Alternden voll realisiert werden, das bestätigt uns des Angejahrten ebenso brennender wie aussichtsloser Wunsch nach *Zeitumkehr*." (S. 30)

Altern ist auch körperliche Veränderung, ist fortschreitende Energieabnahme und Substanzzunahme, ist mehr Masse und weniger Energie. Der Alternde entfremdet sich, da sich sein Äußeres ändert, die Haut Falten bildet, die Kräfte schwinden und das Haar ergraut. Der Mensch befindet sich "im stummen Dialog von Selbstgewinn und Selbstentfremdung, die beide der Alternde in Mühsal und Drangsal erfährt, vordergründig (ist) die Entfremdung" (S. 54). Das subjektive "Körper-Ich-Empfinden", in der der Alternde versucht, sich seinen Körper vertraut zu machen und ihn anzunehmen, steht im Widerspruch zur gesellschaftlichen Norm, in der ein alternder, häßlicher Körper nur an die Vergänglichkeit, an die "Materialzersetzung" erinnert, und deswegen abgelehnt wird. Altern ist Leiden und wird als solches von uns erfahren (Vgl. S. 58).

Das Ich - Jean Améry spricht auch vom Körper-Ich, geistigen Ich und sozialen Ich, hier ist die Gesamtpersönlichkeit gemeint -, im gesellschaftlichen Ansehen grundsätzlich als etwas Beachtenswertes, verliert im Alter den Ideal- und Vorbildcharakter, verliert das herausragende Moment, das es vorher gewesen ist und an das man sich orientiert hat. Was ist besonders, herausragend und beneidenswert am alternden Ich, fragt er. Das "soziale Ich" wird determiniert durch den "Blick des Anderen" (Vgl. S. 65). Der Alternde wird als ein "Geschöpf ohne Potentialität" gesehen; im gesellschaftlichen Rahmen wird nicht mehr nach den Möglichkeiten gefragt, die der Alternde in Zukunft noch zur Verfügung hat, sondern nur nach den Leistungen vergangener Tage. Wer zu den Alternden und Alten zu zählen ist, wird von der Gesellschaft bestimmt; Rollen, Funktionen, Positionen sind sozial determiniert und Kategorien wie "jung" und "alt" werden in ihrem relativen Aussagewert zugeordnet.

Unsere "Welt des Habens" bestimmt auch unser Sein, indem der Mensch ist, was er hat (Vgl. S. 70). Das Sein im Alter wird danach bewertet, was im Leben verdient wurde, ob Rente oder Pension und Besitztum erwirtschaftet wurden.

Auch das Faktum des Körperlichen im Alter hat nicht nur eine subjektive Qualität, sondern gesellschaftliche Wirkung. Der Alternde ist nicht nur häßlich, sondern auch schwach, und kann den Leistungsanforderungen in der Gesellschaft nicht mehr genügen. Die Schwäche formuliert sich in der Sprache, in der Vorsilbe "un" wie z.B. in "untauglich", "unbelehrbar", "unerwünscht". "Die verneinende Vorsilbe als Ausdruck einer aus tiefen emotionellen Gründen aufquellenden Negation kann man, wenn man mag, als die von der Gesellschaft vollzogene *Nichtung* oder Ver-Nichtung des alternden Menschen nehmen." (S. 77). Mit Blick auf die Jugend wird ihr Vermögen als Maßstab gesetzt.

Die einzige Chance, sich selbst nicht zu verleugnen, ist die Anerkennung des "gesellschaftlich verordneten" "Nichts-seins", wodurch man wiederum etwas ist. "Das ist seine Chance und ist, vielleicht, die einzige Möglichkeit, wahrhaft in Würde zu altern." (S. 86).

Überspitzt formuliert kann man Jean Améry hier so verstehen, daß er sagt: Ich bin, weil ich ein Nichts bin. Das ist mein Altern!

Als vierte Kategorie problematisiert Jean Améry das kulturelle Altern. Modeerscheinungen, Modeempfindungen, Wertvorstellungen, auch Kunst und Dichtung sind kulturellen Einflüssen unterworfen, die sich mit der Zeit verändern. Im Bewußtwerden des nicht mehr zeitgemäßen Modeempfindens wird das eigene Altern erlebt. So kann auch die Kultur im Alter(n) zur Last werden, wie der Körper eine Last ist (Vgl. S. 87 ff.). Da der Geist schwerfälliger und träger wird, kann der Alternde sich nicht mehr den kulturellen Veränderungen anpassen. Der "Geist der Zeit" oder der "Geist der Epoche" ist das vorherrschende "Suprasystem", dem der Alternde nicht mehr gewachsen ist. Das "Suprasystem" wird als ein sich immer mehr beschleunigender Prozeß der Veränderung erlebt und steht im Widerspruch zum Individualsystem als ein immer langsamer werdender Prozeß der Veränderung.

> "Er [der Alternde, Anm.d.Verf.] muß zusehen, wie die Entstehungs-, Popularisierungs- und Devalorisationsprozesse in immer rapiderem Tempo abrollen und das entmutigt ihn vollends, nicht nur, weil ihm hierbei verdeutlicht wird, aufs radikalste, wie aussichtslos seine mühselige Lernarbeit ist, sondern weil damit zwischen das zu jeder Stunde andere Züge zeigende, uneinholbar dynamische Suprasystem, den Geist der Epoche also, und sein Individualsystem, das aus jahrzehntealten Grundbeständen entwickelt wurde, immer zahlreichere Systeme sich schieben, so daß sein eigenes in stets größere Ferne gerückt wird und schließlich für ihn selber kaum noch erkennbar ist." (S. 104)

So kommt es dazu, daß der Alternde die Welt nicht mehr versteht, weil sie nicht mehr so ist, wie er sie verstand, und er im Altern keine Chance hat, sie mit der Zeit zu verstehen.

Als fünfte Kategorie betrachtet Jean Améry das Altern als Auseinandersetzung mit Sterben und Tod (Vgl. S. 111 ff.). Der Tod kann nur als unausweichliche totale Niederlage gesehen werden, da er die Negation jeglicher Möglichkeit ist. Sterben und Tod können nicht erlebt und gedacht werden, sie entziehen sich unserer Erfassung. Der Tod bildet die Grenze unserer Welt, so auch die Grenze unserer Sprache. Wenn wir über Sterben und Tod sprechen, so können wir sie doch nicht mit der Sprache adäquat beschreiben. Altern ist die "Zeitstrecke, auf der wir dem Todesgedanken begegnen" (S.121). Wir müssen im Altern mit dem Sterben leben, nicht so, wie generell die Möglichkeit des Sterbens das Leben begleitet, sondern als Gedemütigte ohne Ausweg und Hoffnung.

Jean Améry hat die negative Beurteilung des Problems "Altern" in seiner Abhandlung thematisiert und schonungslos angesprochen. Die Ablehnung und Verurteilung des alternden Menschen in einer Gesellschaft, die sich überwiegend am "Haben" orientiert, wird von ihm zwar kritisch aufgezeigt, aber sein "Lösungsvorschlag", um aus dem Problemkreis herauszutreten, klingt widersinnig. Da im gesellschaftlichen Verständnis der alte Mensch ein Nichts ist, soll er sich über das Nichts-sein identifizieren, als einzige Chance, um sich nicht selbst zu verleugnen und in Würde altern zu können. Da sich die Würde eines Menschen nicht von einem Nichts-sein ableiten läßt, ist sein Vorschlag widersinnig. Außerdem würde die Anerkennung des gesellschaftlichen Negativbildes nur wieder eine Bestätigung des Vorurteils bedeuten, und der Kreis würde sich schließen und bliebe geschlossen.

7. Abschließende Überlegungen

Die Beschäftigung mit dem Thema Alter und Altern scheint so alt zu sein wie das Nachdenken des Menschen über sich und seine Umwelt. Der Vorgang der Veränderung, der sich im Altern des Menschen unaufhörlich zeigt, der von jedem Einzelnen selbst erlebt und empfunden wird und bei jedem anderen zu beobachten ist, ruft beim Menschen Fragen hervor, die er zu beantworten sucht.

In den verschiedenen Mythen des Altertums tritt ein zwiespältiges Bild zutage: das Alter (und damit alte Menschen) wird zum Teil verehrt und zum Teil abgelehnt. Einerseits wird das Nachdenken über das Alter von dem Wunsch motiviert, das menschliche Leben zu verlängern, bzw. ein möglichst langes gesundes Altern zu erreichen; die Erfüllung dieses Wunsches beruht auf göttlichen Kräften. Es kann angenommen werden, daß die wenigen Menschen zu jener Zeit, die alt wurden, ein außerordentliches Ansehen genossen, da ihnen im Glauben der damaligen Zeit durch göttliche Gnade ein gesundes hohes Alter gewährt worden war. Andererseits spiegelt sich in einigen Mythen der Wunsch wider, ein jugendliches Alter zu erhalten und das Greisenalter (in Verbindung mit Alterserscheinungen) zu verhindern oder rückgängig zu machen. Durch magische Kräfte sollen Alterslosigkeit und/oder Verjüngung ermöglicht werden. In diesen Mythen wird eine Ablehnung des Alters ausgedrückt.

Schon in den ersten philosophischen Gedanken, die uns überliefert wurden, sind die Fragen nach dem Sinn des Alterns und Alters und dem Sinn des Lebens im Alter enthalten. Der Sinn des Lebens im Alter wurde in der Geschichte oftmals in der Verpflichtung der Alten gegenüber den Jungen gesehen, in der Bewahrung von Tradition und Recht, in der Vorsorge für die Zukunft und in der Hilfestellung zur Lebensbewältigung im weitesten Sinne. Die Aufgabenzuteilungen und die Stellung innerhalb einer Gemeinschaft war weitgehend festgelegt und reglementiert, die Machtausübung in der Familie oder in einer politischen Position war z.T. rechtlich vorgeschrieben. Achtung und Ehre gegenüber den alten Eltern oder alten Menschen generell war geschriebenes oder ungeschriebenes Gesetz, das eingehalten werden mußte.

Und so, wie auf der einen Seite das Leben von alten Menschen durch Ordnungen gesichert war, gab es auf der anderen Seite die ungesicherte Existenz, die Verachtung und Verspottung, das Ausgestoßensein aus dem gesellschaftliche Leben und die Sinnlosigkeit, weil jede Aufgabe und Anerkennung fehlte. Zu keiner Zeit in dem von mir untersuchten Zeitraum von über 2500 Jahren gab es - zumindest in der Philosophiegeschichte - eine unangefochtene Achtung und Ehre des Alters und eine unumstrittene Akzeptanz des Alterns. Häufig wurde die Trennung von positiver und negativer Bewertung zwischen der Unterscheidung von körperlichem Altern und geistigem Alter gezogen. Neben der Altersweisheit gab es auch die Vergreisung und den Altersschwachsinn. Das Spektrum über die Einstellung zum körperlichen Altern reichte von einer Befreiung der Leidenschaften und Lüste bis zum jammervollen Beklagen der verlorengegangenen sexuellen Freuden, vom Verlust der Sinneswahrnehmungen bis zum Fäulnisprozeß des Alterns, von der Unbedeutenheit des Körperlichen überhaupt bis zur Sinnlosigkeit des Lebens aufgrund körperlicher Gebrechen.

Die Trennung zwischen Achtung und Verachtung verlief aber auch nach gesellschaftlicher Schichtung, nach Reichtum und Armut. Ein Alter in Armut zu verleben war schon zur Zeit Homers beklagenswert, und die Altersarmut ist heute wieder ein aktuelles Thema geworden. Daß Reiche in einer angenehmeren Form ihren Lebensabend verbringen konnten, galt nicht nur für die Vergangenheit, sondern ist heute noch so, ebenso, wie eine höhere Lebenserwartung mit steigendem Wohlstand einherging und heute noch - allerdings nicht mehr gravierend - nachgewiesen werden kann.

In der Philosophiegeschichte sind zahlreiche Versuche zu finden, wie eine Bewältigung der Alter(n)sproblematik zu ermöglichen sei. Die Vorschläge zur Lebensbewältigung im Alter reichen von der Negierung des Alter(n)s überhaupt bis zur generellen Akzeptanz. Vor allem ist immer wieder die Einstellung zu finden, daß ein ruhiges Altern nur möglich ist, wenn man sein Leben nach festen moralischen Grundsätzen ausgerichtet hat und in Ruhe auf sein vergangenes Leben zurückblicken kann; wenn man nicht bereut, sondern sich einverstanden erklärt mit der gelebten Vergangenheit. Mit dieser Lebenshaltung wird nicht ein Nicht-mehr-Können betrauert, sondern ein Betrachten des Erreichten in den Vordergrund gestellt. Der Blick richtet sich nicht allein in die Erinnerung, sondern auch in die Zukunft mit den Möglichkeiten, die aufgrund der langjährigen Erfahrung gegeben sind.

In einem Vergleich der realhistorischen Situation in den verschiedenen Epochen mit den Anschauungen und Stellungnahmen von Philosophen dieser Zeit ist deutlich zu erkennen, daß zumindest teilweise ein Zusammenhang vorliegt und eine wechselseitige Beeinflussung anzunehmen ist. Das gesellschaftliche Altersbild und die Stellung von alten Menschen innerhalb einer Gemeinschaft wurde durch die philosophischen Aussagen der jeweiligen Zeit geprägt, so wie sich auch in den philosophischen Betrachtungen ein gesellschaftlich geprägtes Altersbild widerspiegelt. Das Ausmaß und der Anstoß für die Prägung sind nicht zu bestimmen. Besonders deutlich wird die Verflechtung von realhistorischer Situation und Philosophie in den beiden letzten Beiträgen dieser Arbeit über Ernst Bloch und Jean Améry.

Obwohl zu keiner Zeit nur ein (einheitliches) Verständnis von Alter(n) vorgelegen hat, so sind doch in verschiedenen Epochen deutlich Tendenzen zu erkennen, die in zwei oder drei Anschauungen eine Einheitlichkeit erkennen lassen. Außerdem haben Abhandlungen wie (1.) die Schrift "Über das Alter" von (wahrscheinlich) Ariston von Keos, in der Argumente für und gegen das Alter gegeneinander aufgeführt wurden, (2.) die Aussagen des Aristoteles über Alter und Altern in seinen naturwissenschaftlichen Schriften und in der Rhetorik und (3.) das wohl berühmteste geschichtliche Werk über das Alter von Cicero "Cato maior de senectute" weit über ihre eigene Zeit hinaus die Geschichte geprägt, d.h. unter anderem auch das Verhalten alten Menschen gegenüber.

Nicht zu verleugnen ist eine immer wieder anzutreffende subjektive Betroffenheit der Autoren, die eine ablehnende oder annehmende Haltung gegenüber dem eigenen Altern zum Ausdruck bringen, unabhängig davon, ob sie sich bereits im Alter befinden oder nicht. Die Inhalte reichen von der Beschreibung persönlicher Empfindung bis zur sachlich-distanzierten Feststellung von beobachtbaren Phänomenen.

Bei der Eruierung des Verständnisses von Alter und Altern in der Philosophiegeschichte sind verschiedene Grundpositionen in Erscheinung getreten, die sich in der Geschichte in modifizierten Ausprägungen wiederholen. In einer zusammenfassenden Form sollen sie hier zur Verdeutlichung skizziert werden.

1. Eine erste Position bezüglich des Wohlbefindens beinhaltet die Vorstellung, daß das körperliche und geistig-seelische Befinden im Alter vom gesamten Lebenswandel des Betreffenden abhängt. Man geht davon aus, daß man seinen Körper pflegen, sich gesund ernähren, soziale Kontakte pflegen und sich geistig betätigen sollte, um sich damit die bestmöglichen Voraussetzungen für ein Wohlbefinden im Alter zu schaffen. Der Umgang mit sich selbst während des ganzen Lebens hat in dieser Position direkte Konsequenzen für das Befinden im Alter. Das Körperliche und das Geistige im Menschen gehören hier gleichwertig zusammen.

Als Varianten kommen in dieser Position hinzu, daß man im Alter nur zufrieden sein kann, wenn man sein vergangenes Leben nicht bereut, sondern sich mit den vergangenen Handlungen einverstanden erklärt. Auch wird die Einstellung vertreten, daß das Leben moralisch-tugendhaft geführt werden muß, will man zufrieden altern. Ein körperlicher und geister Verfall und soziale Isolation hat der Einzelne grundsätzlich selbst zu verantworten.

2. Eine zweite Position mit normativem Inhalt besagt, daß das Alter ein Abschnitt innerhalb des gesamten Lebens ist und deshalb nicht unabhängig davon betrachtet werden darf. Die Verdienste eines Menschen, die er sich während des ganzen Lebens erworben hat, sind ausschlaggebend und machen das Ansehen im Alter aus. Das Ansehen im Alter sollte unabhängig davon sein, ob jemand sich in einem gesunden oder kranken, geistig klaren oder verwirrten Zustand befindet. Ein Mensch darf im Alter nicht verspottet und verachtet werden, egal in welchem Zustand er sich befindet, wenn er in seinem Leben viel geleistet hat.

In dieser Einstellung kommen noch die Varianten hinzu, daß das Alter (immer) ehrenswert ist und, daß nur der geehrt werden soll, der sich persönliche Verdienste erwarb.

3. Eine weitere Position, die die Einstellung zum Alter(n) betrifft, besagt, daß die körperlichen Schwächen, Verluste und Beschwernisse, die das Altern ausmachen, durch geistige Anstrengungen kompensiert werden können. Allerdings muß sich der einzelne um die Ausbildung seiner geistigen Reife selbst bemühen. Ein glückliches und zufriedenes Leben im Alter trotz körperlicher Mängel und Verluste ist möglich, wenn man es sich erarbeitet (und nur dann).

Durch die Wertung, daß Geistestätigkeit mehr gilt als alles Körperliche, kann das Alter auch als höchste Stufe der Freude, Zufriedenheit und Glückseligkeit erlebt werden, wenn man es in geistiger Aktivität mit der Erfahrung und dem Wissen aus einem langen Leben lebt und befreit ist von körperlichen Begierden.

Eine modifizierte Form hierzu besagt, daß man im Alter immer reich an Erfahrung, Wissen und Weisheit ist. In der Polarisierung von Jugend und Alter heißt es dann: Jugend besitzt (körperliche) Kraft und Schönheit, Alter besitzt Weisheit.

4. In einer anderen Position bezüglich des Verständnisses, was Alter(n) ist, wird das Altern hauptsächlich als ein biologischer Prozeß gesehen, der erlitten werden muß. Physische Komponenten wie langes Leben und Gesundheit sind determiniert, oder, die physischen Bedingungen sind zwar in einer Grundanlage festgelegt, aber durch eine gesunde/ungesunde Lebensführung beeinflußbar. Das Alter(n) an sich ist ein Übel, das der einzelne erleiden muß, wenn er lange lebt; er kann versuchen, es so gut wie möglich für sich zu gestalten, ohne jedoch das grundsätzliche Übel abwehren zu können.

5. Der alte Mensch ist kein vollwertiger Mensch mehr. Er ist im gesellschaftlichen Ansehen ein Nichts; er verliert seine sexuelle Potenz und generell körperliche Kräfte; er verliert seine geistigen Kräfte; er verliert seine Würde als Mensch.

6. Zur Sinngebung im Alter sind die Positionen zu finden, daß in der Akzeptanz des göttlichen Willens oder der Anerkennung der Teleologie (in) der Natur eine Sinnfindung möglich ist, die darauf basiert, daß alle Menschen gleich(wertig) sind.

Eine andere Einstellung geht davon aus, daß eine Sinngebung im Alter nicht vorgegeben ist, sondern von jedem einzelnen für sich gefunden werden muß. Ob der Sinn im Alter im Abschiednehmen und in der Vorbereitung auf den Tod liegt, oder in geistig reger Tätigkeit, im (Weiter-)Lernen und Lehren, oder in der Beschäftigung mit Pflanzen und Tieren usw. ist jedem selbst zu überlassen.

Die hier skizzierten Positionen sind nicht an eine geschichtliche Epoche gebunden, sondern zeitübergreifend als Einstellungen des Menschen zum Alter(n) gemeint. Auch wenn in bestimmten Epochen überwiegend zwei oder drei Haltungen der aufgeführten Positionen überwogen, so kann deswegen nicht ausgeschlossen werden, daß auch die anderen Einstellungen in einem schwächeren oder stärkeren Maße vertreten waren und das Leben des einzelnen im Alter bestimmten.

Für unsere gegenwärtige Zeit müssen wir ebenfalls annehmen, daß alle hier aufgeführten Positionen (mit weiteren Modifizierungen) vertreten werden, und sowohl die Einstellung gegenüber alten Menschen als auch das subjektive Erleben des alten Menschen in seinem Selbstverständnis beeinflussen. Die Besonderheit unserer gegenwärtigen Zeit liegt zudem noch darin, daß zu keiner

Zeit in der Geschichte die Lebenserwartung des Menschen so hoch lag wie heute. Die heute lebenden Menschen können mit der Perspektive leben, alt zu werden, und darüber hinaus, relativ gesund alt zu werden. Wir Menschen in der Gegenwart können mit der Erwartung unser Leben gestalten, daß wir mehr Zeit zur Verfügung haben, als es jemals vorher in der Vergangenheit gegeben war. Auch wenn es immer Menschen gab, die sehr alt wurden, so bildeten sie eine Ausnahme und entsprachen nicht einer allgemeinen Erwartung. Wir können unser Leben in einer Haltung einrichten, die davon ausgeht, daß wir in medizinischer und materieller Absicherung altern und alt sein werden. Trotzdem stellt sich für uns die Frage nach der Sinngebung im Alter, denn eine Zeit von 20 Jahren und mehr kann nicht in einer Sinnlosigkeit gelebt werden, in einem Warten auf den Tod oder in einem "noch geduldet werden". Grundvoraussetzung für die Sinngebung im Alter ist die Akzeptanz des Alterns und des Alters, sowohl die persönliche, als auch die gesellschaftliche, wenn alte Menschen innerhalb der gesellschaftlichen Gemeinschaft leben sollen. Die Voraussetzungen dafür zu schaffen, ist eine der gegenwärtigen Hauptaufgaben der Gerontologie, wenn sie nicht nur Lebensverlängerung, sondern auch Anerkennung und Wohlbefinden im Alter erstrebt.

8. Literaturverzeichnis

Abaelard: Die Leidensgeschichte und der Briefwechsel mit Heloisa, übers. u. hg. von Eberhard Brost, 2. erw. Aufl. Heidelberg 1954
Alföldy, Géza: Römische Sozialgeschichte, 3., völlig überarb. Aufl., Wiesbaden 1984
Améry, Jean: Über das Altern. Revolte und Resignation, Stuttgart 1971 ([1]1968)
Andresen, Carl u.a. (Hg.): Lexikon der Alten Welt, Zürich/Stuttgart 1965
Die Antike. Zeitschrift für Kunst und Kultur des klassischen Altertums, hg. von Werner Jaeger, 9. Bd., Berlin/Leipzig 1933
Arbeitsgruppe Fachbericht über Probleme des Alterns: Altwerden in der Bundesrepublik Deutschland: Geschichte - Situationen - Perspektiven, Bd. 1,2,3, DZA, Berlin [2]1987 ([1]1982)
Aristophanes: Sämtliche Komödien, übertr. von Ludwig Seeger, Einleitungen zur Geschichte und zu Nachleben der Griech. Komödie nebst Übertragungen von Fragmenten der alten und mittleren Komödie von Otto Weinreich, 1. Bd, Zürich 1952
Aristophanes: Sämtliche Komödien, übertr. von Ludwig Seeger und Otto Weinreich, 2. Bd, Zürich 1953
Aristoteles: Problemata Physica (Aristoteles Werke in dt. Übers., begr. von E. Grumach, hg. von Hellmut Flashar, Bd. 19) übers. von H. Flashar, 2. durchgesehene Aufl., Darmstadt 1975
Aristoteles: Über die Seele (Aristoteles Werke, Bd. 13), übers. von Willy Theiler, 2. durchgeseh. Aufl., Darmstadt 1966
Aristoteles: The Works of Aristotle, Transl.into Engl. under the Editorship of J.A. Smith/W.D. Ross, Oxford [4]1974 (1912), Vol.V.
Aristoteles: Tierkunde (Aristoteles: Die Lehrschriften, hg., übertr. u. i. ihrer Entstehung erläutert von Dr. Paul Gohlke) Paderborn [2]1957
Aristoteles: Die Nikomachische Ethik, übers. u. hg. von Olof Gigon, München [3]1978 ([1]1972)
Aristoteles: Politik, übers. u. hg. von Olof Gigon, München [5]1984 (1973)
Aristoteles: Rhetorik, übers. u. erläut. von Franz G. Sieveke, München 1980
Aristoteles: Metaphysik, übers. von Friedrich Bassenge, Berlin 1960
Arnold, Wilhelm/Eysenck, Hans J./Meili, Richard (Hg.): Lexikon der Psychologie, Freiburg [4]1978 ([1]1976)
Austin, Michel/Vidal-Naquet, Pierre: Gesellschaft und Wirtschaft im alten Griechenland, München 1984 (2. Aufl., Paris 1973)
Autorenkollektiv Hannover: Überlegungen zur Didaktik einer Bildungsarbeit mit älteren Menschen, in: Hessische Blätter für Volksbildung, 23. Jg. Nr. 4, 1973, S. 348 - 361
Beauvoir, Simone de: Das Alter <La Vieillesse>, Essay, dt. von A. Aigner-Dünnwald u. R. Henry, Reinbek b. Hamburg 1972 (Paris 1970)
Die Bibel, Einheitübersetzung, Freiburg 1980

Birren, James E.: Gerontologie, in: Arnold, W. u.a. (Hg.): Lexikon der Psychologie, Freiburg ⁴1978, Bd. I/2, Sp. 742f. (¹1976)

Birren, James E./Clayton, Vivian: History of Gerontology, in: Woodruff, Diana S./Birren, James E.(Eds.): Aging. Scientific Perspectives and Social Issues, New York 1975, S. 15 - 27

Blasberg-Kuhnke, Martina: Gerontologie und Praktische Theologie. Studien zu einer Neuorientierung der Altenpastoral, Düsseldorf 1985

Bleicken, Jochen: Die athenische Demokratie, Paderborn/München/ Wien/Zürich 1985

Bleicken, Jochen: Die Verfassung der Römischen Republik. Grundlagen und Entwicklung, Paderborn/München/Wien/Zürich, ⁴1985 (¹1975)

Bloch, Ernst: Das Prinzip Hoffnung, 1. Bd., Kap. 7.: Was im Alter zu wünschen übrigbleibt, Frankfurt/M. ³1976 (¹1959)

Böhlau, Volkmar (Hg.): Wege zur Erforschung des Alterns, Darmstadt 1973

Boethius: Trost der Philosophie, lat.-dt., hg. u. übers. von Ernst Gegenschatz und Olof Gigon, München 1981 (Zürich 1949)

Boll, Franz: Die Lebensalter. Ein Beitrag zur antiken Ethologie und zur Geschichte der Zahlen. Mit einemm Anhang 'Zur Schrift   ', in: Neue Jahrbücher für das Klassische Altertum. Geschichte und Deutsche Literatur, Hg. von Johannes Ilberg, 16. Jg. 1913, 1. Abt. 2. Heft, S. 89 - 154

Bollnow, Otto Friedrich: Das hohe Alter, in: Neue Sammlung. Göttinger Blätter für Kultur und Erziehung, 2. Jg. 1962, Göttingen, S. 385 - 396

Bollnow, Otto Friedrich: Der neue Anfang und das Problem der Verjüngung, in: Neue Sammlung. Göttinger Blätter für Kultur und Erziehung, 5. Jg. 1965, Göttingen, S. 542 - 555

Borscheid, Peter: Geschichte des Alters. 16. - 18. Jahrhundert (Studien zur Geschichte des Alltags, hg. v. Hans J. Teuteberg u. Peter Borscheid, Bd. 7, 1. Teilbd.) Münster 1987

Brocher, Tobias: Stufen des Lebens, Stuttgart/Berlin 1977

Bürger, Max: Altern und Krankheit als Problem der Biomorphose, Medizinische Prisma 9, Ingelheim am Rhein 1963 (wahrscheinlich eine neu geschriebene Kurzfassung seines Werkes mit selbem Titel von 1954 oder 1960 Leipzig)

Capelle, Wilhelm: Die Vorsokratiker. Die Fragmente und Quellenberichte, Stuttgart 1935, repr. 1968

Capelle, Wilhelm: Die griechische Philosophie I. Von Thales bis zum Tode Platons, 3. bearb. Aufl., Berlin 1971

Capelle, Wilhelm: Die griechische Philosophie II. Von den Sokratikern bis zur hellenistischen Philosophie, 3. bearb. Aufl., Berlin 1971

Cebotarev, Dimitri Fjodorovic: Die gegenwärtigen Aufgaben und die Perspektiven der Gerontologie, dt. Bearbeitung von J.Sima, in: Handbuch der Gerontologie. Bd.1 Grundlagen Gerontologie, Jena DDR 1978

Cicero, Marcus Tullius: Cato Maior de Senectute. Cato der Ältere über das Alter, Mit Einl., Übers. u. Anm. hg. von Max Faltner, München 1983

Clauss, Manfred: Sparta. Eine Einführung in seine Geschichte und Zivilisation, München 1983

Coffman, George R.: Old Age from Horace to Chaucer. Some Literary Affinities and Adventures of an Idea, in: Speculum. Journal of Medievaval Studies, Vol.IX., Cambridge/Mass. 1934, S. 249 - 277

Conrad, Christoph: Altwerden und Altsein in historischer Perspektive. Zur neueren Literatur, in: Zeitschrift für Sozialisationsforschung und Erziehungssoziologie, Jg. 2, H. 1, Weinheim 1982, S. 73 - 90

Conrad, Christoph: Wege zu einer historischen Betrachtung des Alters. Perspektiven eines neuen interdisziplinären Forschungsfeldes, in: Berichte zur Wissenschaftsgeschichte. Organ der Gesellschaft für Wissenschaftsgeschichte, Hg.v. Fritz Krafft, Mainz, Bd. 6/1983, S. 195 - 202

Conrad, Christoph: Historische Ansätze in der Gerontologie - Fragen nach Alter in der Sozialgeschichte, in: Zeitschrift für Gerontologie, Bd. 17, H. 1, 1984, S. 2 - 5

Conrad, Christoph / Kondratowitz, Hans-Joachim (Hg.): Gerontologie und Sozialgeschichte. Wege zu einer historischen Betrachtung des Alters. Beiträge einer internationalen Arbeitstagung am Deutschen Zentrum für Altersfragen Berlin, 5. - 7. Juli 1982, 2. überarb. Aufl., Berlin, DZA im September 1985 (^{1}1983)

Dante Alighieri: Das Gastmahl, a. d. Ital. übertr. u. komment. von Constantin Sauter (1911), München 1965

Deutscher Bundestag 10. Wahlperiode, Drucksache 10/6770 vom 29.12. 86, Antwort der Bundesregierung auf die Kleine Anfrage zum Thema Altersforschung (Gerontologie) und Alterskrankheiten (Geriatrie)

Diels, Hermann: Die Fragmente der Vorsokratiker, Griech./Dt., hg. von Walther Kranz, 1. Bd.: 1 - 58, o.O., Weidmann, ^{17}1974 (^{1}1903); 2. Bd.: 59 - 90, o.O., Weidmann, ^{16}1972 (^{1}1903); 3. Bd.: Wortindex, Namen- und Stellenregister, o.O., Weidmann, ^{15}1975 (^{1}1906/07)

Diogenes Laertius: Leben und Meinungen berühmter Philosophen. Buch I - X, a. d. Griech. übers. von Otto Apelt, Hamburg ^{2}1967

Duden, Der große: Fremdwörterbuch, Bd. 5, Mannheim/Wien/Zürich 1971

Duruy, Victor: Die Welt der Römer, München/Berlin 1972

Dyroff, Adolf: Junkos und Ariston von Keos über das Greisenalter, in: Rheinisches Museum für Philologie, N.F., Frankfurt/M., H. 86, 1937, S. 241 - 269.

Dyroff, Adolf: Der Peripatos über das Greisenalter. Studien zur Geschichte und Kultur des Altertums, Bd. XXI., H. 3, Paderborn 1939

Echtermeyer, Theodor: Deutsche Gedichte. Von den Anfängen bis zur Gegenwart, neugestaltet von Benno von Wiese, Düsseldorf 1966

Epiktet, Teles und Musonius: Wege zu glückseligem Leben, übertr. u. eingel. von Wilhelm Capelle, Zürich 1948

Epikur: Briefe. Sprüche. Werkfragmente, Griech./Dt., übers. u. hg. von Hans-Wolfgang Krautz, Stuttgart 1985

Erasmus von Rotterdam: Ausgewählte Schriften, Bd. 2: Das Lob der Torheit (Dt. Übers. von Alfred Hartmann); Auswahl aus den Gedichten 1 - 29 (Dt. Übers. von Wendelin Schmidt-Dengler), Ausg. in acht Bd., Lat./dt., hg. von Werner Welzig, Darmstadt 1975

Erasmus von Rotterdam: Ausgewählte Schriften, Bd. 6: Vertraute Gespräche, übers., eingel. u. m. Anm. versehen von W. Welzig, hg. von Werner Welzig, Darmstadt 1967

Erasmus von Rotterdam: Ausgewählte Schriften, Bd. 7: Der Ciceronianer oder der beste Stil. Ein Dialog; Mehrere tausend Sprichwörter und sprichwörtliche Redensarten (Auswahl), übers., eingel. u. m. Anm. versehen von Theresia Payr, hg. von Werner Welzig, Darmstaddt 1972

Faltin, Josef Anton Aloys: Die Juncus-Fragmente bei Stobaeus. Inaugural-Dissertation, Freiburg i.Br. 1910

Fischer, Joan. Bernhardo de: De senio, eiusque gradibus et morbis. Nec non de eiusdem acquivisitione, Tractatus, Erfurt 1754

Fisseni, H.-J.: Einstellung und Erleben der Endlichkeit des Daseins, in: Zeitschrift für Gerontologie, Bd. 12, H. 5/6, Darmstadt 1979, S. 460 - 471

Fisseni, H.-J.: Erleben der Endgültigkeit der eigenen Situation: Biographische Aspekte, in: Zeitschrift für Gerontologie, Bd. 13, H. 5, Darmstadt 1980, S. 491 - 505

Flacelière, Robert: Griechenland. Leben und Kultur in klassischer Zeit, 2. verb. u. erg. Aufl., Stuttgart 1979 (1977)

Flashar, Hellmut (Hg.) (Fr. Ueberweg): Die Philosophie der Antike, Bd. 3: Ältere Akademie Aristoteles - Peripatos (Grundriß der Geschichte der Philosophie), Basel/Stuttgart 1983 (1. Ausg. 1866)

Flashar, Hellmut (Hg.): Antike Medizin, Darmstadt 1971

Fortenbaugh, William W.: Quellen zur Ethik Theophrasts, Amsterdam 1984

Freudenthal, J.: Zu Phavorinus und der mittelalterlichen Florilegienlitteratur, in: Rheinisches Museum für Philologie, Frankfurt/ M. 35, 1880, S. 408 - 430; 639 - 640

Gadamer, Hans-Georg/Vogler, Paul (Hg.): Neue Anthropologie, Band 1 - 7, Stuttgart 1972 - 1983

Galton, Francis: On the Anthropometric Laboratory at the late International Health Exhibition, in: The Journal of the Anthropological Institute of Great Britain and Ireland, Vol. XIV., London 1885, S. 205 - 221

Galton, Francis: Some Results of the Anthropometric Laboratory, in: Journ.Anthr.Inst., s.o., S. 275 - 287

Galton, Sir Francis: Inquiries into human faculty and its development, London/ New Work ²1908 (¹1883), reprint 1973 USA

Gaster, Theodor H.(Hg.): Die ältesten Geschichten der Welt, a. d. Engl. von Walle Bengs, Berlin 1983 (New York 1952)

Gatzemeier, Matthias: Theologie als Wissenschaft? Bd. I: Die Sache der Theologie, Stuttgart-Bad Cannstatt 1974

Gatzemeier, Matthias: Theologie als Wissenschaft? Bd. II: Wissenschafts- und Institutionenkritik, Stuttgart-Bad Cannstatt 1975

Gatzemeier, Matthias: Theorien zur Geschichtswissenschaft, Vorlesungsscript Aachen WS 78/79

Gatzemeier, Matthias: Die Abhängigkeit der Methoden von den Zielen der Wissenschaft. Überlegungen zum Problem der "Letztbegründung". Zu Ehren von Friedrich Kaulbach, aus: Perspektiven der Philosophie, Neues Jahrbuch 1980, Bd. 6, Hg. von Rudolph Bedinger, Eugen Fink, Friedrich Kaulbach, Wiebke Schrader, S. 91 - 118

Gigon, Olof/Zimmermann, Laila: Platon. Lexikon der Namen und Begriffe, Zürich/München 1975

Gnilka, Christian: Altersklage und Jensseitssehnsucht, in: Jahrbuch für Antike und Christentum, Jg. 14, Münster 1971, S. 5 - 23.

Gnilka, Christian: Aetas Spiritalis. Die Überwindung der natürlichen Altersstufen als Ideal frühchristlichen Lebens, Bonn 1972

Goddenthow, Diether Wolf von (Hg.): Das Märchen vom Ruhestand. Falsche Vorstellungen verabschieden. Neue Aufgaben entdecken. Älter werden mit Gewinn, Freiburg/Basel/Wien 1985

Göbel, Dieter: Das Abenteuer des Denkens. Abendländische Geistesgeschichte von Thales bis Heidegger, Düsseldorf/Wien 1982

Grimm, Jacob und Wilhelm: Deutsches Wörterbuch, Nachdruck dtv. München, Bd. 1 = Bd. 1 A - Biermolke, Fotomechan. Nachdr. d. Erstausg. 1854-1984

Grimm, Jacob und Wilhelm: Deutsches Wörterbuch, Nachdruck dtv. München, Bd. 28 = Bd. 14, Abt.1, Teil 1 Weh - Wendunmut, bearb. v. Alfred Götze u. d. Arbeitstelle d. Dt. Wörterbuches zu Berlin, Fotomechan. Nachdr. d. Erstausg. 1955. - 1984

Grimm, Jacob: Kleinere Schriften 1. Reden und Abhandlungen, Hildesheim 1965 (Berlin 1864)

Gruman, Gerald J.: A history of ideas about the prolongation of life. The evolution of prolongevity hypotheses to 1800, Transactions of the American Philosophical Society, Vol. 56, Part 9, Philadelphia, Dec. 1966

Guardini, Romano: Die Lebensalter. Ihre ethische und pädagogische Bedeutung, Würzburg o.J. (1953 ?)

Guthrie, W.K.C.: A History of Greek Philosophy, Vol. I, The earlier Presocratics and the Pythagoreans, Reprint Cambridge 1967 (^{1}1962)

Haber, Carole: Geriatrics: a speciality in search of specialists, in: Zeitschrift für Gerontologie, Bd. 17/1984, H. 1, S. 26 - 31

Häussler, Reinhard: Vom Ursprung und Wandel des Lebensaltervergleichs, in: Hermes. Zeitschrift für klassische Philologie, hg.v. Karl Büchner, Hans Diller, Herbert Nesselhauf, 92. Band 1964, Wiesbaden, S. 313 - 341.

Hall, G. Stanley: Senescence, the last half of life, London/New York 1922

Handbuch der Gerontologie. Bd.1: Grundlagen der Gerontologie, Hg. von: Dimitri Fjodorovic Cebotarev/ Gerhard Brüschke/ Udo Schmidt/ Friedrich Horst Schulz, Jena DDR 1978

Heller, Ewald: Der alte Mensch in unserer Zeit. Ein Beitrag in anthropologisch-gerontagogischer Absicht, in: Neue Sammlung. Göttinger Blätter für Kultur und Erziehung, 5. Jg. 1965 Göttingen, S. 531 - 542

Herre, Paul: Schöpferisches Alter. Geschichtliche Spätaltersleistungen in Überschau und Deutung, Leipzig 1939

Hesiod: Erga. Von Arbeit, Wettstreit und Recht, übers. u. erl. von Walter Marg, Zürich 1968

Hesiod: Theogonie, hg., übers.u.erl. von Karl Albert, Griech/dt, Kastellaun 1978
Hirzel, Rudolf: Der Dialog. Ein literarhistorischer Versuch, Zweiter Theil, Leipzig 1895
Höfer, Josef/Rahner, Karl (Hg.): Lexikon für Theologie und Kirche, 2. völlig neu bearb. Aufl., Bd. 1, Freiburg 1957
Höffe, Otfried: Grundaussagen über den Menschen bei Aristoteles, in: Zeitschrift für Philosophische Forschung, hg. von G.Schischkoff, Bd. 30, H. 2, Meisenheim/Glan April-Juni 1976, S. 227 - 245
Hofmeister, Adolf: Puer, Juvenis, Senex. Zum Verständnis der mittelalterlichen Altersbezeichnungen, in: Papsttum und Kaisertum. Forschungen zur politischen Geschichte und Geisteskultur des Mittelalters. Paul Kehr zum 65. Geburtstag dargebracht, hg. v. Albert Brackmann, München 1926, S. 287 - 316.
Homer: Ilias. Odyssee, i. d. Übertr. von Joh. Heinrich Voß, München ³1984 (1979)
Homerische Hymnen, Griech. u. dt., hg. von Anton Weiher, 3. Aufl. München 1970
Horaz: Die Gedichte, Übertr.u. mit dem lat. Text hg. von Rudolf Helm, Stuttgart 1954
Horaz: Ars Poetica. Die Dichtkunst, Lat. u. dt., Übers. u. m. e. Nachwort hg. von Eckart Schäfer, Stuttgart 1984
Horaz: Gedichte. Eine Auswahl, hg. von Wilhelm Plankl, Stuttgart 1985
Hufeland, Christoph Wilhelm: Makrobiotik oder Die Kunst, das menschliche Leben zu verlängern, Volks-Ausgabe von Alfred Maurh, o.J. (1. Aufl.1796)
Imhof, Arthur E.: Die gewonnenen Jahre. Von der Zunahme unserer Lebensspanne seit dreihundert Jahren oder von der Notwendigkeit einer neuen Einstellung zu Leben und Sterben. Ein historischer Essay, München 1981
Innocenz III., Papst: Über das Elend des menschlichen Lebens, übers. von Fr. Rudolf, Festgabe zum fünfzigjährigen Priester-Jubiläum Sr.Heiligkeit Papst Leo's XIII, Arnsberg 1887
Informationen zur poliltschen Bildung, Nr. 220, 3. Quartal 1988
Jacoby, Felix: Apollodors Chronik. Eine Sammlung der Fragmente, New York 1973 (reprint of the 1902 ed., issued in series: Philologische Untersuchungen, Heft 16. Berlin)
Jokl, Ernst/ Böhlau, Eva (Hg.): Altern. Leistungsfähigkeit. Rehabilitation. Festschrift zum 60.Geburtstag von Prof. Dr.med. Volkmar Böhlau, Stuttgart/New York 1977
Jürss, Fritz: Von Thales zu Demokrit. Frühe Griechische Denker, Leipzig/Jena /Berlin 1977
Juvenalis, D. Junii: Saturarum Libri V., mit erkl. Anm. von Ludwig Friedländer, 1. Bd. u. 2. Bd., Leipzig 1895
Kaiser, Hanns (Red.): Der Mensch im Alter, Frankfurt/M. 1962
Kamlah, Wilhelm: Philosophische Anthropologie. Sprachkritische Grundlegung und Ethik, Mannheim/Wien/Zürich 1973
Kampe, Otto: Die attische Polis, Stuttgart o.J.
Kants Werke, Akademie-Textausgabe, Bd. VII: Der Streit der Fakultäten. An-

thropologie in pragmatischer Hinsicht, Berlin 1968 (^{1}1907 /17)
Kant, Immanuel: Schriften zur Anthropologie, Geschichtsphilosophie, Politik und Pädagogik, Bd. 1 (Werkausgabe Bd. XI), hg. v. Wilhelm Weischedel, Frankfurt/M. ^{3}1981 (^{1}1968)
Kehler, Irene: Wozu Weiterbildung für Ältere und über das Älter werden?, in: Hessische Blätter für Volksbildung, Jg. 24, Nr. 3, 1974, S. 233 - 241
Kehrer, Ferdinand Adalbert: Vom seelischen Altern, 2. verb. u. wesentl. erw. Aufl., Münster/Westf. 1952 (^{1}1939)
Keller, Adelbert von (Hg.): Hans Sachs, IV. Band, Hildesheim 1964 (Repr. d. Ausg.v. Stuttgart 1870)
Keuchel, Irene: Theorien zum Alternsprozeß, in: Oswald, W.D./ Fleischmann, U.M.: Gerontopsychologie ..., S. 23 - 48
Kirk, G.S.: Griechische Mythen. Ihre Bedeutung und Funktion, Berlin 1980 (England 1974)
Kitto, H.D.F.: Die Griechen. Von der Wirklichkeit eines geschichtlichen Vorbilds, Frankf.M/Hamburg 1960
Knittermeyer, Hinrich: Philosophie der Lebensalter, Oldenburg 1944
König, René (Hg.): Handbuch der empirischen Sozialforschung, Bd. 7: R. König u. Leopold Rosenmayr: Familie. Alter, 2. neubearb. Aufl., Stuttgart 1976 (^{1}1969)
Konrad, Helmut (Hg.): Der alte Mensch in der Geschichte, Wien 1982
Lade, Eckhard (Red.u.Hg.): Handbuch Gerontagogik, Loseblattwerk zur Alten-Seminararbeit, Obrigheim, 1985 ff.
L'Arronge, Hans: Aristoteles als Menschenkenner, Diss., Jena 1897
Leggewie, Otto (Hg.): Die Welt der Griechen und der Römer, 15. verb. Aufl., Münster/Westf. 1975 (^{1}1968)
Lehr, Ursula: Psychologie des Alterns, Heidelberg ^{3}1977 (^{1}1972)
Lehr, Ursula (Hg.): Altern - Tatsachen und Perspektiven. Ergebnisse interdisziplinärer gerontologischer Forschung, Bonn 1983
Lehr, Ursula: Altern bis zum Jahre 2000 und danach - Die Herausforderung der Zukunft, in: Dies.(Hg.): Altern ..., s.o., S. 1 - 31
Lehr, Ursula (Hg.): Interventionsgerontologie, Darmstadt 1979
Lehr, Ursula: Gero-Intervention - das Insgesamt der Bemühungen, bei psychophysischem Wohlbefinden ein hohes Lebensalter zu erreichen, in: Dies.(Hg.): Interventionsgerontologie, s.o, S. 1 - 49
Lehr, Ursula M.: Altern - Verlust oder Gewinn? Vortrag anläßlich der Bundesseniorenkonferenz der DAG (8./9.April 1987, Fulda) unter dem Motto: Rentner in der Gewerkschaft (gedruckter Vortrag)
Leibbrand, Werner: Ciceros Schrift "Cato maior de senectute", in: Zeitschrift für Gerontologie, Bd. 1, H. 1, Darmstadt 1968, S. 5 - 10
Licht, Hans: Sittengeschichte Griechenlands. Die griechische Gesellschaft, Bd.1, Dresden u. Zürich 1925
Loddenkemper, Hermann / Schier, Norbert: Altenbildung. Grundlagen und Handlungsorientierungen, Bad Heilbrunn/Obb. 1981
Lucian von Samosata: Sämtliche Werke, 1. - 3. Band, aus d. griech. übers. u. m.

Anm. u. Erläut. versehen von Christoph Martin Wieland, Darmstadt 1971 (Leipzig 1788/89)
Lukrez: Von der Natur der Dinge, Dt.von Karl Ludwig von Knebel, Leipzig ²1831, Neudruck Hamburg 1960
Marcus Aurelius Antonius: Selbstbetrachtungen, übers., Einl. u. Anm. von Albert Wittstock, Stuttgart 1986
Martens, Ekkehard: Probleme einer Hochschuldidaktik Philosophie, Vortrag am Philosophischen Institut der RWTH Aachen, Manuskriptfassung, 11.12.1980
Martin, Gottfried: Platon. Mit Selbstzeugnissen und Bilddokumenten, Hamburg 1985 (1969)
Mendelssohn Bartholdy, Edith (Hg.): Souverän altern. Zur Psychologie des Alterns und des Alters, Zürich/Stuttgart 1965
Mieskes, Hans: Geragogik - Pädagogik des Alters und des alten Menschen, in: Pädagogische Rundschau, 24. Jg. 1970, S. 90 - 101
Mieskes, Hans: Geragogik - ihr Begriff und ihre Aufgaben innerhalb der Gerontologie, in: actuelle gerontologie 5/1971, Stuttgart S. 279 - 283
Mittelstraß, Jürgen (Hg.): Enzyklopädie Philosophie und Wissenschaftstheorie, Bd.1: A-G, Mannheim/Wien/Zürich 1980
Mittelstraß, Jürgen (Hg.): Enzyklopädie Philosophie und Wissenschaftstheorie, Bd.2: H-O, Mannheim/Wien/Zürich 1984
Montaigne, Michel de: Die Essais und das Reisetagebuch, In den Hauptteilen hg. u. verdeutscht von Paul Sakmann, Leipzig 1932
Müri, Walter (Hg.): Der Arzt im Altertum. Griechische und lateinische Quellenstücke von Hippokrates bis Galen mit der Übertr. ins Deutsche, 3. erw. Aufl., München 1962
Munnichs, J.M.A.: Die Auseinandersetzung mit der Endlichkeit als entwicklungspsychologisches Problem, in: Zeitschrift für Gerontologie, Bd.1, H.4, Darmstadt 1968, S. 257 - 266
Nestle, Wilhelm: Vom Mythos zum Logos. Die Selbstentfaltung des griechischen Denkens von Homer bis auf die Sophistik und Sokrates, Stuttgart ²1975 (¹1940)
Neumann, Lothar F./ Schaper, Klaus: Die Sozialordnung der Bundesrepublik Deutschland. Studien zur Geschichte und Politik, Hg.: Bundeszentrale für politische Bildung, 3. akt. Aufl., Bonn, 31.August 1984
Oswald, Wolf D./ Fleischmann, Ulrich M.: Gerontopsychologie. Psychologic des alten Menschen, Stuttgart/Berlin/Köln/Mainz 1983
Ovid: Metamorphosen. Epos in 15 Büchern, hg.u.übers. von Hermann Breitenbach, Zürich ²1964 (1958)
Petzold, Hilarion/ Bubolz, Elisabeth (Hg.): Bildungsarbeit mit alten Menschen, Stuttgart 1976
Pieper, Annemarie: Ethik und Moral. Eine Einführung in die praktische Philosophie, München 1985
Pindar: Siegesgesänge und Fragmente, griech. u. dt., hg. u. übers. von Oskar Werner, München 1967
Platon: Sämtliche Werke, i.d. Übers. von Fried. Schleiermacher und Hieronymus

Müller (Nomoi), Hamburg 1983 ff. (1957 ff.)
Plutarch: Ob ein Greis noch Staatsgeschäfte treiben soll, in: Ders.: Moralische Schriften, 3. Bd.: Politische Schriften, übers., mit Einl., Anm. u. Reg. versehen von Otto Apelt, Leipzig 1927, S. 21 - 59
Plutarch: Von der Ruhe des Gemüts. Und andere philosophische Schriften, übertr. u. eingel. von Bruno Snell, Zürich 1948
Plutarch: Über Gott und Vorsehung, Dämonen und Weissagung. Religionsphilosophische Schriften, eingel. u. neu übertr. von Konrat Ziegler, Zürich u. Stuttgart 1952
Ranke-Graves, Robert von: Griechische Mythologie. Quellen und Deutungen, Bd.I u. II, Reinbek b. Hamb. 1979/1980
Reiners, Ludwig (Hg.): Der ewige Brunnen. Ein Hausbuch deutscher Dichtung, München 1982
Ries, Werner: Methoden und Erkenntnisse der Alternsforschung, Berlin, DDR 1986, Sitzungsberichte der Sächsischen Akademie der Wissenschaften zu Leipzig, Bd. 119, Heft 1.
Röd, Wolfgang (Hg.): Geschichte der Philosophie, Bd. I: Röd, W.: Die Philosophie der Antike 1. Von Thales bis Demokrit, München 1976
Röd, Wolfgang (Hg.): Geschichte der Philosophie, Bd. II: Graeser, Andreas: Die Philosophie der Antike 2. Sophistik und Sokratik, Plato und Aristoteles, München 1983
Röd, Wolfgang (Hg.): Geschichte der Philosophie, Bd. III: Hossenfelder, Malte: Die Philosophie der Antike 3. Stoa, Epikureismus und Skepsis, München 1985
Röd, Wolfgang (Hg.): Geschichte der Philosophie, Bd. VII: Röd, W.: Die Philosophie der Neuzeit 1. Von Francis Bacon bis Spinoza, München 1978
Röd, Wolfgang (Hg.): Geschichte der Philosophie, Bd. VIII: Röd, W.: Die Philosophie der Neuzeit 2. Von Newton bis Rousseau, München 1984
Römische Satiren: Ennius. Lucilius. Varro. Horaz. Persius. Juvenal. Seneca. Petronius, eingel. u. übertr. von Otto Weinreich, Zürich 1962 (1949)
Rosenmayr, Leopold: Soziologie des Alters, in: Rene König (Hg.): Handbuch der empirischen Sozialforschung, Bd. 7, 2. völlig neu bearb. Aufl., Stuttgart 1976, S. 218 - 406
Rosenmayr, Leopold (Hg.): Die menschlichen Lebensalter. Kontinuität und Krisen, München 1978
Rosenmayr, Leopold: Die späte Freiheit. Das Alter - ein Stück bewußt gelebten Lebens, Berlin 1983
Rothacker, Erich: Altern und Reifen, in: Geistige Arbeit. Zeitung aus der wissenschaftlichen Welt, Berlin, 5.Januar 1939, 6.Jg. Nr. 1, S. 1 - 2
Russell, Bertrand: Philosophie des Abendlandes. Ihr Zusammenhang mit der politischen und der sozialen Entwicklung, Zürich 1979 (^{1}1950)
Schaal, Franziska: Repräsentation und Partizipation älterer Menschen in Politik und Gesellschaft, DZA, Berlin 1984
Schadewaldt, Wolfgang: Lebenszeit und Greisenalter im frühen Griechentum, in: Die Antike. Zeitschrift für Kunst und Kultur des klassischen Altertums, hg.

von Werner Jaeger, 9. Bd., Berlin/Leipzig 1933, S. 282 - 302
Schaefer, Christine: Gehirnzellen sterben nicht ab. Der Lübecker Anatom Herbert Haug stürzt ein Dogma, in: Bild der Wissenschaft, 24. Jg., H. 9, Sept. 1987, S. 60 - 69
Schleiermacher, Friedrich: Monologen nebst den Vorarbeiten, Krit. Ausg., hg.v. Friedrich Michael Schiele, erw. u. durchgeseh. v. Hermann Mulert, Hamburg ³1978 (¹1800/1902)
Schopenhauer, Arthur: Aphorismen zur Lebensweisheit, hg.v. Arthur Hübscher, Stuttgart 1983
Schubert, R./ Zyzik, U.: Die Würde des Alters bei fremden Völkern in Vergangenheit und Gegenwart, in: Zeitschrift für Gerontologie, Bd. 1, H .3, S. 39 - 147; H. 4, S. 214 - 221; H. 5, S. 275 - 281; H. 6, S. 342 - 344, Darmstadt 1968
Schubert, R.: Aufgaben und Ziele der Gerontologie, in: Gadamer, H.-G.: Neue Anthropologie, Bd. 3: Sozialanthropologie, Stuttgart 1972, S. 199 - 222
Schubert, R. (Hg.): Aktuelle Probleme der Geriatrie, Geropsychologie, Gerosoziologie und Altenfürsorge, Bd.3, Vorträge der Jahrestagung der Deutschen Gesellschaft für Gerontologie, Nürnberg, 24. - 25. Mai 1968, Darmstadt 1970
Seneca: Mächtiger als das Schicksal, Ein Brevier, übertr. u. hg. von Wolfgang Schumacher, Wiesbaden 1949
Seneca: Vom glückseligen Leben und andere Schriften, Übers. n. Ludwig Rumpel, m. Einf. u. Anm. hg. von Peter Jaerisch, Stuttgart 1984
Solon: Dichtungen. Sämtliche Fragmente, Im Versmass des Urtextes ins Dt. übertr. von Eberhard Preime, Griech./dt., 3. verb. Aufl., München 1945 (¹1939?)
Sorokin, Pitrim A. / Merton, Roberrt K.: Social Time: A Methodological and Functional Analysis, in: The American Journal of Sociology, Vol. XLII, March 1937, Nr. 5, p. 615 - 629
Sprandel, Rolf: Verfassung und Gesellschaft im Mittelalter, 2., überarb. Aufl, Paderborn/München/Wien/Zürich 1978 (¹1975)
Sprandel, Rolf: Altersschicksal und Altersmoral. Die Geschichte der Einstellungen zum Altern nach der Pariser Bibelexegese des 12. - 16. Jahrhunderts, Stuttgart 1981
Statistisches Jahrbuch 1989 für die Bundesrepublik Deutschland, Hg.: Statistisches Bundesamt Wiesbaden, Stuttgart im Septem. 1989
Stern, Erich: Der Mensch in der zweiten Lebenshälfte. Psychologie des Alterns und des Alters, Zürich 1955
Steudel, J.: Alter, Altersveränderungen und Alterskrankheiten - historischer Abriss, in: Kaiser, Hanns (Redig.): Der Mensch im Alter, Frankfurt/M. 1962, S. 9 - 12
Störig, Hans Joachim: Kleine Weltgeschichte der Philosophie, 12. überarb. u. erw. Aufl., Stuttgart/Berlin/Köln/Mainz 1981 (¹1950)
Swieten, Gerhard Freiherr van: Rede über die Erhaltung der Gesundheit der Greise (Wien 1778), ins Dt. übertr. u. biographisch eingel. von Hugo Gla-

ser, Leipzig 1964
Tews, Hans Peter: Soziologie des Alterns 1 u. 2, Heidelberg 1971
Thomson, George: Aischylos und Athen. Eine Untersuchung der gesellschaftlichen Ursprünge des Dramas, Berlin/DDR 1957 (1941)
Thukydides: Der Peloponnesische Krieg, Auswahl, übers. u. hg. von Helmuth Vretska, Stuttgart 1977
Thomae, Hans: Altern und Lebensschicksal. Zielsetzung und Ansatzpunkte einer entwicklungs-orientierten Gerontologie, in: Zeitschrift für Gerontologie, Bd. 13, H. 5, Darmstadt 1980, S. 421 - 431
Ueberweg, Friedrich: Grundriss der Geschichte der Philosophie. 1. Teil: Die Philosophie des Altertums, hg. von Karl Praechter, Nachdruck der 12. neubearb. Aufl. von 1926, (^{1}1862) Darmstadt 1961
Ueberweg, Friedrich: Grundriss der Geschichte der Philosophie, 2. Teil: Die patristische und scholastische Philosophie, hg. von Bernhard Geyer, Nachdruck der 11. neubearb. Aufl.von 1927, (^{1}1864) Darmstadt 1961
Ueberweg, Friedrich: Grundriss der Geschichte der Philosophie, Hg. von Hellmut Flashar, 3. Bd.: Die Philosophie der Antike. Ältere Akademie. Aristoteles - Peripatos, Basel/Stuttgart 1983
Verzár, Fritz: Alte und neue Wege der Alternsforschung, Medizinische Prisma 2/68, Ingelheim am Rhein 1968
Verzár, Fritz: Das Werden einer neuen Wissenschaft, in: Böhlau, Volkmar (Hg.): Wege zur Erforschung ..., S. 144 - 167
Vischer, Adolf L.: Von Lebensschwierigkeiten im Alter, in: Mendelssohn Bartholdy, E. (Hg.): Souverän altern, Zürich/Stuttgart 1965, S. 53 - 63
Vogt, Joseph: Von der Gleichwertigkeit der Geschlechter in der bürgerlichen Gesellschaft der Griechen, Akademie der Wissenschaften und der Literatur, Abhandlung der Geistes- und Sozialwissenschaftlichen Klasse, Jg. 1960, Nr. 2, Wiesbaden 1960
Die Vorsokratiker I: Milesier. Pythagoreer. Xenophanes. Heraklit. Parmenides, Griech./dt., Auswahl der Fragmente, übers. u.Erl. von Jaap Mansfeld, Stuttgart 1983
Die Vorsokratiker II: Zenon. Empedokles. Anaxagoras. Leukipp. Demokrit, Griech./dt., Auswahl der Fragmente, Übers. u. Erl. von Jaap Mansfeld, Stuttgart 1986
Walford, Roy L.: Leben über 100, München/Zürich 1983 (New York 1983)
Weber, Anneliese: Geragogik. Offene Altenhilfe. Eine empirische Untersuchung, Bochum o.J.
Webster, Richard (Ed.): The Elegies of Maximianus, The Princeton Press, Princeton 1900
Wehrli, Fritz: Hauptrichtungen des griechischen Denkens, Zürich/ Stuttgart 1964
Wehrli, Fritz: Demetrios von Phaleron, in: Die Schule des Aristoteles, Texte und Kommentar, hg. von F.Wehrli, H.IV., Basel 1949
Wehrli, Fritz: Lykon und Ariston von Keos, in: Die Schule des Aristoteles, Texte und Kommentar, hg. von F.Wehrli, H.VI., Basel 1952
Westermann, Claus: Genesis. Biblischer Kommentar. Altes Testament, Begr. von

Martin Noth, hg.v. Siegfried Herrmann und Hans Walter Wolff, Bd.I/1, Neukirchen-Vluyn 1974

Wilamowitz-Moellendorff, U.v./ Niese, B.: Staat und Gesellschaft der Griechen und Römer, Berlin/Leipzig 1910

Wilhelm, Friedrich: Die Schrift des Juncus περὶ γήρως und ihr Verhältnis zu Ciceros Cato maior, Beilage zum Jahresbericht des Königlichen König-Wilhelms-Gymnasiums zu Breslau, Breslau 1911

Wilkinson, L.P.: Rom und die Römer. Portrait einer Kultur, übers. u. dt. Bearb. von Edgar Pack, Bergisch Gladbach 1979 (New York 1974)

Woodruff, Diana S./Birren, James E. (Eds.): Aging. Scientific Perspectives and Social Issues, New York/Cincinnati/London/Toronto/ Melbourne 1975

Xenophon: Die Sokratischen Schriften: Memorabilien, Symposion, Oikonomikos, Apologie, übertr. u. hg. von Ernst Bux, Stuttgart 1956

Zeller, Eduard: Grundriss der Geschichte der Griechischen Philosophie, in neuer Bearbeitung von Dr. Wilhelm Nestle, 14.Aufl., Aalen 1971 (^{1}1883)

Ziegler, Konrat/ Sontheimer, Walther (Hg.): Der Kleine Pauly. Lexikon der Antike in fünf Bänden. Auf der Grundlage von Pauly's Realencyclopädie der classischen Altertumswissenschaft, München 1979 (1975)

NAMENSREGISTER

Abaelard .... 142, 160 - 162
Améry, Jean .... 17, 189 - 192
Anaxagoras 124
Anonymus Iamblichi 106
Antiphon 109
Apollodor 28
Aretaeus (Aretaios) .... 44 f, 57
Ariston von Keos .... 124 f, 145
Aristophanes .... 110 f
Aristoteles .... 28, 45, 91 f, 110, 116 - 124, 127, 137, 158, 163
Bacon, Francis 46
Bartholomeus Anglicus 25
Beauvoir, Simone de 17
Bion von Borystenes .... 125 f
Birren, James E. .... 43, 46, 53 f, 57, 60, 88 - 90
Bloch, Ernst .... 188 f
Boethius .... 151, 157 - 160, 163, 171
Bollnow, Otto Franz .... 56, 81 f
Brocher, Tobias 23
Bubolz, Hilarion 56
Bühler, Charlotte 52
Bürger, Max 50, 64
Cebotarec, D.F. 65
Chilon 102
Cicero .... 17, 47, 93 f, 124 f, 134 - 137, 139, 141 f, 144 f, 150, 165 f, 183
Clayton, Vivian .... 43, 46, 53 f, 57, 88 - 90
Clauss, M. 91
Cowdry, E. 54
Dante Alighieri .... 163 f
Demetrios von Phaleron .... 124 f
Demokrit aus Abdera .... 107 - 109
Diotima .... 112 f
Dyroff, Adolf 143, 145
Empedokles von Akragas 105
Epikur .... 51, 126 f, 137
Erasmus von Rotterdam .... 168 - 170
Faltin, J.A.A. 144, 145
Favorinus 145
Fischer, Johann Bernhard von 47
Fisseni, H.-J. 67
Frank, Lawrence K. 55
Franklin, Benjamin 46
Galen von Pergamon 45

Galton, Sir Francis 49
Gatzemeier, Matthias 12, 44, 126
Goethe, Johann Wolfgang von . . . . 173 f
Grimm, Jacob . . . . 17, 183 - 186
Grimm, Brüder 28, 152
Gruhle, H.W. 52
Guardini, Romano . . . . 22 - 24
Hall, Stanley . . . . 51 - 53
Heraklit von Ephesos 104, 146
Herre, Pau 153
Hesdin, Jean . . . . 17, 165 - 168
Hesiod . . . . 88, 94, 97 - 100
Hippodamos von Milet 107
Hippokrates . . . . 21, 43 f, 47, 57, 70, 103, 124
Homer . . . . 94 - 97, 127
Honorius Augustodunensis 25
Horaz . . . . 131 f, 149, 162
Hufeland, Christoph Wilhelm . . . . 47 f, 176 - 178, 180
Innocenz III., Papst . . . . 160, 162 f, 171
Isidor von Sevilla 22, 25
Iuncus . . . . 143 - 145
Juvenal . . . . 131, 133 f, 143, 149
Kamlah, Wilhelm 14
Kant, Immanuel . . . . 176 - 178, 180, 185
Kehrer, Ferdinand Adalbert 54
Lehr, Ursula . . . . 32 f, 55, 61, 71 - 73, 78 - 80
Lukian von Samosata . . . . 146 - 149, 151
Lukrez . . . . 137 f, 150
Marc Aurel . . . . 145 f, 150
Martens, Ekkehard 15
Maximianus . . . . 157, 159 f
Merton, Robert K. 26
Mieskes, Hans 82
Miles, C. C. 52
Mimnermos . . . . 101 f
Montaigne, Michel de . . . . 170 f
Munnichs, J.M.A. 67
Musonius . . . . 140 f, 145, 150
Nascher, Ignaz Leo 50
Ovid . . . . 75, 131 - 134, 149
Parmenides . . . . 104 f, 137
Pawlow, I.P. 52
Petzold, Elisabeth 56
Pieper, Annemarie . . . . 8 f
Pindar 22, 88, 92

Pittakos 22
Platon .... 17, 22, 87, 110 - 116, 137, 158
Plutarch .... 17, 141 - 143, 145, 150
Prodikos .... 106 f
Publius Terentius Afer 46
Pythagoras .... 21, 102 f, 137
Quetelet, A. .... 48 f
Ries, Werner 39
Rosenmayr, Leopold 36, 56, 76
Rothacker, Erich 54
Rybnikov, N.A. 52
Sachs, Hans .... 156 f
Schiller, Friedrich von 174
Schleiermacher, Friedrich .... 178 - 180, 185
Schopenhauer, Arthur .... 180 - 182, 185
Segni, Lotario Conte di .... 162 f
Seneca .... 46, 138 - 141, 150 f
Shock, N.W. 55
Sokrates .... 105, 110 - 115, 137, 144, 158
Solon .... 21, 22, 92 f, 101 f, 110
Sorokin, Pitrim A. 26
Stern, Erich 54
Steudel, Joh. 45, 47
Swieten, Gerhard Freiherr van .... 46 f
Tews, H.P. 56
Thales .... 100 f
Theophrast 124, 145
Thomae, Hans 70
Thukydides 93
Tyrtaios 92
Varro 22, 24
Verzár, Fritz 55
Vischer, Adolf L. 55
Walford, Roy L. 66
Walther von der Vogelweide 156, 184
Wilhelm, Fr. .... 143 - 145
Woodruff, Diana S. .... 60 f
Xenophanes 103, 124
Xenophon .... 22, 105, 110 f